高校转型发展系列教材

心理学基础

（师范类）

白冬青　王晓茜　包兴敏　编著

清华大学出版社

北　京

内 容 简 介

本教材是为了配合我国《普通高等学校师范类专业认证实施办法（暂行）》《中共中央国务院关于全面深化新时代教师队伍建设的意见》《教师教育振兴行动计划（2018—2022）》《教育现代化2035》等文件精神，着力推进教师教育人才培养模式的改革，构建教师教育人才培养质量保障体系而推出的。本教材对心理学公共课教学内容、编排体例予以调整，以普通心理学基本理论为基础，整合了教育心理学、发展心理学、品德心理学、社会心理学和心理卫生学的有关知识。本教材既满足培养高素质教师队伍，提高师范类专业人才培养质量的要求，又贴近学生教师资格认证所需学习内容；既注重理论体系的完整，又强调理论与实际的结合，在确保科学性的前提下，突出教材内容的针对性、实用性和时代性。

本教材可作为师范类公共课的教学用书，也可作为报考国家教师资格证考试的辅导用书，还可以作为中小学一线教师及相关从业人员的参考用书。

本书封面贴有清华大学出版社防伪标签，无标签者不得销售。
版权所有，侵权必究。举报：010-62782989，beiqinquan@tup.tsinghua.edu.cn。

图书在版编目(CIP)数据

心理学基础：师范类 / 白冬青，王晓茜，包兴敏编著. —北京：清华大学出版社，2020.10（2023.8重印）
高校转型发展系列教材
ISBN 978-7-302-56491-1

Ⅰ. ①心… Ⅱ. ①白… ②王… ③包… Ⅲ. ①心理学－高等学校－教材 Ⅳ. ①B84

中国版本图书馆 CIP 数据核字(2020)第 182559 号

责任编辑：施　猛
封面设计：常雪影
版式设计：思创景点
责任校对：马遥遥
责任印制：丛怀宇

出版发行：清华大学出版社
　　网　　址：http://www.tup.com.cn，http://www.wqbook.com
　　地　　址：北京清华大学学研大厦A座　　　　邮　编：100084
　　社 总 机：010-83470000　　　　　　　　　　邮　购：010-62786544
　　投稿与读者服务：010-62776969，c-service@tup.tsinghua.edu.cn
　　质 量 反 馈：010-62772015，zhiliang@tup.tsinghua.edu.cn
印 装 者：三河市人民印务有限公司
经　　销：全国新华书店
开　　本：185mm×260mm　　　印　张：23.75　　　字　数：531 千字
版　　次：2020 年 10 月第 1 版　　印　次：2023 年 8 月第 6 次印刷
定　　价：68.00 元

产品编号：074506-01

高校转型发展系列教材 编委会

主任委员： 李继安　李　峰

副主任委员： 王淑梅

委　　员：

马德顺	王　焱	王小军	王建明	王海义	孙丽娜
李　娟	李长智	李庆杨	陈兴林	范立南	赵柏东
侯　彤	姜乃力	姜俊和	高小珺	董　海	解　勇

前 言

党的二十大报告指出:"教育是国之大计、党之大计。培养什么人、怎样培养人、为谁培养人是教育的根本问题。育人的根本在于立德。全面贯彻党的教育方针,落实立德树人根本任务,培养德智体美劳全面发展的社会主义建设者和接班人。"办好人民满意的教育是实施科教兴国战略的重要支撑。

教育部等五部门印发《教师教育振兴行动计划》,提出着力推进教师培养模式的改革,构建教师教育的质量保障体系,提出师范类专业认证启动三级监测认证体系。本教材基于教师教育振兴行动计划目的,为改革心理学公共课教学而编写,以求应对新的教学模式体系、新的学生学情。

教育部印发《普通高等学校师范类专业认证实施办法(暂行)》通知,强调为推进国家教育事业发展,培养高素质教师队伍,提高师范类专业人才培养质量,教育部要开展普通高等学校师范类专业认证工作。师范类心理学公共课是师范毕业生的必修科目,既要满足心理学公共课的既有目的,又要顺应师范类专业认证实施的新形势,帮助学生顺利获得教师资格证。这是师范类心理学公共课教学改革的出发点,也是落脚点。本教材就是在师范类专业认证背景下,调整了心理学公共课教学内容、编排体例。

在教师教育培养改革的大背景下,在培养优质师范生的理论探索与实践摸索过程中,调整心理学公共课教学内容,改进心理学教学方法,改革心理学教学测评手段是编写本教材的初衷。本教材既阐述心理学的基础知识以及教师教育所应具备的教育心理学内容,又涵盖国家教师资格证考试的内容,同时以大量的拓展阅读、真题链接,讲解心理学的基本理论知识,可读性强,不失为一本严谨的教育教学理论知识教材。另外,本教材结合教学实际穿插拓展阅读与真题,激发学生学习热情,为学生备考提供了方便条件。

本教材共分十五章,内容包括导论、意识与注意、感觉和知觉、记忆、思维与想象、情绪与情感、意志、个性、中学生心理发展、学习基本理论、学习心理、教学心理、品德心理、中学生心理健康、教师心理。各章执笔人员如下:包兴敏编写第一章、第五章、第九章,白冬青编写第二章、第三章、第四章、第六章,国云玲编写第七章、第八章,王晓茜编写第十章、第十一章、第十二章、第十三章,张津凡、李靖怡编写第十四章,王芳编写第十五章。全书由白冬青统稿。

编者在本书的编写过程中借鉴了许多同类教材的理论观点和研究成果，在此一并表示衷心的感谢！

尽管我们在编写本书过程中尽了最大的努力，但由于水平有限，加之该学科的许多理论还不成熟，学科体系尚不够完善，不足之处乃至谬误之处在所难免，还望读者和同仁不吝赐教，有待日后进一步完善和修订。反馈邮箱：wkservice@vip.163.com。

编　者

2023 年 8 月

contents 目录

第一章　导论 …………………………… 1
　第一节　心理学的研究对象、基本
　　　　　任务和意义 ……………… 2
　　一、心理学的研究对象 …………… 2
　　二、心理学的基本任务 …………… 4
　　三、学习、研究心理学的意义 …… 5
　第二节　心理科学的分支 …………… 8
　　一、研究一般的心理现象的主要
　　　　分支 ……………………………… 9
　　二、研究不同领域的心理现象的
　　　　主要分支 ……………………… 10
　　三、研究不同主体的心理现象的
　　　　主要分支 ……………………… 11
　第三节　心理学的研究原则和
　　　　　方法 …………………………… 12
　　一、心理学研究的基本原则 ……… 12
　　二、心理学的研究方法 …………… 13
　第四节　心理科学的发展 …………… 15
　　一、心理学的形成和发展 ………… 15
　　二、心理学在中国的发展 ………… 16
　　三、科学心理学发展的主要派别 … 18
　　四、心理学的发展现状 …………… 21
　第五节　心理的实质 ………………… 23
　　一、心理是脑的机能，脑是心理的
　　　　器官 …………………………… 23
　　二、心理是客观现实的反映 ……… 24
　　三、人的心理是在社会实践中发生
　　　　发展的 ………………………… 25

第二章　意识与注意 ………………… 27
　第一节　意识概述 …………………… 27
　　一、什么是意识 …………………… 27
　　二、什么是无意识 ………………… 28
　　三、什么是前意识 ………………… 29
　第二节　注意概述 …………………… 29
　　一、什么是注意 …………………… 29
　　二、注意的功能 …………………… 31
　　三、注意的外部表现 ……………… 32
　　四、注意的生理机制 ……………… 32
　第三节　注意的分类 ………………… 33
　　一、无意注意 ……………………… 33
　　二、有意注意 ……………………… 36
　　三、有意后注意 …………………… 37
　　四、无意注意、有意注意和有意后
　　　　注意的关系 …………………… 38
　第四节　注意的品质 ………………… 39
　　一、注意的广度 …………………… 39
　　二、注意的稳定性 ………………… 40
　　三、注意的分配 …………………… 43
　　四、注意的转移 …………………… 44
　　五、注意的规律在教学中的
　　　　应用 …………………………… 45

第三章　感觉和知觉 ………………… 52
　第一节　感知觉概述 ………………… 52
　　一、什么是感觉 …………………… 52
　　二、什么是知觉 …………………… 53

三、感觉和知觉的区别与联系……53
　第二节　感知觉的种类……55
　　一、感觉的种类……55
　　二、知觉的种类……59
　第三节　感知觉规律及其应用……68
　　一、感觉规律……68
　　二、知觉的特性……75
　　三、感知觉规律在教学中的应用……80
　第四节　观察及观察力培养……81
　　一、观察与观察力……81
　　二、青少年观察能力的培养……83

第四章　记忆……85
　第一节　记忆概述……85
　　一、什么是记忆……85
　　二、记忆的种类……86
　　三、表象……91
　第二节　记忆过程及其一般规律……92
　　一、识记……92
　　二、保持与遗忘……98
　　三、再认和回忆……103
　第三节　记忆品质与培养……105
　　一、记忆的品质……105
　　二、青少年记忆能力的培养……107
　　三、记忆规律在教学中的应用……109

第五章　思维与想象……112
　第一节　思维概述……112
　　一、什么是思维……112
　　二、思维的种类……114
　　三、思维过程与思维形式……116
　第二节　想象概述……120
　　一、什么是想象……120
　　二、想象的种类……120
　　三、想象的品质及培养……122
　第三节　创造性思维……126
　　一、创造性思维的概念……126

　　二、创造性思维的特征……126
　　三、创造性思维的过程……127
　　四、创造性思维的培养……127
　第四节　问题解决……129
　　一、问题解决的思维过程……129
　　二、问题解决的策略……131
　　三、影响问题解决的因素……132
　第五节　思维与教学……134
　　一、培养学生良好的思维品质……134
　　二、思维规律在教学中的应用……135

第六章　情绪与情感……138
　第一节　情绪与情感概述……138
　　一、什么是情绪、情感……138
　　二、情绪的表现形式……140
　　三、情绪、情感功能……142
　第二节　情绪与情感的种类……144
　　一、情绪的种类……144
　　二、情感的种类……147
　第三节　情绪调节……148
　　一、什么是情绪调节……148
　　二、培养学生调节与控制情绪能力……150
　第四节　情绪、情感与生活……152
　　一、情绪、情感与工作效率……152
　　二、情绪、压力与健康……153
　　三、情绪与记忆……154
　　四、情绪与归因……154
　　五、情绪与决策……155
　第五节　情绪理论……155
　　一、詹姆斯-兰格的情绪外周理论……155
　　二、坎农-巴德的情绪丘脑理论……156
　　三、沙赫特的情绪认知理论……156
　　四、汤姆金斯和伊扎德的情绪动机—分化理论……157

第七章 意志 …… 158
第一节 意志概述 …… 158
一、意志的概念 …… 158
二、意志行动及其特征 …… 159
三、意志行动的生理机制 …… 160
四、意志与其他心理活动的关系 …… 161
第二节 意志行动过程的分析 …… 162
一、采取决定阶段 …… 162
二、执行决定阶段 …… 164
第三节 意志品质及其培养 …… 167
一、意志品质 …… 167
二、青少年意志品质的特点 …… 169
三、学生意志品质的培养 …… 170

第八章 个性 …… 173
第一节 个性概述 …… 173
一、什么是个性 …… 173
二、个性的基本特征 …… 173
三、个性心理结构 …… 174
第二节 需要 …… 175
一、需要的概念 …… 175
二、需要的种类 …… 175
三、需要层次理论 …… 176
第三节 兴趣 …… 177
一、兴趣的概念 …… 177
二、兴趣的种类 …… 178
第四节 动机 …… 178
一、动机的概念 …… 178
二、动机的种类 …… 178
第五节 能力 …… 180
一、能力的概念 …… 180
二、能力的种类 …… 181
三、能力的结构（智力结构） …… 183
四、能力的差异 …… 185
五、教学中学生能力的培养 …… 186
第六节 气质 …… 188
一、气质的概念 …… 188
二、气质的类型与学说 …… 189
三、气质对人的生活实践的影响 …… 191
第七节 性格 …… 193
一、性格的概念 …… 193
二、性格与气质的关系 …… 194
三、性格的类型 …… 194
四、性格的结构 …… 196
五、人格发展理论 …… 197
六、影响人格发展的因素 …… 199
七、性格规律在教育教学中的应用 …… 202

第九章 中学生心理发展 …… 206
第一节 心理发展概述 …… 206
一、什么是心理发展 …… 206
二、心理发展的一般特点 …… 207
三、影响心理发展的因素 …… 208
四、儿童心理发展的年龄特征与发展阶段 …… 209
第二节 中学生认知的发展 …… 210
一、认知发展的理论 …… 210
二、中学生感知觉的发展 …… 214
三、中学生注意的发展 …… 215
四、中学生记忆的发展 …… 218
五、中学生思维的发展 …… 218
六、中学生想象的发展 …… 223
第三节 中学生情绪的发展 …… 223
第四节 中学生性心理的发展与异性交往辅导 …… 226
一、中学生性心理的特点 …… 226
二、对中学生正确处理异性交往的指导 …… 229

第十章 学习基本理论 …… 231
第一节 联结学习理论 …… 231

一、桑代克的尝试—错误说……231
　　二、巴甫洛夫的经典条件
　　　　反射论………………232
　　三、斯金纳的操作条件反射论…234
第二节　认知学习理论……………236
　　一、格式塔心理学的完形—
　　　　顿悟说………………236
　　二、布鲁纳的认知—结构
　　　　学习论………………237
　　三、奥苏贝尔的有意义接受
　　　　学习论………………238
第三节　建构主义学习观…………239
　　一、知识观………………239
　　二、学生观………………239
　　三、学习观………………240
　　四、教学观………………241
第四节　人本主义的学习观………242

第十一章　学习心理……………244
第一节　学习概述…………………244
　　一、什么是学习…………244
　　二、学生学习的特点……245
　　三、学习的分类…………246
第二节　知识学习…………………248
　　一、知识的含义…………248
　　二、知识的分类…………248
　　三、知识的表征…………250
　　四、知识学习的类型……251
　　五、知识学习的过程……252
第三节　技能学习…………………253
　　一、什么是技能…………253
　　二、技能的种类…………253
　　三、技能的形成阶段……254
　　四、技能形成的指导……256
第四节　学习动机…………………258
　　一、学习动机的含义及功能…258
　　二、动机的分类…………259

　　三、学习动机理论………261
　　四、学习动机与学习效果的
　　　　关系…………………264
　　五、学习动机的培养与激发…264
第五节　学习迁移…………………267
　　一、什么是学习迁移……267
　　二、学习迁移的种类……268
　　三、学习迁移的基本理论…269
　　四、促进学生学习迁移的策略…271
第六节　学习策略…………………272
　　一、学习策略的概念……272
　　二、学习策略的特征……272
　　三、学习策略的分类……273

第十二章　教学心理……………279
第一节　教学设计…………………279
　　一、什么是教学设计……279
　　二、确定教学目标………280
　　三、组织教学内容………283
　　四、分析教学对象………287
　　五、选择教学形式、方法、
　　　　策略…………………291
第二节　教学策略…………………293
　　一、教学策略的含义……293
　　二、教学策略的基本特征…294
　　三、几种常用的教学策略…295
第三节　课堂心理…………………297
　　一、课堂心理气氛………297
　　二、课堂问题行为的控制…300
第四节　教学评价与测量…………301
　　一、教学评价与测量及测验的
　　　　关系…………………301
　　二、教学评价的分类……301
　　三、教学评价的功能……305
　　四、教学评价的方法和技术…306
　　五、教学评价结果的处理与
　　　　报告…………………310

第十三章　品德心理 ………… 312
第一节　品德概述 ………… 312
一、什么是品德 ………… 312
二、品德的结构 ………… 313
第二节　中学生品德发展的基本特征 ………… 315
一、伦理道德发展具有自律性 ………… 315
二、品德发展由动荡向成熟过渡 ………… 316
第三节　品德发展的阶段理论 ………… 316
一、皮亚杰的道德发展阶段论 ………… 316
二、科尔伯格的道德发展阶段理论 ………… 318
第四节　品德形成过程的心理分析 ………… 320
一、道德认识的形成 ………… 320
二、道德情感的丰富 ………… 321
三、道德意志的锻炼 ………… 323
四、道德行为的训练 ………… 324
第五节　学生不良品德的矫正 ………… 325
一、什么是学生不良品德 ………… 325
二、形成学生不良品德的原因 ………… 326
三、学生不良品德的矫正措施 ………… 328

第十四章　中学生心理健康 ………… 330
第一节　中学生心理健康概述 ………… 330
一、心理健康概述 ………… 330
二、心理健康标准 ………… 332
三、中学生心理健康教育 ………… 334
第二节　中学生常见的心理问题 ………… 338
一、心理问题概述 ………… 338
二、中学生常见心理问题分析 ………… 339
三、中学生异常心理障碍的鉴别 ………… 340
第三节　中学生心理辅导方法 ………… 344
一、心理辅导原则 ………… 344
二、心理辅导方法 ………… 346

第十五章　教师心理 ………… 350
第一节　教师的角色心理 ………… 350
一、教师的多重角色 ………… 350
二、教师角色的形成阶段 ………… 352
三、教师的角色意识 ………… 352
四、教师期望 ………… 353
五、师生互动 ………… 354
第二节　教师的心理特征 ………… 356
一、教师心理特征的含义 ………… 356
二、教师应具备的心理特征 ………… 357
第三节　教师的成长与培养 ………… 358
一、教师的成长阶段 ………… 359
二、专家型教师的培养途径 ………… 360
第四节　教师心理健康 ………… 361
一、职业倦怠概述 ………… 362
二、教师职业倦怠的原因 ………… 363
三、教师职业倦怠的干预 ………… 364

参考文献 ………… 366

第一章 导　　论

本章学习目标

明确心理学的研究对象和研究任务；
了解心理学的主要流派及其基本观点；
明确师范生学习心理学的意义；
了解心理学研究的基本原则和方法；
掌握辩证唯物主义对心理实质的理解。

核心概念

心理现象、心理学分支、心理学流派、研究原则、研究方法、心理的实质

心理学是一门既古老而又年轻的科学。说它古老，是因为人类探索自己的心理现象已有两千多年的历史。大约2500多年以前，我国古代思想家和教育家孔子（公元前551—公元前479）在《论语》中，对人与人之间的心理差异、学习中的心理问题、德育心理和教师心理等，就做了很多有价值的论述。古希腊学者亚里士多德（Aristotle，公元前384—公元前322）在他的《灵魂论》一书中对心理现象也做了系统的阐述。说它年轻，是因为心理学一直是包含在哲学之中，它真正成为一门独立的科学，只有一百多年的历史。1879年，德国的哲学家、心理学家冯特在莱比锡大学建立了世界上第一个心理学实验室，才使心理学从哲学中分化出来，成为一门独立的实验科学。一百多年来，心理学有了很大的发展，在各个领域的实践活动中得到了广泛的应用，并由此产生了许多分支学科，使心理学逐步成为一门内容丰富、体系完整的科学。今天，心理学的许多理论不仅能指导人们正确地进行生活、工作和学习，还成为教育人、培养人、管理人、使用人以及进行人才选拔的科学依据。心理学的巨大实践价值，已越来越受到人们的重视。未来学家预言，21世纪是教育的世纪，而心理学将成为21世纪的带头科学。

第一节　心理学的研究对象、基本任务和意义

一、心理学的研究对象

心理学（Psychology）的研究对象是人的心理现象，心理学是研究心理现象及其规律的科学。提到心理现象，人们不免有一种神秘感。其实，它是我们生活中实实在在存在着的、为我们所熟悉，并随时会接触到、感受到的精神现象。心理现象又称心理活动，简称心理（Mind）。

心理现象是人类自身最平常、最熟悉的现象，同时也是宇宙间最复杂、最奥妙的现象。它的表现形式多种多样，但概括起来主要是心理过程和个性心理两个方面。

（一）心理过程

心理过程是指心理活动的动态过程，它包括认识过程、情感过程和意志过程三个方面。

1. 认识过程

认识过程是人的基本心理过程，是人脑对客观事物的属性及其规律的反映。它包括感觉、知觉、记忆、思维和想象等过程。

人通过自己的感觉器官了解客观事物的个别属性，如看到一种颜色、听到一种声音、闻到一种气味、尝到一种味道等都是感觉。认识过程是一种最简单的心理现象，是人脑对直接作用于感觉器官的事物的个别属性的反映。在感觉的基础上，人能分辨出整个物体，例如看到鲜艳的五星红旗、听到雄壮的国歌，就是知觉的反映。知觉是对事物整体的认识，是人脑对直接作用于感觉器官的事物的各个部分、各种属性以及它们之间相互关系的整体反映。知觉比感觉要复杂一些，但知觉和感觉都是对事物表面特征的反映。人要获得关于事物的本质和规律性的认识，必须利用感知的材料和已有的知识，在头脑里进行一系列的分析、综合等活动，这就是思维。思维是人脑对客观事物的本质属性和内部规律性的间接、概括的反映。它是一种复杂的、高级的心理现象。例如，医生根据病人的脉搏、体温、舌苔等的变化，可以推断其体内的疾病；教师根据学生的外部表现和言行，可以了解其内心世界，这些都是思维。感知过的事物能够以经验的形式在头脑中留下痕迹，以后在一定的条件下，可以再认出或回忆出它的形象和特征，这就是记忆。记忆是过去经历的事物在人脑中的反映；人的头脑不仅能再现过去事物的形象，还能在此基础上创造新事物的形象，这就是想象。想象是人脑对已有的表象进行加工、改造而创造出新形象的心理过程。例如，文学创作中塑造典型的人物形象、工程师的蓝图设计、科学家的发明创造等，都是想象的产物。

感觉、知觉、记忆、思维和想象都是人脑对客观事物的认识活动，是个体在实践活动中对认知信息的接受、编码、贮存、提取和使用的心理过程，统称为认识过程。

2. 情感过程

人在认识客观事物时，并非无动于衷、冷漠无情，而是有着鲜明的态度体验，充满着各种情感色彩，如满意或不满意、愉快或不愉快等，这就是情绪和情感的表现。所以，情感就是人对客观事物是否符合自己需要的态度的体验。

3. 意志过程

人不仅能认识客观事物，还能根据对客观事物及其规律的认识而采取一定的行动，自觉地改造世界。人能够根据自己的认识，确定行动目的，拟定计划、步骤，选择方法，克服各种困难，最后把计划付诸行动，这种自觉地确定目的并根据目的来支配、调节自己的行动，克服各种困难，从而实现目的的心理过程就是意志过程。

需要指出的是，还有一种特殊的心理现象叫做注意，它不属于某一独立的心理过程，但却始终伴随着心理过程的进行。人们在感知、记忆、思维、想象等的同时，心理活动必须有所指向和集中，才能使我们的这些活动更好地进行。因此，注意是从事任何活动、获取新信息、提高工作效率的必要条件。

认识过程、情感过程和意志过程是相互统一的，是心理过程的三个不同方面。它们不是彼此孤立，而是相互联系、相互作用的。认识过程是基础，情感的发生与深化、意志行为的确定与执行都是以认识为基础的，而情感、意志又会反过来影响认识活动的进行和发展。同样，情感也会对意志行为产生动力作用，良好的情感会使个体的意志努力得到更充分的发挥，而意志行为又会有利于丰富和升华情感，尤其是经历过巨大的意志努力取得成功之后，更使个体获得新境界上的情感体验，产生质的飞跃。

（二）个性心理

每个人的先天因素不同、生活条件不同、所受的教育和影响不同、所从事的实践活动不同，因此每个人的心理过程总是带有个人特征，这样就形成了不同的个性心理。个性是一个人在活动中所表现出来的比较稳定的、带有倾向性的各种心理特征的总和。它是人的心理现象的静态形式。个性心理包括个性倾向性和个性心理特征两个方面。

1. 个性倾向性

个性倾向性主要包括需要、动机、兴趣、信念、理想及世界观等。它是人的个性心理结构中最活跃的因素，反映了人对周围世界的趋向和追求，它决定着心理活动的方向和行为的社会意义。其中，需要是个性倾向性的基础，而世界观居于个性倾向性的最高层次，决定着一个人总的心理倾向。

2. 个性心理特征

个性心理特征包括能力、气质和性格。能力是顺利完成某种活动所必需的并直接影响活动效率的个性心理特征。例如，有的人擅长写作，有的人能歌善舞，有的人有组织能力，有的人语言表达能力很强，这些都是能力方面的差异。气质是一个心理活动的动力特征，即指心理活动发生时力量的强弱、变化的快慢、灵活性和稳定性等方面的特征。例如有的人活泼好动，有的人安静沉稳，有的人性情暴躁，有的人沉默寡言，这些都是气质方面的差异。性格是指一个人对现实的稳定的态度以及与之相适应的习惯化的行为方式。例如有的人勤奋，有的人懒惰，有的人诚实，有的人虚伪，这些都是性格方面的差异。

个性心理的两个方面相互依存、相互制约、协调发展，正是在这两种因素的相互作用下，才构成一个以个性倾向性为方向、以个性心理特征为表现的个性心理的整体。

心理过程与个性心理是密切联系、不可分割的。一方面，个性心理是通过心理过程形成的，如果没有对客观现实的认识，没有对外界事物的情感体验，没有对客观现实的积极主动改造的意志行动，人的能力、性格、信念、世界观等是不可能形成的。另一方面，已形成的个性心理又可以调节心理过程的进行，并在心理过程中得以表现。如人们的兴趣、动机不同，他们的认识活动的指向、内容也有所不同；性格不同的人，情感的表现也不一样。正因为心理过程和个性心理相互融合，相互制约，才形成一个人完整的心理面貌。

总之，心理现象包括的内容很多，也很复杂，其具体结构如图1-1所示。

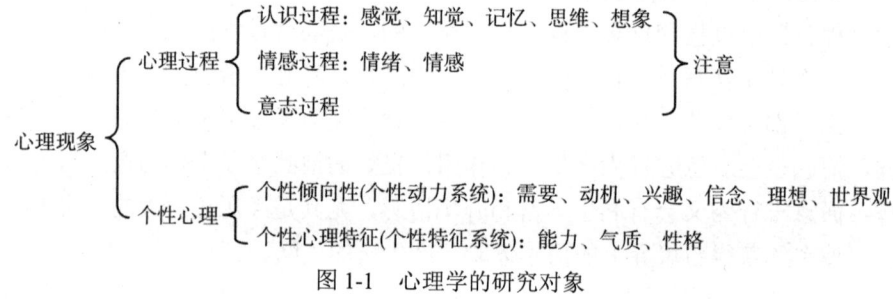

图1-1　心理学的研究对象

二、心理学的基本任务

任何事物或现象的变化发展都是有规律的，人的心理活动同样也有其规律性。心理学作为一门独立的学科，它的任务就是探索和揭示心理活动的规律。人类认识世界和改造世界的一切实践活动都是在人的心理活动的参与下进行的，也都是在人的心理调节指导下完成的。为此，心理学的基本任务有以下三项。

（一）描述人的心理，这是心理科学研究的第一步

心理学的主要任务是从科学心理学的角度对各种心理现象进行科学界定，以建立和发展心理学中有关心理现象的一个完整的、科学的概念体系。这涉及大至对整个心理现象、小至对某一具体心理现象的概念内涵和外延的确定。例如，从大的方面看，"心理"的内涵是什么？心理现象包括哪些内容？从具体方面看，"动机"的内涵是什么？动机的种类包括哪些？等等。目前，心理学研究中有许多概念尚未达成共识，例如，仅"智力""情感"等概念就有不下十几种乃至几十种说法，因此，对于建立成熟的心理科学，还有相当艰巨的

描述心理事实的任务要完成。

（二）理解和说明人的心理

理解和说明人的心理，就是找出产生所观察到的心理现象背后的深层原因，揭示其发生的心理与生理机制。例如，导致攻击行为发生的因素有哪些？不同认知风格对个体攻击行为的发生有何影响？等等。心理与生理机制的探讨对深入认识心理与行为具有重要意义，同时也是预测和控制人的心理和行为的基础。

（三）预测和控制人的心理，这是心理学研究最高层次的任务

描述人的心理、理解和说明人的心理最终是为了对人的心理和行为进行预测和控制。前两者属于认识环节的任务，后者属于实践环节的任务，也是心理学发挥和实现其应用价值的落脚点。例如，根据一个学生的一般智力、学习策略和学习动机，就能较准确地预测这个学生学业成绩的表现；根据中小学生欺负行为发生的一般特点、心理机制，可以制定出科学有效的欺负干预方案，降低欺负发生的频率和强度。

三、学习、研究心理学的意义

探讨心理活动的规律，无论在理论上或实践上都有重要的意义。

（一）理论意义

1. 心理学的研究为马克思主义哲学提供了科学的依据

马克思主义哲学是科学心理学的理论基础，反过来，心理学所揭示的心理现象与脑及外部世界的关系，又是对马克思主义哲学基本命题——物质第一性、意识第二性的有力论述。

在物质与意识的关系上，心理学以其确凿可靠的研究成果表明人的心理对物质世界的依赖关系，也表明人的心理是客观现实与人脑相互作用的结果，因而进一步具体地论证了物质与意识的关系。

2. 学习心理学有助于抵制和克服各种唯心主义思想的影响

由于心理学对人的心理、意识及各种精神现象都做出了科学的解释，进一步明确了人们的辩证唯物主义世界观，因而有助于破除迷信，纠正偏见，消除精神污染，批判形形色色的唯心主义思想。正如列宁同志所指出的："心理学所提供的一些原理已使人们不得不拒绝主观主义而接受唯物主义。"

（二）实践意义

心理学是一门应用学科，它的理论和研究成果已经被广泛地应用于各个领域的实践活动，因而具有多方面的实践意义。

1. 心理学在教育领域中的应用

教育是培养人的社会实践活动，教育的对象是人，是正在成长、发展的人，具有丰富心理活动和千差万别的心理特征的人；人们无论是掌握知识、形成技能还是发展智力、形成良好的道德品质和科学的世界观，实际上都是心理内容的丰富、心理结构的充实、心理品质的提高；不论采取哪种手段，教育的实施都需要通过受教育者自己的积极活动，也是通过他自身的感知、记忆、思维等心理活动以及在其个性心理的调节下进行。上述的一切都表明，教育者必须深入了解与切实遵循人的一般心理规律，了解受教育者的年龄特征和个性心理，掌握教育过程中的特殊规律。只有这样，才有可能富有成效地对学生进行教育，才有可能创造性地完成教育任务，这也是古今中外教育的历史经验一致证明了的。

作为师范院校的学生，学习心理学的意义主要表现在以下 5 个方面。

（1）运用心理学原理有助于提高教学工作的质量。教学始终是教师的一项重要工作，提高教学质量也始终是每一位教师锲而不舍的努力方向，更是学校教学改革的根本目标，而教学是师生双方共同参与的双边活动，是教育者对被教育者实施教育的基本途径，是科学性和艺术性相结合的工作，并不是仅仅掌握某学科的知识就能胜任、驾驭的。美国著名教育心理学家盖茨（A. J. Gates，1890—1972）曾说：当别人向你问及类似"你是教数学的老师吗"的问题时，你最恰当的回答应该是："我不是教数学的老师，我是教学生学数学的老师。"因此，提高教学质量的关键，是教师采用最佳的教学手段以优化影响学生学习效果的各种因素。这就需要了解学生赖以进行信息加工的一些主要心理过程、获取知识和发展能力的规律以及有关非智力因素的情况，以便运用心理科学在这些方面所提供的原理，增加教学的科学性和艺术性，切实提高教学质量。

（2）运用心理学原理有助于提高思想教育的效果。对学生进行思想教育，也是教师工作的一个重要组成部分。每一位任课教师不仅要掌握教书的高超技能，也要具有娴熟的心理分析本领，使教书和育人这两方面的工作在学校教育的总体培养目标上获得和谐的统一。师范生以后的教育对象主要是初、高中学生，他们正处于身心发展的重要时期，对他们进行思想教育的过程，实质上也就是塑造他们良好个性的过程。而思想教育工作存在的最大问题是流于形式而缺乏实效。因此，了解个性的结构和形成的规律、影响因素，以及青少年发展中的相应特点，有利于科学而富有艺术性地进行思想教育工作，提高教育的实效性。随着思想教育内涵的丰富，对青少年社会交往的指导、性教育和心理咨询与辅导，也都纳入育人工作的范畴。这一切都需要师范生——未来的教师从心理学中获得有关的科学知识和相应的操作指导。

（3）运用心理学原理有助于进行教育科研。未来的教师不只是进行教书育人的工作，还要善于在自己的实践中不断探索、不断改革，积极进行教育科研工作。可以说，在教育理论的指导下，结合自身的教育实践，开展教育科研的能力，也是未来教师基本素质的一个组成部分。而在运用教育理论进行教育科研、教育改革的过程中，心理学具有十分重要的作用。当代一些有影响的教育改革理论都是建立在有关心理学基础之上的。学习心理学原理和研究方法，坚实教育理论基础，能大大增强师范生教育科研的能力。

（4）运用心理学原理有助于促进自身发展。处于青春期又正值求学阶段的师范生，也面临自身的发展问题。如果说心理学对于他们将来从事青少年教育工作有着多方面意义的话，那么心理学对于他们现实自我教育、自我发展也同样具有促进作用。运用心理学原理能优化教书育人的效果，也自然能优化自我教育，促进自我发展的效果，只是对象不同而已。例如，师范生将来要能运用有关记忆、思维方面的规律去指导学生掌握记忆策略和解决问题的思维策略，目前则首先要能运用有关规律来指导自己的学习，提高自己的学习效率；而将来要运用心理咨询手段辅导学生，目前则可以运用心理学知识调节自己心理，以求健康发展。对于师范生来说，这种促进作用更有特殊意义，因为师范生自身素质的全面发展不仅仅益在自身，更利在后人，其素质的提高又会进一步促进将来教书育人的工作。

（5）运用心理学原理有助于提高社会适应能力。当今社会，经济飞速发展，生活节奏加快，竞争也日趋激烈，人们被超负荷地卷入了社会这一飞速旋转的巨轮之中。这就要求人们具备良好的社会适应能力。例如，师范生可根据性格、气质方面的规律来选择适合自己的交往对象，创造一个和谐的人际网络；根据交往的规律，来维持和发展自己与他人的交往和友谊；依据情感心理学的原理，及时地调整自己的心理状态，以最佳状态开始自己的学习和工作，迎接生活中的挑战。总之，师范生可以综合运用心理学中的知识和规律，来不断地提高自己在将来社会中的适应能力，从而为更好地教书育人奠定坚实的基础。这不仅有益于自身，也有利于他人，尤其有利于以后的学生，因为教师良好的社会适应性会在日常的师生交往中对学生产生潜移默化的影响。

2. 有助于提高劳动生产率

人类劳动的主要特点之一是生产工具的不断改进、生产技术的不断提高。心理学提供的原理和规律，对于改进劳动工具、提高生产技术、改进操作方法、完善劳动技能、健全劳动组织、防止事故发生很有必要，恰当地运用能够提高劳动生产率。

在现代化生产中，"人的因素"发挥了很大的作用。随着生产的机械化、自动化和电子计算机的广泛应用，人的体力活动减少了，而在"人—机系统"中，信息的接受、加工与处理，对人的智力活动以及意志、情绪、情感、性格品质的要求更为提高了。因此，要想充分发挥"人的因素"的作用，管理者就必须研究心理学，研究人的心理活动的规律，从而有效地提高人的心理品质，并依据心理规律充分调动人的工作积极性，从而提高劳动生产率。

3. 有助于人的身心健康

人的心理状态、精神状态同人的身体健康关系密切，有些心理因素就是某些疾病的致病原因，心理学上称这些疾病为心因性疾病，如神经衰弱、偏头痛、高血压、心脏病、癌症、哮喘、神经性皮炎等。比如某些人的神经衰弱就是由个人多疑、孤僻、急躁、任性、心胸狭窄、多愁善感、抑郁偏执等个性特征引起的。

我国早在古代就已经认识到心理因素不仅是致病的原因之一，而且也是治病的一种因素。《黄帝内经》不仅指出"怒伤肝，喜伤心，思伤脾，忧伤肺，恐伤肾"而且还提出"凡治病之术，不先致其所欲，正其所念，去其所恶，损其所恐，未能有所愈也"。可见，良好的心理状态不仅可以预防很多疾病，同时也是治疗疾病的一个重要条件。

因此，研究心理学、学习心理学可以使人们充分了解自己心理活动的规律，从而更好地调节自己心理活动的进行，维持心理平衡，促进人的身心健康发展。

心理学在实践领域中的作用并不限于教育、生产劳动和医疗方面，它实际上对各个实践领域的工作都具有指导意义，并由此产生了许多分支学科，如教育心理学、管理心理学、社会心理学、军事心理学、商业心理学、运动心理学、工程心理学、医学心理学等。总之，心理学的巨大的实践价值已经越来越受到人们的重视。

单项选择题
1.1 属于个性心理特征的是（   ）。
A. 性格   B. 兴趣   C. 理想   D. 世界观
1.2 心理学是研究（   ）及其规律的科学。
A. 心理状态   B. 心理特征   C. 心理现象   D. 心理品质

第二节　心理科学的分支

整个心理科学研究的是心理现象与心理规律，心理科学近百年来经过高度分化，形成了 100 多个分支学科。如果把心理学整个学科形象地比喻为一棵大树，那么这棵大树是由一个主干与两个分支组成的。研究一般的心理现象与心理规律的基础性心理学分科可以看成这棵大树的主干，这个主干包括普通心理学的各个分科，如认知心理学（或者再分为感觉心理学、记忆心理学、思维心理学等）、情绪心理学、人格心理学等；同时也包括心理学研究方法的各个分科，如心理统计、心理测量、实验心理学等。这个心理学分科系列研究的是各个领域、各类型主体所共有的、最一般的心理现象与规律，是其他系列心理学分科的基础。

这棵大树上面有两个分支，一个分支是研究不同领域所特有的心理现象与心理规律的心理学分科系列，包括教育心理学、社会心理学、工业心理学、临床心理学、咨询心理学等。例如教育心理学是研究学校教育过程中的心理现象与规律；而运动心理学是研究体育运动过程的心理现象与规律；商业心理学则是研究商业领域的心理现象与规律。另一个分支是研究不同主体的心理现象与规律的心理学分科系列。作为主体的"人"，可以按照不同的维度分为不同类型，例如，按照性别，人可以分为男和女，按照年龄，人可以分为老年、中年、青年、儿童等。研究这些独特群体的心理现象与规律的心理学分科，就构成了心理学科第二个分支，包括发展心理学、教师心理学、变态心理学等。

随着现代社会的飞速发展，心理学开拓出许多新的研究领域，已形成了一个分支庞大的学科体系。这有两个方面的原因：一方面是由于实际生活的需求。在现代化生产、商业、交通、企事业管理中，人的心理因素的重要作用越来越为人们所重视，智力开发、人才培养引起了社会各界的普遍关注；由于心理异常带来的个人健康问题和社会问题，也要求人们采取对策，这一切都推动了心理学的研究。另一方面是由于邻近学科（如生物学、生理学、逻辑学、社会学、教育学和科学技术学等）的发展及其与心理学的相互影响，在心理学与这些学科的交界处形成了许多新兴的分支学科。在心理学的这些分支学科中，有些继续着重于基础的实验研究和理论探讨；有些则走向实际应用，在社会实践的不同方面发挥着作用。

一、研究一般的心理现象的主要分支

（一）普通心理学

普通心理学是心理学的基础学科，它是以正常成人心理活动的规律为对象，研究人的心理过程和个性特征，阐明心理现象中各种基本事实与一般问题，探索心理现象的普遍规律。心理学的其他分支学科都要以它为基础，因此，普通心理学是学习心理学的入门学科。普通心理学，还可以分出专门研究某种心理现象的分支，如感觉心理学、记忆心理学、思维心理学、情绪心理学、能力心理学、气质心理学、性格心理学等。

（二）实验心理学

实验心理学是心理学研究的方法学，通过科学的实验研究方法，研究人的各种行为及心理变化，其研究主要围绕科学心理学发展初期的那些传统课题，如感觉、知觉、学习、动机和情绪等方面的问题。所谓科学的实验方法，是指在严格的条件下用某种刺激引发所期望的行为，然后观察这些行为，并对结果进行统计分析。具体来说，实验心理学包括如何进行实验设计、如何进行观察和记录、如何进行资料分析等。实验心理学是心理学专业的基础课程。

（三）生理心理学

生理心理学研究个体行为及其心理过程与其身体及生理功能的关系，主要包括各种感官的机制、神经系统（特别是脑的机制）、内分泌系统对行为的调节机制、遗传在行为中的作用等。生理心理学的具体研究方法是在脑的各种不同形态和功能下观察人的行为或心理活动的变化。例如，损伤海马体会引起遗忘，刺激颞叶会使人回忆起童年的事情等；或者在人从事某种行为或心理活动时观察脑内的神经活动过程和方式，如看一个单词和说一个单词将引起大脑皮层不同脑区的激活。

（四）认知心理学

认知心理学是应用信息加工方法研究人的高级心理过程，如记忆、推理、信息加工、语言、问题解决、决策以及创造性活动等。认知心理学用科学实验的方法探讨内部心理活动规律，其实验设计要求严格，与实验心理学相近。

（五）人格心理学

人格心理学描述和了解个人独特的心理特征和个体行为的稳定性特征，同时也探讨人格形成的影响因素，以及对人格特征进行测量和评估。

（六）心理测量学

心理测量学是指对行为和能力的测量，通常用心理测验的方法进行，包括设计评估人格、智力和多种能力的测验，也与统计分析新技术的开发有关。

二、研究不同领域的心理现象的主要分支

（一）教育心理学

教育心理学是应用心理学中出现最早的学科。它研究教育过程中的心理现象及其规律，探讨学生掌握知识、技能，形成道德品质的心理规律。它包括教学心理学、德育心理学、教师心理学等。教育心理学与发展心理学有密切联系，是教育工作者的必修学科。教育心理学的研究直接关系到教育的改革，人才的培养及选拔，因而在我国现代化建设中具有重要意义。

（二）社会心理学

社会心理学是一门介于心理学和社会学之间的边缘学科。它研究特定社会环境条件下人的心理活动的规律以及个体之间、群体之间以及个体与群体之间的心理关系。典型的研究课题有社会认知、亲密关系、态度的形成和变化、偏见、顺从、攻击行为以及集体行为等。社会心理学的分支有教育社会心理学、人际关系心理学、宣传广播心理学等。

（三）工业心理学

工业心理学研究工作人员的士气、选拔训练与升迁，工作环境的改善，劳资双方的协调等。它包括工程心理学和管理心理学。其中工程心理学是心理学与现代技术科学相结合的产物，它研究人和机器之间的配置和机能协调，实现人、机器、环境系统的匹配，使人能在安全有效的条件下从事工作。这种研究有利于改善工人的劳动条件，保障生产的安全，发挥人在生产过程中的积极作用，提高产品的数量和质量。管理心理学以企业中的人际关系为研究对象，如企业中的群体、组织人事管理和产品经销中的心理学问题。这种研究对改善企业的管理工作具有重要意义。

（四）临床心理学

临床心理学是一门应用性很强的学科，它对具有心理障碍的人进行评估、诊断和治疗，同时也对轻度行为和情绪问题进行处理，其主要工作方式包括与病人谈话、实施心理测验

和提供集体或个人的心理治疗。在心理学发达的国家,心理诊所较普遍,从事临床心理学的人员占的比例最大。

(五) 咨询心理学

咨询心理学帮助具有轻度心理异常和适应问题的人了解自己、认识环境、澄清观念、解除困惑,进而消除不良习惯,重建积极人生,对职业、家庭、教育等方面的问题给以帮助。

(六) 法律心理学

法律心理学探究与法律相关的各种心理问题,如犯罪动机、犯罪人格、审判心理等。

(七) 消费心理学

消费心理学研究社会大众的消费行为,主要探究消费动机、购买行为、消费信息来源以及影响消费决策的因素等。

(八) 环境心理学

环境心理学研究环境对行为的影响,包括热、声响、拥挤等对个人感受、行为甚至健康可能产生的影响。

(九) 广告心理学

广告心理学研究如何将产品的信息提供给社会大众,引起消费者的购买意愿和行为。

研究不同领域的心理学科还有很多,如管理心理学、司法心理学、运动心理学等。

三、研究不同主体的心理现象的主要分支

(一) 发展心理学

发展心理学主要研究个体心理发展的规律和年龄特征,探讨人类个体从受精卵开始到死亡整个生命历程中心理发展的规律和不同年龄阶段的特征。根据个体的不同发展阶段,它可以分为更专门的分支,如婴幼儿心理学、儿童心理学、少年心理学、青年心理学、成年心理学、中年心理学和老年心理学等。

(二) 教师心理学

教师心理学主要研究教师的能力、个性等心理特征,教师的风格、期待等对学生的影响作用,教师的职业角色的形成与专家型教师的成长等。

(三) 变态心理学

变态心理学研究心理与行为异常人群的类别和成因,从而建立系统理论,作为心理诊断

和治疗的依据。

该分支的心理学科还有很多,如男性心理学、女性心理学、罪犯心理学等。

心理学的不同分支从各个侧面研究心理现象,从不同角度揭示心理现象的各种规律,各分支互相联系,形成了心理学的学科体系。心理学是一门分支众多、领域宽广的学科。人的心理活动规律一方面受神经系统和大脑活动规律制约,另一方面也受社会文化因素的影响。因此,心理现象既有自然属性又有社会属性,这也决定了心理学是一门既有自然科学性质又有社会科学性质的中间科学。

第三节 心理学的研究原则和方法

人的心理现象是世界上较复杂和较难被人认识的现象之一,如果没有正确的指导思想和科学的方法论,研究起来将会困难重重,更不能取得较大的成效。心理学研究只有坚持辩证唯物主义的方法论,才能发现并掌握人的心理发生和发展的规律。

一、心理学研究的基本原则

(一)客观性原则

客观性原则要求在对任何心理现象进行研究时,必须以实事求是的态度,按照它们的本来面目在人的生活和活动中客观地加以考察。对于心理活动的原因和规律,不能主观臆测,更不能猜想,只能实事求是地从客观事物的刺激中,从人的客观言行中,从大脑的活动中,间接地去研究、去寻找,这就是心理学研究中的客观性原则。

(二)系统性原则

系统性原则要求在对人的心理现象进行研究时,必须坚持系统、整体的观点,对人的心理进行多层次、多因素的系统分析,也要对各种心理现象及其形成的因素之间相互作用的关系进行整合研究。把心理现象看作某种独立存在的东西进行孤立研究是不能取得科学性的结果的。所以,在心理学研究中必须在各个因素的相互作用中去认识整体,注意贯彻系统性原则,着重研究各个过程、状态之间的联系及其整合。

(三)发展性原则

发展性原则要求在对人的心理现象进行研究时,必须坚持发展的观点。唯物辩证法指出,世界上任何事物都处在运动和发展变化之中。心理现象也是这样,不是凝固的、静止的,而是在不断变化、发展着。在发展中研究心理现象就是要研究个体在不同的发展阶段中,心理的发生和发展。在对学生进行心理学研究时,不仅要注意他们已经形成的和确立的心理特点,还要注意可能产生的新的心理品质,预见学生未来的发展。

二、心理学的研究方法

在心理学研究的基本原则指导下，心理学的具体研究方法可以有多种，下面介绍几种主要方法。

（一）观察法

观察法是在日常生活条件下，通过有目的、有计划地观察被试的表情、动作、言语、行为等来研究其心理活动规律的方法。观察法是人类认识世界的基本方法，也是心理学研究的主要方法之一。教师可以通过观察学生课内课外、校内校外的学习、生活、劳动等各方面的表现，从而了解其个性心理特点。观察法简单易行，而且获得的材料比较真实，这是它的优点。但观察法不能严格控制条件，不易对观察的材料做出比较精确的量化分析和判断，存在局限性。

要有效地运用观察法，首先必须有明确的计划和目的；其次应翔实、全面地做观察记录，可利用现代化手段，如录音、摄影、录像等，以备反复观察和分析。

（二）实验法

实验法是有目的地控制或创设一定的条件以引起被试的某种心理现象，从而研究其心理规律的方法。实验法的特点在于研究者可以主动地选择时间、地点，能够严格控制条件，以引起需要研究的心理现象，并能依据目的，使心理现象重复发生，以便进行反复观察、积累材料，得出准确的科学结论。研究者也可以改变条件，并根据条件的变化和心理现象变化之间的关系，探索心理现象发生和发展的规律。

实验法可分为自然实验法和实验室实验法两种。

1. 自然实验法

自然实验法是在日常生活条件下，适当控制或创设一定的条件，并结合经常性的业务工作而研究心理现象的方法。由于自然实验法能把心理学研究与平时的业务工作结合起来，而且研究的问题也来自实际，所以具有直接的实践意义。因此，它也是教师在教育和教学工作中研究学生心理活动常用的方法。同时，它兼有观察法和实验法的优点，既可以在自然的情况下进行，又可以创设一定条件，所以研究的结果比较真实，而且其研究过程的主动性较强，结果比较精确，结论可重复验证，故在教育领域中广泛应用。

2. 实验室实验法

实验室实验法是在专门的实验室内，借助于专门的仪器设备，严格控制实验条件，以研究人的心理现象及其规律的方法。实验室实验法适用于对心理过程及其生理机制的研究，不适用于对复杂的心理活动如性格、意志等的研究。

实验室实验法是在人为的特定条件下进行的，因而实验的结果同日常生活条件下的心理现象往往存在一定的差距,对于它的这种局限性,我们在分析研究时,要特别注意。

(三) 谈话法

谈话法是研究者根据一定的目的,通过与被试交谈了解其心理特点的方法。这是教师经常采用的一种研究学生心理活动的方法。例如,通过谈话,教师可以了解学生过去的生活、家庭环境、与父母的关系、与同学的关系、课外活动的情况等,从而了解他的兴趣、动机、能力、性格、理想等。为了使谈话取得好的效果,研究者首先要确定谈话的目的,拟好谈话的提纲;其次,要取得被试的信任,保证谈话在自然气氛中进行;再次,提出的问题要简单明白,易于回答。谈话法简单易行,但根据谈话对被试心理活动做出判断或得出结论时,往往带有主观成分,因此,研究者常把谈话法与其他方法结合使用。

(四) 问卷法

问卷法是研究者通过被试对事先拟好的书面问题的回答来研究其心理活动特点的方法。问卷法是一种书面回答问题的方法,它能扩大调查的范围,既可以在许多被试中进行,也可以借助邮寄的方式进行。诸如了解中学生的兴趣和爱好、理想和动机以及家长管教子女的方式等,都可采用问卷法。这种方法的优点是比较容易和迅速地得到大量资料,便于进行定量分析;缺点是研究者和被试间缺乏个人接触,不便对被试的态度进行控制。使用问卷法时,要求研究者提出的问题应该清晰、易懂,不能模棱两可,也不应有暗示性。

(五) 测验法

测验法也叫心理测验,它是研究者利用一定的测验量表来测定人的智力和心理特征等方面的个别差异的一种方法。它包括智力测验、人格测验、能力倾向测验、气质类型测验等。

(六) 个案法

个案法是研究者对一个或几个被试在较长时间内进行连续的追踪研究,以发现其心理发展、变化规律的方法。个案法是对人的心理进行纵向地、连续地研究的一种方法。这种方法易于了解心理发展的趋势,也可研究人的个性差异。但应用这种方法时,设计要周密合理,研究要持之以恒。

(七) 产品分析法

产品分析法是研究者通过对被试相关活动产品,如日记、作业、手工制作、试卷、图画等的分析,了解被试心理活动的特点和规律的方法。产品分析法可以了解人的能力水平和认知结构,也可以揭示人对事物的态度和某些个性品质。但是,人的活动产品和人的心理活动之间的关系不是简单的一一对应关系,因此,活动产品分析法应该与其他方法结合使用,以便相互印证,得出科学的结论。

(八) 教育经验总结法

教育经验总结法是研究者有目的地整理总结教育实践中那些行之有效的经验，并从中提炼出所包含的心理活动规律的方法。这种方法多用于教育心理、发展心理的研究。研究者可以从教育实践之中总结出学生掌握知识技能、道德品质、群体人际关系以及良好集体形成等方面的规律。应用这种方法进行研究，不仅可以丰富和发展心理科学本身，还可以推动教育和教学改革工作。但是，此方法要求研究人员必须有坚实的心理科学理论基础和比较丰富的教育、教学工作经验。

总之，心理学的研究方法很多，每一种都有优点，也有一定的局限性，再加上心理现象极为复杂，因此在研究一种心理现象时，不应该只使用一种方法，必须综合使用几种不同的方法，可以以一种方法为主，其他方法配合使用，这样才能取长补短、相互补充，取得心理研究的科学效果。

第四节 心理科学的发展

一、心理学的形成和发展

德国心理学家艾宾浩斯（1850—1909）曾经说过："心理学有一个悠久的历史，但只有一个短暂的现在。"虽然作为科学的心理学诞生较晚，但它的历史却源远流长，早在生产力不发达的古代，人类就把注意力投向了自身，开始描述和研究人的心理现象。

古希腊哲学家亚里士多德（公元前384—公元前322）的《灵魂论》一书，是人类文明史上有关心理现象研究的专著。在这部著作中，他把人的灵魂看作生活的动力和生命的原理，是身体存在的形式，认为灵魂支配身体活动，有自己的活动规律。他还对感觉进行了研究，并提出类似、对比、接近等记忆的原理。法国二元论哲学家笛卡尔（1596—1650）是哲学心理学思想的创始人。他认为人的身体是由物质实体构成的，而灵魂是由精神实体构成的，身体和灵魂这两个实体互相作用，互为因果，这就是所谓的"心身交感论"。他还首先用"反射"的概念来解释人的心理的部分活动，为发展科学心理学做出了巨大贡献。此外，笛卡尔还专门写了《情绪论》一书，对情绪的本质、种类和机制作了研究。贝克莱（1685—1753）和休谟（1711—1776）可以视为18世纪欧洲联想主义心理学思想的主要代表。贝克莱的《视觉新论》和休谟的《人性论》，虽然属于哲学著作，但对以后的心理学的发展具有很大的影响作用。

从亚里士多德起，在长达十几个世纪的时期内，心理现象大多是由哲学家作为哲学问题加以研究的，心理学一直处于哲学的怀抱之中。1825年，德国哲学心理学家赫尔巴特（1776—1841）的巨作《作为科学的心理学》问世，第一次庄严宣布心理学是科学。同时，他还主张将心理学与哲学、生理学区别开来。1876年,英国心理学家A.培因(1818—1903)创办了世界上第一份心理学杂志《心理》,为发表心理学研究的成果提供了一个专门场所。培因是心理学史上的一个承前启后的人物,在他之前的所有心理问题,都是以思辨的方式论述的,所以称之为"思辨心理学"。

19世纪,生理学和物理学的发展,为科学心理学的诞生准备了必要条件。德国感官生理学家韦伯(1795—1878)首先确立了感觉的差别阈限定律。稍后,费希纳(1801—1887)发展了韦伯的研究,运用心理物理法确定了外界物理刺激和心理现象之间的函数关系。他们的研究方法成为科学心理学研究的楷模。心理学从哲学中真正分离出来而成为一门独立的科学,主要由德国生理心理学家冯特(1832—1920)完成。1879年,冯特在德国的莱比锡大学创立了世界上第一个心理实验室,用实验的手段来研究心理现象,这被公认为是心理科学独立的标志。冯特反对用哲学思辨的方式探讨心理现象,坚持用观察、实验以及数理统计等自然科学的方法去揭示心理过程的规律,取得了丰硕的研究成果,并培养了一批来自世界各地的学生。冯特一生的著作很多,其中《生理心理学原理》一书被誉为"心理学独立的宣言书",是心理学史上第一部有系统体系的心理学专著。冯特是科学心理学的奠基人,也是心理学史上第一位专业心理学家。

科学心理学诞生之后,在19世纪末至20世纪初期,由于人们对心理学研究的对象和方法的看法不同,加之各种哲学思潮的影响,心理学领域出现了许多学派,它们研究的重点不同,观点各异,争论不休。直到20世纪30年代以后,各个学派之间才开始形成了相互学习、取长补短、兼收并蓄、积极发展的局面。20世纪50年代以来,认知心理学和人本主义心理学迅速发展,成为当代心理科学发展的新趋势。

随着科学技术的发展,在社会实践活动需要的推动下,心理学通过不断改进和完善原有的研究方法和技术,其基础理论研究进一步深入,应用性研究蓬勃发展。据统计,现代心理学已有20多个学术派别,100多个分支,形成了庞大的心理科学体系。今天,心理学的许多研究成果,不仅应用于教育、医疗、工程技术、航空航天等领域,还渗透到仿生学、人类学、控制论、人工智能、系统工程等许多尖端科学技术部门,越来越显示出科学心理学的价值和强大的生命力。

二、心理学在中国的发展

美国心理学家加德纳·墨菲说过:"世界心理学的第一故乡是中国。"这是一个颇为客观和公正的评价。中国古代确实有许多心理学思想和观点。例如孔子(公元前551—公元前479)的教育心理学思想和部分先秦思想家对人性问题的理解,比亚里士多德的《灵魂论》还要早。中国古代哲学中,很早就有关于身心关系的论述。荀况(公元前298—公元前238)认为:"形具而神生,好、恶、喜、怒、哀、乐臧(藏)焉。"王充(27—99)也认为"精神依倚形体"。范缜(460—515)则进一步指出:"形存则神存,形谢则神灭。"总之,他们都认为先有物质的身体而后有心理现象,物质和心理密不可分,心理活动是身体的一种机能。这是一种唯物主义的心理思想。

关于心理与脑的关系，中国古代也有比较正确的认识。在《黄帝内经·素问》中就已经断言："诸髓者，皆属于脑。"明代医学家李时珍（1518—1593）提出"脑为元神之府"的论断，认为脑是神经活动的中枢，它聚集着人的精神。清代著名医生王清任（1768—1831）根据对大脑的临床研究和尸体解剖，于1830年完成《医林改错》一书，其中明确指出："灵机、记忆，不在心而在脑。"他的"脑髓说"比俄国谢切诺夫（1829—1905）的"反射说"还要早30多年，这是中国古代对心理科学基础理论的又一重要贡献。

心理学作为一门独立的科学在中国发展，是从19世纪末和20世纪初开始的。鸦片战争以后，西方心理学思想开始传入中国。1889年，颜永京（1838—1898）翻译出版了美国海文的《心灵学》，1907年，王国维（1887—1927）翻译出版了丹麦霍普夫丁的《心理学概论》。1917年，陈大齐（1886—1983）在北京大学建立了中国第一个心理实验室，并于次年编写出版了中国第一本心理学教科书——《心理学大纲》。1920年，南京大学设立中国第一个心理学系，1921年，中国成立了心理学会。此后，心理学的专业人员、研究机构和出版物都有很大发展，研究的内容也比较广泛，并在教育心理、医学心理、神经心理、心理测量等方面取得较多的研究成果。

1949年，中华人民共和国成立后，心理学科学得到进一步发展。1951年，中国科学院设立心理研究室，以后又扩建为心理研究所；北京大学建立了心理学专业；全国师范院校开设心理学课程。心理学工作者认真学习马列主义和巴甫洛夫学说，希望借鉴苏联心理学，改造原有的心理学，建立新的理论体系。同时，他们联系实际开展了一些心理学研究，并在教育心理、生理心理、工程心理等方面取得了一定成绩。

但是，种种原因，中国心理学的发展经历了一段艰难曲折的路程。1958年的"批判心理学资产阶级方向"的运动，错误地把心理学打成"伪科学"，严重影响了中国心理科学的发展。"文化大革命"时期，心理学又遭受更大的摧残。这期间中国心理学会被迫停止活动，心理学的教学和科研机构被撤销，心理学刊物和书籍停止出版发行，心理学的课程停止开设，心理学工作者被迫改行或被下放劳动改造，中国的心理科学陷于停滞不前的状态。

1976年，党的十一届三中全会以后，中国的心理学才迎来了真正的春天。这期间，中国科学院心理研究所重新建立，全国高校的心理学教研室得到恢复，北京大学、北京师范大学、华东师范大学和杭州大学新建了心理学系，《心理学报》《心理科学通讯》《外国心理学》《心理学探新》《大众心理学》等全国性的杂志相继问世，大量的心理学教材、专著和译著得以出版发行，心理学基本理论和应用研究都获得较为丰硕的成果。目前，心理学更是进入空前繁荣时期，不仅所有师范大学和一些综合性大学开设各种心理学课程，设立心理学系，培养本科生、硕士生和博士生，而且各种心理学培训班已从学校扩散到社会，从课堂教学发展到慕课网络教学，促进了心理科学在社会各界的迅速普及。各行各业许多干部和群众不仅能够认真学习心理学理论，还注意应用心理学的理论进行管理、培养个性、治疗疾病和提高工作效率。学习、研究和运用心理学的热潮正在国内形成，中国的心理科学正进入蓬勃发展的时期。

三、科学心理学发展的主要派别

在科学心理学建立之初，人们对心理学的研究对象和理论体系众说纷纭，莫衷一是，各家争鸣数十载的结果是学派林立、分歧尖锐。不过这种局面并没有持续很长时间，20世纪30年代以后，各学派间开始取长补短、互相融合，由此产生了许多新的思潮和心理学观点。下面就心理学发展史中的几种主要流派、思潮和观点做简要介绍。

（一）构造主义心理学

构造主义（Structuralism）又称结构主义，主张心理学应以意识结构为研究对象，认为所有的人类精神经验都可以作为基本成分的联合来理解。研究者使用元素分析的方法，试图通过分析感觉的构成因素以及其他组成个体精神生活的体验，来揭示人类心理的潜在结构。

构造主义的奠基人是被誉为"心理学之父"的冯特，构造主义的著名代表人物是冯特的弟子铁钦纳（E. B. Titchener）。作为心理学历史上的第一个学派，构造主义使心理学摆脱了思辨的羁绊而走上了实验研究的道路。但由于它一直囿于纯内省的分析，又不免将自身的发展引入了死胡同。

 拓展阅读

冯 特

冯特（Wilhelm Wundt，1832—1920），德国心理学家，哲学家，现代实验心理学的著名创始人之一。冯特出生在德国巴登的一位牧师家庭里，早年习医。1856年，冯特在海德堡大学获博士学位。1857年到1874年，冯特在该校任教，曾开设生理心理学课程，并出版《生理学原理》。1875年，冯特改任莱比锡大学哲学教授。1879年，冯特创立了世界上第一个心理学实验室。冯特是构造主义心理学的奠基人。他主张心理学研究直接经验，心理学的研究方法只能是实验性的自我观察或内省。冯特用这种方法研究了感觉、知觉、注意、联想等过程，提出了统觉学说。还根据内省观察提出了情感三维说。他还主张用民族心理学的方法研究高级心理现象，这对社会心理学的产生和发展有重要影响。但冯特的哲学思想是混乱的，在身心关系的问题上，他主张精神和肉体是彼此独立的序列和过程，因而陷入了二元论。他一生的著作很多，代表作有《生理心理学原理》《民族心理学》《对感官知觉学说的贡献》《心理学大纲》等。

（资料来源：陈元晖. 教育与心理词典[M]. 福州：福建教育出版社，1988.）

（二）行为主义心理学

行为主义学派是由美国心理学家华生（J. Watson，1878—1958）于1913年创立的，是美国近代心理学的主要流派之一，也是对西方心理学影响最大的流派之一。行为主义体系的基本特点可归结为三点：第一，强调客观观察和测量记录人的行为。他们认为，意识是不能客观观察和测量记录的，所以意识不应该包括在心理学研究的范围内。第二，认为构成行为的基础是个体的反应，而某种反应的形成是经历学习过程的。第三，认为个体的行为不是与生俱来的，不是遗传的，而是在生活环境中学习获得的。行为主义强调研究行为，强调从刺激与反应的关系上客观地研究行为，而不从主观上加以描述。这种研究方法上的客观原则，对当代心理学的发展产生了重大的影响。但是，由于行为主义心理学否定人的心理、意识的观点，以及分析人的行为的机械主义的错误，则对心理学的发展产生了消极的影响。

（三）格式塔心理学

格式塔学派是由德国的心理学家魏特海墨（M. Weitheimer，1880—1943）首创，代表人物有考夫卡（K. Koffka，1886—1941）、苛勒（W. Kohler，1887—1967）等人。格式塔是从德文"Gestalt"音译而来，意思是形状、完形、整体。格式塔学派研究的主要问题是有关知觉的过程。例如，当人看几组竖线时，总是把临近的两条线看为一组，而实际上并没有任何东西决定把两个临近的东西看成一组，因此，这种情况不完全决定于外界，而是人脑中有一些力量把外界的东西组织起来了。格式塔学派深受物理学中的"场理论"的影响，认为人脑中也有一种"场"，"场"中的力量分布，决定着人看外界东西是什么样的。格式塔学派认为个体的任何经验和行为的本身是不可分解的，每一种经验或活动都有其整体的形态。格式塔学派用同型论来解释心理与脑的关系，认为脑内先验地存在一个与感知到的对象同型的格式塔，这个格式塔不受过去经验的影响。格式塔学派这种唯心主义倾向是不可取的。但它重视整体的观点，重视部分之间的联系，带有辩证法的因素，这对克服心理学中机械主义的观点（如构造主义、行为主义）是有贡献的，其整体说思想赢得了多数心理学家的赞同。格式塔心理学对知觉和学习进行了富有启发式的探索，并取得了大量研究成果，为以后知觉心理学和学习心理学的发展提供了重要的理论基础。

（四）精神分析心理学

精神分析学派是由奥地利维也纳精神病医生弗洛伊德（S. Freud，1856—1939）创立的。精神分析学派的理论基础是医学的临床经验，但其理论对以后心理学的发展的影响却超过了其他各个学派，尤其是在关于人格以及心理治疗方面更为突出，故使之成为心理学的一个重要流派。精神分析学派理论的主要特征有4点：第一，其理论根据并不是来自对一般人行为的观察或实验，而是根据对病患者诊断治疗的临床经验；第二，它不但研究个人的意识活动，还进一步研究了个人的潜意识活动；第三，不但研究个人当时的行为，而且追溯其过去的历史，以探明目前行为构成的原因；第四，特别强调人类本能对以后行为发展的重要作用，而且把性冲动看作人类主要的本能。

精神分析学派在发展过程中，弗洛伊德的学说也受到众多的批评，主要是对泛性论的批评。弗洛伊德把性的意义扩大了、泛化了，这也就违背了人类活动的现实，受到大多数心理学家的反对。原来追随弗洛伊德的心理学家不再坚持弗洛伊德的"一切行为决定于性本能发展"的泛性论观点，开始转向重视和研究人格发展过程中的社会文化因素的影响，这些观点和理论被称为"新精神分析理论"。人们对弗洛伊德的理论非议最多，而它的影响也最为广泛。弗洛伊德毕竟提出了一些新概念，拓宽了心理学的领域。直至现在，在心理与精神治疗方面，弗洛伊德的理论仍然有很大的影响。

（五）认知心理学

广义的认知心理学（Cognitive Psychology），包括结构主义认知心理学（如皮亚杰的发生认识论）、心理主义认知心理学（如行为主义逐渐衰落期间主张研究心理、意识等内部过程的理论）和信息加工心理学（Information-Processing Psychology）三种。狭义的认知心理学，则专指信息加工心理学，即用信息加工的观点来解释心理活动。

认知心理学出现在20世纪初，早期以瑞士心理学家皮亚杰（J. Piaget）为著名代表人物。20世纪50年代，信息论、控制论和系统论都曾对它产生过深远影响。1967年，奈瑟尔（U. Neisser）《认知心理学》一书的出版被看作现代认知心理学诞生的标志。认知心理学的研究对象是思维等复杂的心理过程，包括知觉、注意、学习、记忆、问题解决、决策以及语言的使用等。该领域的心理学家发展了一套自己特有的研究方法，如反应时记录法、口语报告法、计算机模拟等。近年来，认知心理学与神经科学结合产生了认知神经科学（Cognitive Neuroscience），它主要研究认知功能的脑机制、认知与神经系统活动的关系、脑发育与认知功能的发展等。有人预言，在21世纪，认知神经科学的研究有望成为心理学发展的主流。

（六）人本主义心理学

20世纪50年代末和60年代初在美国兴起的人本主义心理学（Humanistic Psychology），是由马斯洛（A. H. Maslow）、罗杰斯（C. R. Rogers）等人创立的。它主张研究人的本性、潜能、经验、价值、生命意义、创造力和自我实现，反对心理学中的"第一势力"行为主义的机械决定论和"第二势力"精神分析的生物还原论，故人本主义心理学被称为"第三势力"。人本主义注重人的独特性，对人性持乐观看法，认为人类本性是善的，而且人类本性中蕴藏着无限的潜力。因此，它的研究不只在于了解人性，还探讨了自我成长的需要，并主张改善环境以利于人性的充分发展，以达到自我实现（Self-Actualization）的境界。

人本主义心理学强调人的社会性特点，给人的心理本质做出了新的描绘，为教育心理学、发展心理学、心理咨询和治疗等领域孕育了一条富有创新性的人本主义路线和方法。但其理论主要由思辨得出，不能通过实验予以证明，且使用的术语缺乏明确的界定，因此仍有一定的局限性。

（七）进化心理学

进化心理学（Evolutionary Psychology）也称人类心理生物学，是近年来在西方心理学中出现的一种新的研究取向，其主要创始人是美国当代心理学家巴斯（D. Buss）。进化心理学在很大程度上受到达尔文自然选择进化论的影响，认为人类的心理能力和生理能力一样，在经过了几百万年的演化后已经形成了对环境特定的适应性。这种理论主要考察人类的冲突、择偶、利他等行为的演化问题。进化心理学认为，心理是人类在解决生存和繁殖问题的过程中演化形成的，心理学的研究应受进化论的指导。该理论关注遗传倾向和生理特性对人们行为的影响，以及在进化过程中人类在面对环境压力时怎样改变自己的行为以适应生存的需要。由于它以漫长的进化过程作为理论探讨的中心，所以常因无法通过实验证明自己的观点而受到质疑。进化心理学虽然具有一定的合理性，但大多数心理学家仍然相信，人的社会行为更多地受文化和环境因素的影响，纯粹的生物因素并不能完全决定个体的心理状况。

四、心理学的发展现状

心理学成为独立的学科以后，学派纷争的局面并没有持续很长的时间，大约从 20 世纪 30 年代以后，各派别之间就出现了互相吸收、互相融合的新局面。第二次世界大战后，心理学的发展极其迅速，在发展方向上，各心理学派别由对立趋于协调、互补，不再坚持用独家理论来解释所有的事实，而是博采众长，并放弃了追求普遍的大而全的理论，转向能解释某一方面心理活动的小型理论，通过小型理论逐渐扩大到统一的普遍理论。在这种形势下，心理学中学派之争已不再明显，而是以范式、思潮、发展方向影响心理学的各个领域。总体上看，现代心理学表现为以下三个特点。

（一）派系融合，兼收并蓄

比如新行为主义修正了行为主义的极端观点，正视意识、内部加工过程的存在，承认在刺激和反应之间存在"中间变量"，并将行为主义的公式 S-R 修正为 S-O-R；后来的格式塔学者也承认了后天经验的作用，修正了格式塔主义者过分强调先天倾向的极端观点；新精神分析派的学者不像弗洛伊德那么强调先天倾向，不像弗洛伊德那么强调性欲望的动力作用，而更多重视社会文化因素的作用，强调了环境与人的关系和影响。各派的棱角逐渐被新认识、新观点磨掉，派系之间的区别逐渐缩小，学派的特色开始消失。现在我们再也看不到一本像 20 世纪 30 年代前的"行为主义"或"格式塔心理学"之类的高举某个派系旗帜的书籍。现代的心理学教科书总是把行为主义、格式塔心理学、精神分析等各家各派的观点加以逐一介绍或分散到各章中去加以评价。尽管学派遗产继续流传，但是学派已成为历史的东西，而新的观点、新的发展则建立在兼收并蓄各派精华的基础之上。比如 20 世纪 50 年代末以后兴起的认知心理学，就是吸收了各家之长，融会为一体而蓬勃发展的。现代认知心理学既承认中间环节（即经验的作用），也考虑认识的能动性，力图探明人类知识的获得、贮存、转换直至使用的完整规律。

由于心理学历史短暂，基础薄弱，加之研究对象的极端复杂性，现代心理学需要各学派的努力，排斥哪一个学派和哪一种方法，都会使这门科学的整体有所逊色。同时，心理学进一步发展需要它摆脱历史争论，求同存异，互相补充，互相增益，只有这样，心理学才能走上新的发展阶段。现代心理学正处在这个新的发展时期。

（二）学科融合，促进发展

心理学吸取了其他学科尤其是新兴学科的新成果、新技术，促进了自身的发展，拓宽了研究的范围，并加深了研究深度。

计算机科学、信息论、系统论等新兴科学对现代心理学的发展产生了重大影响。计算机科学提供了机器模拟法，使探索内部心理过程和状态有了新的途径。现代认知心理学采取了在观察基础上提出对认知的内部加工过程和结构的概念化模型，根据这种模型进行假设、预测，再按照验证结果调整模型本身。一直困扰心理学家的"黑箱"因此有了探索的新途径。信息论提供了信息、信息量、信息编码等有用的概念和测量信息量的数学方法，使研究人的认知过程可采用信息和信息量的概念来描述和说明，避免了笼统的刺激概念。控制论的反馈概念对说明人类行为的自我调节产生了根本性的影响，使传统的反射弧概念变为反射环概念。计算机、脑电图技术、脑功能成像、录音、录像等现代化手段、各种现代心理仪器，使心理学的研究有了不同以往的发展。随着现代科学的发展，心理学日益渗透到各个研究领域，在心理学和其他学科的结合下，新兴的边缘学科陆续出现。比如在认知心理学与计算机科学之间产生了人工智能；在语言学与认知心理学之间产生了心理语言学；在神经生理学与心理学之间产生了神经心理学……这种发展趋势，标志着心理学正朝纵深和横向发展。

（三）注重应用，日益广泛

随着社会生产和社会生活的发展，人们对心理学的需要日益迫切，这促使心理学从大学讲坛和研究机构的实验室里走出来，与实际生产、生活相结合。

人们应用心理学为政府制定政策，提供参考性的意见，比如欧洲共同体采用"消费者态度指数"作为预见商业周期转折的可靠指标，并用于制定经济规划。

运用心理学所作的市场预测和政府政策的态度测量，取得人、财、物等多方面的资料，从而更准确地把握社会发展动向。比如美国工业界对工业心理学十分重视，大公司一般都设有工业心理学研究机构，拥有现代化设备的实验室。美国电报电话公司有心理学家300多人，他们的工作在改进产品、协调人际关系、提高工效、防止事故、搞好人事管理、合理使用人力资源等方面起了重大作用。

保障人的心理卫生成为心理学实际应用的另一个重要方面。比如应用心理治疗技术对精神病患者提供临床服务和对心理失调者提供咨询服务。

在心理学比较发达的国家，如西欧和北美的部分国家、日本、澳大利亚，心理学为劳动者提供职业选择和训练，提高对工作的适应能力，减少事故和工作环境中的紧张，帮助人们正确估价和改善工作的满意程度。

应用心理学还为在校学生提供心理调节、心理健康服务。应用心理学也为社会人士提供戒毒、戒烟、戒酒等服务。

心理学在教育教学中的应用是最早开始的，在现代更是迅速发展，许多教学原则、教育方法都离不开心理学原理，在许多国家，心理学是教育工作者的必修课。

总之，心理学的广泛应用促使心理学的新分支越来越多。工业管理和组织的需要产生工业心理学，商业流通的需要产生商业心理学，学校教育的需要产生学校心理学，太空探索的需要产生航天心理学等。各种应用性心理学的产生又进一步促进了心理学的实用性。现代心理学再也不是少数哲人的思考和言论，它与人们的社会生活的关系越来越密切。

★真题链接★

单项选择题
1.3 行为主义心理学的创始人是（　　）。
A. 华生　　　　　B. 铁钦纳　　　　C. 詹姆斯　　　　D. 罗杰斯
1.4 弗洛伊德是（　　）心理学的代表人物。
A. 构造主义　　　B. 机能主义　　　C. 精神分析　　　D. 人本主义
1.5 1879年，（　　）在德国莱比锡大学建立心理实验室，标志着心理学成为一门独立的科学。
A. 冯特　　　　　B. 桑代克　　　　C. 华生　　　　　D. 特曼

第五节　心理的实质

心理现象既然是心理学的研究对象，那么搞清心理现象的本质就显得十分必要。什么是人的心理？对这个问题历来有许多不同的看法，其间也充满着唯心主义和唯物主义、机械唯物论和辩证唯物论之间的斗争。有的认为心理是一种特殊的、神秘的、不可知的、与身体没有任何联系的东西，是灵魂的作用；有的认为心理是世界的本源；有的认为人脑产生心理，如同肝脏分泌胆汁一样；有的则把人的身体比作一架机器，认为心理像照镜子一样，是脑对客观现实的机械反映；有的把人和动物等同起来，忽视人的社会性本质。上述各种观点都不能正确揭示人的心理的实质，只有辩证唯物主义的心理观是唯一正确的心理观，辩证唯物主义对人的心理实质做出了科学的解释。辩证唯物主义认为：人的心理是客观现实在人脑中的主观映象。

一、心理是脑的机能，脑是心理的器官

人的心理到底是由什么器官产生的？在古代长时期内，这一直是一个争论不休的问题。

由于当时科学发展水平的限制，人们往往把心脏看成心理活动的器官，认为心理是心脏的机能。因为，人们在各种不同的心理状态下，感觉到的是自己心脏活动的差异，因此产生了"胸有成竹""满腹经纶""心中有数"等成语；一些与精神活动有关的字也带有"心"部，如思、念、想、怨、忿等，并一直沿用到今天。直到18世纪前后，由于科学的发展和对于脑的知识经验的积累，人们才逐渐正确地认识到"脑是心理的器官"。

日常生活中，人们发现，当人或动物的头部受到创伤时，精神活动遭到破坏，出现不正常现象；人处在睡眠、醉酒或药物麻醉状态时，心脏活动与清醒时并无多大差别，但脑的活动却有很大变化（表现在脑电波的变化上），同时也就影响了人的心理活动的变化。

临床上研究人员也发现，精神病人的心理活动与正常人相比，差别很大，而他们的心脏机能却与正常人相同；一个心脏机能正常的人，如果大脑受到损伤，心理活动就会部分或全部丧失。如枕叶受损，就可能失明；颞叶受损，就可能变聋；人的大脑受到剧烈的震荡，也会导致人的心理活动的异常，如产生幻觉、错觉、遗忘症等。人处在不同的心理活动状态下，大脑的脑电活动不同，表现出不同的脑电图。

到了19世纪，脑是心理的器官也由大量的生理解剖实验得到证明。1861年，法国医生布洛卡（Broca）解剖了一个"失语症"患者的脑，发现他的左脑半球下额回的一个部位的神经细胞遭到损坏，证明了脑的这个部位与人的语言表达有关。

总之，心理是人脑的机能，人脑是心理产生的器官。

二、心理是客观现实的反映

脑是心理的器官，心理是脑的机能，但人脑本身并不能独立地产生心理，人脑只是人的心理产生的物质前提，为人产生心理活动提供了可能性，而要把这种可能性变成现实，必须依靠客观现实。

（一）客观现实是心理的源泉

客观现实是指独立于人的心理之外、不依赖于人的心理而存在的一切事物，包括自然条件、社会环境和人体自身及其内部的生理状态。客观现实以各种不同的形式直接或间接地作用于我们的各种感觉器官，引起脑的活动，于是就产生了心理现象。所以说，人的心理现象是客观现实作用于人脑的产物。没有客观现实这个被反映者，就不可能有心理这种反映形式存在。人的心理现象，无论是简单还是复杂，其内容都来自客观现实。例如颜色感觉是光波作用于我们眼睛的结果；声音的听觉是声波作用于我们耳朵引起的，这是最简单的心理现象。而复杂的心理现象，如思维活动也是在实践活动提供第一手感性材料的基础上进行的，从而揭示事物的本质和内部规律，形成各种观点、理论等，甚至神话中虚构的荒诞现象，构成它的原材料也来自客观现实，例如《西游记》中塑造的孙悟空、猪八戒的形象，只是把猴子、猪的形象拟人化而已。所以说，人的心理活动内容来自客观现实，客观现实是人的心理活动内容的源泉。

（二）心理是对客观现实主观、能动的反映

人的心理是对客观现实的反映。从其内容和源泉及其产生方式来看是客观的，只是对客观现实的反映总是通过具体的人来进行的。外界信息经过各种感觉通路进入人脑，大脑就像一个信息加工厂，经过筛选、组合，做出个人特有的反映。由于不同人的年龄特征、生活经历、知识经验、态度、需要、兴趣、个性特点、世界观以及当时的心理状态千差万别，因此对同一客观现实的反映会有所差异，带有个人的主观性。无论是在反映的选择性、准确性，还是反映的全面性、深刻性上，每个人都会表现出不同的特点。"有一千个读者，就有一千个哈姆雷特。"一个林木专家和一个普通人看同一棵树，由于两者的知识经验不同，林木专家看到的细节要多得多；而一个艺术家和一个木材商看同一棵树，由于两者的需要不同而各具眼光，前者抱美学欣赏的态度，后者持经济价值的观点。外界的刺激要转变为个人的心理映象，一定要经过这个内部主观世界的加工作用，客观事物经过大脑加工总是带有鲜明的个人特点。所以，人的心理可以说是客观现实的主观映象。

同时，人对客观现实的反映，不是像照镜子那样，消极被动地反映对象，而是人与客观现实的相互作用的积极的能动的过程。人在反映客观现实时，是以过去的知识经验，经过分析与综合，对当前的反映进行检验、修正和补充，使主观映象更符合于它反映的客观现实。因此，人对客观现实的反映，不仅能反映事物的表面现象和外部联系，还能反映事物的本质和规律性。既然认识了客观事物的本质和规律性，那么就能利用科学规律拟定活动计划，采取一定的态度，并且表现出克服困难的意志行动，来实现预定的计划，改造客观现实。所以说，人在改造客观现实的过程中，也在改造自己的主观世界。人对客观现实自觉地、能动地反映，这就是意识，这是人区别于其他动物的特有的心理现象，它能反映事物的本质，其不仅具有能动性，还具有创造性。所以，在与客观现实的相互作用中，人能够创造性地改造世界。

三、人的心理是在社会实践中发生发展的

心理活动依赖着人的大脑和客观现实，心理正是在这两者的相互作用过程中产生的，而这种相互作用的过程是在社会生活实践中进行的。

人类发展和意识起源的研究表明：人的心理是在社会生活实践中产生和发展的。

劳动创造了人，使动物心理变为人的心理，劳动促进了人脑的发展和抽象思维能力的提高。而人脑的发展和人的抽象思维的发展是人的心理、意识产生的必要条件。同时，在社会集体性的劳动中，人们要相互交往、相互影响、相互交流思想，于是逐渐产生了有声的语言这个交流思想的工具。人的心理之所以能够发生和发展，跟语言的发展也是分不开的。而个体心理能否正常地、健康地发展，也取决于他的社会实践和生活。如果一个人从小长期脱离人的社会生活实践，即使他有健全的大脑，也不会发展出正常人的心理。

例如，1920年，印度发现的"狼孩"卡玛拉。她有一个完整无损的人脑，但由于从小脱离了人的社会生活，没有言语交际，结果她的心理没有得到健康发展，不能像人那样劳动和思维。她长到8岁，心理发展水平只相当于6个月的婴儿。返回人类社会后，虽然人们为她提供了精心的教育条件，但也没能补偿，卡玛拉17岁死亡，其心理发展水平只相当于4岁的儿童。

不仅如此，即使长大成人后，一个人若长期脱离人的社会生活，也将使其已形成的正常的心理失常。例如在抗战期间，日本帝国主义曾强行掳掠我国大批同胞到日本服劳役、当劳工，其中之一的刘连仁不堪忍受在日本矿山的奴役劳动，便潜逃于北海道深山之中，过了13年茹毛饮血的穴居野人生活。1958年，他回国时，听不懂也不会说汉语了，其心理也受到了严重损害。

可见，人的心理是在人的社会实践中发生发展的，也受社会实践的制约。人只有经常接触社会，与人交往，参加各种社会活动，才能从对事物的表面的认识发展到对事物的本质的认识，对客观事物产生一定的态度和情感。也正是由于实践活动的多样性，人们才形成不同的个性特征。因此，实践活动是人的心理赖以产生和发展的客观基础。

★真题链接

单项选择题

1.6 "一千个人的眼里有一千个哈姆雷特"表明人的心理具有（　　）。

A. 客观性　　　B. 主观性　　　C. 目的性　　　D. 社会性

填空题

1.7 科学心理学认为，心理是_____的机能。

复习思考题

1. 心理学研究的对象是什么？具体包括哪些内容？
2. 心理学研究应遵循哪些原则？研究的方法有哪些？
3. 师范生学习心理学的意义是什么？
4. 辩证唯物主义是如何理解心理实质的？

第二章 意识与注意

本章学习目标
理解意识、注意的概念,明确注意不是一种独立的心理过程;
理解注意的功能及注意的表现形式;
明确有意注意与无意注意的区分;
掌握注意品质并利用注意规律进行教学活动。

核心概念
意识、注意、无意注意、有意注意、注意广度、注意的稳定性、注意分配、注意转移

第一节 意识概述

一、什么是意识

意识既是一个哲学的概念,也是一个心理学的概念。从心理学的角度来说,当前对意识的研究主要包括觉知、高级心理机能、意识状态三个方面。

觉知是人以感觉、知觉、记忆和思维等心理活动过程为基础的系统整体地对自己内部身心状态觉察以及对外界事物的反映。意识是在觉醒状态下的觉察,既包括对外界事物的觉知,也包括对自身内部状态的觉知,以及对这些心理活动的内容和对自身行为的评价。比如,在清醒状态下,我们知道自己在看什么、听什么、想什么、做什么;也知道自己现在是一种什么样的状态,是渴了、饿了,还是不渴、不饿,是愉快,还是悲伤;还能支配自己的行动,去达到一定的目标。

意识是人类大脑所特有的高级心理机能,是人的心理和动物心理的根本区别。意识是人所特有的对客观现实的高级心理反映形式,是人类所特有的心理现象,也是人的心理最集中、最本质的体现。意识可以界定为基本、中间、高级这三个不同的水平。基本水平是对内部和外部世界的觉知;中间水平是对所觉知的反应;高级水平是对自己作为

一个有意识的，会思考的个体的觉知。意识具有重要的心理机能，它对人的身心系统起着统合、管理和调节的作用。例如，人们可以有选择地注意，把自己的心理活动指向于某些对象而避开某些对象，以适应感觉通道的容量，因为我们的感觉器官接受外界信息的容量是有限的。意识的调节作用，可以使我们的心理活动得以集中、有效；人也可以利用过去的经验，对现在输入的信息做出最佳的判断和解释，从而指导行为，使人能更好地适应环境。

意识状态是指个体正在进行的心理活动，既指单一的心理状态，也指各种并行心理过程的集合。觉醒与睡眠属于不同意识状态，意识状态之间因活动因素而相互切换。

二、什么是无意识

无意识，也称潜意识，是指生命历程中已经发生，但目前未被觉察的心理活动。无意识是相对于意识而言的，是人们已经发生但并未达到的意识状态，是没有觉察到的心理活动过程，是深藏于个体内心的、无法直接触及的部分。它既包括对刺激的无意识，也包括无意识的行为。并不是所有的作用于感觉器官的外界刺激都能被人们意识到，也不是所有的活动都在意识的控制之下，视而不见、听而不闻的现象经常会发生，这是无意识影响的结果。

由于感觉通道容量的限制，人们在一瞬间能够觉察到的事物是非常有限的。处在意识范围之外，但又作用于感觉器官的刺激是存在的。例如，正在专心致志排练新年晚会节目的同学，虽然旁边有人大声说话，但他并没有听清别人在说什么，因为这些声音虽然进入了这位同学的耳朵，但是都在他的意识的范围之外，所以他就没听到，这就是对刺激的无意识。

一些熟练动作、技能往往会自动地进行而不在人的意识控制之下。例如，骑自行车是一种熟练的动作，天天骑，已经达到自动化的地步。人们完全不必注意自己怎么踩脚蹬、怎么扶车把，这些动作都在顺利地完成着，车子会正常地行驶，也就是骑自行车的动作不需要意识的控制也能正常地进行下去，这是对行为的无意识。如果路况发生了变化，人们便会及时地把注意转移到骑车的活动上，有意识地对自行车加以控制，以适应路况的变化。

无意识包括个体的原始冲动、本能及欲望，这些内容因为同法律道德及社会习俗相悖，被排挤到意识之外，只好被压抑在潜意识中，无法直接得到满足。当原始的、不被接受的想法或冲动的内容被压抑，排除在意识之外时，虽然不被我们觉察，但是与这些被压抑的内容联系在一起的强烈的情感仍然存在并影响着行为。当无法用意识来解释你的某些行为时，也许潜意识能解释。人的行为能够被意识不到的驱动力所引发，人们可能在不了解原因，或者说不了解直接导致一个行为的真正理由的情况下，做出某种行为，人们也可能有一些口误、奇怪的梦境，这都源于无意识的影响。

三、什么是前意识

在意识和潜意识之间还有前意识，即潜意识中可被召回意识的部分。前意识包含可通过主观努力达到意识层面的心理内容，但前意识不会持续地保持在觉知状态或觉知的范围内，是由一些可以经由回忆而进入意识的经验所构成。前意识在意识和潜意识之间从事警戒任务，它不允许潜意识的各种兴奋、冲动随意到达意识，要对这些兴奋、冲动加以考察、检验。它不赞同的兴奋、冲动就不能进入意识。潜意识中的内容进入意识领域必须经过前意识，并借助前意识的某种形式才能实现。

第二节　注意概述

一、什么是注意

（一）注意的概念

注意是心理活动或意识活动对一定对象的指向和集中。指向性和集中性是注意的两个基本特征。注意是在意识状态下完成的，注意是人们清晰地认识事物和做出准确反应的保证，是人们获得知识、掌握技能、完成各种智力活动和实际操作的重要心理条件。它与认知过程、情绪情感过程、意志过程难以分开，是一切心理活动的共同特征。外部世界纷繁复杂，随时随地都有大量的刺激作用于感觉器官。但是，感觉器官接受外界刺激的能力又是有限的，因而人就要有选择地接受外界刺激，对这些所选择的刺激进行精细的加工。人的意识的这种属性就是注意。

（二）注意的特点

1. 指向性

注意的指向性表现出人的心理活动具有选择性。这种指向性是指由于感觉器官容量的限制，心理活动不能同时指向所有的对象，而只能选择某些对象，舍弃一些对象。比如我们在看电视、电影时，对于主要演员的一言一行都清清楚楚，可是如果问你某个群众演员在某个情节做了什么，估计绝大多数人是回答不上来的。这就是因为在看电视、电影时我们的注意是指向主要演员的。

2. 集中性

注意的集中性是指人的心理活动能全神贯注地聚焦在所选择的对象上。它表现在心理活动的紧张性和强度上。注意的集中性不仅指离开与活动对象无关的东西，还包括对干扰活动对象的刺激进行抑制，以保证注意的对象能得到比较鲜明和清晰的反映。例如，学生在听他喜欢的课时，总是比较长久地把心理活动保持在教师的讲述上，而对周围发生的事物视而不见，听而不闻。所以，一个人在注意某些对象时，同时便离开了其他的对象，集中注意的对象总是处于注意的中心，其余的对象有的处于"注意的边缘"，多数处于注意范围之外。

指向和集中是同一注意状态下的两个方面，两者是不可分割的。例如，学生上课听讲，他的心理活动不是指向教室里的一切事物，而是有选择地指向教师的讲课内容，并且比较长久地保持在听课活动上，同时离开与听课无关的事物，并且对妨碍听课的活动加以抑制，这样才能对教师的讲课有清晰、完善的反映。

（三）注意是心理活动的共同特性

注意本身不是一种独立的心理过程，它只是表现于人的心理活动中，是心理活动的共同特性。注意只是心理活动的一个动力特征，是心理过程的一种伴随状态。注意不反映任何事物，也不反映事物的任何属性，注意是伴随着认识、情感和意志等心理过程发生的。同时一切心理活动的进行也离不开注意。

任何心理过程的开端，总是表现为我们的注意指向于这一心理过程所反映的事物。但是，注意并不反映这个事物的任何属性，它只保证使所选择的对象处于心理活动的中心。在心理过程开始之后，注意并不消失，它伴随着心理过程，保证着心理过程能顺利地进行。如果离开了心理过程，注意就失去了内容依托，注意是各种心理过程的共同属性。平常我们所说的"注意"，实际上是省略了看、听、想等这些心理过程，说完整了应该是"注意看""注意听""注意想"。我们平常所说的"注意来往车辆"，并不是说注意本身就是独立的反映过程，而是由于习惯，把"注意看来往的车辆"中的"看"字给省略了的缘故。离开了心理过程也就不存在注意的现象。因此，注意并不是独立的心理过程，它只能起着维持某种心理活动，使这种心理活动不断地深入的作用。我国古代思想家荀子曾说："心不在焉，则黑白在前而不见，雷鼓在侧而不闻。"(《荀子·解蔽》)任何心理过程离开了注意都将无法进行。

注意虽然不是一种独立的心理过程，但注意能使所选择的对象处于心理活动的中心，并加以维持。注意是人们获取知识、掌握技能、完成各种智力操作的重要条件，也是人们进行心理活动的一个必要条件。只有在注意状态下人们才能有效地监控和调节自己的行为，从而顺利完成活动，实现预定目标。

单项选择题

2.1 注意的两个最基本的特点是（   ）。
A. 指向性与选择性　　　　　　　　B. 指向性与集中性
C. 紧张性与集中性　　　　　　　　D. 紧张性与选择性

2.2 "心不在焉,则黑白在前而不见,雷鼓在侧而不闻",说明人的心理过程离不开(　　)。
A. 感知　　　　B. 记忆　　　　C. 注意　　　　D. 思维

二、注意的功能

注意作为一种复杂的心理活动和积极的心理状态,它主要有以下几种功能。

(一) 选择功能

选择功能是注意的基本功能。客观世界中存在着大量的刺激,注意使心理活动选取有意义的、符合当前需要的刺激,排除或抑制不重要的、无关的刺激。注意的选择功能使心理活动具有一定的方向性。从这个意义上说,注意为人的认识活动设置了一道过滤机制,使人们能在纷繁复杂的刺激面前做出有意义的选择,为人们更好地适应和改造环境提供了条件。注意帮助我们选择有意义的、符合需要的、与当前活动相一致的刺激,避开与之无关的、干扰当前活动的各种刺激,并抑制对它们的反应。

(二) 保持功能

大量信息输入后,必须经过注意才能使刺激信息在意识中得以保持,否则就会很快消失。注意对象的映象或内容保持在意识中,人的大脑才能对其做进一步的加工,直到任务完成为止。如果注意的对象转瞬即逝,正常的心理活动也就无法进行。

(三) 调节和监督功能

注意最重要的功能是对活动进行调节与监督。注意能调节和控制人的心理过程,监督所从事的活动,使其行为向着一定的方向和目标进行,尤其是当外界情境、本身状态或反映对象发生变化时。注意这种心理现象促进心理过程各方面的调整,使人的心理活动处于一种积极的状态。如生活、学业所致的紧张、焦虑等都可以用注意去调整。

★真题链接★

单项选择题

2.3 注意最重要的功能是(　　)。
A. 选择功能　　　　　　　　B. 保持功能
C. 对活动的调节和监督功能　　D. 指向和集中功能

2.4 "众里寻他千百度。蓦然回首,那人却在,灯火阑珊处。"这一情形可以归结为注意的(　　)功能。
A. 保持　　　　B. 调节　　　　C. 监督　　　　D. 选择

三、注意的外部表现

人在注意时,常常伴随着特定的生理变化和某些外部的动作或行为,这些外部的动作或行为称为注意的外部表现。这些外部表现可以作为研究注意的客观指标。

注意的外部表现主要有以下几种。

(一)适应性动作

这是人在注意时最明显的外部表现。人在注意时,有关的感觉器官总是朝向注意的对象,以便得到最清晰的印象。例如,当人们在注意听一个声音时,总是把耳朵转向声音的方向,即所谓"侧耳倾听";人们在观察某个物体时,总是把视线集中在该物体上,即所谓"举目凝视";当人们沉浸于思考或想象时,总是"托颔沉思";等等。

(二)无关动作停止

人在高度集中注意时,无关运动会暂时停止,这是注意的一种特征。当人在注意时,除了感觉器官朝向刺激物外,身体肌肉也处于紧张状态,这时多数无关的动作停止下来。例如,学生上课专心听讲时,全神贯注地盯着老师,就不再有交头接耳等小动作。

(三)呼吸运动的变化

人在集中注意时,呼吸变得轻微而缓慢,并且会出现吸气变短、呼气延长。当注意力高度集中时,甚至会出现呼吸短暂停止的"屏息"现象。此外,人在紧张注意时,还会出现心跳加速、牙关紧闭、拳头紧握等现象。

人们可以根据一个人的外部表现来推断他的注意状况。但是,有时注意的外部表现可能与内部状态不相符。比如,通常所说的"心不在焉",就是指注意貌似集中于某一事物,而心理活动实际上指向另一事物,即注意的指向与感官朝向不一致。

四、注意的生理机制

注意就其产生方式来说,是有机体的一种定向反射。所谓定向反射,是指当新异刺激出现时,有机体将有关感受器转向新异刺激的方向,以便更好地感知这一刺激。定向反射是注意最初级的生理机制。

注意是不同脑区协同活动的结果,既与大脑皮层的活动有关,也与皮层下结构的活动有关。注意需要机体处于觉醒状态,没有觉醒就不可能产生注意。觉醒状态主要靠网状结构的上行激活系统来维持。网状结构是指从延髓到丘脑之间的弥散性的神经网络,它对于维持大脑的觉醒状态具有重要意义。实验证明,对网状结构施以广泛的电刺激,能迅速地激活大脑皮层,甚至可以使动物从睡眠中唤醒。而这一区域受到损伤的病人,往往会陷入昏睡，无法对外界的各种刺激发生反应。注意还需要边缘系统和大脑额叶的参与。临床观察表明，额叶严重损伤的患者，不能按言语指令集中注意，容易分心，对环境中的新异刺激过分敏感，不能抑制无关刺激的干扰，因而也就无法维持对特定信息的注意。

近年来，认知神经科学领域的研究发现，当注意指向一定的认知目标时，不仅提高了对目标进行加工的功能性神经结构的激活水平，还抑制了对目标周围的分心物进行加工的神经结构的活动。这说明对无关信息的抑制也是选择性注意的重要机制，从而说明注意是一个激活与抑制的双重加工过程。

第三节　注意的分类

根据注意的产生有无预定目的，以及保持注意时是否需要意志的努力、意志努力程度，可以把注意分为无意注意、有意注意和有意后注意三种。

一、无意注意

（一）什么是无意注意

无意注意又称为不随意注意，是指事先没有预定目的，也不需要意志努力的注意。

无意注意是在新异刺激的直接影响下，个体不由自主地对该刺激给予关注。例如，学生正在教室认真听课，门外突然进来一个人，学生就会不由自主地向来人看去；大街上突然出现一声巨响，行人都会禁不住四处张望。

无意注意是一种定向的探究反射，用于有机体把相应的感受器官朝向环境的变化，注视着、倾听着有关的新事物，力图更清楚、更全面地查清刺激物的性质，弄清刺激物的意义和作用，从而使有机体在这种环境中确定活动的方向。

单项选择题

2.5　王老师讲课时，迟到的王兵突然推门而入，同学们不约而同地把目光投向他。学生的这种心理活动属于（　　）。

A. 无意识记　　　B. 有意识记　　　C. 无意注意　　　D. 有意注意

（二）影响无意注意的因素

一般认为，容易引起无意注意的因素主要有两个方面，一是客观刺激物的特点，二是人本身的状态。

1. 刺激物的特点

（1）刺激物的新异性。刺激物的新异性是引起无意注意的重要原因。新颖的、异乎寻常的刺激很容易成为无意注意的对象；相反，刻板的、单调的刺激物则很难引起人的无意注意。刺激物的新异性可以分为绝对新异性和相对新异性，前者是指人们从未经历过的事物，后者是指各种熟知刺激物的奇特结合。在日常生活中，引起人们无意注意的更多的是刺激物的相对新异性。

新异刺激物引起人们的注意，也依赖于人们对它的理解程度。如果人们对当前这种新奇的东西，一点也不理解，虽然可能一时引起注意，但很快就会失去效果，不能长时间地吸引人。如果人们对当前这种新奇的东西，有一些理解，但又不完全理解，为了求得进一步的理解，于是引起了人们强烈的注意。人们对这种稍微有所理解的新奇的东西，不仅特别关注，还能长时间地维持这种关注。

根据这个道理，教师在讲每一堂课时都必须增加新的内容，而新内容又不能脱离学生已有的知识基础，必须与学生已有知识联系起来。这样，不仅可以紧紧地抓住学生的注意，还可以长时间地维持学生的注意。

（2）刺激物的强度。一般来说，刺激物强度越大，越容易引起人们的无意注意。强烈的刺激，如巨大的声响、耀眼的光线、浓烈的气味，都会引起人们的无意注意。

在无意注意中，刺激物的相对强度往往比刺激物的绝对强度更有意义。比如，在寂静的夜晚，轻微的耳语就能引起人的注意；但在炮火连天的战场，连雷声都很容易被忽略。根据这个道理，学校应远离公路，设在比较安静的地方，音乐教室和操场应距离教室和图书馆远一些，使教室和图书馆保持安静。这样，学生方能集中注意进行学习。

（3）刺激物的活动和变化。在静止的背景上，变化着的和活动着的刺激物容易引起人的无意注意。例如，夜空中一闪而过的流星，大街上一明一暗的霓虹灯，都很容易引起人们的注意。刺激物的活动和变化情况还经常表现为刺激物的突然出现和停止，这种情况更容易引起无意注意。例如，教师在讲课过程中，偶然遇到课堂秩序紊乱，立刻停止讲课，这种刺激的突然停止就能引起学生的无意注意而使课堂秩序得以恢复。再如，教师在讲课时语调不宜平铺直叙，声音不宜一样大小，语气和声调都应有所变化，抑扬顿挫，而且辅助必要的手势，这样就容易引起学生的注意。

（4）刺激物之间的对比关系。某一种刺激物在强度、距离、大小、形状、颜色、声音或持续时间等方面与周围的其他事物具有显著差异，形成鲜明的对比，就容易引起人的无意注意。例如，许多圆形中的一个三角形，鹤立鸡群，万绿丛中一点红，许多断断续续而短促的声音中的一个长而持续的声音，都容易引起人的注意。

根据这个道理，教师讲课时要突出重点，要加强语气，要适当重复，不仅要口头讲解，还要在黑板上写出，这样就可以吸引学生注意。

2. 人本身的状态

虽然，无意注意主要是由外界刺激物所引起的，但是也依存于人本身的状态。同样的外界事物，由于感知它们的人本身的状态不同，就可能引起一个人的注意而引不起另一个人的注意。属于人本身的状态的因素有以下几个方面。

（1）需要和兴趣。凡是能满足人的需要、符合人的兴趣的事物，就容易成为无意注意的对象。例如，人们天天看报，所注意的消息往往有所不同：从事文教工作的人，总是更多地注意文教方面的报道；从事体育工作的人，总是更多地注意体育方面的新闻。之所以如此，就是因为人们的需要、兴趣的不同。章回小说的作者常常在描写关键而紧张的情节时，突然有意停止，说道："要知后事如何，且听下回分解。"这样就会引起读者对小说的持久注意。

（2）情绪状态。人当时的情绪状态，在很大程度上影响着无意注意。如果一个人当时心胸开朗，心情愉快，平常不大容易引起注意的事物，这时也很容易引起他的注意。如果一个人郁郁寡欢、无精打采，平常容易引起注意的事物，这时也不会引起他的注意。所谓"视而不见""听而不闻"，有时就是产生在这种情绪状态下。

（3）健康状况。当人们患有疾病过于疲劳或者处于瞌睡状态时，常常不能觉察到那些在精神饱满时很容易引起注意的事物，而身体健康、精神饱满的人最容易对新事物发生注意，同时也能集中、持久地注意。

（4）知识经验。个人已有的知识经验对保持注意有着巨大的意义。前已述及，新异刺激物容易引起无意注意，但要保持这种注意则与一个人的知识经验密切相关。因为新异刺激物固然能引起人们不由自主的注意，但如果人对它一点也不理解，即使能一时引起注意，也会很快失去兴趣。如果人对新异的刺激物有一些理解，但又不完全理解，为了求得进一步的理解，就能引起长时间的注意。

现实生活中，客观刺激物的特点和人的本身的状态这两个因素并不是孤立地发挥作用，而是常常紧密结合在一起，共同对无意注意的产生起作用。

单项选择题

2.6 喧嚣的闹市中，大声叫卖未必能引起人的注意，但在安静的教室中小声交谈就可能引起人的注意。这是因为（　　）。

A. 注意具有集中性的特点　　　　B. 注意具有稳定性的特点
C. 新颖的刺激更易引起人的注意　　D. 刺激物的相对强度对注意产生的影响

2.7 夜空中划过的流星，容易引起我们的无意注意，引起注意的原因是（　　）。

A. 刺激物的活动与变化　　　　B. 刺激物的复杂度
C. 刺激物的强度　　　　　　　D. 刺激物的对比关系

二、有意注意

（一）什么是有意注意

有意注意也称随意注意，是有预定的目的、需要付出一定意志努力的注意。有意注意是一种积极主动、服从于当前活动任务需要的注意，这种注意不仅指向个人乐意要做的事情，还指向他应当要做的事情。例如，我们在学习上即使遇到困难或不感兴趣的东西，也都坚持聚精会神地学习，这是有意注意。有意注意是受意识的调节和支配的，对于学习和工作来说，它有较高的效率。

有意注意是人类独具的高级的注意形式，它是在人的实践活动中发展起来的。在个体发展的过程中，有意注意最初是通过儿童与成人的交往而实现的。成人的言语指示帮助儿童从周围的对象中分出某种由成人命名的物品，使儿童的注意产生选择性的指向，并使儿童的行为服从于活动或与该物品相联系的任务。这时，儿童必须注意指示所要求的物品或物品的某些特征而离开自己的直接意向。随着儿童的成长，儿童开始把自己的行为建立在自我命令的基础上。起初，儿童的自我命令以外部言语的方式来支持自己的注意。在随意注意进一步发展的进程中，这种外部支持便逐渐内化、简约化，转变为内部言语的方式来控制、调节和维持意识的稳定选择。在有意注意中，言语（外部言语和内部言语）起着重要的作用。假如一个人缺乏有意注意的能力，那他想要在学习、工作中取得成功，几乎是不可能的。

（二）引起和保持有意注意的条件

1. 消除与完成活动任务无关的干扰

虽然有意注意的产生和保持在有干扰的情况下也是可能的，但干扰毕竟不利于注意的维持。对注意的干扰可能是外界的刺激物（如分散注意的无关声音和光线等），也可能是机体的某些状态（如疾病、疲倦等），或者是一些无关的思想和情绪，等等。为了坚持对某一对象的注意，人们应设法采取措施，消除与完成活动任务无关的干扰。例如，保持环境的安静，降低干扰声音的强度；预先把学习的地方收拾整齐，把一切可能妨碍工作的东西都去掉，把学习需要的一切物品都准备齐全，建立起适宜学习的条件；等等，这些都有助于有意注意的保持。

2. 明确活动的目的和任务

有意注意是服从于活动任务的注意。所以，对于活动任务的重大意义理解得越清楚、越深刻，人们完成任务的愿望越强烈，为完成这项任务所必须执行的一切就越能引起有意注意。在明确了活动任务所要达到的目的，具有了实现活动任务的决心和愿望之后，人们还要善于组织自己的活动，使自己所做的一切都服从于活动的任务。

3. 有计划地组织活动

首先，要经常按照活动任务的要求，提醒自己去注意正在进行的活动，特别是在要求加强注意的紧要"关头"。这种对自己的及时提醒可以起到组织注意的作用。

其次，在活动进行的过程中，经常提出问题可以帮助我们加强对活动的注意。提出的问题必须跟"已经做过什么"联系起来，从"已经做过什么"中提出"现在应做什么"的问题，这可以帮助我们将注意集中于即将进行的活动上；提出的问题必须跟"现在正在做什么"联系起来，从"现在正在做什么"去回想活动的任务，这也可以帮助我们将注意集中于正在进行的活动上。

最后，在进行智力活动的时候，把头脑中的智力活动和外部实际活动结合起来，这对于保持有意注意起着重要的作用。一个刚开始学习阅读的儿童，如果他用手指着字阅读，就能更容易地把注意力保持在所读的文句上；用铅笔尖指着地图移动，就能更清楚地看到地图上的河流。因此，为了保持注意，我们最好是把应当注意的对象变成实际行动的对象，在实际行动中加入有意注意。

4. 培养稳定的间接兴趣

在实践活动中，人们有时对活动过程本身并无太多的兴趣，或者活动过程本身并不吸引人，但是人们对于活动的结果有很大兴趣。这种间接的兴趣，即关于结果的兴趣，几乎存在于自觉进行的每一件工作中。这种间接兴趣越稳定，就越能对活动的对象产生有意注意。例如，初学外语的人可能会感到背诵单词、语法枯燥无味，但是有些人认识到掌握外语的重要作用，便对学习外语产生了间接的兴趣，因而在学习过程中就能够保持高度的有意注意。

5. 培养坚强的意志力，与干扰作斗争

人在进行某种活动时，难免碰到其他诱因或环境的干扰，使注意难以集中，这就需要意志与干扰作斗争，有意识地聚焦特定的对象，保障学习、工作、任务的顺利进行。因此，培养优良的意志品质，增强抗干扰的能力，才能充分发挥有意注意的作用。

三、有意后注意

（一）什么是有意后注意

有意后注意，又称随意后注意或继有意注意，是在有意注意的基础上产生的一种与目的和任务联系在一起，但又不需要意志努力的注意。有意后注意是注意的一种特殊形式，是一种高级状态的注意，它既服从于当前的活动目的与任务，又能节省意志努力，因此对完成长期的、持续的任务有利。例如，有人初学高等数学时，本来不感兴趣，为了取得学分，不得不做出努力，全神贯注地去学习，他这时的注意就是有意注意。后来，由于他逐渐克服困难，获得良好成绩，而产生了直接兴趣，乐于学习这门课程，不需要做意志努力也能集中学习，他这时的注意就是有意后注意。

（二）有意后注意的特点

（1）有意后注意具备了无意注意和有意注意的优点。有意后注意是在有意注意的基础上，经过学习、训练后，培养了个体对事物的直接兴趣，再由于兴趣的提高或操作的熟练，不需要意志努力的参与，个体就能够在这项活动上保持注意，所以有意后注意兼具无意注意和有意注意的优点。

（2）有意后注意由预定的目的任务引起的，具有潜在的目的性。有意后注意的引起是以有意注意为先导的，是在有意注意之后产生的，因此它总是与自觉的目的和任务联系在一起。

（3）有意后注意的保持并不需要意志的努力，或者至少不要求有明显的意志努力，因此个体不易产生疲劳。

（4）有意后注意是一种更为高级的注意形态，它对人们完成长时、持续的活动任务特别有效，并且是人们从事创造性活动的必要条件。

（5）有意后注意的形成有两个条件：一是个体要对活动有浓厚的兴趣；二是活动的自动化。

四、无意注意、有意注意和有意后注意的关系

（一）无意注意和有意注意及有意后注意的区别

1. 有意注意与无意注意的区别

（1）在目的性上，有意注意有明确的预定目的，自觉性强；无意注意无预定目的，自觉性差。

（2）在持久性上，有意注意需要做意志努力，比较稳定、持久；无意注意没有意志的参与，保持时间短，很容易转移。

（3）在疲劳性上，有意注意时，神经细胞处于紧张状态下，因而容易疲劳，易处于抑制状态；无意注意时，神经细胞处于时紧时松状态下，不易疲劳，不易被抑制。

（4）在制约性上，有意注意受个体主观努力的制约；无意注意受刺激物的性质和强度的支配。

2. 有意后注意与无意注意、有意注意的区别

有意后注意是在有意注意的基础上，在有意注意之后才产生的。它不同于无意注意，这是因为有意后注意总是与自觉的目的和任务联系在一起，是由预定的目的和任务引起的；它不同于有意注意，这是因为有意后注意的保持并不需要意志的努力，或者至少不要求有明显的意志努力。因此，有意后注意是一种更为高级的注意形态。

（二）无意注意、有意注意和有意后注意的联系

1. 无意注意、有意注意和有意后注意在活动任务执行中相互依存和相互制约

任何工作都需要有这三种注意的参与，这三种注意不是根本对立和完全分离的。第一，个体单凭无意注意从事某种工作，虽然节省了精力，但很难长时间保持集中注意，很容易

由于单调乏味、各种干扰、困难的作用而分散注意，不能自觉而有效地完成工作与学习的任务。这样，工作不仅会显得杂乱无章，缺乏计划性和目的性，也难以持久地进行，因为任何工作总会有干扰或困难，总会让人感到单调乏味。第二，个体单凭有意注意从事某种工作，虽然能获得系统的知识经验，提高工作的质量，但很难长时间对某种事物保持高度的注意，很容易由于大脑皮层活动的过分紧张、精力的过多消耗、身体的过度疲劳等而转入抑制状态，不能最终顺利地完成工作与学习任务。第三，个体单凭有意后注意去学习、工作，虽然不需要更多的意志努力就可完成一定的任务，但脱离无意注意和有意注意难以真正形成有意后注意。

2. 无意注意、有意注意和有意后注意在活动任务执行中相互联系和互相转化

在学习和生活中，无意注意、有意注意和有意后注意是相互联系、相互转化的。比如，一个人偶尔为某种活动所吸引而参加该活动，后来才意识到它具有重大的意义，于是自觉地、有目的地参加该活动，并且在遇到干扰和困难时仍保持对该活动的注意，这就是无意注意转化为有意注意。再比如，一个人开始做某一件事，虽然并没有产生直接的兴趣，需要一定的意志努力才能进行，但随着困难的克服，对活动认识的深化，他可能会逐渐对这件事产生兴趣，不需要明显的意志努力就可以保持注意，这就是有意注意转化为更为高级的有意后注意。当然，这种无意注意仍然是自觉的、有目的的，只不过不需要明显的意志努力。

第四节　注意的品质

注意的发展水平被称为注意的品质，主要包括注意的广度、注意的稳定性、注意的分配和注意的转移。

一、注意的广度

（一）什么是注意的广度

注意广度又称为注意的范围，是指同一时间内能清楚地把握刺激对象的数量。它是注意在空间上的特性。"一目十行"指的就是注意的广度。

心理学家很早就对注意的广度进行了实验研究。有关注意广度的一个古老的实验是往白盘子里撒黑豆子。若是撒3粒或4粒豆子，通常一眼就能看出来，即正确估计的百分率是100%；当撒了5粒黑豆时，被试的估计开始产生误差；撒的黑豆超过8粒时，错误估计次数占50%以上。成人一般能注意到7个左右的黑点，或4~6个没有联系的外文字母，或3~4个几何图形。

（二）影响注意广度的因素

注意的范围受制于刺激的特点和任务的难度等多种因素。

1. 注意对象的特点是影响人的注意广度的重要因素

注意的对象越集中，排列得越有规律，彼此间整体性越强，注意的广度就越大；反之，注意的对象越分散，排列得越没有规律，注意的广度就越小。研究表明，人们对颜色相同的字母要比颜色不同的字母的注意广度大；对排列成行的字母要比分散的字母的注意广度大；对大小相同的字母要比大小不同的字母的注意广度大；对组成词的字母要比孤立的字母的注意广度大。

2. 注意的广度还受个体知识经验的影响

一个人在某一方面的知识经验越丰富，他对这一方面的注意广度就越大。比如，初学语文的小学生，只能逐字地阅读课文；而初中生就能以词和短句为单位进行阅读。同初学语文的小学生相比，初中生对汉字的注意广度要大得多，阅读速度也要快得多。

3. 注意的广度也受执行任务的难度与复杂程度影响

在速示器呈现字母时，如要求被试说出字母写法上的错误比单纯要求说出字母数量的注意范围要小得多。这时，注意范围之所以缩小，是因为指出错误的任务比辨认的任务要难和复杂，它要求被试更仔细地去感知每个字母的细节。

注意广度的扩大在人们的生活实践活动中具有重要意义。扩大注意范围，可在同一时间内输入更多的信息，有助于学习和工作效率的提高。例如，在学习时，"一目十行"就可加快阅读速度。至于有些特殊的职业，如驾驶员、侦察员、体育裁判员、教师等，都需要有较大的注意范围。

单项选择题

2.8 小明看书时可以"一目十行"，而小华则"一目一行"。这反映了他们在（　　）品质上存在差异。

A. 注意分配　　　B. 注意广度　　　C. 注意分散　　　D. 注意转移

二、注意的稳定性

（一）什么是注意的稳定性

注意的稳定性又称为注意的持久性，是指注意保持在同一对象或活动上所能维持的时间长短的特性。注意的稳定性是注意在时间上的特性，注意持续时间越长，注意就越稳定。

注意的稳定性在人们的工作和生活中具有重要的意义。比如，学生在45分钟的上课时间内，使自己的注意保持在与教学活动有关的对象上；外科医生在连续几个小时的手术中聚精会神地工作；雷达观察站的观测员长时间地注视雷达荧光屏上可能出现的光信号等，都需要稳定的注意。没有稳定的注意，人们就难以有效地完成任何实践任务。

注意的稳定性有狭义的注意稳定性和广义的注意稳定性之分。狭义的注意稳定性是指注意保持在同一对象上的时间。广义的注意稳定性是指注意保持在同一活动上的时间。广义的注意稳定性并不意味着注意总是指向同一对象，而是指当注意的对象和行动有所变化时，注意的总方向和总任务不变。例如，上课时学生既要听教师讲课，又要记笔记，还要看实验演示或幻灯片等，但学生的所有这些行为都服从于听课这一总任务，因此，他们的注意是稳定的。

（二）影响注意稳定性的因素

1. 注意的稳定性与注意对象的特点有关

在一定范围内，注意的稳定性程度随着注意对象的强度和复杂性的增加而提高。如果刺激的强度较大、持续时间较长，注意就容易稳定。对于内容丰富的、变化活动的对象，注意容易保持稳定；而对于内容单调的、静止不变的对象，注意则难以稳定。

2. 注意的稳定性与个体的状态有关

注意的稳定性也与人的身体状况、兴趣、积极性等有关。人在身体健康、精力充沛、心情愉快时，注意容易保持稳定。如果人对活动有浓厚的兴趣、对活动的意义理解深刻，抱着积极的态度，注意的稳定性会明显提高。如果允许在10~20分钟的集中注意之后，松弛几秒钟，那么注意的稳定性就可保持数小时之久。

3. 注意的稳定性与个体有无坚定目的有关

当人们为达到一定目的而把注意集中于某一对象时，可以保持相当的稳定性。在实际工作和学习中，一个目的明确、意志坚强，善于控制自己又能同各种干扰做斗争的人，其注意就比较稳定。

4. 个体差异和年龄差异影响人的注意稳定性

注意稳定性的个体差异与其神经活动特点有关，神经活动强的人，即使有干扰刺激时，注意也不容易分散；而神经活动弱的人，则注意容易分散。注意稳定性随着个体年龄增长而提高。我国心理学工作者研究表明，从幼儿园小班到高中二年级，注意稳定性一直在发展，但其发展速度不尽相同。幼儿阶段和中学阶段发展速度慢，小学阶段发展速度则很快。

（三）注意的起伏和注意的分散

1. 注意的起伏

短时间内注意周期性地变化现象称为注意的起伏（或注意的动摇）。注意的稳定性并不

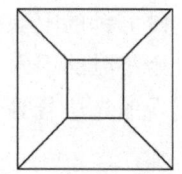

图 2-1 注意的起伏

等于注意长时间地固着在一个固定的对象上，它包含着一系列起伏状态，反映出注意的起伏现象。注意起伏使得人在感知同一事物时，很难长时间地保持注意固定不变。这是由人的感受性不能长时间地保持固定的状态，而是间歇性地加强或减弱造成的。注意的起伏周期一般为 2、3 秒至 12 秒。例如，在知觉"两可"图形时，也可以明显看出注意的起伏现象。如果人们在几分钟之内注视这个截去尖端的棱锥体的图（见图 2-1），就可看到，这个图形时而顶端（小方形）向着我们，时而底端（大方形）向着我们，无论我们怎样力图稳定自己的注意，也无济于事，在不长的时间内两个方形的相互位置跳跃式地变更着。这个实验把注意的起伏模式化了。但只要把它想象为一个有实物意义的图形，例如，想象它是一个台灯座，这时小方形在前；想象它是一个空房间，这时大方形在前，这样图形就被维持住不变，注意的起伏也就消失了。这说明当人的知觉、思维、想象等心理活动都积极活动起来时，注意是容易保持的。这种积极的活动一经停止，注意就会立刻转移到别的客体上去。

2. 注意的分散

与注意的稳定性相反的状态是注意的分散，也叫分心。注意的分散是离开当前必须完成的任务而被无关的事物所吸引。注意分散的原因主要是客观上无关刺激的干扰，或单调的、机械的刺激长期作用的结果。实验证明，干扰决定于附加刺激物的特点及其与注意对象的关系。例如，与注意对象相类似的刺激物的干扰作用更大；同样的干扰刺激物，对于知觉的影响小，对于思维的影响大；在知觉过程中视知觉受无关刺激物的影响小，听知觉受无关刺激物的影响大；使人发生兴趣或强烈地影响情绪的刺激物，也会引起注意的分散。这说明附加刺激物引起注意的分散是有条件的、有限度的。事实上，在没有外界刺激物的影响情况下，保持注意也是很困难的。这是因为缺乏外界刺激物，大脑的兴奋就难以维持较高的水平。所以，有时微弱的附加刺激物不但不会减弱注意，反而会加强注意。例如，在思考问题时，为了集中注意，有人习惯于用手指轻轻敲击桌面，有人习惯于轻轻抚摸自己的前额，有人习惯于收听轻柔的乐曲演奏等。

单项选择题

2.9 杨森同学被教室窗外的小鸟所吸引，不能专心听讲，这属于（　　）。
　A. 注意分配　　　　　　　　B. 注意广度
　C. 注意分散　　　　　　　　D. 注意转移

2.10 用双关图形可研究（　　）。
　A. 注意的起伏　　　　　　　B. 注意广度
　C. 注意分散　　　　　　　　D. 注意转移

三、注意的分配

（一）什么是注意的分配

注意的分配指在同一时间内，把注意指向两种或多种不同的对象或活动。虽然俗话说"一心不能二用"，但是学习、工作和生活中经常要求人们必须得"眼观六路、耳听八方"，这就是要进行注意的分配。如教师一边讲课，一边观察学生听讲的情况；学生在课堂上边听课边记笔记；汽车司机在双手操作方向盘的同时，脚要踩着离合器，两眼还要注意道路上的行人、车辆、障碍物和信号灯等。但是，实现注意的分配是有条件的。

（二）实现注意分配的条件

1. 同时进行的几种活动中必须有一种活动是高度熟练、达到自动化的程度

能够实现注意分配，所从事的活动中必须有一种活动是非常熟练的，甚至达到了高度自动化的程度。这是因为人们对熟练的活动不需要更多的注意，所以可以把注意资源较多地集中在比较生疏的活动上；或者当同时到达的多个任务没有超出人脑的信息加工容量时，人也能对它们同时反应，从而使注意的分配成为可能。研究表明，控制双手调节器的动作非常熟练后，被试就可以一边进行操作，一边进行心算。

2. 同时进行的几种活动都已熟练

注意可以在几种活动上迅速更迭，即所谓的轮流注意。有经验的教师在课堂上，既能做到按讲稿讲课，又能注意观察学生的听课情况，同时还可以板书和掌握好时间。之所以能做到这一点，就因为他对几种活动都已相当熟悉，能做到从容不迫。

3. 同时进行的几种不同活动有内在联系，已成为一套统一的组织

如果同时进行的几种活动之间毫无联系，那么要同时进行这些活动就很困难；但如果在几种活动之间已经形成了固定的联系，同时进行这些活动就比较容易。例如，自弹自唱、边歌边舞就是在弹和唱、歌和舞之间形成了系统联系后，实现了注意的分配。

4. 同时进行了几种活动应分属于不同的感觉器官的刺激活动

两种活动如果是在同一感觉器官，用同一种心理操作来完成的话，这两种活动也很难做到注意分配。古人所云"使左手画方，右手画圆，无一时俱成"就是这个道理。

注意分配的能力因人而异。有人能够有条不紊地同时进行几种活动，有人则感到很困难，其关键在于是否通过艰苦练习，形成大脑皮层上各种各样牢固的暂时神经联系。

单项选择题

2.11 自弹自唱属于（　　）。

A. 注意的起伏　　　B. 注意分配　　　C. 注意分散　　　D. 注意转移

四、注意的转移

（一）什么是注意的转移

注意的转移是指人根据新任务的需要主动地把注意从一个对象转向另一个对象，或从一种活动转到另一种活动的现象。例如，第一节是数学课，第二节是语文课，那么学生就要根据新学习任务的需要主动地把注意从学习数学转移到学习语文上，这就是注意的转移。

注意的转移和注意的分散都是注意对象的更换，但它们是两个根本不同的概念。注意的转移是在活动需要的时候，有意识地把注意从一个对象转向另一个对象，是主动进行的；而注意的分散则是在需要注意稳定时，注意中心离开了需要注意的对象。

（二）影响注意转移的因素

1. 注意转移的快慢和难易主要依赖于先前注意的紧张度

先前注意的紧张度越高，注意的转移就越困难、越缓慢；反之，先前注意的紧张度越低，注意的转移就越容易、越迅速。

2. 新的注意对象的特点也是影响注意转移的重要因素

新的注意对象越符合人的需要和兴趣，注意的转移就越容易、越迅速；反之，注意的转移就越困难、越缓慢。

3. 个体的个性特点也影响注意的转移

高级神经活动灵活性高的人，注意转移比较容易和迅速；反之，高级神经活动灵活性低的人，注意转移就困难和缓慢。

注意的转移对于人的各种活动都很重要。当一项新的活动开始后，注意就应及时地从旧的活动转向这一新的活动，否则就会影响新活动的顺利进行。比如，飞行员在飞机起飞和降落的数分钟内，注意的转移可达200多次，如果注意不及时转移，其后果将不堪设想。

注意的上述几种品质是密切联系的。活动的效率不仅取决于是否具有注意的某一品质，而且取决于完成一定活动时如何把它们正确地结合起来。

判断题

2.12 注意转移即注意分散（　　）。

单项选择题

2.13 注意转移比较困难的情况是（　　）。

A. 事先有注意转移的信号　　B. 后继的活动吸引力大

C. 先前的活动吸引力大　　　D. 后继的活动意义重大

 **拓展阅读**

课堂上学生注意力涣散的主要表现

学生注意力涣散可能是偶发的，也可能是经常性的。课堂上学生注意力涣散的原因是多方面的，它可能受家庭或社会因素的影响，可能受自身机体疾病的影响，也可能受教学中的某些因素的影响。教学上造成注意力涣散的主要原因有以下几点。

1. 刺激过多或过少

教材内容过深或过浅，教师无意义的重复或冗长的言辞，都会使学生感到索然无味而产生厌烦，导致注意力涣散以寻求其他的刺激；教师讲课声音过高或过低，讲课速度过快或过慢，要么使学生容易疲劳，导致分心，要么由于刺激不够，不能充分占有学生的注意，因而使学生注意涣散。

2. 情绪急剧波动

一上课教师就分发上次的测验卷子或宣布考试的成绩，会使学生情绪特别兴奋或沮丧。一上课教师就进行测验也会使学生情绪特别紧张。课堂上的这类情绪的急剧波动使学生难以把注意及时转移到教学中来，因为他们的注意还纠缠在分数或做错的题目上。

3. 反抗或淡漠

如果教师处理问题不公平会导致师生关系的紧张，受不公平待遇的学生可能把不满情绪迁怒到教师讲课上，以不好好听课或捣乱的方式加以反抗。有的学生或因学业上屡遭失败，或因其他原因屡受挫折，这类挫折一旦超过该学生的容忍度，就可能导致该学生对学业的反抗或对学业的淡漠。

4. 寻求注意和承认

有些学业成绩欠佳的学生，或品德、能力欠佳的学生，由于受到人们的忽视、鄙视或奚落，他们当中有的人在上课时可能故意搞恶作剧以寻求教师或同学们的注意和承认。

（资料来源：常若松. 教师教育心理学[M]. 北京：北京师范大学出版社，2014.）

五、注意的规律在教学中的应用

掌握注意规律是教学取得成功的基本条件之一。学生的注意是在教学过程中形成的。为了吸引和保持学生在课堂上的注意，培养学生的注意力，提高教学效果，教师在教学中应根据注意的规律，组织好学生的学习和教学。注意规律在教育教学中的应用将关系到教学效果和教学质量，是教学中的大问题。

（一）无意注意的规律在教学中的应用

无意注意是由刺激物本身的特点和人的主体状态所引起的。刺激物的特点和人的主体状态，既可以引起学生学习上的注意分散，也可以借助它引起学生注意，有效地开展教学活动。为此,教师在教学过程中,应尽量避免分散学生的注意力,减少吸引学生对教学内容产生无意注意的因素,从而有效地组织好教学活动。

1. 创设良好的教学环境

教学环境是教师从事教学活动的前提条件,是课堂教学顺利进行的重要保证。教学环境良好,学生在学习中就会降低注意分散的程度。一般来说,保持良好的教学环境,要注意防止和避免与教学无关的刺激物的出现。教室周围的环境应保持安静,防止有人大声喧哗和吵闹。教室所在地应当远离操场、马路、音乐教室及其他分散学生注意的场所。教学楼应远离闹市、公路、铁路、工厂、商店等地方,以防止较强烈噪声刺激的干扰。教室内的布置要简朴,不要过多地装饰和张贴东西,以免引起学生上课时的无意注意。同时,还要保持教室内空气清新,光线充足,桌椅清洁,防止对学生情绪产生不良影响。此外,课桌的高矮应符合学生身体发育状况,学生座次的安排应兼顾其个头高低与视力情况,以免由于安排不当而影响学生注意的稳定性。

2. 运用生动的语言和表情

注意规律表明,凡是符合人的需要和兴趣的事物,就容易引起人的注意。教师教学通常是凭借着生动的语言来集中学生注意的。为此,教师在教学中应运用生动、形象、简洁、准确、精炼、严密、通俗、富有趣味性的语言来组织教学,使学生产生兴趣,引起无意注意。如果教师的语言单调、乏味、有气无力,或含糊不清,或累赘冗长,都容易引起学生的疲劳和厌烦,使学生注意分散。要使学生在课堂学习中保持良好的注意状态,教师应根据学生听课的状态,随时调整自己的语调、语速、音高,以及必要的停顿,并伴以适当的表情和必要的手势,以强化语言的感染力,提高学生的注意程度。同时,教师还应以投入丰富的感情,引起学生感情的共鸣。在教学中,教师应注意随时可能出现的不利刺激因素的出现。如教师讲话时所带的口头语过多,势必引起学生注意的分散,形成不良的语言刺激。如果教师刚刚做完一种新发式,穿了一件新衣服,都需注意在上课前主动和学生接触一下,避免由于新异刺激而造成学生上课时注意分散。另外,教师不可在讲课中使用手势过于频繁,或表情过于丰富,类似演戏般地变换表情,以免造成学生无益的无意注意,影响学习效果。

3. 尽量使用直观教具及现代教育技术并提高板书技巧

教师在教学中,要尽量采用录音、录像、电影、电视、投影等现代化直观教学工具以及多媒体课件教学,以生动形象和新颖的内容,引起学生的无意注意。在教学中,教师要伴以适当的语言指导,使学生注意的目标更明确、更集中。教学中使用的图表力求简明、清晰、准确,色彩鲜明,大小适宜,以引起学生的注意和形成正确的第一印象。

教师的板书是教学中重要的环节,是吸引学生学习注意的重要手段。教师要想在教学中保持学生良好的注意状态,板书就要做到条理清晰,纲目分明有序、重点难点突出、结构合理得当、布局新颖独特、颜色搭配适宜,使学生一目了然。这样不仅能使学生保持良好注意状态，也有助于加强学生的理解和记忆。板书设计，还应体现教师独特的教学风格和技巧。良好的板书是增强学生注意力、提高教学效果不可忽视的重要手段。

4. 丰富教学内容

教学内容是整个教学过程中的关键环节，是影响学生注意的核心因素。心理学研究表明，注意维持在单调贫乏的内容上的时间是短暂的，且需要较大的意志努力，而对丰富充实新颖有趣的内容，却能保持相当长久的注意。因此教师在教学内容的选择上，既要注重体现教材的科学性、思想性，又要注重新颖性、开创性、趣味性。在突出主题、明确重点的前提下，尽可能做到旁征博引，丰富讲授内容，同时还要深入浅出，有主有次，这样才能使学生保持长久的注意。教师为了吸引学生的注意，还要不断更新教学内容，注入新的知识，使学生的知识体系能跟上时代发展的需要，对相关知识也能产生较好的注意。同时，教师讲授内容的难易程度应符合学生的心理发展特点和原有的知识基础，不可过深或过浅。如果内容过深，学生摸不到根底，即使教师讲得头头是道，也不能引起学生的兴趣和注意；如果内容过浅，缺乏新奇感，学生则会感到"老生常谈"，索然无味，同样也不能引起其兴趣和注意。心理学研究表明，最能引起兴趣和注意的是那些使人既感到熟悉又感到陌生的内容。此外，教师在传授新知识时，还要和学生已有的知识联系起来，这也是引起和保持学生注意的重要因素。

5. 运用灵活多样的教学方法

教学方法是教学过程中一个重要的环节，好的教学方法是维持学生良好注意状态的关键。为了使学生课堂学习保持最佳注意状态，教师应采取灵活多样的教学方法，适当地利用刺激物的新异变化和刺激物的强度对比特点，来吸引学生的注意。防止使用单一、呆板的教学方法，避免学生长时间从事某一种活动，否则学生的大脑皮层容易产生抑制过程，使之疲劳并分散注意。教学方法多样化，时而讲解、时而叙述、时而提问、时而讨论分析，使学生处于多维度的学习过程之中，就可保持良好的注意状态。同时，教师变换教学模式，可采用模型、图表、画片、投影、课件等多种直观教具，再配合讲述、提问、练习、实验、演示、角色扮演、讨论等多种方法，就可以保持学生持久、良好的注意状态，使教学效果大大提高。这是符合注意的"变化刺激"规律的。

6. 维持良好的课堂纪律

课堂纪律是教师从事课堂教学活动的重要保证，是保持学生注意，防止分心现象的先决条件。教师要组织好课堂纪律，维持正常的教学秩序，就必须运用无意注意的规律，妥善处理一些分散学生注意的偶发事件。例如，偶然碰到课堂秩序混乱时，教师如果立刻停止讲课，把视线指向有关的学生，这种突然发生的变化就能引起学生的无意注意，提醒学生有所意识，使课堂秩序得以恢复。

7. 激发强烈的情绪体验

能使人触发感情的刺激最容易引起人的注意。因此，带有激情的教学更能激起学生的情绪体验，启发学生的求知欲。所以，课堂教学应当创设一种能激起情绪体验的情境，使学生触景生情，很自然地引起学生注意。

（二）有意注意的规律在教学中的应用

1. 帮助学生树立明确的学习目的

注意的规律表明，注意的目的和任务越明确，学生学习的自觉性越高，就越能引起有意注意。为了使学生牢固地掌握知识和技能，教师在教学中，应帮助学生树立正确的学习目的，深刻了解学习的意义和重要作用，发展学生多方面的学习兴趣和爱好，掌握良好的学习方法和学习技巧，同时还要培养学生良好的性格和意志品质，使其善于调节自己在学习中的情绪，主动排除各种干扰，培养良好的学习习惯，这样学生才能保持高度、持久的注意状态，顺利完成学习任务。

2. 引导学生积极思考

良好的有意注意是伴随着积极的思维活动同时进行的。要使学生保持较好的有意注意，教师必须善于启发学生进入积极的思考状态，用新颖、独特、有创见的问题紧紧吸引学生的注意，引导其用脑思考；同时还应引导学生自觉发现问题、观察事物、寻找解决问题的途径。这样就可以使学生的注意始终伴随着思考状态而集中不散。在教学中，教师还应多设置一些带有思考性和一定难度的问题情境，让学生在解决问题时培养自己的注意品质和思维能力，促进智力的发展。

3. 强化课堂调控的手段

有效的课堂调控手段是防止学生课堂上分心的有力措施。课堂调控手段一般表现为以下几方面：①信号控制。课堂上教师可以采用举目凝视、变化表情、变换语调和语气、做出特定手势、暂时停止语言活动等暗示性信号，向注意分散的学生发出信号控制的信息，以便及时制止课堂分心现象的出现，同时也不影响教学进程。②邻近控制。为使信号更加奏效，教师可以一边凝视学生，一边走到他身边，站立其旁，进行暗示，或轻轻碰一下他的书本，或轻轻拍拍他的后背，或轻轻提醒一句，以唤起注意，使其尽快进入学习状态。这种控制法既纠正了注意分散者，也不影响其他人的听课学习。③问题控制。教师的提问能引起学生的有意注意，当发现学生上课分心时，可结合教学内容机智灵活地提出一些问题，以唤起学生的注意。一般提问时应面向全班，让指定学生回答。提出的问题应有启发性，避免提出不用动脑就能回答的简单问题。④表扬与批评控制。教师为了维持课堂秩序，可以表扬专注者，批评不注意听课者，使不注意听课的学生产生警觉，使专注者受到鼓励。教师在批评时力求客观准确、简明扼要、点到为止，批评指责要公正，严防侮辱学生人格。

4. 培养学生与分心做斗争的意志力

有意注意常常受到干扰，比如，嘈杂的环境使人情绪烦躁，从而会使注意力分散；疲劳、心情不佳也会造成分心。因此，教师要善于鼓励学生克服困难，加强意志锻炼，并使其养成在各种活动中都能集中注意的习惯。对于注意力涣散的学生，不要总是责备，应热情帮助他们找出注意分散的原因，并注意培养他们的意志力。

5. 培养学生比较广阔而稳定的兴趣

人的各种注意的发生和保持均以一定的兴趣为条件。因此，培养广阔而稳定的兴趣，是良好注意的重要条件。当一个人对某一事物感兴趣时，便会对这种事物发生注意。比如，有的顽皮学生上课时总是坐不住，但从事他感兴趣的活动时却能连续坐两三个小时。这就是因为活动本身吸引了他，使他产生兴趣。培养学生比较广阔而稳定的兴趣，使之从事自己喜欢的活动，就能使学生自觉地以意志努力约束自己，比较持久地保持稳定的注意。

6. 把智力活动和实际操作结合起来

实际操作过程离不开有意注意，操作难度越大，对有意注意的要求越高。为此，在教学过程中，教师需要有计划地加强学生的动手动脑的活动。如课堂试验、课堂练习、课堂讨论、课堂记笔记、做摘要、列提纲等，这些操作活动能够增强和保持学生的有意注意。

（三）运用无意注意与有意注意相互转化规律组织教学

无意注意与有意注意是两种性质不同的注意，但在学习和各种实践活动中又是互相联系的，同时又是互相转化和交替的。两种注意的相互交替，使注意能长时间地保持集中。

在教学中，学生完全依靠有意注意来学习，大脑皮层长时间地处于兴奋状态，容易产生疲劳和注意的涣散。如果没有无意注意参加，学生难以长时间坚持学习。但是单凭无意注意来组织，也难以维持较长时间的学习，因为任何一门学科的内容和任何一位教师的讲授，都不可能完全具备吸引人的趣味性，也不能轻而易举就可以学会并掌握。这就必须通过有意志努力的有意注意的参加，才能完成学习任务。因此，在教学过程中，教师要善于引导学生将两种注意有节奏地轮换。就一堂课来说，上课之初，学生的注意还可能停留在上一节课或课间活动的有趣对象上，这就要通过组织教学，来引起学生对本节课的有意注意，强调本节课的基本内容和学习纪律。一旦学生的注意稳定了，教师就应通过语言、教具、演示实验和课件等手段，引导学生对教材本身发生浓厚兴趣，从而引起无意注意；随后，教师要根据由近及远、由浅入深、由具体到抽象的原则进行教学，让学生掌握教材的重点难点，这样就使学生的无意注意转入有意注意。在紧张的有意注意之后，又要通过教学方式的改变，或用新的课题、新的内容、新的教具及有趣的讲授来引起学生的无意注意。这样，既能使学生保持长时间的稳定注意，又减少了学生学习时的疲劳，增强了学习的效果。教师根据教学内容和学生的实际情况，应当灵活地交替使用无意注意和有意注意的规律，不断培养学生抗干扰的能力，使注意的品质得到锻炼和培养。

（四）培养学生良好的注意品质，提高教学过程中的学习效率

1. 要增强注意的稳定性，就要防止注意的分散

防止注意分散的具体措施有以下几项：要保证整洁、安静的教学环境，防止外部无关

刺激的干扰；要注重学生良好学习习惯的形成和意志力的锻炼，克服内部干扰；加强学习目的性教育，端正学习态度；组织内容丰富、形式多样的教学活动。

2. 要扩大注意的广度，需要学生积累相当的知识经验和素养

教师应该指导学生增加知识储备，勤学多练。此外，使学生了解当前活动的性质和要求，适当安排教学任务，也可以扩大注意的广度。注意的广度还受注意对象特点的影响，如果需要学生注意较大范围内的教学对象，就应该使这些教学对象在排列组合上集中有序，或能成为相互联系的整体。

3. 充分挖掘注意的分配在教学中的价值

为了提高课堂效率，教师需要学生边听课边记笔记，有时需要学生一边动手操作，一边观察教师的演示。根据注意的分配条件，需要增强学生的听讲、书写、表达等基本学习能力的训练，当这些基本学习能力达到高度熟练的程度时，就可以在课堂上做到"一心二用"。另外，对于一些特殊技能的分配，需要特别的训练，增强技能间的协调性。

4. 提高注意的转移能力

注意的转移同人的先天的神经活动类型有关，但也可以通过对外在因素的控制和后天训练加以改善和提高。教学活动中经常需要学生进行注意的转移，在两种活动之间设置一定的信号或言语提示是必要的。另外，活动安排也要力求合理，如果先安排能引起学生浓厚兴趣、易使其过于兴奋的活动，就可能妨碍学生对后继活动的投入。所以，先上体育课，再上文化课是不合适的。当然，提高注意的转移能力，根本上是提高学生的自我行为的监控能力，使他们能够积极主动地服从教学安排，及时转换注意的对象。

 拓展阅读

注意力训练题

【训练目的】训练学生学习能力，使学生上课专心听讲，认真写作业，考试不粗心，提高学习成绩。

【训练要求】每天训练10分钟，必须每天坚持训练，训练效果明显。

第一关："上课不走神"题

【训练目的】提高学习注意力和视觉分辨。

【训练方法】从下面的数字行中把所有的"7117"圈出来。

7171	1717	7117	1771	7711	1177	1717	1771	7171
1771	1771	7171	7117	1717	7711	1771	7171	1717
7117	7171	1717	1771	1717	7711	7171	1177	1717
7171	1717	1177	1717	7711	7117	1771	7171	1717
1771	1717	1177	1717	7171	1717	7171	7711	1177

第二关:"考试不粗心"题

【训练目的】训练注意力和认真态度。

【训练方法】找出每组中与其他不一样的字母,用圆圈把它们圈起来并作记录。

bbqbbbbqbbbbbqbbbbqbbbbbqbbbbbqbbbbbqbbbbbqbbbbbqbbbbbqbbqbbbbq bbqbbb 共( )个不一样的字母。

CCCCDCCCCDCCCCDCCCCDCCCDCCCDCCCDCC CCCDCCCCCDCCCDCCCC 共( )个不一样的字母。

第三关:注意稳定训练题

用眼睛(而不是用铅笔或手指)尽可能快地跟踪图中的每一条线。所跟踪的每一条线的末尾都落在右边,把它们的编号写在空格处。

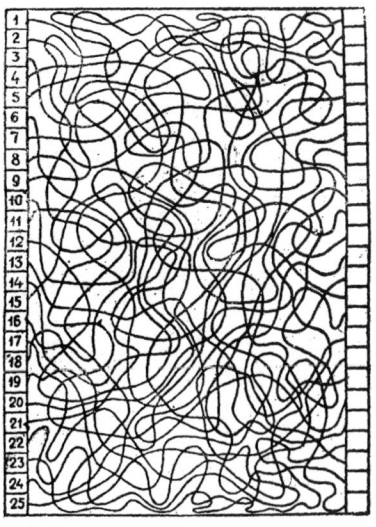

(资料来源:e21 教育论坛. http://bbs.e21.)

复习思考题

1. 什么是注意?简述注意的功能。
2. 阐述有意注意和无意注意的关系。
3. 怎样根据学生注意的外部表现观察学生的上课情况?
4. 阐述注意的品质。
5. 影响无意注意的因素有哪些?
6. 保持有意注意的条件是什么?
7. 谈谈在教学中如何运用注意的规律。

第三章 感觉和知觉

本章学习目标
理解感觉的概念，了解感觉的种类的划分；
掌握知觉的种类及其特征；
掌握各种错觉现象；
掌握如何利用感知觉规律进行教学活动；
明确青少年观察能力培养的途径。

核心概念
感觉、知觉、错觉、感受性、感觉阈限、观察力

第一节 感知觉概述

一、什么是感觉

感觉是人脑对直接作用于感觉器官的客观事物的个别属性的反映。感觉是最初级的认识过程，是一种最简单的心理现象。例如，人们面前有一个水果，眼睛看到了它的颜色，手摸它是圆润光滑的，鼻子闻到了它的香气，咬一口尝到了它的味道，等等。这里的颜色、圆润光滑、香气、味道，都是水果的一些个别属性。这些个别属性通过感觉器官作用于人脑，在人脑中引起的心理活动就是感觉。

感觉活动有自己的特点：第一，感觉反映的是当前直接接触到的客观事物，而不是过去的或间接的事物。第二，感觉反映的是客观事物的个别属性，而不是事物的整体。通过感觉，人们只知道事物的声、形、色等个别属性，还不能把这些属性综合起来整体地反映客观事物。

二、什么是知觉

知觉是人脑对直接作用于感觉器官的客观事物的整体属性的反映。知觉不仅能反映事物的个别属性，还通过各种感觉器官的协同活动，按事物的相互关系或联系整合成事物的整体，从而形成该事物的完整映象。例如，人们把面前这个水果的色、香、味等个别感觉信息相互关联整合，在头脑中（借助于过去的经验）形成了"苹果"的完整映象，这便是知觉。

知觉活动具有如下特点：第一，知觉的产生是在感觉的基础上对物体的各种属性加以综合和解释的心理活动过程，处处表现出人的主观因素的参与。第二，知觉是对事物不同部分及其相互关系的综合的、整体的反映。第三，知觉是在多种分析器协同活动参与下，对事物整体属性整合的结果。

三、感觉和知觉的区别与联系

（一）感觉与知觉的区别

（1）感觉反映的是客观事物个别属性，而知觉反映的是客观事物整体属性。

（2）感觉是依赖于个别感觉器官的一种生理、心理活动，而知觉是依赖于多种感觉器官的联合的一种心理活动，知觉比感觉更加复杂。

（3）感觉的产生来自感觉器官的生理活动及其客观刺激物的物理特性，而知觉的产生是在感觉的基础上，对刺激物的各种属性加以综合和解释，受人的知识经验等心理特点制约。

（4）通过感觉，我们只能反映事物的个别属性，还不知道事物的意义；而通过知觉，我们便能对事物有一个完整的映象，理解其内涵及意义。

（二）感觉和知觉的联系

（1）感觉和知觉都是大脑对直接作用于我们感官的客观事物的反映，都是我们对现实的感性的反映形式；只有当客观事物直接作用于我们的感觉器官并引起我们感官的活动时，我们才会产生感觉和知觉。

（2）感觉是知觉的基础，知觉是感觉的深入和发展；感觉越丰富、越精确，知觉也就越完整、越正确。

（3）感觉和知觉是人对客观世界认识的初级阶段，反映的都是事物的外部特征和外部联系，是人们认识世界的开端，也是人们其他心理活动的基础。

总之，在日常生活中，事物的个别属性总是作为一个方面与整个事物同时被反映，很难分出感觉终止和知觉开始的界线。在现实生活中，人们很少有单独的感觉产生，一般都是以知觉的形式直接反映客观事物的，感觉只是作为知觉的组成部分而存在于知觉之中，因此，通常把它们合称为"感知"。一个人若没有"感知"，就不能感受这个千变万化的世界，不能感受温暖的阳光，无法看到美丽的鲜花，无法听到朋友的笑声，就不知道世界是什么样子。人对客观世界的认识是从感知开始的，人的一切有意义的活动都是从感知开始的。一个人若没有感知，就不可能进一步形成记忆、思维、想象、意志等复杂的心理活动。可见，感觉和知觉是一个人正常心理活动发生发展的必要条件、前提和基础。

单项选择题

3.1 （　　）是一切知识和经验的基础，是正常心理活动的必要条件。
A. 感觉　　　　　B. 直觉　　　　　C. 知觉　　　　　D. 思维

3.2 看见一面红旗，人们马上能认出它，这时的心理活动是（　　）。
A. 感觉　　　　　B. 视觉　　　　　C. 色觉　　　　　D. 知觉

 **拓展阅读**

第一个感觉剥夺实验研究

1954 年，加拿大麦吉尔大学的心理学家赫布（D. O. Hebb）和贝克斯顿（W. H. Bexton）征募了一些大学生为被试，这些大学生每忍受一天的感觉剥夺，就可以获得 20 美元的报酬。当时大学生打工的收入一般是每小时 50 美分，因此一天可以得到 20 美元对当时的大学生来说可算是一笔不少的收入了，而且在实验中，大学生的工作好像是一次愉快的享受，因为实验者要他们做的只是每天 24 小时躺在有光的小房间里的一张极其舒服的床上。只要被试愿意，尽可以躺在那儿白拿钱。

在实验的过程中，给大学生被试吃饭的时间、上厕所的时间，但除此之外，严格地控制被试的任何感觉输入。为此，实验者给每一位被试戴上了半透明的塑料眼罩，可以透进散射光，但图形视觉被阻止了；被试的手和胳膊被套上了用纸板做的袖套和手套，以限制他们的触觉；同时，小房间中一直充斥着单调的空调的嗡嗡声，以此来限制被试的听觉。

参加实验的大学生们本以为实验为他们提供了一次安安心心睡上一觉的机会，他们本想利用感觉被剥夺后的清静安宁，思考学业或整理毕业论文的思路，但学生们不久就发现，他们的思维变得混乱无章，忍受几天之后不得不要求立刻离开感觉剥夺的实验室，放弃 20 美元的报酬。实验后，学生们说，他们对任何事情都无法做清晰的思考，哪怕是在很短的时间内；他们感觉自己的思维活动好像是"跳来跳去"的，进行连贯性的集中注意和思维十分困难，甚至在剥夺实验过后的一段时间内，这种状况仍持续存在，无法进入正常的学习状态。还有部分被试说，在感觉剥夺中，他们体验到了幻觉，而且他们的幻觉大多都是很简单的，比如有闪烁的光，有忽隐忽现的光，有昏暗但灼热的光。只有少数被试说是体验到较为复杂的幻觉，比如曾有一个被试说他"看到"电视屏幕出现在眼前，他努力尝试着去阅读上面放映出的不清楚的信息，但怎么也"看"不清。

自此后，许多学者发展出了多种形式的感觉剥夺实验研究方法，所有的实验都显示了在感觉剥夺情况下，人会出现情绪紧张忧郁、记忆力减退、判断力下降，甚至各种幻觉、妄想，最后被试难以忍受，不得不要求立即停止实验，把自己恢复到有丰富感觉刺激的生活中去。可见，丰富的感觉刺激对维持我们的生理、心理功能的正常状态是必需的。

（资料来源：崔丽娟，等. 心理学是什么[M]. 北京：北京大学出版社，2002.）

第二节 感知觉的种类

一、感觉的种类

根据感觉的性质可把感觉分为外部感觉和内部感觉两大类。

（一）外部感觉

外部感觉是指接受外部刺激，反映外界事物的个别属性的感觉。外部感觉包括视觉、听觉、肤觉、嗅觉和味觉。

1. 视觉

视觉的适宜刺激是光。光是一种电磁波，人的视觉所能觉察的只是其中极小一部分，波长从390纳米到760纳米。人眼所能看到的电磁波范围称为光，人眼是看不到这个范围以外的电磁波的。光波有波长、强度和纯度三种基本的物理属性，与物理属性相对应，人对光波的视觉也有三种基本特性，即色调、明度和饱和度。

（1）色调。色调是各种不同波长可见光在视觉上的特性，是指颜色名称所描述的性质，是色彩彼此相互区分的基本特性之一。色调由占优势的光波波长决定。

（2）明度。明度是有机体对光源或物体表面明暗程度的感觉，它与光波强度相对应，是对光强弱的一种视觉。在同样条件下，照到眼睛里的光线越强，看起来就越亮；反之，就越暗。

（3）饱和度。饱和度是指颜色的纯正程度和鲜艳程度，它与光波纯度相对应，是对光波纯度的感觉。

在我们认识世界、获取知识的过程中，80%～90%的信息是由视觉提供的。在我们所进行的全部工作程序中有80%是在视觉的控制下完成的。在人类的感觉系统中，视觉处于主导地位。如果我们用视觉接受一个信息，用另一感觉器官接受另外一个信息，但这两个信息是彼此矛盾的，那么，此时我们所反应的一定是视觉信息。

2. 听觉

听觉的适宜刺激是16～20000Hz的声波，声波是由物体振动所产生的纵波。16Hz以下称为次声波，20000Hz以上称为超声波，人们一般听不到次声波和超声波。当物体振动时，对周围的空气产生压力，使其分子产生疏密相间的运动，并在空气中传播开来，这就是声波。声波传递到人耳，从而产生听觉。声波有频率、振幅和波形三种物理属性。与声音的三种物理属性相对应的，则是听觉的三个基本特性，即音高、响度和音色。

（1）音高。音高主要是由声波频率决定的一种听觉特性。一般说来，声波的频率越高，音高就越高；声波的频率越低，音高也就越低。人对1000~4000Hz的声波最为敏感。

（2）响度。响度是人对声音大小强弱的听觉，它与声波的振幅密切相关。一般说来，一个纯音声波的振幅越大，响度越强；振幅越小，响度越弱。但响度与频率也有关系。

（3）音色。音色是对声音品质的听觉，它由声波的波形决定。不同发音体发出的声波都有自己的特异性。用长笛、小提琴、单簧管演奏同一乐曲，尽管频率、振幅大体相同，但由于三者波形相差很大，所以听起来三者大不相同，这就是音色上的差异。

3. 肤觉

肤觉是皮肤接受外界刺激所引起的感觉。一般把肤觉分为触压觉、温度觉和痛觉三大类。

（1）触压觉。触压觉是由皮肤上不均匀分布的压力引起的感觉。皮肤受到机械刺激时可产生触压觉。外界刺激物接触皮肤表面使皮肤轻微变形，引起皮肤浅层感受器兴奋而产生的感觉称为触觉；外界刺激物不仅使皮肤表面明显变形，还使深部组织变形而产生的感觉称为压觉；由一定频率的振动接触皮肤而引起的感觉称为振动觉。

触压觉是人认识客观世界空间特性的重要感觉通道。它对空间特性的辨别首先表现在具有准确的定位能力，特别是对指尖和舌尖的刺激定位非常准确，平均误差仅1毫米左右。而对上臂、腰部和背部的刺激定位能力则较差，平均误差约1厘米。触压觉不仅具有刺激定位的能力，还能辨别出同时受到刺激的两个点的相隔距离的能力。相同的机械刺激在皮肤的不同部位引起的触压觉的敏感性是不同的，额头、眼皮、舌尖、指尖较敏感，手臂、腿次之，胸腹部、躯干的敏感性较低。

（2）温度觉。温度觉是温度刺激作用于皮肤引起的感觉，所以皮肤表面温度的变化是温度觉的适宜刺激。皮肤表面的温度称为生理零度。刺激温度高于生理零度，产生温觉；刺激温度低于生理零度，产生冷觉；刺激温度等于生理零度，则不产生温度觉。当温度刺激超过45℃时，会使人产生热甚至烫的感觉，这种感觉是温觉和痛觉的复合。

（3）痛觉。痛觉是伤害有机体的刺激所产生的感觉。电刺激、机械刺激、化学刺激、极冷和极热刺激等达到对皮肤组织起破坏作用时，都会引起痛觉。痛觉是有机体内部的警报系统，具有保护机体免受伤害的作用，它对保护有机体的生存有重要的意义。痛觉感受性因身体不同部位而异。除了痛觉刺激的强度外，其中心理因素，如过去经验、暗示、情绪状态、注意都会对痛觉程度发生影响。除皮肤外，全身各处包括肌肉、关节、内脏组织的损伤都会产生痛觉。痛觉是一种十分复杂的感觉体验，常常伴有强烈的痛苦情绪反应，痛觉体验虽然不为我们所喜欢，但它却是机体进行自我保护的一个重要手段。痛可以说是我们身体的一种警示信号，它告诉我们身体某部位受到了伤害，我们要感谢偶尔的疼痛。正是疼痛让身体告诉我们躯体的某些机能发生了故障，让我们注意到烧伤、骨折或破裂的存在，使得我们立即改变自己的行为。没有疼痛的折磨预警，那些无法察觉的传染和伤害的影响会积聚起来，进而引发更为严重的灾难。

皮肤是人体最大的感官，肤觉的重要性一般被视觉、听觉所掩盖，实际上它的作用非常大，尤其是在补偿视、听觉损伤方面。

4. 嗅觉

嗅觉是辨别气味的感觉。嗅觉的适宜刺激是能溶解的、有气味的气体分子，是物质释放出来的分子。只有分子离开自己所依存的那个物体，也就是挥发出来才能引起嗅觉。不挥发的东西，分子之间凝聚得很牢固，完全不扩散出来，就不能引起嗅觉。嗅觉的感受器是位于鼻腔上部两侧黏膜中的嗅细胞。嗅细胞受刺激兴奋后，产生的神经冲动一般不经过丘脑，直接传入嗅球，然后传入大脑有关部位。有人提出基本气味有香料气味、花的香味、腐臭味、水果香味、树脂香味和焦气味（焦糖味）6种。所有气味都可以分解为这6种中的若干种。嗅觉感受性还受机体状态和环境因素的影响，如某些疾病会降低嗅觉感受性。

5. 味觉

味觉是对物体味道的感觉。味觉的适宜刺激是可溶于水或唾液的物质。味觉的感受器是位于舌面和口腔黏膜上的味蕾。溶解于水或唾液的物质作用于味蕾，产生兴奋，传至大脑就会引起味觉。人的基本味觉有酸、甜、苦、咸4种。其他味觉都是由这4种基本味觉混合产生的。

味觉经常与其他的感觉相互影响。嗅觉与味觉常混在一起，例如吃东西时，既有滋味刺激舌头，又有气味刺激鼻孔。又如温觉、冷觉、痛觉以至动觉也参与感觉，甚至还混入听觉。这样就使我们吃的东西的味道五花八门了。炒花生米和煮花生米的味道不同，是因为有嗅觉参与；吃辣椒则有痛觉参与；棒冰融化成水，味道显然两样，这就是由于触觉、温觉、冷觉在味觉中所起的不同作用。

单项选择题

3.3 能溶于液体的物质是（　　）适宜刺激的主要特点。
A. 听觉　　　　　B. 视觉　　　　　C. 嗅觉　　　　　D. 味觉

3.4 听觉的适宜刺激是（　　）的声波。
A. 16～20000Hz　　B. 1000～3000Hz　　C. 1000～4000Hz　　D. 380～780Hz

3.5 发出警示信号对机体进行自我保护的是（　　）。
A. 触觉　　　　　B. 压觉　　　　　C. 温度觉　　　　D. 痛觉

（二）内部感觉

内部感觉是指接受机体本身的刺激，反映机体的位置、运动和内部器官不同状态的感觉，包括运动觉、平衡觉和机体觉。

1. 运动觉

运动觉也称为动觉，是反映身体各部分之间位置的相对变动以及肌肉紧张程度的感觉。运动觉是一种基本感觉，因为各种感觉都必须有运动觉进行协调，才能实现调节作用。运动觉的感受器位于肌肉、肌腱和关节中，它为我们提供有关身体运动的信息。肌肉运动、关节角度的变化等都是这些感受器的适宜刺激。人在感知外界事物的过程中几乎都有运动觉的反馈信息参加。例如，在注视物体时，大脑不仅接受来自视网膜感觉细胞的信息，还接受来自眼球肌肉的动觉信息。这种信息是我们看清物体的必要条件。言语器官肌肉的动觉信息同语音听觉和字形视觉相联系，是言语活动和思维活动的基础。动觉与触觉相结合形成触摸觉，这在生活实践中非常重要。我们常常依靠触摸觉来识别物体的许多情况，从而代替和补充了视觉。没有动觉参与的触觉，准确性很差。

2. 平衡觉

平衡觉也称为静觉或姿势感觉，是反映整个身体位置、运动速率和方向的感觉。例如，当人挺直不动或平躺着时，不用看就能大体知道别人把自己放倒或扶起若干角度。乘电梯时，不用看就知道升降；乘车时，不用看就知道进退转弯。这些都靠平衡觉。平衡觉的感受器是内耳的前庭器官。内耳中的三个半规管里充满了淋巴液。当身体位置和地心引力的方向角度关系有所改变，即机体加速、减速或改变方向时，由液体流动引起毛状细胞的变动，从而引起平衡觉。在前庭中还有一些很小的固体微粒叫做耳石，也跟着身体与地心引力方向角度的改变而移动，从而使毛状细胞发生变动，引起平衡觉。平衡觉与视觉、内脏觉等有关联，如人们晕车、晕船时，视野中的物体似乎在移动，同时还会出现恶心、呕吐等现象。有些职业如舞蹈家、演员、飞行员和宇航员对平衡觉要有很高的适应性。因此，对从事航空、航海、舞蹈的人总是要进行平衡觉的检查。

3. 机体觉

机体觉又称内脏感觉，它是反映机体内部状况及各内脏各器官活动变化状态的感觉。内脏感觉的感受器分布于各脏器的壁内，它们把内脏活动及其变化的信息，经传入神经传向中枢，引起饥、渴、饱、恶心、腹胀、便意、疼痛等感觉。

内脏感觉的特点是感觉不精确，分辨力差。许多内脏的感受器根本不能引起主观感觉。在机体病变时，有些脏器的感受器才产生痛觉（放射痛）。内脏感觉在调节内脏活动中起重要作用。没有内脏感觉系统，有机体的生存是难以想象的。

单项选择题

3.6 感受到晕船主要发挥作用的是（　　）。
A. 机体觉　　　B. 运动觉　　　C. 平衡觉　　　D. 内脏感觉

二、知觉的种类

知觉的分类，可以依据不同的标准。根据知觉所反映事物的特性，可以将知觉分成空间知觉、时间知觉、运动知觉等；根据知觉过程中某种感官起主导作用，还可以把知觉分为视知觉、听知觉、触知觉和嗅知觉等；根据人脑反映的对象的不同，可以把知觉分为物体知觉和社会知觉；根据知觉对事物属性反映是否符合客观实际，可以把知觉分为正确知觉和错觉。下面对主要的知觉种类进行分析。

（一）空间知觉

空间知觉是个体对客观事物空间特性的直接反映。它反映物体的形状、大小、距离、方位等，包括形状知觉、大小知觉、距离知觉、方位知觉等。空间知觉是在已有经验的基础上，视觉、听觉、触觉、平衡觉等协同活动而形成的。如果人们不能认识物体的形状、大小、距离、方位等空间特性，就不能正常生存。

1. 形状知觉

形状知觉是个体对物体形状特性的反映，是对物体的轮廓和边界的整体知觉。形状是借助可见的轮廓而从背景中分离出来的。形成物体或图形形状的前提条件是分辨出其轮廓。当视野被轮廓分为两部分时，个体倾向于将轮廓内的有一定意义的区域知觉为图形，其余区域则知觉为背景。从背景中区分出图形形状主要是因为图形与背景存在差异。图形与背景存有如下差异：①图形有形状，而背景相对没有形状；②图形看起来离观察者较近，而背景好像是在图形背后连续延伸的；③图形具有"物体"的特征，看起来更为印象深刻、动人，而背景像是没有意义的"原料"。同时，从背景中区分出图形还受图形组织特征的影响。物体或图形的独特的群组，可以使人们从背景中把一个个的物体或图形分离出来。完形心理学家在大量实验性研究的基础上，证明了图形组织的若干原则。

2. 大小知觉

大小知觉是个体对外界物体大小的反映。按常识说，大物体投射在视网膜上的视像大，小物体投射在视网膜上的视像小。视网膜上的成像大，说明物体大，反之，说明物体小。但实际上我们辨别物体大小并不这样简单。因为视网膜图像不仅随物体的大小而变化，而且还要随物体的距离而变化。所以，单靠视网膜成像是很难辨别物体大小的。在知觉物体时，个体是通过综合视网膜成像大小和知觉到的距离来判断物体大小的。

3. 距离知觉

距离知觉又称立体知觉或深度知觉，是个体对物体的凹凸或远近的反映。相对于物体的视像而言，人的视网膜基本上是二维平面，即物体的视像在视网膜上是平展而没有深度的，但是人却能知觉物体的深度和距离。对深度和距离的判断可以依据以下的线索。

1）生理线索

（1）晶状体和瞳孔调节。看近物体时晶状体较凸起，看远物体时较扁平；看近物体时瞳孔变大，看远物体时瞳孔变小。晶状体和瞳孔调节其变化的肌肉的紧张程度，成为知觉物体距离的线索。

(2) 双眼辐合。双眼辐合是指看近距离物体时，双眼视轴趋于向鼻侧集中；看远距离物体时，双眼视轴趋于平行。视轴的变化是由眼外肌控制的，它的紧张程度提供物体距离的信号。

2) 单眼线索

单眼线索是指用一只眼就能感知到的深度线索。能构成单眼线索的物体特征主要有以下几种。

(1) 遮挡。如果一个物体部分地遮挡了另一个物体，那么，被遮挡的物体就被大脑知觉得远一些（见图3-1）。

(2) 相对大小。相似的物体，视像中较大的被知觉得近一些。

(3) 线条透视。根据物体在视网膜上的几何光学投影原则来表现物体的距离称为线条透视。例如，事实上平行的铁轨，由于向远处延伸，看起来在无限远处交于一点。两条线间距离大者被知觉得近一些，距离小者被知觉得远一些。

(4) 纹理梯度（结构级差）。很多同样或类似的物体，集成一大片平面景观时，大且疏者被知觉得近一些，小且密者被知觉得远一些（见图3-2）。

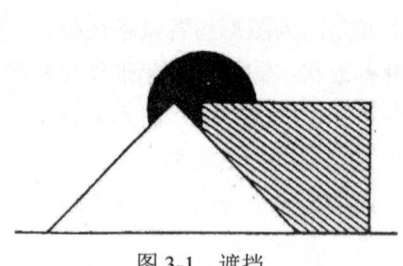

图 3-1 遮挡

图 3-2 纹理梯度

(5) 空气透视。轮廓模糊的物体被知觉得远一些，轮廓清晰的物体被知觉得近一些。

(6) 光线与阴影分布。明亮部分较黑色阴影部分觉得更向外突出。通常，物体表面离光源最近的部分最亮。当物体表面离开光源一定距离后，其表面变暗，或产生阴影，这也能产生深度知觉。并且，深度感随光线和阴影对比度的增加而增加。

(7) 颜色分布。远方的物体呈淡蓝色，近处的物体呈黄色或红色。

(8) 运动视差。在运动的过程中，看不同距离的物体的效果是不同的，这叫运动视差。运动视差也提供了判断远近的信息。在做相对位移的时候，近的物体看起来移动得快，远的物体看起来移动得慢。

3) 双眼视差

双眼视差是指当两眼注视外界某一点时，由于两眼视线角度不完全相同，因而在两眼视网膜上形成的两个"像"产生的差异。当观察立体物体时，由于两眼有65mm的距离，左眼看到物体左面多一些，右眼看到物体右面多一些，这样，同一物体在两只眼睛视网膜成像略有差异，这两个略有差异的视像就叫双眼视差。例如，看同一个物体时，闭上右眼只用左眼看与闭上左眼只用右眼看，就会得到稍有差异的视像。这两个稍有差异的视像，经过大脑皮层的复杂加工，它们已经综合成一个更为立体的视像，就形成了立体知觉。

立体摄影、立体电影都是应用双眼视差的原理制作出来的。两个摄影和放映的镜头都相距65mm，拍摄时拍了两个同步的画面，放映时把这两个画面分别投射到银幕上。看的时候戴上一副眼镜，运用光学的原理，让左眼看到的是左边镜头放映的画面，右眼看到的是右边镜头放映的画面，这样就和生活中用两个眼睛看东西一样，有了鲜明的立体感。立体摄影的道理也是一样的。

4. 方位知觉

方位知觉是个体对自身或物体所处空间位置和方向的反映。方位知觉有上下、左右、前后三个维度。个体对前后、左右方位的知觉是以观察者为参照，而对上下方位的知觉除以自身为参照外，还可以以天地为参照。物体在视网膜上的成像因为经过水晶体的折射，应该是倒的，但人们主观上并不觉得它是倒的，而觉得是正的，这可以用经验或暂时神经联系来解释。经过多次学习，学会了将视觉与动觉统一起来，即建立起视觉和动觉之间的暂时神经联系。

方位知觉也可以以双耳听觉提供的信息为参照，因为从不同方位来的声音到达两耳的时间和强度都会有差异。从左边来的声音先到达左耳，后到达右耳，当声音从左到右绕过头部的时候，其强度也减弱了。双耳听觉的时间差和强度差就给判断声音的方位提供了线索。时间和强度的差别越大，声音方位的知觉越清晰。如果声音来自正前方或正后方或大脑顶部，到达双耳的时间和强度相等，那么对声音方位的判断就难一些。

（二）时间知觉

时间知觉是个体对客观事物和现象的延续性与顺序性的直接反映。时间是客观存在的，是物质存在的基本形式之一。它可以像光、声音或其他刺激物一样，作为条件反射的刺激物，所以，它不是主观虚构的东西。时间具有延续性（不间断性）、顺序性和不可逆（一去不复返）性。

时间概念与时间知觉不同，时间概念是对时间特性间接的、概括的反映，一般用事物周期性变化来表示。如地球绕太阳一周为1年，月亏月盈一次为1月，地球自转一周为1天等。它们都是通过思维并需要计算来间接理解的。时间知觉是对时间特性直接的、具体的反映。它也利用与某种时间概念有联系的时间标尺，也有计时的起点和终点，但这种起点和终点都存在于现在，而不是过去和将来。这就是说，时间是客观的，而时间知觉是主观的。

人总是通过某种衡量时间的媒介来反映时间，这种媒介称为时间标尺。时间标尺有两类，一类是自然界周期性变化的现象，如地球的公转和自转、声音的节奏等；另一类是机体内部一些周期性生理状态，如饮食起居等生物钟现象。第一类称之为外在标尺，第二类称之为内在标尺。一般认为，时间知觉主要指使用内、外在标尺来知觉时间。最严格意义上的时间知觉是以动觉、机体觉作为时间标尺的信号的。

由于兴趣、态度、活动内容以及其所引起的情绪的影响，对于实际上同样长短的一段时间，人们对时间的估计有时觉得较长，有时觉得较短，形成时间错觉。例如，所进行的活动内容丰富，饶有趣味，人们会觉得时间过得快，估计偏短；内容贫乏，索然无味，人们会觉得时间过得慢，估计偏长。例如，看一部吸引人的电影和在火车站等着接人，同样是一个钟头，在火车站等人的一个钟头会觉得长得多。

（三）运动知觉

运动知觉是个体对物体空间位移特性的反映。它反映物体的空间位移和位移速度。

物体的运动知觉是在一定时间和空间进行的，因此运动知觉和时间知觉有着密切关系，它是时间知觉和空间知觉的综合。

1. 真动知觉

真动知觉是指物体发生实际的空间位移所产生的运动知觉，即物体以一定速度和轨迹做连续位移称为真动，由此引起的物体运动的知觉称为真动知觉。运动速度与空间变动所经历的时间有关，同样的空间变动经历的时间长，表明运动慢；经历的时间短，表明运动快。

真动知觉的感知存在阈限。太慢的运动看不出来。手表上的秒针运动能看见，时针运动却看不见，其实它们都是运动的；太快的运动也看不见，如人们看不见高速旋转的电风扇的扇叶，子弹在空中飞行的轨迹。刚刚可以辨认出物体运动的最慢速度，称为运动知觉的下阈；速度快到刚刚辨认不清物体时的运动速度，称为运动知觉的上阈。

人对自身的运动也可由多种感受器协同作用而产生运动知觉。视觉可获得客体位移的信息；肌肉运动感觉获得关于肌肉收缩、舒张、紧张性的信号、身体空间状态、空间位移的信号；前庭器官提供关于人体旋转、倾斜及加速、减速运动的信号；触觉提供身体在平面上位移的信号。视、动、听、触等感觉的综合作用使人知觉到各种运动的形式：运动的形状、幅度、方向、持续时间、速度、性质等。通过练习可以提高人的运动知觉的能力。

2. 似动知觉

似动知觉是指在一定的时间和空间条件下，人们在静止的物体间看到了运动，或者在物体没有发生空间位移时却知觉到运动的现象。没有空间位移却产生运动知觉的这种似动知觉是生活中的一种普遍现象，例如霓虹灯广告的制作、电影和电视剧的制作等都是运用似动原理而产生的一种视觉上的连续、自然的运动效果。似动知觉主要依靠的是视觉后像，即在视觉刺激消失后，感觉后像仍保留一段时间而不是立即消失的现象。似动知觉也可看作一种运动错觉。似动知觉的主要形式有以下几种。

（1）动景运动，当两个刺激物（如光点、直线、图形等）按一定空间间隔和时间间隔相继呈现时，就会看到从一个刺激物向另一个刺激物的连续运动，这就是动景运动。例如，给被试呈现两条直线，一条水平，一条垂直，或者两条相互平行，当这两条直线的时距过短（低于30毫秒）时，人们看到两条直线同时出现；当这两条直线的时距过长（超过200毫秒）时，人们看到相继出现的两条直线。当时距过长或过短，都不会看到这种现象。

（2）诱导运动，是指由于某一物体的运动而引起另一实际静止物体却看似"运动"的知觉。也就是说，观察者知觉到某个物体的运动，而实际上该物体根本没有发生空间位移，只是由于其他物体的运动使得被观察物体好像在运动。这种运动知觉受到被观察物体周围环境的强烈影响。一般来说，相对于较大的、不封闭的物体，较小的封闭物体容易被"诱导"运动。例如，我们经常看到月亮在云彩中穿行，而实际上快速移动的是浮云，相对"静止"的是月亮，是云彩在飘动的过程中遮挡了静止的月亮，而我们却认为月亮在走。诱导运动也是一种运动错觉。

（3）自主运动。在暗室里，如果出现一个微弱的、静止的光点，注视片刻后，人们就会觉得这个亮点似乎在其附近来回运动，这种现象称为自主运动现象，简称自动现象。自动现象只有在刺激物孤立的情境中才能产生，这是因为刺激物孤立时，观察者失去了判断刺激物特征的参照线索。

（4）运动后效。在注视向一个方向运动的物体之后，如果将注视点转向静止的物体，人们就会看到静止的物体似乎向相反的方向运动，这就是运动后效。

空间知觉、时间知觉和运动知觉是紧密地联系在一起的复杂知觉，反映个体对客体特性的知觉。

单项选择题

3.7 月亮在云彩中穿行是（　　）。
A. 真动知觉　　　　B. 自主运动　　　C. 诱导运动　　　D. 随意知觉

3.8 辨别汉字的偏旁部首结构，其知觉类型是（　　）。
A. 空间知觉　　　　B. 时间知觉　　　C. 运动知觉　　　D. 错觉

3.9 学生听一堂语言生动、声情并茂、引人入胜的课，觉得比平时上课的时间短。这种现象是（　　）。
A. 情绪错觉　　　　B. 时间错觉　　　C. 运动错觉　　　D. 声音错觉

（四）社会知觉

1. 社会知觉的概念

社会知觉是个体在社会环境中对于有关个人或群体特征的知觉。社会知觉是对社会对象的知觉，是个体在生活实践中，对他人、对群体以及对自己的知觉，也叫社会认知。社会知觉不仅包括对人的表情、语言、姿态等外部特征的印象，还包括对人与人之间的关系、内在的动机、意图、观点、信念、个性特点等内心本质的推测和判断。

社会知觉与前述感知觉中的"知觉"有所不同。感知觉中的"知觉"一般指个体对直接作用于感觉器官的客观事物的整体属性的反映,是认识的初级阶段,不包括判断、推理等高级认知过程,而社会知觉中的"知觉"则包括复杂的认知过程,既有对人的外部特征和人格特征的知觉,也有对人际关系的知觉以及对行为原因的推理、判断与解释。因此,一般认为,社会知觉过程实际上是社会认知过程。

2. 社会知觉的特征

(1) 具有选择性。社会知觉具有选择性,一方面是因为刺激物本身的物理强度不同,另一方面是因为刺激物本身的性质、意义和社会价值不同,特别是刺激物与人的直接利益关系。

(2) 具有情绪性。社会知觉过程中伴有一定的情绪体验。情绪反应强烈时,不可避免地要影响人的行为甚至动机。

(3) 具有控制性。社会知觉的控制性是指人对自己的社会知觉的情绪反应和情绪影响有一定的控制力,对自己社会知觉的定向选择性也有一定的控制力。

3. 社会知觉的分类

社会知觉包括对他人的知觉、人际知觉、自我知觉三部分。

(1) 对他人的知觉包括知觉对象的外部特征(仪表、风度、言谈举止和各种外部表现)、知觉对象的性格特征、知觉对象的认知结构(认知者个人的观点、态度、需要、动机、经验、思维方式、认知判断能力)。

(2) 人际知觉就是认识自己与他人的关系以及他人与他人的关系的知觉。

(3) 自我知觉就是对自己的知觉,包括对物质自我的知觉、对精神自我的知觉、对社会自我的知觉、对角色自我的知觉。对物质自我的知觉表现在对自己的颜容、体态、健康、装饰打扮关注和追求;对精神自我的知觉表现在对自己的智力、个性、道德、思想政治水平的认识;对社会自我的知觉融合在对自己在社会生活中的地位作用、自我的社会价值和相应的名誉的认知方面;对角色自我的知觉表现在对自己在社会生活中所扮演的角色的认知与判断,以及对有关角色行为的社会标准的认知。

4. 社会知觉中的偏差

社会知觉中的偏差主要表现为刻板印象、晕轮效应、首因效应、近因效应、投射效应、对比效应。

(1) 刻板印象,是指对一群人的特征或动机加以概括,把概括得出的群体的特征归属于团体中的每一个人,认为他们每个人都具有这种特征,而无视团体成员中的个体差异的现象。人们通过自己的经验形成对某类人或某类事较为固定的看法,例如根据种族、地域、性格、外表等不自觉地认为这个人也具有这一类别的特征。所以,很多人认为北方男人粗犷、豪爽,而南方男人细致、拘谨等。社会刻板印象具有社会适应的意义,能使人的社会知觉过程简化。但在有限经验的基础上形成的刻板印象往往具有消极的作用,会使人对某些群体成员产生偏见,甚至歧视。

（2）晕轮效应，是指个体对认知对象的某些品质一旦形成倾向性印象，就会带着这种倾向去评价认知对象的其他品质。当我们认为某人具有某种特征时，就会对他的其他特征做出相似判断，使其他品质也笼罩上类似的色彩。最初的倾向性印象好似一个光环，故晕轮效应也称光环效应。社会心理学家发现，外表的吸引力有明显的晕轮效应。当一个人的外表充满魅力时，那么他的其他同外表无关的特征，也会得到更好的评价。不只是外表具有晕轮效应，其他品质尤其是重要品质的认定也具有同样的效应。例如，个体对他人的外表有良好的印象，往往会对他的人格品质也倾向给予肯定评价。晕轮效应使得个体对他人印象的判断存在偏差。与晕轮效应相对的是反晕轮效应，也叫做扫帚星效应，主要指评价者对一个人的多种特质的评价往往受某一特质低分印象的影响而普遍拉低评价。

（3）首因效应，是指在总体印象形成上，最初获得的信息比后来获得的信息影响更大的现象，也称为最初效应。在通常情况下，印象形成过程中首因效应的发生更为常见。这是因为第一印象一旦建立起来，对后来的信息的理解和组织有着强烈的定向作用。由于保持认知平衡和情感平衡的心理需要，人们对于后来获得信息的理解，常常根据第一印象来完成。人们对不熟悉的人很容易产生首因效应。

（4）近因效应，是指在总体印象形成上，新近获得的信息比原来获得的信息影响更大的现象，也称为最近效应。近因效应的产生是由于在印象形成过程中不断有引人注意的新信息出现，或者原来的印象已经随着时间的推移而淡忘。心理学家发现，当人们回忆旧信息有困难或对一个人的判断要依赖目前的情境时，人们就倾向于在印象上主要以新近信息为依据，而发生近因效应。此外，个性特点也影响近因效应的产生。一般来说，熟悉的人，特别是亲密的人之间容易出现近因效应。

（5）投射效应，是指社会人际关系中的一种以己度人的知觉倾向，就是一个人把自己的特点和感觉强加于其他人。换言之，自己怎么想的，就以为别人也是这样想的，把自己的思想投射给别人，认为别人具有同样的思想。例如"以小人之心，度君子之腹"，就是指与人交往时把自己具有的某些不讨人喜欢、不为人接受的观念、性格、态度或欲望转移到别人身上，认为别人也是如此；又如自私的人总认为别人也很自私，慷慨大方的人认为别人对自己也不小气。

（6）对比效应，是指评价一个人的特点时，常常受到与最近遇到的其他人在同一特点中进行比较的影响。

真题链接

单项选择题

3.10 丁老师在工作中常以自己的想法代替学生的想法，以自己的思维方式推测学生的思维方式。丁老师的行为体现了（　　）。

　　A. 首因效应　　B. 晕轮效应　　C. 刻板效应　　D. 投射效应

3.11 刻板印象使人的社会知觉过程简化，因此它具有（　　）的意义。

　　A. 概括化　　B. 社会适应　　C. 抽象化　　D. 消极

（五）错觉

错觉是在特定条件下产生的对客观事物的歪曲知觉，这种歪曲往往带有固定的倾向。从错觉的这个定义中我们可以看到，错觉是一种不符合客观实际的知觉。但这种错觉是客观存在的，是有规律的，而不是主观臆想出来的，只要具备了错觉产生的条件，错觉是必然会产生的，通过主观努力是无法克服的。错觉存在于各种知觉现象中，常见的有以下几种。

1. 图形错觉

图形错觉主要是视错觉。图形错觉是多种多样的，按照它们所引起的错觉形式基本可以分为两类：一类是关于数量上的错觉，包括在大小、长短方面引起的错觉（见图3-3～图3-7）；另一类是关于变形或方向上的错觉（见图3-8～图3-13）。

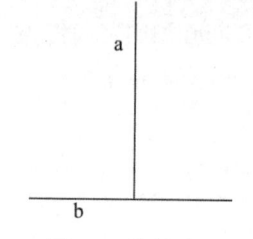

图3-3　横竖错觉

等长的两条线，竖线看起来比水平线长

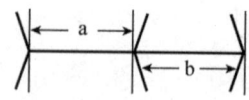

图3-4　Müller-Lyer错觉

两条一样长的线段由于箭头方向不一样，给人的感觉不一样长；正三角形的顶点A、B的间距与B、C的间距虽然同样长，但给人的感觉是不一样的

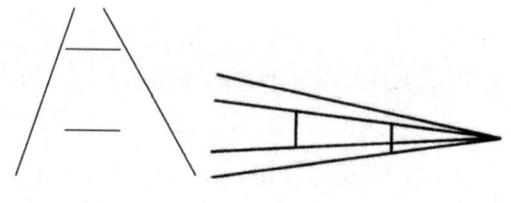

图3-5　Ponzo错觉

两条一样长的线段由于对比角内的位置，看起来不相等

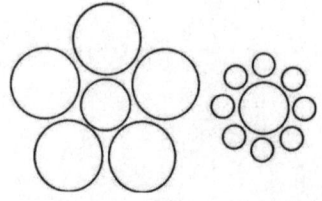

图3-6　Ebbinghaus错觉

被大圆包围在中心的圆与被小圆包围在中心的圆，虽然其大小相等，但受了周围的圆的大小的影响，中间的圆看起来并不相等

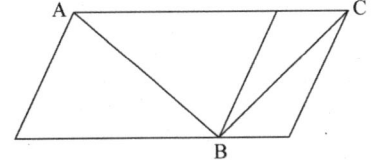

图 3-7　Sander 错觉

两个平行四边形中，表示着长度相等的两条对角线，大平行四边形的对角线 AB 看起来比小平行四边形的对角线 BC 要长

 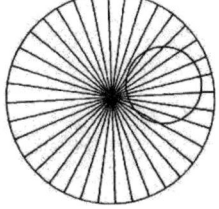 

图 3-8　Ehrenstein 错觉　　图 3-9　Orbison 错觉　　图 3-10　螺旋错觉

正方形、圆形在背景线条影响下，看起来是发生变形的

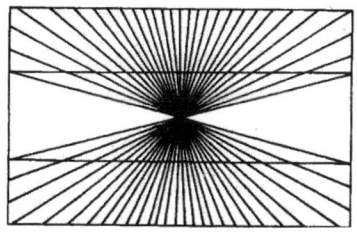 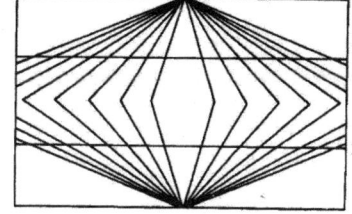

图 3-11　Wundt 错觉　　　　图 3-12　Hering 错觉

两平行线为多方向的直线所截时，看起来失去了原来平行线的特征

图 3-13　Zöllner 错觉

当数条平行线各自被不同方向斜线所截时，看起来即产生两种错觉：其一是平行线失去了原来的平行；其二是不同方向截线的黑色深度似不相同

2. 形重错觉

由于视觉影响而对重量感发生错觉。一斤铁和一斤棉花的物理重量相等，但是人们用手加以比较时（不用仪器）都会觉得一斤铁比一斤棉花重得多。这是以视觉之"形"而影响到肌肉感觉之"重"的错觉。

3. 对比错觉

同一物体在不同背景下，会给人不同的错觉。比如同样的太阳，初升或将落山时的太阳看起来要比中午时大些。这种错觉主要是由于太阳与周围环境的关系不同而造成的。初升或将落山时的太阳与群山、房屋、树林等相比较就显得大些，中午时太阳与辽阔的天空相比较就显得小些。

4. 方位错觉

听报告时，报告人的声音是从扩音器的侧面传来的，但我们却把它感知为从报告人的正面传来。又如，在海上飞行时，海天一色，找不到地标，海上飞行经验不够丰富的飞行员因分不清上下方位，往往会产生"倒飞错觉"，造成飞入海中的事故。

5. 运动错觉

运动错觉是对主体或客体在运动知觉方面的错觉。当你坐在一列火车里长时间盯着外面移动的景物后，如果火车停止了，那么你会觉得此时外部静止的景物在向前运动，而列车却在慢慢地向后运动，这便是运动错觉。瀑布错觉也是一种运动错觉，当注视流动的瀑布一定时间之后，如果再注视静止的景物，该静止的景物看起来像在向上运动。似动现象更是典型的运动错觉。

错觉是由多方面因素引起的，从现象上看，既有主观原因，也有客观原因。其中，知觉具体事物时受到同时并存的其他刺激的干扰是形成错觉的客观原因，而人的过去经验、习惯、定势、情绪等主观因素也对错觉形成有重要作用，如"风声鹤唳""杯弓蛇影"就是主观因素的影响。实际生活中，可以利用错觉为人们服务，它对人们的生活既有积极影响也有消极影响。从20世纪以来，人们提出过许多解释错觉的理论，但还不能完全解释错觉现象。

 拓展阅读

错　觉

据《晋书》记载，苻坚与晋军对阵淝水，苻坚抵挡不住，弃甲而逃。一路听见风声鹤唳，错以为晋军赶到，后来退上八公山，又把山下草木误认为是追来的晋军。"八公山下，草木皆兵"就是由于极度惊恐造成错觉的典型例子。又如杯弓蛇影的故事，说的是晋朝乐广斟酒待客，客人正欲饮，忽见杯中有小蛇，心中大惊，但又不敢不喝，勉强饮下，心中不安，回家不久就病了。乐广后来知道了此事，便告诉他杯中蛇影其实是壁上长弓的投影，客人的病也就好了。从这两个例子我们可以看到，错觉是事出有因的，故事中的人对草木、风声、鹤唳、弓影这些客观刺激产生了错误的、歪曲的反映。

（资料来源：卢家楣，等. 心理学[M]. 上海：上海人民出版社，2004.）

第三节　感知觉规律及其应用

一、感觉规律

（一）感受性及感觉阈限

感受性是指感觉器官对适宜刺激的感觉能力。感觉是由刺激物直接作用于感官所引起的，如视觉是由于光波而产生的，听觉是由于声波所引起的。但要产生感觉，除了感官必须接受适宜刺激之外，还需要这种适宜刺激处于一定的强度范围。这个强度范围的起点对于有的人低一些，对于有的人高一些。起点的高低反映一个人对适宜刺激感觉的灵敏程度，即感受性的强弱。

感觉阈限是指刚刚能引起感觉或差别感觉的刺激量，是人感到某个刺激的存在或刺激发生变化的强度所需量的临界值。感受性的高低就是用感觉阈限的大小来衡量的。感觉阈限是测量人的感觉系统感受性大小的指标，是用刚能引起感觉或差别感觉的刺激量的大小来表示的。感觉阈限分为绝对感觉阈限和差别感觉阈限。一般说来，感觉阈限值越小，感觉能力越强，感受性就越高；反之，感觉阈限值越大，感觉能力越弱，感受性就越低。感受性与感觉阈限成反比。

这里需要指出的是，处于绝对感觉阈限以下的刺激，虽然未被人感觉到，但不等于人对其毫无反应。一般来说，绝对感觉阈限以下的刺激也能引起一定的生理反应，只是这种生理反应没有被人感觉到。

人的每一种感觉的感受性和感觉阈限，都有两种形式，即绝对感受性和绝对感觉阈限、差别感受性和差别感觉阈限。

1. 绝对感受性与绝对感觉阈限

绝对感受性指的是刚刚能觉察出最小刺激强度的能力。绝对感受性的高低用绝对感觉阈限来度量。绝对感觉阈限指的是刚刚能引起感觉的最小刺激强度。绝对感受性与绝对感觉阈限成反比关系。绝对感觉阈限越大，绝对感受性就越低。两者关系可用下列公式表示

$$E = \frac{I}{R}$$

式中，E 表示绝对感受性，R 表示绝对感觉阈限。

各种感觉的绝对阈限各不相同，同一感觉的绝对阈限也会因人而异。教师在教学中应注意这条规律，了解学生的绝对感受性和个别差异，创设条件使那些视觉和听觉感受性差的学生能清晰地感知到板书的内容和讲课的声音。

2. 差别感受性和差别感觉阈限

差别感受性是指刚好能觉察出两个同类刺激物之间最小差异量的能力。差别感受性的高低用差别感觉阈限来度量。差别感觉阈限指的是刚刚能引起差别感觉的两个同类刺激物之间的最小差别量，因此，差别感觉阈限又称为最小可觉差。两个同类刺激物间的差别达不到这个最小差别量则不会产生感觉上的变化。差别感受性和差别感觉阈限成反比关系。例如，让被试用手先后提起两个重量不同的砝码，判断哪个更重一些。如果标准刺激是 200 克，可变异刺激是 201 克、202 克、203 克时，被试感觉不到差异，只有达到 204 克时才感觉到两者差异，那么"4 克"是该被试 200 克砝码与 204 克砝码之间重量差异辨别的最小可觉差。那么，4 克是否也适用于标准刺激是 100 克、300 克、400 克时的最小可觉差呢？1834 年，德国生理学家韦伯测量了包括触觉、视觉、听觉在内的多种感觉强度的差别阈限，发现原来

刺激（即两个进行比较的刺激中的那个起始刺激即标准刺激）的强度越大，被试觉察出差异所必需的刺激（即两个进行比较的刺激中的那个强度大于或小于起始刺激的刺激即变异刺激）的强度变化也就越大，差别感觉阈限与原来起始刺激强度（或标准刺激强度）的比值是一个恒定的分数。这个分数称为韦伯分数，韦伯分数表现的规律称为韦伯定律，并用下列公式表示

$$K=\frac{\Delta I}{I}$$

式中，I 是标准刺激（原来刺激）的强度，ΔI 是为引起差别感觉的刺激增量，K 为一个常数。我们可以如下推断：当标准刺激为 200 克时，只要增加 4 克（即变异刺激为 204 克）时，被试就能感觉到差异；当标准刺激增为 400 克时，必须增加 8 克（即变异刺激为 408 克），被试才感觉到差异；而当标准刺激减为 100 克时，那么只需增加 2 克（即变异刺激为 102 克），被试就能感觉到差异。

对于不同性质的刺激来说，K 的数值不同，例如重量感觉的 K 值为 1/30，声音感觉的 K 值为 1/10，视觉的 K 值为 1/100。根据韦伯分数的大小可判断出被试对同种刺激的感觉灵敏程度，韦伯分数越小，感觉越灵敏；反之则感觉越迟钝。需要指出的是，韦伯定律只适用于中等强度的刺激，过弱或过强刺激的韦伯分数都会发生改变，而不是一个固定常数。

单项选择题

3.12 刚刚能引起感觉的最小刺激量称为（ ）。
A. 差别感受性　　　B. 差别感觉阈限　　　C. 绝对感受性　　　D. 绝对感觉阈限

3.13 在汤里放 10 克盐，要使汤的咸味尝起来刚好有差异，需要增加 2 克盐。根据韦伯定律，如果最初放 20 克盐，要使汤的咸味刚好有变化，则需要加盐（ ）。
A. 2 克　　　　　　B. 4 克　　　　　　C. 6 克　　　　　　D. 8 克

（二）感觉的相互作用规律

1. 同一感觉的相互作用

（1）感觉适应。感觉器官因持久接受刺激而使其感受性发生改变的现象，称为感觉适应。感觉适应是由于同一稳定的刺激对感受器的持续作用从而使感受性发生变化的现象。一般说来，除痛觉外，各种感觉都存在适应现象。适应既可以提高人的感受性，也可以降低人的感受性。一般而言，弱刺激可以提高人的感受性，强刺激可以降低人的感受性。

视觉适应是最主要的一种感觉适应现象。从繁星点点的夜空到明亮的烈日下，光的照度可相差数倍，视网膜的适应功能足以保证视觉系统在大于十倍的光强范围内做出反应，这是有机体长期适应环境的结果。视觉的适应主要包括暗适应和明适应。暗适应是指照明停止或由亮处转入暗处时视觉感受性不断提高的过程。我们从阳光明亮的室外进入正在放映电影的放映厅，起初什么也看不见，经过一段时间，周围的物体就越来越清

晰可辨了，这就是暗适应现象。暗适应感受性提高，感觉阈限下降。与暗适应相反，明适应是指照明开始或由暗处转入亮处时视觉感受性下降的过程。明适应感受性下降，感觉阈限上升。

感觉适应现象在其他各种感觉中也很明显。我们到机器轰鸣的工厂，一开始觉得很嘈杂，过一会儿也就习惯了，这是听觉的适应；游泳时，刚刚跳进水中会觉得水很冷，不久这种感觉就消失了，这是皮肤感觉对温度的适应；"入芝兰之室，久而不闻其香，入鲍鱼之肆，久而不闻其臭"，是由于气味持续作用，久而嗅不出香臭，正是嗅觉的适应现象的表现。不同感觉的适应有不同的特点，这与人类生存需要有密切的关系。痛觉是一种防御反射，起到报警作用，因此，痛觉的适应很难发生。

单项选择题
3.14 "入芝兰之室，久而不闻其香"描述的心理现象是（　　）。
A. 感觉后像　　B. 感觉对比　　C. 感觉适应　　D. 感觉阈限
3.15 为了保护暗适应，戴上一个（　　）。
A. 绿色护目镜　B. 红色的护目镜　C. 蓝色的护目镜　D. 彩色的护目镜

 拓展阅读

红色光与暗适应

美国著名心理学教授迈尔斯发现，红色光可以大大缩短"暗适应"过程。这是个纯生理学上的发现，想不到居然被有的国家应用到了军事上。比如，在北方雪地里作战的部队，此后就全部配备了红色玻璃眼罩，从而避免了官兵们在突然进入地下掩体时，会出现暂时丧失视力的危险。而在美国的军用机场，为随时待命起飞的空军战斗人员设置的休息室里，从此就全部改用红色光了，为的是当敌机来袭时，飞行员接到出击命令，快速进入机舱后，可以立即看清驾驶舱内的各种仪表，不至于因为暗适应过程长而耽误了时间。那位美国教授自己也想不到，他的发现会有这样的实际应用价值。

（资料来源：卢家楣，等.心理学[M]. 上海：上海人民出版社，2004.）

（2）感觉后像。感觉后像是指刺激作用停止后感觉现象并不立即消失，仍在头脑中保留短暂时间的现象。在各种感觉中视觉后像表现最为显著。视觉后像有正后像和负后像两种。比如，注视发光的灯泡一段时间后，关上灯，仍有灯在那亮着的感觉印象，这就是正后像。正后像出现以后，把视线转向一堵白墙，会感到明亮的背景上有一个黑色的灯的形象，这就是负后像。彩色负后像是原来注视的颜色的补色。例如，红色的负后像是绿色，黄色的负后像是蓝色。

电影制作正是利用了视觉后像这个生理心理特点，制成前后不同的画面，每秒放映24

帧,一停一动,连续放映出来。前一帧的后像还未消失,后一帧的画面又来到,后像填补了两帧画面之间的空隙。"后像""画面"接踵而来,使得画面看起来就是连续的、活动的。

闪光融合也是一种后像现象。物理上闪烁的光如果达到一定的频率引起心理上的不闪烁现象,就是闪光融合。闪光融合的刺激是以融合和改变反应性质的方式来实现彼此之间的相互作用的。刚刚能引起连续感觉的最小频率,叫临界频率。例如,在视觉中,如果以1秒钟的间隔开灯和关灯,我们看到的是一系列亮暗的交替。将开、关的时间间隔缩短一些,我们看到的则是闪光。若将开、关间隔时间再缩短,闪光就消失,我们看到的就是一个连续光,这种现象叫融合。刚刚产生闪光融合感觉的闪光频率,叫闪光融合频率。这种现象的产生和刺激后像有关。这是由于每一个分开的刺激的后像持续时间之长都足以占满整个间隔期,直到下一次刺激出现。在中等光强度下,一个闪烁的光源每秒闪烁超过 10 次,就会产生闪光融合现象。因为在这种情况下,视觉后像保留的时间大约是 0.1 秒。闪光融合频率受刺激的强度、面积,以及其他一些附加刺激等很多因素的影响。

不仅视觉有后像,其他感觉,如听觉和触压觉都有后像。例如,压觉刺激虽然已经离开,但感到皮肤上好像仍有压力存在,这就是压觉的后像。

单项选择题

3.16 人们看电影,电影正片上的一幅幅画面是不动的,而人们看到的却是连贯的动作、活动的景物,这运用的心理学原理是( )。

A. 感觉后像　　B. 感觉对比　　C. 感觉适应　　D. 联觉

3.17 电风扇高速转动时,人们看到的不再是一扇一扇的叶片,而是一个整体的圆盘在旋转。这种现象反映的是( )。

A. 动景运动　　B. 视觉适应　　C. 运动后效　　D. 闪光融合

(3) 感觉对比。同一感受器接受不同刺激而使感受性发生变化的现象称为感觉对比。对比是感觉中的普遍现象。感觉对比分同时对比和继时对比。同时对比是两个刺激同时作用于同一感受器所引起的感觉对比现象。例如,黑人的牙齿总是给人特别洁白的感觉,"月明星稀"也是同时对比产生的结果。两个刺激先后作用于同一感受器所引起的感觉对比现象称为继时对比。吃过糖之后吃橘子,会觉得橘子特别酸;手放进热水之后,再放到温水中,会觉得温水很凉;带着沙袋练习跑步,脱掉这些重物后会顿觉特别轻快,这些都是继时对比产生的结果。

视觉中的对比是很明显的,视觉中存在明度对比和色调对比。例如,白色的对象在黑色的背景上就会显得特别明亮,而在灰色的背景上看起来就要暗一些,这是无彩色对比。此外,还有彩色对比,例如灰色在红色的背景上,看起来就带有青绿色。彩色对比在彩色背景影响下,向背景色的补色方面变化。对比现象在味觉和温度觉中的表现也很明显。例如,刚刚喝过白开水再喝糖水时觉得很甜,但刚刚吃过糖再喝糖水就不觉得那么甜了。温度觉也有对比现象，我们可通过一个简单的实验来体会：请将你的两只手分别放在热水和冷水中，然后再同时伸进同一个温水盆中，这时两只手会产生不同的感觉，热水中浸过的手会觉得温水很冷，冷水中浸过的手会觉得温水很热。

★真题链接

单项选择题

3.18 "江碧鸟逾白，山青花欲燃"是感觉的（　　）现象。
A. 适应　　　　B. 对比　　　　C. 后像　　　　D. 错觉

3.19 为了让学生区分"put"和"but"的不同，英语老师特别用不同颜色标出"p"和"b"。这是运用了（　　）规律。
A. 感觉对比　　B. 感觉适应　　C. 感觉后像　　D. 感觉补偿

（4）疲劳。疲劳是持久或过度的活动使有机体产生不舒适及工作效率降低的现象。多种感觉系统存在疲劳现象，感觉疲劳是持久或过度的刺激超过感觉系统正常生理反应所能接受的程度造成的，它使感觉系统的感受性降低（感觉阈限上升）。感觉疲劳与感觉适应两者容易混淆，一般说来，随着时间的推移，感觉适应是一个趋于稳定的过程，而感觉疲劳则随着时间的推移愈演愈烈。

（5）掩蔽。对一个刺激的感受性因另一个刺激的存在而降低（感觉阈限上升）的现象称之为掩蔽。掩蔽现象在各种感觉系统中普遍存在。如一个闪光出现在另一个闪光之后，后一个闪光能影响对前一个闪光的觉察，这称为视觉掩蔽。在安静的夜晚，能听到钟表的滴答声，而在人声嘈杂的商场则听不到，这是滴答声被嘈杂声掩蔽了，这是听觉的掩蔽。

2. 不同感觉的相互作用

对某种刺激物的感受性因其他感觉器官受到刺激而发生变化的现象，叫做不同感觉之间的相互作用。

（1）不同感觉的相互影响。任何一种感受器的感受性都会因同时或继时发生作用的其他感受器的影响而有所变化。在一定的条件下，各种感觉都会发生程度不同的相互影响。一般规律是弱刺激能提高另一种感觉的感受性，而强刺激则降低另一种感觉的感受性。各种感觉相互影响的事例很多。例如，对于视觉，微弱的听觉刺激能提高视觉对颜色的感受性，微痛的刺激、弱的酸味、某些嗅觉刺激都会使视觉感受性有所提高；对于听觉，微光刺激能提高听觉的感受性，强光刺激则使听觉感受性降低，微痛的刺激能提高听觉感受性；对于味觉，嗅觉会影响人们对食物味道的感受性，如当人们感冒鼻孔不通气时，什么美味也吃不出味来，食物的颜色、温度也会影响对食物味道的感受性，如果红烧肉的色泽极差，是不能吊起人们的胃口的。

（2）不同感觉的相互补偿。感觉补偿是指某种感觉系统的机能丧失后，可以由其他感觉系统的机能来补偿。通过促进其他感觉的感受性提高，以取得弥补作用。例如，盲人可以通过自己的脚步声来辨别周围的物体并避开障碍物，还可以利用触觉阅读盲文；聋哑人可以"以眼代耳"，学会"看"话。感觉之间之所以能够相互补偿，是因为在一定条件下，各种不同形式的能量可以相互转换。

（3）联觉。联觉是指一种感觉引起另一种感觉的心理现象。这一现象是感觉之间相互作用的结果。联觉是一种有趣的、使人惊奇的感觉相互作用现象。联觉的形式很多，较常见的是颜色感觉引起的联觉。首先，色觉能引起温度感觉。例如，看见红、橙、黄等颜色，容易使人不知不觉地联想到阳光和火焰，进而感到温暖；看到蓝、青、绿等颜色，容易使人联想到碧空、海水和森林，进而感到凉爽。为此，在各种会场和展览设计中常利用这种联觉来渲染气氛，在日常生活和建筑设计上利用颜色联觉来造成冬暖夏凉的良好效果。其次，色觉还能引起轻重感。白色和浅色常使人自然联想到白云、羽毛等轻质物，进而感到轻盈；黑色和深色则易联想到钢铁、煤炭等重质物，进而感到沉重。另外，色听联觉也是一种较为普遍的联觉形式。例如，低音产生深色感，高音产生浅色感。近年来创造的色彩乐器，就是把声音转化为色彩形象。日常生活中人们常说的"甜蜜的声音""沉重的乐曲"等，实际上都是联觉现象。联觉常用于艺术、建筑、环境布置以及社会活动的组织等方面。

单项选择题

3.20 具有音乐造诣的人听音乐时会产生相应的视觉。这种现象属于（　　）。

A. 感觉　　　　　B. 知觉　　　　　C. 直觉　　　　　D. 联觉

 拓展阅读

听觉的联觉——功能音乐与运动

有些音乐对人们活动的某些方面能产生良好的影响，这种音乐就称为功能音乐。功能音乐对人的活动能产生良好影响的基础，有以下两个因素：一是对人们产生最佳的激昂情绪起积极作用，二是对人们器官活动的节律性能力起促进作用。

在体育运动中运用功能音乐，可以增强赛场的气氛，可以帮助运动员摆脱单调乏味的运动节奏，提高运动知觉的水平，可以培养和促进观众对运动比赛的理解，产生美好的情感，从而使运动员的动作美、人类的高尚情操和音乐融合成统一的整体。

正是感觉的相互作用，使听觉影响到人的其他感知觉，进而影响到人的整个心理活动。

（资料来源：卢家楣，等. 心理学[M]. 上海：上海人民出版社，2004.）

二、知觉的特性

(一) 知觉的选择性

1. 什么是知觉的选择性

知觉的选择性是指当面对众多的刺激对象时，知觉系统会自动地将刺激分为对象和背景，并把知觉对象优先从背景中区分出来。在同一时刻进入我们感官的刺激是十分丰富的，但我们不会对所有的刺激都同时给予加工，我们总是根据自己当前的需要，有选择地对其中某些刺激进行反映，而忽视其他刺激。人们这种对外来刺激有选择地进行组织加工的特性就属于知觉的选择性。被清晰反映的刺激物，称为知觉的对象；而同时作用于我们感官的其他刺激，称为知觉背景。

与知觉背景相比，知觉对象有鲜明的、完整的形象，突出于背景之前，是有意义的、容易被记忆的。知觉对象与知觉背景是相对而言的，此时的知觉对象也可以成为彼时的知觉背景；被选择为知觉对象的刺激也可能在另一个人眼中就成了知觉背景，这要看知觉者个人的需要、兴趣、爱好、知识经验以及刺激物对个人的重要性等主观因素。比如，图 3-14 是两个经典的双关图（又称两可图形），其就是知觉对象与知觉背景可以相互转换的明显例证。

花瓶与侧影

少女与老妇

图 3-14 双关图

2. 影响知觉选择性的因素

影响知觉选择性的因素有主客观两个方面。

（1）影响知觉选择性的主观因素包括以下几项：①知觉有无目的和任务；②个体已有知识经验的丰富程度；③个人的需要、动机、兴趣、爱好、定势与情绪状态等。

（2）影响知觉选择性的客观因素包括以下几项：①刺激物的绝对强度。阈限范围内越强烈的刺激，越容易被优先选择。色彩鲜艳、图像醒目、位置居中、反复出现等，都是增大刺激强度的常用手段。刺激物本身的刺激强度越强，越容易被捕捉到。②刺激对象和背景的对比，也即差异律。差别越大越容易优先选择，例如，教师批改作业用红笔最明显；出板报时重点部分要用彩色标记。相反，军事上的伪装、昆虫的保护色，使对象和背景差别变小，则不容易被人发现，起到保护作用。③刺激对象的运动，也即活动律。例如，夜空中的流星、动态的霓虹灯广告、在相对静止的背景当中的一个运动的客体都容易被人察觉。④刺激物的新异性、奇特性，也容易引起学生优先知觉。⑤刺激对象的组合律，即知觉对图形的组织原则。在位置上接近、连续，形状上相似的刺激对象都容易被知觉选择为一组对象。具有上述特点之一的刺激物都能被优先选择为知觉的对象。

对知觉选择性规律的研究在实践中有重要意义。例如，在灯塔、栏杆、路标等处漆上黑白相间的条纹，便可突出刺激物的对比度而引人注目；工程危险处用红灯向人发出警惕的信号，以引起人们的警戒；舞台上用光柱照射主要演员的动作可以引起观众的注意，这些都是对知觉选择性的应用。学生在上课时，教师如果不能有效地组织学生的知觉选择，那么学生可能首先知觉的是他个人感兴趣的东西，或是对他具有某种意义而符合他的某种需要的东西，对不感兴趣的东西往往视而不见、听而不闻，或者只是一种盲目的模仿。所以，教师组织学生的知觉活动、学生形成一种正确的知觉定向是有效地组织学生的知觉、防止学生自发性知觉的重要条件。

知觉的选择性可以根据活动的要求来增强或减弱。例如登山队员的服装应鲜艳醒目，以起到在雪地中突出目标的作用；而士兵穿的迷彩服则应尽量保持与周围环境的一致性，以起到隐蔽、保护的作用。

（二）知觉的整体性

1. 什么是知觉的整体性

知觉的整体性是指人们根据自己的知识经验，将知觉对象中的许多个别的孤立的部分（或属性）知觉为统一的整体的过程。知觉的整体性是指超越各部分刺激的简单相加之和而产生的一种整体的知觉经验。知觉之所以能把当前客观刺激中缺少的东西在主观上吸收，是因为头脑中有这些刺激所留下的痕迹。刺激痕迹可以在这些刺激没有出现时，补充到知觉中去，例如当我们听到某位熟人的声音时，立刻能知觉到这位熟人的整体形象。对于由各种刺激所引起的感觉来说，知觉表现的这种整体性起到一个组织作用（补充、删略、代替、改组）。通过这些心理上的加工活动，人们完成对客观事物的知觉。

2. 影响知觉整体性的因素

（1）知觉对象的各部分之间的组合关系。知觉整体性主要从以下几点来考虑。

① 接近性，是指人们往往倾向于把在空间和时间上接近的物体知觉成一个整体。如图 3-15 所示，我们一般会把其知觉成纵向四组，而不是横向四组。

② 相似性，是指人们往往会把在形状、颜色、大小、亮度等物理特性上相似的物体，知觉成一个整体。如图 3-16 所示，我们会把纵向形状相同的图形知觉为一组，而不太可能把横向的图形知觉成一组。

③ 连续性，是指人们往往会把具有连续性或共同运动方向等特点的客体作为一个整体加以知觉。如图 3-17 所示，我们倾向于把该图知觉成更为自然和连续的两条相交的曲线 *AC* 和 *BD*。可见，连续作用对我们的整体知觉有着惊人的力量。

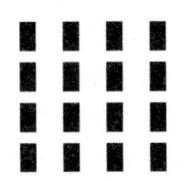 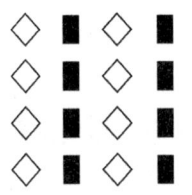 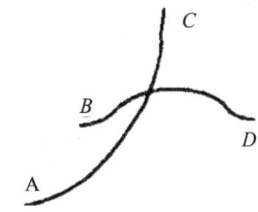

图 3-15　知觉对象的接近性　　图 3-16　知觉对象的相似性　　图 3-17　知觉对象的连续性

④ 简单性，是指我们在知觉过程中会倾向于知觉最简单的形状。我们的知觉也倾向于在复杂的模式中让我们知觉到最简单的组合。如图 3-18 所示，我们可以把该图解释成一个椭圆和一个被切去了左边的直角图形，或者是一个右边被切除了的椭圆在接触一个长方形。可事实上，这不是我们知觉到的东西，我们知觉到的东西要比这简单得多，即一整个椭圆和一整个长方形互相重叠而已。

⑤ 封闭性。封闭性实际上是简单性的一个特别的和重要的例子。指我们在知觉一个熟悉或者连贯性的模式时，如果其中某个部分没有了，我们的知觉会自动把它补上去，并以最简单和最好的形式知觉它。如图 3-19 所示，我们倾向于把该图看作一颗五角星，而不是五个 V 形的组合。

⑥ 方向性。方向性是从运动变化的角度来说的。向着相同方向变化的部分容易被看作一个整体。如图 3-20 中，方向相同的因素更容易产生整体知觉。

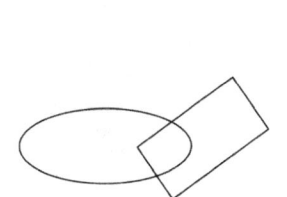  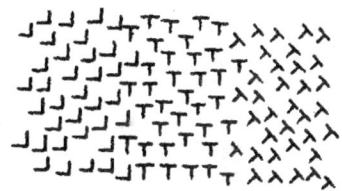

图 3-18　知觉对象的简单性　　图 3-19　知觉对象的封闭性　　图 3-20　知觉对象的方向性

（2）知觉对象的各部分之间的强度关系。虽然知觉对象是一个统一的、整体的复合刺激物，但是其刺激强度大的部分往往决定着对知觉对象的整体认识。例如，人的面部特征是我们感知人体外貌的强的刺激部分，只要面部没有变化，就不会认错人。

（3）知觉者本身知识与经验。知觉之所以具有整体性，是因为客观事物对人而言是一个外复合的刺激物。由于人在知觉时有过去经验的参与，大脑在对来自各感官的信息进行加工时，就会利用已有经验对缺失部分加以整合补充，将事物知觉为一个整体，当知觉对象提供的信息不足时，知觉者总是以过去的知识经验来补充当前的知觉。例如，给动物学家一块动物身上的骨头，他可以塑造出完整的动物形象来，而这对于缺乏动物解剖学知识的人来说，是不可能办到的。

(三)知觉的理解性

1. 什么是知觉的理解性

知觉的理解性是指人们在知觉过程中,会根据自己的知识和经验,对感知到的事物进行加工处理,并用语词加以概括,赋予确定意义。人在知觉过程中并不仅是对新刺激物的投屏式的反映,还要有经验的参与。对事物的理解是产生正确知觉的必要条件。知觉的理解性表现在运用已有经验把当前的知觉对象纳入已知的相应的经验系统之中,把新事物与已有经验链接。人的知觉是一个积极主动的过程,知觉的理解性正是这种积极主动的表现。人们的知识经验不同、需要不同、期望不同,对同一知觉对象的理解也不同。理解对于知觉有四个主要功能:第一,理解帮助对象从背景中分离出来,从而使我们的知觉更清晰、更准确。第二,理解有助于人们整体地知觉事物。对于自己理解和熟悉的东西事物,我们便于来整体感知。第三,理解还能产生知觉期待和预测。第四,理解不仅可提高知觉的效应,形成事物的表象,还可为表象转化为科学的概念提供重要条件。

2. 影响知觉理解性的因素

(1)知觉的理解性受人的知识经验的影响。一个人知识经验越丰富,对事物的理解就越深刻,知觉也就越完整、精确。例如,同样一幅画,成人和儿童的感知会因知识经验不同而存在差异;同样一张新产品设计图纸,专业人员既能知觉到图纸的每一个细节,又能理解整张图纸的内容和意义,而没有这方面专业知识的人只能说出图纸的构成部分,不能理解图纸的内容和意义。

(2)知觉的理解性受言语的指导影响。在环境相当复杂、对象的外部标志不很明显的情况下,言语的指导作用,唤起了人们的过去经验,有助于对知觉对象的理解。如初看图 3-21 时只觉得是一些黑色的斑点,但说明"这是人骑马"后,言语的指导作用便能唤起过去经验,从而补充了知觉的内容。

知觉的理解性对人的知觉既有积极的影响又有消极的影响。教师在从事教学活动时,一方面要联系学生已有的知识经验,增进知觉的理解性,提高教学的效果;另一方面也要注意学生已有的知识经验对当前知觉活动所产生的消极定势作用。

图 3-21 知觉的理解性

(四)知觉的恒常性

1. 什么是知觉的恒常性

知觉的恒常性是指客观事物本身不变,但知觉条件在一定范围内发生变化时,人的知觉印象仍相对不变。在不同的角度、不同的距离、不同的明度下观察我们所熟知的物体时,虽然观察物的大小、形状、亮度、颜色等物理特征会因环境的变化而不同,但我们对物体的知觉却常常倾向于保持稳定不变。在一定范围内,知觉的这种不随知觉条件变化而变化,而是保持对客观事物相对稳定的组织加工过程,就是知觉的恒常性。知觉的恒常性在视知觉中表现得特别明显。例如，某个人离自己10米远，在视网膜上形成的像，要比这个人离自己3米远形成的像小得多。尽管如此，我们并不会认为某个人由10米处向我们走来时，他会变得越来越高大，我们总是认为其身高没有改变。

2. 知觉恒常性的主要类型

（1）亮度恒常性。亮度恒常性是指照射物体的光线强度发生了改变，但我们对物体的亮度知觉仍保持不变的知觉现象。决定亮度恒常性的重要因素是从物体反射出的光的强度和从背景反射出的光的强度的比例，只要这个比例保持不变，就可保证对物体的亮度知觉保持恒定不变。比如，煤炭在强光照射下，其某些部位的反射率大于石灰，但我们仍觉得石灰为白色而煤炭是黑色。

（2）大小恒常性。同一个物体在我们视网膜上的映象大小，会随着物体距离我们的远近而发生改变，近大远小这是以视觉感受器为基础的视觉现象，但是我们在判断该物体的大小时，却不纯粹以视网膜上的映象大小为依据，而是把它知觉成大小恒定不变的，这就是知觉的大小恒常性。比如，我们看着面前的小孩子，同时看着远处的一个大人，大人在我们视网膜上的映象要比小孩的小得多，但是在知觉中，我们仍然判断大人高，小孩矮。

（3）形状恒常性。知觉对象的角度有很大改变的时候，我们仍然把它知觉为其本身所具有的形状，这就是知觉的形状恒常性。比如，一扇门在我们面前打开，落在我们视网膜上的映象会随之发生一系列的变化，但我们始终把这扇门知觉成长方形的。使我们的知觉保持形状恒常的重要线索是有关深度知觉的信息，比如倾斜、结构等，如果这些深度知觉的线索消失了，我们对物体形状的知觉也就不能保持恒定不变了。

（4）颜色恒常性。例如，红色的花朵和绿色的草坪在白昼、黄昏和月色下，其色彩变化很大，但我们总是觉得花是红的，草坪是绿的；一只红苹果在不同波长的光照射下，所反射出的光谱组成也一定是不同的，因而它的颜色必定是变化的，然而我们仍然把它知觉成红的。这种不因物体环境改变，而仍然保持对物体颜色知觉恒定的心理倾向，就是知觉的颜色恒常性。

知觉的恒常性在我们的感受中普遍存在。味觉、嗅觉、肤觉以及机体的知觉中，也都有恒常性的特点。知觉的恒常性在生活中有重要意义，它使人摆脱从单纯物理环境中得到的局部信息的影响，而全面、真实、稳定地反映客观事物，从而保证了机体对瞬息万变的环境的适应。

单项选择题

3.21 上课时，当我们注意看黑板上的字时，黑板上的字成为我们知觉的对象，而黑板、墙壁、老师的讲解、周围同学的翻书声等便成为知觉的背景；当我们注意听教师的讲解时，教师的声音便成为我们知觉的对象，而周围同学的翻书声、进入视野的一切便成为我们知觉的背景。这是知觉的（　　）。

A. 选择性　　　　　B. 理解性　　　　　C. 整体性　　　　　D. 恒常性

3.22 "窥一斑而知全豹"是知觉的（　　）。

A. 选择性　　　　B. 理解性　　　　C. 整体性　　　　D. 恒常性

3.23 当我们在知觉一个不熟悉的物体时，总是倾向于赋予其一定的意义，或者将其归为经验中的某一类。这种现象被称为（　　）。

A. 选择性　　　　B. 理解性　　　　C. 整体性　　　　D. 恒常性

3.24 在读书时，我们遇到残缺的字能根据经验将其补全，是因为知觉具有（　　）。

A. 整体性和理解性　　B. 整体性和选择性
C. 选择性和恒常性　　D. 选择性和理解性

3.25 一支白粉笔，无论把它置于明处还是暗处，人们都会知觉其为白粉笔。这种知觉特征被称为（　　）。

A. 明度恒常性　　B. 大小恒常性　　C. 颜色恒常性　　D. 形状恒常性

 拓展阅读

是什么？

如果你横着读图 3-22，环境背景使你把它认作"13"，如果你从上向下读，它就被认作"B"。你认为图 3-23 是圆球还是立方体？答案不是唯一的。知觉的选择性、整体性、理解性、恒常性的共同作用，让你对刺激物在不同的知觉状态下会做出不同的回应。

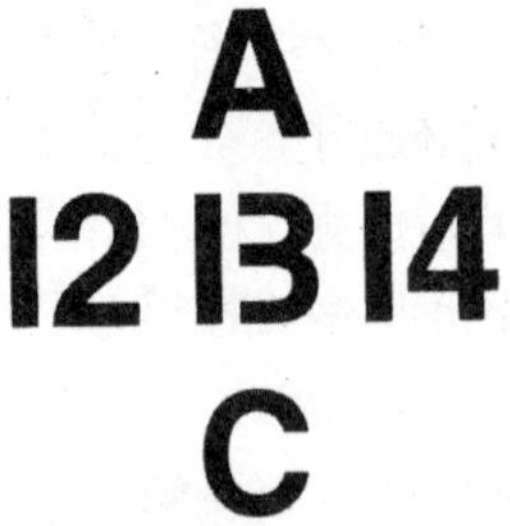

图 3-22　环境可以改变图形的意义 　　　　图 3-23　选择性注意

（资料来源：戴维·迈尔斯. 心理学[M]. 9 版. 黄希庭，等译. 北京：人民邮电出版社，2013.）

三、感知觉规律在教学中的应用

在教学中，教师经常使用一些直观教具，如实物、标本、模型、挂图以及多媒体课件等，正确地采用直观教具能把抽象的知识具体化，从而有助于学生对教材理性知识的理解。要使直观教具和直观方法起到提高教学质量的作用，必须自觉利用感知觉规律。

（一）对刺激强度的依存规律

这一规律表明，作用于感觉器官的刺激物必须达到一定的强度，才能被人们清晰地感知到。因此，在制作和演示直观教具时，就应当考虑演示对象的大小、颜色、声音等能否使所有学生都清楚地感知。

（二）运用对比规律

这一规律表明，在性质或强度上对比的刺激物同时或相继地作用于感觉器官时，往往能使人对它们的差别感知得特别清晰。因此，如果让学生在图表上区分某一部位，最好把它们涂成对比的颜色。

（三）知觉中对象与背景转换规律

这一规律表明，对象和背景在颜色、形态和程度等方面的差别越大，知觉的对象就越清晰地显现出来。因此，在制作教具时，应当用背景把知觉对象衬托出来，使学生清晰地感知到对象的主要部分，切不可使主要部分成了次要的背景。

（四）根据学生掌握知识的特点使用直观教具

不同年龄的学生需要掌握的知识具有不同的特点。例如小学低年级儿童是用"形式、声音、色彩和感觉"来思维的，给他们上课时教师应广泛地运用直观教具，使他们在看得见、听得见、感受得到的过程中学习。随着年龄的增长，学生的抽象思维逐渐发展起来。因此，教师在使用直观教具时要考虑到，如何把学生的具体思维引向抽象思维。

（五）适时展示直观教具

知觉选择性的发生是有条件的，所以课堂上教具展示要适时，过早或过迟展示都会失去产生积极选择性的条件。因此，教具要适合教学过程中的教学内容而使用。如果教具已使用完毕，教师应及时地加以收拾，以免影响学生继续学习新知识。

（六）言语在知觉理解性中起着重要作用

使用直观方法时，教师要伴以言语的说明或解释，使直观方法和言语很好地结合起来。言语和直观方法相结合可以有三种形式：第一，言语在前的形式；第二，言语和直观方法同时或交错进行的形式；第三，言语在后的形式。教师应根据教学的实际需要，有针对性地加以运用。

第四节　观察及观察力培养

一、观察与观察力

（一）观察

1. 什么是观察

观察是有目的、有计划地主动知觉事物的过程。观察过程总是与积极的思维联系，所以有时也被称作思维的知觉。观察过程中，观察者要预先提出一定的目的和任务，拟出一定的计划，按计划仔细地察看知觉对象，向它提出问题，从中寻求某种答案。例如，我们在观察某种生物的时候，必须随时了解这种生物的特点及其变化、它的生活习性、它与其他生物的异同。观察者在观察时不仅在看，还在搜寻着、比较着、分析着每一个细节。观察不是一次性的瞬时知觉，而是系统的、较长久的知觉。我们对动植物生长发育过程及其特点的观察是这样，对物理化学反应的观察也是这样。在必要时，我们还必须重复地对它们进行观察。因此，在观察的过程中，我们必须有非常稳定的有意注意来组织知觉，以免关键性的、具有重要意义的现象从观察者的视野中漏掉。

2. 观察的品质

观察会表现出个体的差异，即观察的品质的不同。观察的品质差异主要表现在以下几个方面。

（1）观察的目的性。观察的目的性表现为个体在观察前能否清楚地意识到观察的目的与任务，在观察过程中能否排除干扰、有始有终地完成观察任务。观察目的性强的人能主动、独立地提出观察任务，并能克服困难，持久专注地完成观察任务；观察目的性弱的人意识模糊，容易受到刺激物的特点和个人兴趣、情绪的支配，游离于观察的过程之外。

（2）观察的精确性。观察精确性强的人能细致全面地观察客体，能发现事物间的细微差别；观察精确性弱的人则观察粗心、笼统，容易遗漏对象的特征，对有细微差别的事物常常做出泛化的反应。比如有些学生总是把相近似的字写错，写"宝"多一点，写"金"少一点等。

（3）观察的全面性。观察是否全面取决于观察是否有序、是否使用了多种感官。观察有序的人能够进行系统观察，能捕捉到事物的全部信息，语言表达也有条理；观察无序的人只是对事物进行凌乱的观察，容易遗漏事物的重要细节，语言表达也很混乱。只动用视觉器官进行观察的人，只能获得关于事物在形状、颜色、大小等方面的属性；而善用各种感官进行观察的人，则能获得事物的各种属性，获得对事物的整体认识。

（4）观察的深刻性。观察肤浅的人往往只注意到事物外在的联系和表面特征；观察深刻的人却能透过现象看本质，发现事物内在的联系。

（二）观察力

观察力就是观察的能力，即有目的、有计划地主动知觉事物的能力。观察力是一种善于发现事物典型特征的能力。具有较高观察力的人能更全面、更透彻、更迅速地发现事物本身的重要特征，能从貌似无关的东西中发现相似点或因果点，从貌似相同的事物中发现不同点。

人们在观察力的发展水平上有很大的个别差异。凡是在事业上卓有成就的人物如科学家、发明家、教育家、作家和画家等，他们的观察力发展水平都比平常人高。例如，巴甫洛夫和富兰克林都有高度发展的观察力。巴甫洛夫从人们司空见惯的、极其平常的唾液分泌现象中，发现了大脑活动的某些奥秘；富兰克林从貌似无关的现象——摩擦生电和闪电中，看出了它们之间的关系。人们的观察力不仅在发展水平上有个别差异,在类型上也有个别差异。例如,有的人视觉观察敏锐,有的人听觉观察敏锐,有的人嗅觉和味觉观察敏锐等。

观察力对人的工作、学习和成就具有重要意义。在事业上卓有成就的人物都重视观察力的发展。例如巴甫洛夫的座右铭就是"观察、观察、再观察"。达尔文在总结自己成功的经验时这样说:"我既没有突出的理解力,也没有过人的机智,只是在观察那些稍纵即逝的事物并对其进行精细观察的能力上,我可能在众人之上。"青霉素就是英国的细菌学家弗莱明在一个偶然的机会中发现的,他后来曾说:"我唯一的功劳就是没有忽视观察。"哥白尼之所以能创立"日心说",就是因为他通过长期的、准确的观察发现了"地心说"的许多谬误。在伽利略的斜塔实验之前,有关物体重量与降落速度的关系,人们都错误地认为物体降落的速度跟重量成正比关系,是伽利略通过大量的观察实验纠正了这一错误认识。由此可见,观察力是影响成就的主要因素之一,是人们认识世界,进行科学创造的必要心理品质。

二、青少年观察能力的培养

观察力不是天生具有的,而是需要通过培养,在实践活动锻炼中逐步形成和发展起来。培养青少年学生的观察力要注意以下几个方面。

(一)明确观察目的与任务,激发学生观察兴趣

明确观察目的与任务是良好观察的前提,它会直接影响知觉的选择性。观察的效果取决于观察的目的任务明确到何种程度。观察的目的任务越明确,观察者对知觉对象的反映就越完整、越清晰;反之,学生没有观察目标,就抓不住要领,得不到收获。在向学生指明观察的目的与任务时,也要培养学生的观察兴趣,可通过参观、访问等多种途径来激起他们的求知欲,使他们对大自然和社会现象产生观察兴趣。

(二)引导学生做好观察前的知识准备

学生在观察之前要做好必要的知识准备,因为观察的成功主要依赖于一定的知识、经验和技能。知识经验能影响人的知觉理解性,只有理解了,你才能更好地感知。如果学生对要观察的事物缺乏必要了解,那么,即使有了明确的观察目的,他们也不知道如何去观察。尤其是对于陌生的事物,它既不会引起学生的强烈兴趣,也不会引起稳定的注意和积极的思维,从而影响观察的效果。正如,一位富有学识的考古学家才能够在一片残缺不全的乌龟壳(甲骨)上发现不少重要而有趣的东西。因此,无论是课上还是课外观察,教师在组织学生进行观察前,都要向学生介绍相关的知识,引导学生做好观察前的知识准备。

(三)指导学生有计划、有步骤地进行观察

观察应当有顺序、有系统地进行,这样才能看到事物各个部分之间的联系,而不至于遗漏某些重要的特征。教师应指导学生根据观察目的、任务的要求拟定观察的详细计划,

确定先观察什么,后观察什么,使观察有步骤地进行。对整个物体来说,观察的步骤应该是先了解整体轮廓,再仔细观察各个部分,分析各个部分之间的相互关系,在此基础上再回到整体,对整体进行更为精确、细致的观察,也就是遵循"整体→部分→整体"的顺序。对有些对象也可以遵循"部分→整体→部分"的顺序,也可选择"近→远"或"远→近","上→下"或"下→上","表→里"或"里→表"的顺序等。这样,学生就会逐渐学会全面、精确、完整地观察事物。

(四)要设法让学生多感官、多方位观察事物

观察要多感官、全方位、多角度地进行,因为事物的不同性质往往是从不同的方面体现出来的。养成多感官、全方位、多角度观察的习惯是获悉信息的一个重要方法,同样一件事物从不同角度进行观察往往会得到不同的信息和结论。在观察中,要使感性经验丰富、全面,就要动员各种感官全面获取信息。教师要鼓励学生把视觉、听觉、嗅觉和运动觉等多种感觉器官结合起来,做到观其形、辨其色、闻其声、触其体、嗅其味。只有这样,才能获得丰富全面的信息,提高观察的敏锐性和深刻性。"横看成岭侧成峰,远近高低各不同"的诗句之所以流传千古,就是作者从横、侧、高、低、远、近等不同的方位进行了观察,进而勾绘出庐山的壮美。多感官、全方位、多角度的观察不仅可以获得事物各方面的感性知识,还可以留下深刻的印象。

(五)在观察过程中要勤于思考

在观察时思维必须同步进行,良好的观察品质是善于发现细小却很有价值的事实,善于透过个别现象发现事物的本质以及事物间内在的、本质的、必然的联系,这就要求学生在观察过程中勤于思考。如果忽视了观察时的思考,那么观察到的材料再多也只是笼统的、模糊的、杂乱的,这样既难以抓住事物的本质特征,更不可能得出科学的论断。教师要积极引导学生根据观察的目的、任务,对观察到的个别对象,尽量多地进行分析、比较、综合、分类、概括,以发现事物间的异同或事物的发展规律,从而提高他们观察的分辨力和辨别力。

复习思考题

1. 什么是感觉、知觉?
2. 感觉、知觉的种类是如何划分的?
3. 阐述知觉的基本特性。
4. 举例说明教学中如何利用感知觉规律。
5. 感受性与感觉阈限有何关系?
6. 感觉的相互作用有哪些规律?
7. 什么是观察力?结合实际谈一谈如何进行观察能力的培养。

第四章 记　忆

本章学习目标

理解记忆的概念，明确记忆过程的三个基本环节；

理解表象的概念及表象的特征；

理解艾宾浩斯的记忆遗忘规律；

掌握记忆规律并利用记忆规律进行教学活动。

核心概念

记忆、表象、外显记忆、内隐记忆、遗忘曲线、记忆品质、前摄抑制、倒摄抑制

第一节　记忆概述

一、什么是记忆

（一）记忆

记忆是人脑对过去经验的保持和再现，是过去的经验在头脑中的反映。人在感知过程中形成的事物映象，并不会随着刺激停止作用于感官而消失，而是能在头脑中保持一定的时间，并在一定的条件下重现出来，这就是记忆现象。人们不仅能记住感知过程中所形成的事物映像，还能把思考过的问题、体验过的情感以及做过的动作等重现出来。这种把经历过的事物从大脑中提取出来的能力反映了记忆的特征。所以，记忆不像感知觉那样反映当前作用于感觉器官的事物，而是对过去经验的反映。

凡是过去的经验都可以储存在大脑中，需要的时候又可以把它们从大脑中提取出来，因而，记忆就可以将人过去的经验和当前的心理活动联系起来，在时间上把人的心理活动联系成一个整体，甚至可以把自己一生的经历都联系起来。这样人们才能不断地积累知识和经验，并通过分类、比较等思维活动，认识事物的本质和事物之间的内在联系；人们也

通过记忆积累自己所受到的各种影响，逐渐形成自己的人格。所以，可以说记忆是人类智慧的根源，是人类心理发展的奠基石。

（二）记忆过程三个基本阶段

记忆是一个复杂的心理过程，它包括识记、保持、再认或回忆三个阶段。汉语中"记忆"二字简明地表述了记忆的完整过程，即"记"对应于识记和保持，"忆"对应于再认或回忆。识记是识别和记住事物，保持是巩固已经获得的知识经验，再认或回忆则是在不同条件下恢复过去的经验。当过去经历过的事物再次出现时，能够辨认出来的称为再认；当过去经历过的事物不在面前时，在头脑中重新反映出来的称为回忆。从信息加工的观点来看，记忆就是人脑对所输入的信息进行编码、储存和提取的过程。编码对应于识记，储存对应于保持，提取对应于再认或回忆。

记忆过程的三个基本阶段是相互联系、相互制约的。没有识记就谈不上对知识经验的保持；没有识记和保持，就不可能对经历的事物进行再认和回忆。因此，识记和保持是再认或回忆的前提，再认或回忆是识记和保持的结果，并能进一步巩固和加强识记和保持。

二、记忆的种类

人类的记忆现象是多种多样的，而且随着记忆领域研究的不断拓宽，对记忆种类的揭示和归纳也会相应增多。因此可以从不同的角度对记忆进行分类。

（一）根据记忆内容的不同分类

根据记忆内容的不同，可以把记忆分为形象记忆、语义记忆、情绪记忆、动作记忆和情景记忆。

1. 形象记忆

形象记忆是以感知过的事物形象为内容的记忆。这种记忆所保持的是事物的具体形象，它既可以是视觉形象，也可以是听觉的、触觉的或味觉的形象等。但一般以视觉形象和听觉形象为主。如我们去过的景点、我们吃过的美食，现在都能形象地展现出来，就是拜形象记忆所赐。这种记忆在头脑中保留的是事物具体的形象，它以表象的形式在头脑中储存过去的经验。

2. 语义记忆

语义记忆是以概念、判断、推理等为形式，以事物本身的性质和意义以及事物的关系等为内容的记忆。语义记忆也叫做语词逻辑记忆，是个体对以各种有组织的知识为内容的记忆。语义记忆是人类特有的记忆，是人们对一般知识和规律的记忆，表现为单词、符号、公式、规则、概念的形式。语义记忆是个体保存经验最简便、最经济的形式。例如，学生听课以后，可能忘了教师讲课的声调、姿势以及黑板上板书的样子，但可以把教师讲的内容用口头或书面语言表达出来,这就是语义记忆。

3. 情绪记忆

情绪记忆是以个体体验过的某种情绪、情感为内容的记忆,也叫做情感记忆。当某种情境或事件当时激起了一个人的强烈的情绪、情感体验时,其对情境、事件的感知以及由此而引发的情绪、情感结合在一起,成为情绪记忆而被储存。一旦日后有所触发,再度出现的回忆就会带有当初的情绪、情感体验的色彩,情绪情感与刺激事件情景交融,触景生情、触情生景。情绪记忆不仅在文艺创作和表演艺术中起了重要的作用,还是一个人情感发展过程所不可缺少的情绪体验积累。

4. 动作记忆

动作记忆又称运动记忆,它是以做过的运动或动作为内容的记忆。它以过去的运动或操作动作所形成的动觉表象为前提,而动觉表象来源于人对自己的运动动作的知觉。例如,一个人小时候学会过游泳,长大后多年不游了,以后再下水虽然感到生疏,但很快就能恢复游泳能力,这就是动作记忆在起作用。其他像写字、画画、打太极拳、骑自行车等,也都依靠动作记忆。

5. 情景记忆

情景记忆是指亲身经历过的以时间、地点、人物、情节为事件内容的记忆。情景记忆接受和储存的信息与个人生活中的特定时间、地点有关,并以个人的经历为参照,如想起自己参加过的一个会议或去过的地方。

实际上,上述 5 种记忆是互相联系的。在任何活动中,要记住某一种材料,往往需要两种或多种记忆的参与。

(二)根据记忆信息保持时间的长短分类

根据记忆信息保持时间的长短不同,可以把记忆分为瞬时记忆、短时记忆和长时记忆。

1. 瞬时记忆

瞬时记忆也叫做感觉记忆或感觉登记,是指外界刺激以极短的时间一次呈现后,信息在感觉通道内迅速被登记并保留一瞬间的记忆。瞬时记忆的特点:①信息是以感觉痕迹的形式保存下来的,具有鲜明的形象性。②瞬时记忆的容量大。一般来说,凡是进入感觉通道的信息都能被登记,其记忆量很大。③瞬时记忆保持的时间很短,为 0.25~2 秒,最长不会超过 5 秒。④记忆痕迹容易衰退。瞬时记忆中保持的材料如果受到注意,就转入短时记忆;如果没有受到注意,则很快消失。

2. 短时记忆

短时记忆也称为工作记忆,是指保持时间在 1 分钟以内的记忆。例如,当人们从通讯录上查到一个电话号码后,立刻能根据记忆拨出这个号码,但打过电话不久就会忘记,这就是短时记忆。短时记忆的特点：①短时记忆操作性强。短时记忆需要按某种信号或指示进行活动，即在活动完毕以前必须凭借个体对信号或指示的短时记忆来指导操作。②短时记忆容量有限。短时记忆的容量是 7±2 个组块，而组块的大小，与个人的经验组织体系有关。③短时记忆意识清晰。短时记忆是个体为完成当前活动需要而正在操作、使用的记忆，此时个体有清晰的意识。④短时记忆以言语听觉编码为主，但也存在视觉和语义的编码。研究表明：短时记忆需经复述才能进入长时记忆，在没有复述的情况下，18 秒后回忆的正确率就下降到 10% 左右。

3. 长时记忆

长时记忆也叫做永久记忆，是指信息经过充分、深度加工，在头脑中长久保持的记忆。它是保持时间在一分钟以上乃至数十年的记忆。长时记忆的特点：①长时记忆信息保持时间长。理论上可以认为长时记忆是永久存在的，一般认为长时记忆中出现的遗忘现象，主要是由于信息受到干扰而使提取信息的过程发生了困难所致。②容量几乎没有限度。信息的来源大部分是对短时记忆内容的加工，也有由于印象深刻而一次获得的。言语材料的长时记忆编码方式主要是语义编码，但也有听觉和视觉的编码。编码时的意识状态和加工深度都会影响长时记忆的编码。长时记忆中的信息是有组织的知识系统，这种有组织的知识系统对人的学习和决策有重要意义，它使人能够有效地对新信息进行编码，以便更好地识记；也能使人迅速有效地从头脑中提取有用的信息，解决当前的问题。

（三）根据记忆时意识参与的程度分类

根据记忆时意识参与的程度，可将记忆分为内隐记忆和外显记忆。

1. 内隐记忆

内隐记忆又称自动的、无意识的记忆，是指个体在并没有意识到的情况下，过去的经验自动对当前的活动产生了影响。内隐记忆的根本特征是个体并非有意识地知道自己拥有这种记忆，但这种记忆可以在对特定任务的操作中自然地表现出来。实验证明，在不需要对特定的过去经验进行有意识的或外显的回忆测验中，却能表现出来的对先前获得信息的无意识提取。它强调的是信息提取过程的无意识性，指未意识其存在又无意识提取的记忆，也就是说，个体在内隐记忆时，没有意识到提取信息这个环节，也没有意识到所提取的信息内容是什么，而只是通过完成某项任务才能证实他保持某种信息。例如，很久以前学习过的英语单词，现在要你写出单词，你可能写不出来了，换句话说，你不能有意识地回忆它们，但是可以完成词干补笔（例如，将 jui__ 补写成 juice 和将 a__a__in 补写成 assassin），也可以完成知觉辨认（例如，给被试 r、e、c、t、a 五个字母组成的字母串，首先要求被试判断这一字母串是否构成一个单词，记下被试的反应时间。然后把这一字母串放在一列词汇确定测验中，让被试第二次判断是否构成一个单词，同样记下被试的反应时间。用第二次反应时间减去第一次反应时间的差来说明内隐记忆存在）。但是内隐记忆不能用通常测量外显记忆的方法测量出来。

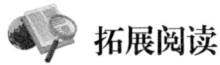 **拓展阅读**

内隐记忆实例

　　一位因车祸大脑受损而患有严重遗忘症的病人，她不能记住她的主治医生，因此医生每天都要跟她握手并做自我介绍。一天，当她要和医生握手时，却下意识地猛然将手缩了回来，因为前一天主治医生跟她握手时，在手心中藏了一枚大头针并扎疼了她。之后当医生再做自我介绍时，她都拒绝握手，而且她自己说不清这是为什么。可见，病人虽然没有对"被针扎"的外显记忆，但却形成了某种不需意识提取的记忆并在行为中表现了出来。这个例子似乎说明，在外显记忆之外，还存在着一个相对独立的记忆系统——内隐记忆。

　　（资料来源：郭秀艳，杨治良. 基础实验心理学[M]. 2版. 北京：高等教育出版社，2011.）

2. 外显记忆

　　外显记忆是指个体有意识地或主动地收集某些经验用以完成当前任务时所表现出来的记忆。它对行为的影响是个体能够意识到的，因此又叫做受意识控制的记忆。传统的记忆方法诸如自由回忆、线索回忆以及再认等，都要求被试参照具体的学习情境将所识记的内容有意识地、明确无误地提取出来，因而它们所涉及的只是被试明确意识到的，并能够直接提取出来的信息。用这类方法所测得的记忆即为外显记忆。

（四）根据信息加工与存储的内容分类

　　根据信息加工与存储的内容不同，可将记忆分为陈述性记忆和程序性记忆。

1. 陈述性记忆

　　陈述性记忆是指对有关事实和事件的记忆。它适合存储经加工处理后形成的具有意义联系的信息。陈述性记忆最明显的特点是可以言传，在需要时可以将记得的事实陈述出来，因此它的信息提取方式是"外显"的。它的提取往往需要意识的参与，如我们在课堂上学习的各种课本知识和日常的生活常识都属于这类记忆。

2. 程序性记忆

　　程序性记忆是指一个人对通过练习后所逐渐获得的技能或经验的记忆。程序性记忆是指如何做事情的记忆，包括对知觉技能、认知技能和运动技能的记忆。程序性记忆的特点是"难以言传"的，比如对骑自行车动作技能的记忆，会骑自行车的人很难用言语来表达。这类记忆往往需要通过多次尝试才能逐渐获得，在利用这类记忆时往往不需要意识的参与，而且它的信息提取方式往往是"内隐"的。

★真题链接★

单项选择题

4.1 小明在上学时背下《送东阳马生序》一文,多年没有复习,但他走上工作岗位后依然记得,丝毫不忘。小明对该文章的记忆属于( )。
  A. 瞬时记忆   B. 短时记忆   C. 感觉记忆   D. 长时记忆

4.2 在国际会议上,同声翻译人员使用的记忆属于( )。
  A. 瞬时记忆   B. 短时记忆   C. 长时记忆   D. 无意记忆

4.3 "一朝被蛇咬,十年怕井绳"体现了( )。
  A. 动作记忆   B. 情绪记忆   C. 语义记忆   D. 形象记忆

4.4 短时记忆中的信息转入长时记忆必须经过( )。
  A. 重新学习   B. 复习   C. 复述   D. 注意

 拓展阅读

试试看,你能记住多少?

4—5—6—3—8—1
8—6—3—7—5—2
6—8—9—2—5—2—3
3—9—4—3—5—8—6
7—3—2—7—5—8—9—4
1—4—2—8—6—3—8—5
6—8—9—4—2—4—7—5—6
5—7—4—2—3—7—9—6—4
3—2—6—8—5—9—6—3—1—7
6—1—5—2—3—8—9—5—6—3—4
4—6—9—7—8—5—2—1—3—5—7
8—6—1—3—6—8—3—5—6—8—2
3—7—6—2—3—5—7—9—1—2—5
4—2—6—8—3—5—1—9—6—7—5—3
4—6—2—4—3—8—9—6—5—7—4—3—1
1—7—4—7—9—7—3—2—5—7—6—4—6

(资料来源:崔丽娟,等. 心理学是什么[M]. 北京:北京大学出版社,2002.)

三、表象

在记忆中占重要地位的是表象。表象是我们头脑里所保持的关于客观事物的映象。过去感知过的事物在回忆时多数是以表象的形式出现的。表象是在头脑中出现的感知过的事物的形象。我们熟悉的人、见过的建筑、看过的景物等,都会在我们头脑中留有印象。当这些东西不在面前的时候,它们的形象还会在我们的头脑中呈现。表象是把过去感知过的事物的形象在头脑中再现的过程,是把在头脑中所出现的事物的形象具体化。表象所回忆出来的内容一定是事物的形象,而不是关于事物的概念或者语言的描述。

(一) 表象的特征

1. 直观性

表象是对事物形象的回忆,所以表象的特征首先就是它的直观性。如果回忆的内容不是事物的形象,而是抽象的概念,或者是情绪的体验、动作技能,那就是语义记忆、情绪记忆或者动作记忆,而不是表象。因为表象是对事物形象的记忆,所以,表象是人们积累感性知识的一种形式。一个人见多识广,他走过的地方、见过的风景和建筑、接触过的人较多,他获得的表象内容(即感性知识)就比较丰富。表象的直观性使它与知觉有了共同的特点。但是,对物体的知觉所形成的形象是非常稳定的,只要物体没有变化,知觉就不会有变化;而表象所产生的物体形象就不像知觉那样稳定,这是表象的片断不稳定性。

2. 概括性

表象形成的形象虽然是某一事物的形象,但是,它和这个事物已经有了区别。因为表象的形象具有这个事物的主要特征,而不像知觉那样,几乎是对这个事物完全的摹写。也就是说表象形成的形象是经过概括的,它反映事物的大体轮廓和主要特征,已经丢掉了这个事物的一些次要特征,具有概括性。当然表象的概括性是很初级的,与思维的概括性有性质上的不同。表象是形象的概括,它概括事物的本质属性和非本质属性;而思维是抽象的概括,它概括事物的本质属性。但表象毕竟向概括的方向前进了。

3. 可操作性

表象在我们的头脑中是可以被操作的,就像一个物体可以在我们手里摆弄一样,表象也可以在我们头脑里放大、缩小、翻转。表象的这种特性叫做表象的可操作性。正是表象的可操作性使表象成了想象的素材。想象就是运用已有的表象,对其进行加工和改造,从而创造出新形象的过程。没有表象为其提供素材,想象就无法进行。

(二) 表象的作用

表象是认识过程中的重要环节。有了表象,人的认识才能离开具体的事物,摆脱知觉的局限性,为概念的形成提供感性的基础。所以,表象既具有直观性,又具有概括性。从表象的直观性来看，它近似于知觉；从表象的概括性来看，它近似于思维。因此，在心理发展的过程中表象是介于感知向思维过渡的中间环节，它起到了从感知向思维过渡的桥梁作用。没有表象，思维也难以发展起来。

表象在人们的学习和实践活动中是不可缺少的，它不仅存在于复杂的智力活动中，即使在一个简单动作的学习中，也离不开表象的参与。

单项选择题

4.5 课堂上，当老师讲到"雪"的时候，同学们头脑中纷纷呈现"雪"的形象，这是（　）。

A. 回忆　　　B. 重现　　　C. 表象　　　D. 闪回

第二节　记忆过程及其一般规律

记忆是一个复杂的加工过程，整个记忆过程包括识记、保持、再认或回忆三个相互联系的基本阶段。用信息加工的术语来描述，记忆就是人脑对外界输入的信息进行编码、存储和提取的过程。个体要完成记忆过程，外界刺激信息要历经瞬时记忆、短时记忆和长时记忆这三个不同阶段的加工。如图 4-1 所示，信息首先进入感觉记忆，贮存在感觉记忆中的材料，只有经过选择性地加以注意的那些信息，才能得到识别并转入短时记忆，其余的信息则很快消失。在短时记忆中贮存的信息经过加工再存储到长时记忆中，而这些保存在长时记忆中的信息在需要的时候又会被提取到短时记忆中。任何外界信息只有经过这些过程，才能成为个体可以保持和利用的经验。

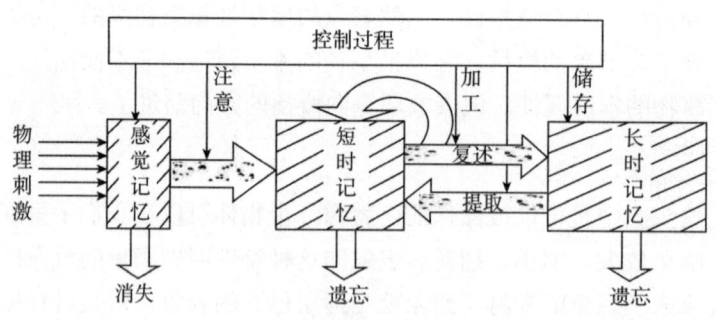

图 4-1　记忆的三个阶段模式

一、识记

识记就是识别并记住事物，是通过反复感知并在头脑中留下印象的过程。它是记忆的第一步，是记忆的前提和基础，因而要提高记忆的效果就必须有良好的识记能力。

（一）识记的种类

识记的形式是多种多样的，可以划分为不同的种类。

1. 无意识记与有意识记

根据有无识记目的，可以把识记分为无意识记和有意识记。

（1）无意识记。无意识记是指事先没有预定目的，也不需要运用任何有助于识记的方法和意志努力而进行的识记。在无意识记中，信息似乎是"自然而然"地被记住了，因此，无意识记也称为不随意识记。人们的知识经验相当大的一部分是由无意识记获得的，但并不是所有经历过的事物都能通过无意识记印刻在头脑中。即便留在人的头脑中，但因无意识记缺乏目的性，识记内容往往带有偶然性和片断性，缺乏系统性。

（2）有意识记。有意识记是指事先有预定的识记目的，必要时需要一定的意志努力，采取一定方法进行的识记。因此，有意识记也称为随意识记。在现实生活中，有意识记比无意识记显得更为重要。因为人们获得系统的科学知识和技能、完成特定学习任务以及积累个体经验主要依靠有意识记。在其他条件相同的情况下，有意识记的效率远比无意识记的效率高。但是，无意识记也不能忽视，因为从节省人的精力来看，无意识记比有意识记更经济。

2. 机械识记与意义识记

根据识记的材料有无意义或识记者是否理解其意义，可把识记分为机械识记和意义识记。

（1）机械识记。机械识记是指个体对没有意义的材料或暂时难以理解的材料依据其外部联系，采取多次重复的方式所进行的识记，即平时所说的死记硬背。机械识记有两种情况：一种情况是识记者面对的就是本身没有意义或者没有内在联系的材料，如对无意义音节、地名、人名、历史年代等的识记。这种识记具有被动性，但对学生而言也是必要的，因为它能够防止对记忆材料的歪曲。另一种情况是面对的材料虽然有可能有意义，而识记者对其缺乏应有的理解，只能先机械识记，随着知识经验的积累逐步加以理解。对于有些内容，限于现有知识经验，学生不可能当时真正理解其意义，但这些内容对以后的学习是重要的，目前必须进行机械识记，如幼儿学习古诗、小学生背诵乘法口诀等。由于不理解识记材料的意义，不能依靠过去的知识经验，单纯依靠对材料的重复进行识记，机械识记的效果差于意义识记。

（2）意义识记。意义识记是指在对材料理解的基础上，依靠材料的内在联系，并运用已有的知识经验进行的识记，也称为理解识记或逻辑识记。由于理解了识记材料的意义，充分利用过去的知识经验，采取多种有效的记忆方法，所以记忆效果就好，遗忘速度就慢。如果材料本身没有什么内在联系，被人为地赋予某种意义，与已有的知识经验联系起来，这种识记也属于意义识记。例如，记忆"$\pi=3.141\,59\cdots\cdots$"可以把枯燥的数字谐音为"山巅一寺一壶酒……"。大量实验研究和日常生活实践证明，意义识记的效果不论是在全面性、准确性、巩固性，还是在速度方面都优于机械识记，其主要原因是意义识记依靠了人在过去经验中已形成的暂时的联系系统。

机械识记和意义识记是人们识记的两种基本方法。机械识记和意义识记是相辅相成、互相补充的。在实践中，如果把机械识记和意义识记这两种方法合理地配合与运用，可以取长补短，增进识记效果。

单项选择题

4.6 初中生在学习过程中要揭示材料的意义及其各部分的内在联系，进行加工组织，将材料纳入已有的知识系统中及按自己的经验体系进行编码。这种识记方式是（　　）。

A．无意识记　　　B．有意识记　　　C．机械识记　　　D．意义识记

4.7 "触景生情"引起的回忆是一种（　　）。

A．无意识记　　　B．有意识记　　　C．机械识记　　　D．意义识记

4.8 有一位语文老师教学生："干燥防失火，急躁必跺足。"从此以后学生对这两个字再也不混淆了。该老师教学生的记忆方法是（　　）。

A．无意识记　　　B．有意识记　　　C．机械识记　　　D．意义识记

4.9 "冥思苦想" 这是一种（　　）。

A．无意回忆　　　B．有意回忆　　　C．直接回忆　　　D．间接回忆

（二）识记规律

根据大量的实验研究，概括起来，识记规律主要有如下几种。

1. 有意识记优于无意识记

上述已知，有意识记和无意识记是两种基本的识记类别。相比之下，有意识记更为重要。研究表明有意识记效果明显优于无意识记。彼得森（L. R. Peterson）对此进行对比研究，结果如表4-1所示。

表 4-1 有意识记和无意识记效果比较

识记性质 \ 记住单词数 \ 间隔时间	当时记忆	两天后记忆
有意识记	14	9
无意识记	10	6

在其他条件相同的情况下，有意识记目的明确、注意力集中，自觉排除干扰并能选择一定方法进行识记，效果当然好。平常人们也有这样的经验体会。

2. 有意识记任务目标长远，识记效果好

有意识记的效果还受识记时任务目标长远性的影响。研究表明，识记时任务目标长远比任务目标短近的记忆效果显著。有一个这样的实验：让被试识记两段难度相似的语文材料，对被试提出的识记任务目标长远性不同。被试被告知，第一段第二天测验，第二段在一星期后测验，而实际上这两段材料都在两周后测验。结果，被试对第一段材料平均只记住40%，而被试对第二段材料平均记住了80%。有许多同学都有这方面的经验体会：为了应付考试，考前临时"抢记"的内容，考后很快就遗忘了。原因之一就是识记时任务目标短近。

3. 意义识记优于机械识记

识记的效果与识记的方法有密切的联系。生活经验和实验研究表明，在理解基础上的意义识记比仅靠机械重复的机械识记的效果要好得多。著名心理学家艾宾浩斯的实验发现，用英国诗人拜伦的《唐璜》诗中的第6节作为识记材料（约80个字音）进行意义识记，只诵读8次就可以正确背诵，而对同样数量字音的无意义音节，则需要近80次诵读（机械识记）才能正确背诵。

意义识记之所以优于机械识记，是因为有意义的材料本身具有逻辑联系，通过理解，个体找到识记材料与自己已有知识经验之间的联系，有意义的新材料便被纳入学习者已有的知识结构系统之中。这样，记忆效果就好，且易于回忆。

值得指出的是，意义识记效果优于机械识记，但不能以此取消机械识记。学习中，适当的机械识记也是有必要的。因为，机械识记和意义识记是人们识记的两种基本方法，意义识记要有机械识记作为基础。学习中，总有些材料本身无逻辑联系，却又必须记住，这就只能靠机械识记。大多数材料本身有逻辑联系也很有意义，但学习者的认知水平有限，一时难以理解，也只能在机械识记后逐步加以理解。总之，学习中我们不能取消机械识记，而应尽量以意义识记为主，把意义识记和机械识记有机结合起来，逐渐减少机械识记，提高记忆效率。

4. 把识记的内容作为直接操作的对象进行识记效果好

一般认为80%以上信息是通过视觉识记的，10%以上的信息是通过听觉识记的。人们往往习惯于只用视觉或只用听觉来识记。实验研究和生活经验表明，多种感官协同识记比单一感官独立识记效果要好，就是视听结合也能提高识记的效果。如果把识记的内容作为具体的操作活动的对象，由多种感官协同识记，效果明显提高。

有这样一个实验：向一组大学生提出8个句子，每个句子和一定的语法规则相结合，要求受试者分析和弄清这些句子的语法规则，然后按照这些语法规则自己造8个句子。次日，要求受试者把原来8个句子和自己造的句子都默写出来。结果，受试者对自己造的句子的记忆成绩比对原句子的记忆成绩平均高出3倍。

苏联心理学家查包洛赛兹等人进行实验：学生分为两组，第一组学生用一个装好的圆规画画，用后把圆规拆散，交给第二组学生；第二组学生把圆规装配起来再画画。画画完

成后，出其不意地叫两组学生尽量准确地画出他们刚才用过的圆规。结果，第一组学生画得不准确，漏掉了许多重要零件；第二组学生则画得比较准确。

在实际学习中与其只用耳朵听，用眼睛看，不如眼、耳、手、口、脑并用效果好。那些游泳高手、乒坛老将、篮球明星、神枪手、武林高手虽然退役多年，但练习不久便会技艺不减当年，就是因为他们把记忆内容作为直接操作的对象进行识记，所以识记效果特别好。

5. 适当"过度学习"识记效果好

在学习的程度上存在着低度学习、适度学习和过度学习之分。低度学习是指对材料的识记尚未达到成诵程度时就中止的学习；适度学习是指对材料的识记刚好达到成诵程度时中止的学习；而过度学习则是指对材料的识记达到成诵标准后还继续进行的学习。大量的实验研究表明，个体对过度学习的材料比适度学习和低度学习的材料保持得要好，如表4-2所示。

但是，并不是说过度学习越多越好，因为过度学习需要更多的时间和精力。有研究表明（见表4-2），当过度学习程度超过150%时，保持的效率并不随之显著增长。一般过度学习程度达150%为适当。例如，学习某种材料4遍后就能记住并能正确回忆了，再重复学习两遍记忆效率就可达到最佳。

表4-2　学习程度对记忆的影响

学习程度	4小时回忆出的百分数
150%	81.9%
100%	64.8%
33%	42.7%

（三）影响识记效果的因素

根据上述实验结果，可以总结出以下影响识记的因素。

1. 识记的目的与任务

有无明确的识记目的与任务直接影响识记的效果。明确识记任务及其相应的目的有利于调动个体的识记积极性和针对性。

2. 识记材料的意义性

识记材料的意义性，是指识记材料所蕴含的事物内在联系以及与个体知识经验的联系。这种联系越多，表明识记材料的意义性越强，识记效果越好。

3. 识记材料的数量

识记材料的数量的多少也是影响识记效果的因素之一。一般来说，要达到同样的识记水平，材料越多，识记所用的平均时间和次数就越多，呈现材料数量与识记效率成负相关的趋势。数量越大，效率越低。

4. 识记材料的性质

识记也受材料性质的制约。一般来说，连贯的、有意义、有规律的材料更容易被记住。识记直观形象的材料比识记抽象的材料效果要好些。通常，难度大的材料难于识记，但材料过于简单，引不起学习者的兴趣时，也无良好的识记效果。因此，材料的难度适中，即经过一定努力就可以克服困难，获得成功的识记材料，识记效果最好。

5. 识记材料的位置

在多个识记内容连续呈现的情况下，各识记项目在序列中的位置也会影响识记的效果。一般来说，最先呈现的项目，也就是排在序列首部的项目最易记住，这称为首因效应；最后呈现的项目，也就是排在序列末尾的项目也容易记住，这称为近因效应；而排在序列中部的项目相对难记。

6. 识记时的态度和情绪状态

识记时的态度和情绪状态对个体的识记效果会产生影响。一般来说，在积极的态度和情绪状态下，个体的识记效果好；在消极的态度和情绪状态下，识记效果差。

7. 识记活动任务的性质

识记在很大任务上依赖于活动任务的性质。当实际的材料成为个人活动的直接对象时，识记的效果就好。记忆任务的远近与识记内容保持时间长短也有影响，有较长期的识记任务要求的，识记内容保持的时间就较长；只有短期的识记任务要求的，保持的时间就较短。不同的识记任务和要求会影响人的识记方法、进程和效果。例如，任务要求是回忆识记材料要精确，学习者就会反复默读，复习单个词和句子；如果任务要求只是回忆识记材料的内容，那么学习者就会努力地建立句子之间的意义联系，理解材料的逻辑关系。

8. 识记的方法

采用不同的方法和途径识记材料，识记效果也是不同的。识记的方法有以下两类。

（1）根据对识记材料的组织方式不同，可把识记分为整体识记和部分识记。整体识记是指以全部识记材料为对象，反复进行，直至达到熟记为止的识记方法。部分识记是指将材料分成若干部分后逐一识记。学生在学习中采用整体识记还是部分识记方法，通常与学习者的主体条件、学习的阶段、材料的性质以及材料的分量等因素有关。整合两种识记方法将整体识记与局部识记相结合，即先进行整体识记再进行部分识记，最后进行整体识记，直到成诵为止。在实践中，整体识记和部分识记交替进行，通常识记效果比较理想。

（2）根据识记时的时间安排，可把识记分为集中识记和分散识记。集中识记是指识记是在一段时间内相对集中地重复进行。分散识记则是指将识记活动分为多次进行，在两次之间有一定的时间间隔。实验证明，在材料的难度、数量、结构形式相近的情况下，分散识记的效果优于集中识记。分散识记间隔时间的长短，要根据材料的性质、数量，识记达到的水平等来确定。一般来说，开始识记时的时间间隔短一些，以后随着识记内容的巩固程度，识记的时间间隔逐渐加长。

二、保持与遗忘

（一）保持及其特点

1. 保持的概念

保持是识记的信息在头脑中储存和巩固的过程。用信息论的观点说，保持就是信息在头脑中编码和贮存的过程。它是记忆过程的中心环节。保持在记忆过程中起着重要的作用，它不仅为巩固识记所必需，而且是再认和回忆的前提和保证。没有保持就无所谓记忆。

识记的材料在头脑中的保持并不是一成不变、静态被动的贮存过程，而是一个富于变化的动态过程，会发生量和质的变化，从而体现了人脑对识记材料的主动加工的特点。

2. 保持的特点

（1）保持内容的量变。识记的材料在头脑中保持时，在内容上会发生量变，如下所述：①随着时间的推移，保持量呈减少的趋势，即出现部分遗忘。②记忆内容中不显著的特征趋于消失，而显著的特征却较好地保持。③记忆内容中某些特征和项目有选择地被保持下来，同时增添了某些未曾出现过的特征和项目。

（2）保持内容的质变。识记的材料在头脑中保持时，在内容上会发生质的变化。有研究用识记图形做实验，把回忆的图形与识记的图形作对照，得出结论：①内容比原来识记的材料更为简略、概括和合理；②内容变得更加完善、合理和有意义；③内容变得更加具体，原来材料中某些部分变得更加突出夸张。记忆内容的质的变化，常常受到个人的知识经验、心向、动机等因素的影响。

（3）记忆回涨现象。保持内容的变化还表现为记忆回涨现象。也就是说，学习某种材料相隔两三天后再进行测量，所得到的保持量比学习后立即测量所得到的保持量要高。这种现象发生的原因可能是由于持续的学习产生了超限抑制，过一段时间之后，抑制解除，记忆效果有所提高；也可能是由于识记初期材料的保持还是零散的，之后才把材料构成一个整体。这种现象一般发生在儿童身上和不完全的学习（即没有达到透彻理解、牢固记忆的学习）上，并且有一定的时间限制。

（二）遗忘及其规律

1. 遗忘的概念

遗忘是指识记过的材料不能再认或回忆，或者错误地再认或回忆。用信息加工的观点来看，遗忘指的是识记过的内容不能提取，或者提取时有困难或错误。遗忘与保持是相反的心理过程。没有遗忘也就无所谓保持，遗忘是正常的生理和心理现象。

2. 艾宾浩斯的记忆遗忘规律

心理学家对保持和遗忘进行了重点研究，揭示了记忆遗忘规律。德国心理学家艾宾浩斯第一个对遗忘现象做了比较系统的研究，他的一项实验研究成果证明了遗忘的进程。为了使学习和记忆尽量避免受原有经验的影响，他以自己为被试，用无意义音节作为学习材料，在识记后不同的时间间隔里检查被试的记忆保存量，测量遗忘的进程。结果发现，在识记后的最初阶段里遗忘的速度很快，但是，随着时间的推移，遗忘的速度越来越慢，甚至一两天以后遗忘量的变化也不大。后人用他的实验数据，以间隔的时间为横坐标，以重新学习时所节省的时间或次数为保存量指标，作为纵坐标，画了一条说明遗忘进程的曲线，叫艾宾浩斯遗忘曲线（见图4-2）。从这条曲线来看，记忆遗忘规律表现为：遗忘的进程是不均衡的，遗忘的速度先快后慢，随后渐趋平稳。从遗忘进程的规律我们应该得到启示，为了取得良好的记忆效果，要做到及时复习。如果不及时复习，很多内容就会忘记，再去复习就是事倍功半，不如在还没有遗忘或遗忘较少的时候赶快复习，这样能得到事半功倍的效果。

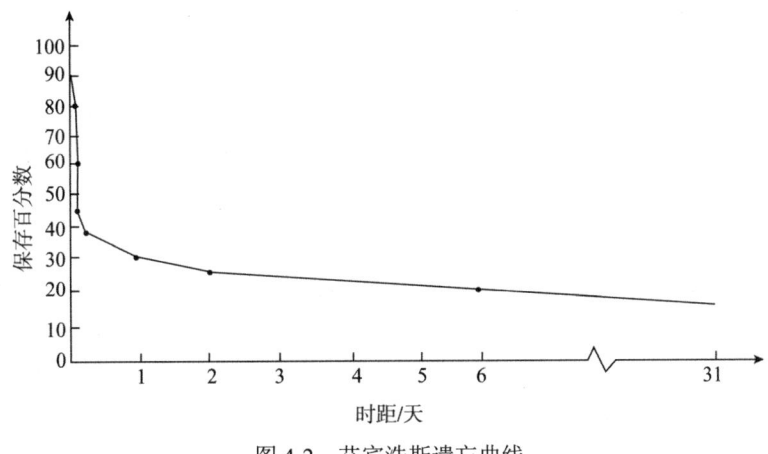

图 4-2　艾宾浩斯遗忘曲线

继艾宾浩斯之后，许多人用有意义的材料和无意义的材料对遗忘的进程进行了实验，所得结果和艾宾浩斯的研究结果基本上是一致的。

3. 系列位置效应规律

艾宾浩斯遗忘曲线介绍了记忆材料在不同时间的保持情况，是在时间维度上看记忆规律；系列位置效应规律则是记忆材料在记忆内容的不同部位呈现的保持情况，考察材料内容在空间维度上的记忆规律。

系列位置效应实验是这样进行的：研究者先让被试按一定顺序学习一系列的单词，然后让他们自由回忆，也就是说，不必按照他们学习的顺序回忆出来，想到哪个单词就说出哪个单词。结果发现，最先学习的和最后学习的单词的回忆成绩较

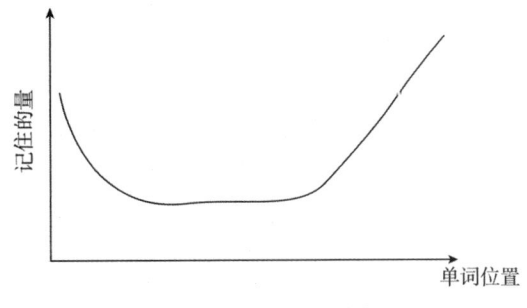

图 4-3　系列位置效应

好，而中间部分的单词回忆成绩较差。根据实验的结果，绘出的曲线如图4-3所示。

这条曲线表示各单词输入的系列位置与回忆率的关系，称为系列位置曲线。心理学家把这种现象称为系列位置效应。系列位置效应规律表明，在回忆的正确率上，最后呈现的部分遗忘得最少，其次是最先呈现的部分，遗忘最多的是中间部分。最后呈现的材料最易回忆，遗忘最少，叫近因效应。最先呈现的材料较易回忆，遗忘较少，叫首因效应。这种系列位置效应已被许多实验所证实。

系列位置效应规律也可以用前摄抑制、倒摄抑制现象来说明。先学习过的材料对后学习的材料的识记或回忆的影响叫前摄抑制；后学习过的材料对先学习的材料的保持或回忆的影响叫倒摄抑制。最先记忆的部分和最后记忆的部分印象最深刻是因为最先学习的部分只受到倒摄抑制影响，最后学习的部分只受到前摄抑制影响，而中间部分则受到前面部分的前摄抑制和后面部分的倒摄抑制，可以说是两面夹击，所以回忆效果最差。干扰方向如图4-4所示。

图4-4　前摄抑制、倒摄抑制的干扰方向

单项选择题

4.10　根据艾宾浩斯遗忘曲线，为了学习效果更好，学生应该（　　）。

A. 分散学习　　　B. 集中学习　　　C. 及时复习　　　D. 过度复习

4.11　小明先学习英语后学习数学，结果英语知识遗忘较多，数学知识记忆效果较好，这表现了（　　）因素的干扰。

A. 前摄抑制　　　B. 干扰抑制　　　C. 倒摄抑制　　　D. 消退

4.12　艾宾浩斯研究遗忘的方法是（　　）。

A. 学习法　　　B. 重复法　　　C. 干扰法　　　D. 节省法

（三）影响遗忘进程的因素

1. 学习者的需要和兴趣

学习者对识记材料的需要、兴趣等，会影响遗忘的进程。一般来说，人们需要的、感兴趣的东西遗忘得较慢，而人们不需要的、不感兴趣的东西遗忘得较快。

2. 识记材料的性质和数量

在材料的性质方面，一般地说，动作记忆的保持效果最好，遗忘得较慢；形象性的材料、有意义的语义材料比无意义的材料保持得好，遗忘得慢。在材料的数量方面，材料的数量越大，刚识记后的遗忘就越多。在学习程度相同的情况下，识记材料数量越多，遗忘得越快；识记材料数量越少，遗忘得越慢。

3. 学习程度

学习程度是指在学习过程中正确反应所能达到的程度。如果学习达到刚能成诵之后还继续学习一段时间，就是过度学习。过度学习的材料要比刚能成诵的材料记忆效果好。当然过度学习也有一定的限度，否则会造成精力和时间上的浪费。研究表明，如果以第一次达到完全正确成诵的学习遍数为学习程度的 100%，那么 150% 的学习程度是提高保持效果的最经济有效的选择。

4. 识记材料的系列位置

一般来说，排列在序列首末部位的材料容易保持，排列在中间部位的材料则容易遗忘。

5. 识记后的复习

在对记忆材料进行最初的识记之后，复习的作用就在于通过随后的一系列识记来巩固已建立起来的联系，改善保持过程，及时复习，防止遗忘。因此，复习是极为重要的影响遗忘的因素。

6. 识记的方法

以理解为基础的意义识记比机械识记的效果要好。

7. 记忆任务的长久性与重要性

一般来说，长久的识记任务有利于材料在头脑中保持时间的延长，不重要和未经复习的内容则容易遗忘。

8. 时间因素

根据遗忘规律，记忆的最初阶段遗忘的速度快，随后逐渐变慢呈负加速。所以，学习内容的保存量随时间而减少。

9. 情绪和动机

学习者的情绪和动机等也影响遗忘进程。学习者情绪差、动机弱、目的不明确都不利于记忆。

单项选择题

4.13 当你识记某材料读 6 遍刚好能够记住时，再多读三遍的话，记忆效果是最好的。这种知识保持方法属于（　　）。

A. 及时复习　　B. 运用记忆术　　C. 适当过度学习　　D. 合理分配学习时间

(四）遗忘的原因

1. 衰退说

该学说认为，遗忘是记忆痕迹得不到强化而逐渐减弱、衰退以至消失的结果。早在二千多年前的古希腊，亚里士多德就持这种观点。今天这个说法仍为很多人所接受，因为某些物理、化学的痕迹确实会随时间的推移而衰退、消失，所以人们认为记忆信息也会在头脑中形成痕迹，也会发生衰退。

2. 干扰说

该学说认为，遗忘是因为在学习和回忆之间受到其他刺激干扰的结果。这个学说认为记忆痕迹本身不会变化，记忆之所以不能恢复，是由于存在着干扰，干扰一旦被排除，记忆就能恢复。这个学说最有力的证据就是前摄抑制和倒摄抑制。

3. 压抑说（动机说）

该学说认为，遗忘是由情绪或动机的压抑作用引起的，如果这种压抑被解除了，记忆也就能恢复。这种现象首先是由弗洛伊德在临床实践中发现的。他给精神病人施行催眠术时发现，许多人能回忆起早年生活中的许多事情，而这些事情是平时回忆不起来的。他认为，这些经验之所以不能回忆，是因为回忆它们时，会使人产生痛苦、不愉快和忧愁，于是便拒绝它们进入意识，将其储存在无意识中，也就是被无意识动机所压抑。

4. 提取失败说

该学说认为，遗忘主要是因为我们找不到回忆的线索。比如明明知道对方的名字，但就是想不起来，这种现象被称为"舌尖现象"。对记忆的内容而言，记忆过程发生的时间、地点，包括你当时的心情，以及与这些内容有关联的东西都构成了以后回忆这些内容的线索。许多记忆现象也都是可以用记忆的线索来解释的。比如，你的一位同学向你借什么东西忘了还，你向他要，他说不记得了呀。于是你帮他回忆，哪一天、在什么地方、发生了什么事情、他说了什么、你说了什么、还有谁在场等。这些都是回忆的线索，人们就是这样利用线索来帮助回忆的。

5. 同化说（认知结构说）

奥苏贝尔认为，遗忘是知识的组织和认知结构简化的过程。当人们学到了更高级的概念与规律之后，就可以以此来代替低级的观念，使低级观念简化，从而减轻记忆负担。这是一种积极的遗忘。当然，在有意义学习中，或者由于原有知识结构不巩固，或者由于新旧知识辨析不清楚，也有可能以原有的观念来代替表面相同而实质不同的新观念从而出现记忆错误。这是一种消极的遗忘，教学中应尽量避免。

单项选择题

4.14 遗忘是因为我们不想记而将一些记忆信息排除在意识之外,因为它们太可怕、太痛苦或有损自我的形象。这属于(　　)。

A. 痕迹衰退说　　　B. 干扰说　　　C. 同化说　　　D. 压抑说

4.15 李小明同学今天在参加物理考试时,对于一些简单而熟悉的力学公式,就在嘴边却怎么也想不起来。其中涉及的遗忘理论主要是(　　)。

A. 衰退说　　　B. 干扰说　　　C. 动机说　　　D. 提取失败说

三、再认和回忆

再认和回忆是记忆的最终环节。这个环节对整个记忆来讲十分重要,如果一个经历过的事物不需要再认和回忆,也就不必识记和保持。识记材料、保持材料都是为了在必要时能再认和回忆材料。

(一)再认相关知识

再认是指体验过、经历过、思考过的事物再度出现时能够辨认。例如,人们能够辨认这个学习内容是否曾经学过、这个地方是否曾经来过、这个人是否曾经遇见过等。

再认虽然比较简单,但不等于说在任何情况下都能够对识记过的事物进行准确的再认。再认的速度和准确性主要取决于识记的巩固程度和当前事物与以前曾经识记过的事物的相似程度。

再认的错误表现在两个方面:一是不能再认,即对以前经历过的事物完全不能再认;二是错认,即把没有经历过的事物错认为经历过的事物。

(二)回忆相关知识

回忆是指经历过的事物不在眼前时能把它重新回想起来的过程。回忆并不是简单、机械地恢复过去形成的映象,它包括对记忆材料一定的加工和重组活动。

根据不同的分类标准,回忆可作如下划分。

(1)有意回忆和无意回忆。根据回忆是否有预定的目的任务,可以把回忆分为有意回忆和无意回忆。有意回忆是指事先有预定的目的任务,必要时需要一定意志努力的回忆。例如,在考试时对试题答案的回忆。无意回忆是事先没有预定目的,也不需要任何意志努力的回忆。例如,触景生情或偶然想起一件往事。

(2)直接回忆和间接回忆。根据回忆时是否借助于中介性联想,可以把回忆分为直接回忆和间接回忆。直接回忆是指由当前事物直接唤起过去经验的回忆。间接回忆是指通过一系列中间环节或中介性的联想才能想起过去经验的回忆。

在有意回忆特别是间接回忆遇到困难时，就必须做出一定的努力，克服一定的困难，才有可能回忆起旧经验。这种需要一定努力、克服一定困难的有意回忆称为追忆。

（三）再认与回忆的关系

再认与回忆都是过去经验的恢复，它们是信息提取的两种形式，两者之间没有本质的区别，只有保持程度上的不同。一般说来，再认比回忆简单、容易。再认是记忆的初级表现形式，是比回忆较为容易和简单的一种恢复经验的形式。有人做过这样一个实验：被试学习无意义音节，按学习后经过的时间（由5秒至14天）分为6组，每组均分为两半：一半用回忆法测验，即写出学过的音节；另一半用再认法测验，即在已学过的和未学过的音节混合系列中，指出已学过的音节。结果表明，无论学习后经过的时间长短如何，都是再认的音节的个数多于回忆的；随着学习后经过时间的加长，再认对回忆的优势越来越大。

但也有能回忆而不能再认的例子。如有时我们写出一个字，自己怎么看也不像，但确实是写对了，而我们总觉得不对。

（四）影响再认和回忆的因素

1. 原识记材料巩固的程度决定再认和回忆的正确率和速度

一般来说，识记材料时，信息加工水平越深，巩固程度越高，越能迅速而正确地进行再认和回忆；反之，再认和回忆越有困难，速度越慢，甚至识记错误。因此，心理实验中检验识记、保持的效果一般选用回忆或再认的正确率作为衡量标准。

2. 联想规律利用与否影响再认和回忆

一般情况下识记、保持得越好，回忆就越容易，效果越好。但当有时回忆有困难时，能正确利用联想规律来回忆，效果也很好。

所谓联想是指在头脑中，由一事物想到另一事物的心理活动。客观事物是相互联系的，事物之间的不同关系反映在人脑中就形成不同的联想。回忆是以联想为基础的，人们的回忆常常以联想的形式出现，联想是帮助我们进行回忆的一种有效的方法。联想具有以下几个规律。

（1）接近律。在时间上和空间上接近的事物容易形成接近联想。例如，由"5·12"大地震容易和"2008年奥运会"联系在一起，它们都是同一年的中国大事件；由天安门想到人民大会堂、人民英雄纪念碑，因为它们在空间上接近；等等。

（2）相似律。当事物之间具有类似的或共同的特性时，往往容易由一件事物想到另一件事物，形成相似联想。例如，由高速公路想到信息高速公路，就是利用了相似联想。

（3）对比律。事物之间相反的特性容易形成对比联想。例如，由真善美想到假恶丑，由廉吏想到贪官，"感时花溅泪，恨别鸟惊心"都是对比联想。

（4）因果律。具有因果联系的事物容易形成因果联想。例如，由经济繁荣想到改革开放，"书山有路勤为径，学海无涯苦作舟"都是因果联想。

3. 心理定势、兴趣、动机、个体期待、情绪等心理因素直接影响回忆的方向和效果

定势对回忆有很大的影响，由于个人的心理准备状态不同，同一个刺激物可以使人回忆起不同的内容，产生不同的回忆，也产生回忆方向上的变化。另外，兴趣和情感状态也可以使人们对某一类事物的回忆处于优势，影响回忆的效果。再认和回忆与主体的内心情绪体验等心理因素有关。良好的情绪状态，如愉悦、轻松、平和的情绪，有利于回忆，而负性情绪，尤其是紧张情绪对回忆会产生明显的抑制作用。

4. 暗示线索有助于再认和回忆

回忆比较复杂或不熟悉的材料时，呈现与回忆内容有关的上下文线索，将有助于材料的迅速恢复。暗示与回忆内容有关的事物，也能帮助回忆。

5. 信息储存的组织水平影响再认和回忆

一般来说，信息储存的组织状况越好，越是按一定的规则有序排列，也就越容易再认和回忆，其效果也就越好。

单项选择题

4.16 "十年离别后，长大一相逢。问姓惊初见，称名忆旧容。"这是一种（　　）。
A. 再认　　　　B. 无意回忆　　　C. 直接回忆　　　　D. 间接回忆

4.17 选择题主要通过（　　）解答，填空题和问答题主要通过（　　）解答。
A. 再认　回忆　　B. 识记　思维　　C. 注意　记忆　　　D. 判断　感知

第三节　记忆品质与培养

一、记忆的品质

记忆的品质是衡量一个人记忆力好坏的标准，它主要包括以下几个指标。

（一）记忆的敏捷性

记忆的敏捷性是指识记事物的速度的快慢。这是记忆的速度和效率特征。有人记得快，忘得也快；而有的人记得慢，忘得也慢。识记同一种材料，有的人很快就能记住，有的人记得慢一些。一般来说，记得快的，记忆力较好。研究表明，识记速度快，忘记就较慢，但也不尽然。如果是很快理解地记住，遗忘就较慢；如果是粗心大意，加快阅读速度，囫囵吞枣，忘得也就较快。所以仅凭记忆的敏捷性，来评价人的记忆水平是不全面的。

提高记忆的敏捷性应注意两点：一是要明确识记的目的；二是要集中注意力。

（二）记忆的持久性

记忆的持久性是指对识记过的事物保持时间的长短。这是记忆的保持特征。对于同一种材料，在同一学习程度上，有的人保持时间长，还能正确回忆；有的人则早已忘记了或已不能正确回忆。对识记的材料保持时间越长者记忆力越好。记忆的持久性是因人而异的，一般勤于思考、善于科学组织复习的人，记忆会相对持久。

加强记忆的持久性应注意以下几点：①要善于把识记的材料纳入已有的知识体系中，加深对识记材料的理解；②进行及时和经常性的科学的复习。

（三）记忆的准确性

记忆的准确性是指对识记保持的事物能正确回忆的程度的高低，具体是指对于所识记的材料，在再认和回忆时，没有歪曲、遗漏、增补和臆测。这是记忆的正确和精确特征。记忆的这种品质极为重要，记忆的准确性是评价记忆力水平的核心标准。如果缺乏记忆的准确性，那么记忆的其他品质也就没有了价值。如果一个人的记忆不准确，张冠李戴、真假不分、稀里糊涂，其记忆力就无价值可言。记忆越准确，记忆力越好。

培养记忆的准确性应注意以下几点：①必须进行认真的识记，在大脑皮层上建立精确的暂时神经联系；②在复习时要把相似的材料经常加以比较，防止混淆；③要把正确识记的事物同仿佛记住的东西区别开，把所见所闻的真实材料与主观的增补、臆测区别开。

（四）记忆的准备性

记忆的准备性是指识记保持的事物能正确回忆的速度的快慢。这是记忆的提取和应用特征。它使人能及时、迅速、灵活地从记忆信息的储存库中提取所需要的知识经验，以解决当前的实际问题。记忆的这一品质是上述三种品质的综合体现，而上述三种品质只有与记忆的准备性结合起来，才有价值。记忆中，"记"是为了"忆"，如果"记"了的事物到了要"忆"时，不能及时"忆"出来并加以应用，"记"就失去了价值。凡是识记保持的知识经验在需要应用时能迅速提取出来并回忆起来，这是良好的记忆准备性的表现；需要用时回忆不起来，过后又回忆起来了，这是记忆准备性差的表现。

培养记忆的准备性应注意以下几点：①使掌握的知识系统化，这样才能做到有条不紊地从记忆仓库中，随时迅速地提取所需要的材料。记忆准备性的优劣主要取决于记忆的材料在识记时是否组织得当以及达到系统化和巩固的程度。如果组织不当、杂乱无序，即使巩固程度较高，回忆时也理不清头绪，很难寻找到线索，就必然导致难以回忆。②逻辑清晰，心情放松。一旦头绪不清，加上情绪紧张，就更会加剧回忆困难，以至一时无法回忆，错过时机。对于记忆的准备性品质，人们往往容易忽视，但它又是记忆的一个极其重要的品质，应引起我们的高度重视。

综上所述，记忆的4个品质是评价记忆力水平的综合指标，它们相互联系，相互影响，相互补充。记忆的各种品质在不同人身上的结合决定其记忆力发展水平。显而易见，如果一个人识记快而准确，保持得长久而牢固，回忆时快而且灵活，其记忆力就最好；若识记慢而不准，遗忘得快又多，回忆时慢又呆板，记忆力则最差。这是两个极端，大多数人的记忆力水平处于中间状态，通过一定的培养都可达到良好水平。

★真题链接★

单项选择题

4.18 教师答疑时能够迅速灵活地提取脑中知识，以解决学生当前的问题，这主要体现记忆品质的（　　）。

A. 准确性　　　　B. 持久性　　　　C. 敏捷性　　　　D. 准备性

二、青少年记忆能力的培养

青少年记忆能力的发展提高并不是随年龄的增长而自然提高的，而是需要积极培养才能实现。在青少年记忆力的培养方面，要注意如下几点。

（一）引导帮助学生树立提高记忆力的信心

改变"天生记忆不好"的错误观点，使学生明确自己究竟记忆哪些内容存在不足，哪些方面水平较高，增强其对记忆的信心。

（二）明确记忆目的

教师在各科教学中应及时给学生提出识记的目的、任务和具体要求，在此基础上，培养学生主动、自觉地提出记忆的任务，特别是长远的记忆目标和任务的愿望，纠正违背记忆规律的不良记忆习惯，如死记硬背，平时不复习，临考才"抢记"等。

（三）在理解基础上记忆

理解不仅指看懂了材料，还包括搞懂了材料各部分之间的逻辑联系，以及该材料和以前的知识经验之间的关系。在学习中要以意义记忆为主，机械记忆为辅，发挥两种记忆各自的长处，从而提高整个记忆的效果。

（四）及时复习

所谓及时复习就是在大量遗忘开始之前就进行复习。与遗忘进行斗争的首要条件是组织识记后的复习，复习在保持中有很大的作用。刺激物的重复出现是短时记忆向长时记忆转化的条件，没有重述的信息是不可能进入长时记忆的。遗忘曲线表明，遗忘开始时速度较快，所以对新学习的材料要及时复习。具体做法如下：①合理分配复习时间。要制订复习计划，合理安排复习内容和时间，提高复习效率。②间隔复习。由于遗忘存在着"先快后慢"的趋势，因此，还必须遵守"间隔复习"的原则。③循环复习。遵守"循环复习"的原则，对于所学的重要的、基本的材料应经常进行复习，做到"温故而知新"。

（五）分散复习与集中复习相结合

当复习的总时间一定时，复习在具体时间分配上有两种方式：一种是集中复习，即集中在一个时间段内，对所要识记的材料连续地、反复地进行识记；另一种是分散复习，即把识记的材料分散在若干相间隔的时间内进行复习。复习在时间上的正确分配对识记效果有很重要的影响。

（六）让多种感官参加记忆活动

在记忆活动中，如果只运用一种模式，就显得十分单调，学生容易失去学习兴趣，产生厌烦情绪。所以学生在接受信息时，应充分调动多个感官，充分发挥眼、口、脑、手等感官的作用，牢固地记住所要识记的材料。

（七）尝试回忆与反复识记相结合

心理学研究证明，反复识记与尝试回忆相结合，可以提高记忆的效果。对记忆的结果进行自我检查，不仅能够检验记忆的效果，也能够进一步加深印象，找出薄弱环节，把主要精力集中于那些难以记住的地方。所以，在教学实践中，尝试回忆与反复识记相结合，进行自我复述、自我回忆、自问自答、互问互答等自我检查的训练，能够有效提高学生的记忆力。

（八）注意排除前后材料的干扰

记忆时要注意材料的序列位置效应。对材料的中间部分要加强复习；类似材料的复习不要排在一起，避免前摄抑制与倒摄抑制的影响，如文科的语文、历史、政治的复习不要安排在一起，而应和理科交叉学习。

（九）注意用脑卫生

脑的健康状况是影响记忆好坏的重要生理条件，它与学习和记忆有密切的关系。因此，在学习过程中，要特别重视脑的营养与适当的休息。保持稳定而愉快的情绪，劳逸结合，积极参加文体活动，合理地安排作息时间，保证适当的睡眠，利用最佳的记忆时间，保持适当的营养，在新鲜空气中学习等，以科学地使用大脑，促使记忆力提高。

（十）调节情绪状态

情绪不仅对认知活动具有动力功能，还有调节功能。如前所述，过分紧张或低沉的情绪会抑制人的记忆活动，只有在愉快、有兴趣而较平静的情绪背景下，带有对当前记忆适度的紧迫感，才能更有利于提高记忆的效率。

单项选择题

4.19 小敏几乎每晚都将所有的时间用来复习当天学习的新知识,但复习效果不佳,每次复习过的知识没过多久就会忘记。同学们知道小敏的困惑后,都很热心地向小敏分享复习的建议。以下建议中不正确的是（　　）。

　　A. 只看书就行　　　　　　　　B. 复习时学会从不同的角度来理解知识
　　C. 尝试回忆与反复识记相结合　　D. 及时复习

三、记忆规律在教学中的应用

教学中教师应依据记忆规律合理安排和组织教学。

（一）合理安排教学

（1）学校在排课时应尽可能地避免把性质相近的课程排在一起,这样能减少材料相似性引起的前摄抑制、倒摄抑制对记忆的干扰。

（2）教师要保证学生的课间休息。课间休息有利于学生巩固上一节课所学内容,提高保持效果;同时,也有助于减少间隔时间过短引起的前摄抑制、倒摄抑制对记忆活动的影响。

（3）教师应控制每堂课的信息投入量。过多的信息投入不利于学生课上对学习内容的消化、吸收和记忆;过少的信息投入不利于学生获取更多的知识。

（二）向学生提出具体的识记任务

有意识记是教学活动中最主要的识记种类,教师应根据不同的教学内容,提出明确的识记任务。在教学过程中,要让学生知道应该记什么、怎么记、记忆的程度如何。但提出这种任务要注意适时,过早提出记忆任务,会使学生在听课时把记忆提到首位,从而妨碍学生积极地思考和理解主要内容,反而不利于记忆。

（三）记忆材料组织系统化

条理性、逻辑性强的材料,便于理解,记忆效果也会增强。这是因为,只有被理解的、系统的知识,才能长久地保持在记忆中,并在需要时很快地提取出来。所以,教师在教学过程中,要合理地组织好教学内容,使学生通过思考去理解所学内容,使所教内容在学生头脑中建立多方面的联系,使知识系统化。教师要采用恰当的教学方法,使学生对所学的内容学得会、易理解、记得牢,留下深刻的印象,增强记忆效果。不要让学生死记硬背知识,对于没有明显意义的学习材料,如历史年代、外文生词、统计数字等,尽力找出其间的联系,甚至人为地加以联系,以帮助学生识记。同时,要充分利用直观形式组织教学,帮助学生进行理解，以利于识记。

（四）充分利用无意识记的规律组织教学

无意识记可使学生轻松地获取知识。教师在教学中使学生无意记住更多的内容，是一种更高级的教学艺术。研究证明，难度适中而新颖的题材、令人发生兴趣的东西、激动人心的生动形象或事件、成为活动对象的内容以及多种感官参加认识的对象等，都不需要付出太大的意志努力就容易被记住。所以，教师要讲究教学艺术，调动学生的无意识记。

（五）培养学生良好的记忆品质

要使学生获得良好的记忆效果，教师在教学过程中就要有意识地培养学生良好的记忆品质。例如，通过布置各种定时性记忆作业并进行课堂提问，培养学生记忆的敏捷性；通过要求他们对识记材料进行深入的理解，使材料在其头脑中系统化，进行合理的复习等，培养学生记忆的持久性；通过要求他们认真地识记和复习，使材料形成精确的联系，培养学生经常检查自己记忆效果的习惯等，进而培养学生记忆的准确性；通过要求他们条理化、系统化地掌握所学知识，提高追忆的技能等，提高学生记忆的准备性。

 拓展阅读

记忆窍门

（1）形象识记法，即将抽象的知识联想于生动可感的事物形象进行识记的方法。

（2）情趣识记法，即将枯燥的知识联想于富有情趣的事物，从而轻松愉快地识记知识的方法。如水银的凝固点约为-39℃，温度很低，我们可用"三九严寒"这一富有文学味的语言来联想记忆。

（3）会意识记法，即把待记的知识提炼成几个好记的字，记住这几个字，就能识记的方法。

（4）歌诀识记法，即将知识编成歌诀助记的识记方法。

（5）谐音识记法，即将识记材料用谐音转化成一句有意义的（有时甚至是滑稽的）语言来助记的方法。比如让你背诵圆周率到小数点后22位：3.1415926535897932384626，你可能觉得有点难度。如果你将它谐音化，变成几句话：山巅一寺一壶酒，尔乐苦煞吾；把酒吃，酒杀尔，杀不死，乐尔乐。这样就好记一些。

（6）综合识记法，即综合前述多种识记技巧于一体的识记方法。如在电感元件、电容元件分别构成的回路中，电压与电流之间的相位关系极易搞错，可用"赶（感）鸭（压）鸭在前，容鸭鸭在后"两句话来助记。这样记忆既有谐音又有形象，既是歌诀又富有情趣。

（7）关系记忆法，将有内在关系的物理概念、规律、公式放在一起记忆，但不分别记住它们，而是记住其关键的核心材料及其相互关系，从而记住全部材料的方法。这种方法便于实现关系联想。

（8）图示记忆法，将有内在关系的概念、规律、公式以图示形式联系在一起进行记忆的方法。这种方法也便于实现关系联想。

（9）材料的优化处理法，对记忆材料的加工处理，是决定记忆效率和效果的关键，记忆规律的运用、记忆方法的选择都建立在对记忆材料的优化处理策略的掌握上。该策略具体可分为如下几种。

① 记忆材料的概括化，即对记忆材料进行提炼，抓住关键进行记忆。
② 记忆材料的规律化，即对记忆材料进行分析、抽象，以便抓住规律进行记忆。
③ 记忆材料的特征化，即抓住记忆材料中的特征来加强记忆。
④ 记忆材料的系统化，即在头脑中把识记的材料归入一定的体系，使之彼此发生联系。
⑤ 记忆材料的归类化，即把识记材料按一定的标准组成或纳入不同的类别。
⑥ 记忆材料的网络化，即把识记材料编成或织入某一网络。其中把识记材料编成网络，是形成一种认知结构；而把识记材料织入网络，是纳入某种认知结构。

（资料来源：常若松. 教育心理学[M]. 沈阳：辽宁大学出版社，2009.）

复习思考题

1. 什么是记忆？记忆包括哪几个环节？相互关系怎样？
2. 什么是表象？表象有哪些基本特征？
3. 试述记忆的种类。
4. 怎样利用识记的规律去识记学习内容？
5. 阐述保持的规律，联系实际谈谈如何与遗忘做斗争。
6. 分析记忆的品质，试论如何培养学生的记忆能力。
7. 谈谈前摄抑制、倒摄抑制对记忆的影响。

第五章　思维与想象

本章学习目标
正确理解思维与想象的概念；
了解思维与想象的种类；
掌握良好思维的品质及如何培养学生良好的思维品质；
掌握思维规律在教学中的应用。

核心概念
思维、思维过程、思维形式、想象、概念、问题解决、思维品质、创造性思维

学生对教师呈现的教学材料的信息加工，自然不会停留在感知觉水平上。因为，感知觉只能反映客观事物的外部特征及事物之间的外在联系，而要深入到客观事物的内部，认识客观事物的本质属性及其内在的规律性联系，则要调动学生高级的认识过程——思维。只有通过思维，学生才能实现对教学材料的信息加工由感性向理性的转化。那么思维又是什么？它有哪些规律？学生如何才能改进自己的思维方法？这些便是本章要讨论的主要内容。

第一节　思维概述

一、什么是思维

（一）思维的概念

思维是人脑对客观事物的本质属性和内部规律性的间接和概括的反映。思维是在感知的基础上实现的高级的认识形式，具有间接性和概括性两个基本特征。

所谓间接性是指在思维过程中，人们是通过其他事物为媒介，借助于已有经验来反映客观事物的。例如，气象工作者根据积累的气象资料，能预知今后天气的变化；医生根据

病人体温、血液、脉搏的变化与病人的自诉等，就能诊断病人内部器官的状态。由于思维具有间接性的特征，我们才能认识那些由于时间或空间限制而无法认识或者感官不能直接感知的那些事物。

所谓概括性是指思维能够把同类事物的共同的、本质的属性抽取出来加以概括，反映事物间的规律性联系。由于这一特性，人的思维能通过表面现象而认识事物的本质和规律。例如，通过感知觉我们只能看到具体的一只鸟的外形和活动情况，而通过思维我们才能反映鸟的本质特征：有羽毛、卵生。这样通过思维，我们才能把不会飞的鸡列入鸟类。

思维的间接性和概括性是相互联系的。人之所以能够间接地反映事物，是因为人有概括性的知识经验，而人的知识经验越概括，就越能扩大间接反映事物的能力。

（二）思维与感知的关系

思维与感知觉虽然都是人脑对客观事物的反映，但认识事物的角度和水平不同。从反映的内容来看，感知觉反映的是事物的个别属性、表面的特征及事物间的外部联系；而思维反映的是事物共同的、本质的属性和内部规律性及事物间的必然联系。例如，对笔的认识，感知觉只能反映各式各样的铅笔、钢笔、毛笔、圆珠笔等具体的笔；而思维则能舍弃笔的具体形状、颜色、大小等非本质属性，把"笔是书写的工具"这一本质属性反映出来。再从反映的形式来看，感知觉属于感性认识，是对客观事物外部特征的直接反映；而思维属于理性认识，是对客观事物内在的必然联系的反映。例如，我们看见一壶水在炉子上加热会不断蒸发而逐渐减少，湿衣服在日照下或通风处很快能晾干，这些都是通过感知觉对事物表面现象的认识；而思维可以联系各种类似的情况，最后得出"液体在增温或通风的条件下会加速蒸发"的结论，实现对事物间的必然联系及规律性的认识。

总之，感知是认识的低级阶段，是思维的源泉和基础；而思维则是认识的高级阶段，是感知的进一步深化，在人的认识过程中处于核心地位。正因为如此，我们通过思维，才可能对由感知得来的各种感性材料进行去粗取精、去伪存真，由此及彼、由表及里地加工，实现从感性认识到理性认识的飞跃，达到对事物更深刻、更准确、更全面的反映。

（三）思维与语言

任何思维活动的产生和发展都与语言有着不可分割的联系。语言是人们用来思维的工具，掌握了语言的人主要是用语言来进行思维的。

1. 思维与语言的区别

（1）思维是一种心理现象，是人脑对客观事物的本质及其规律的反映，而语言是一种符号系统，是人们交流思想和进行思维的工具。

（2）思维与客观事物之间是反映与被反映的关系，两者存在着必然的联系；而语言与客观事物之间是标志与被标志的关系，两者没有必然的内在联系。语言是约定俗成的，不同地域的人们对同一事物可以赋予不同的语词标志。

（3）思维中的概念与语言中的词相关，但非一一对应。概念是用词表达的，但一个概念可以用不同的词来表述，如"目""眼睛""视觉器官"等代表的都是同一概念；同一个词可以表达不同的概念。如"杜鹃"一词，既可表达一种鸟，也可以表达一种植物。

（4）思维规律与语法规则虽有联系，但又有区别。思维具有全人类性，只要是大脑发育健全的人，不分国籍、种族、性别、职业，都遵循着共同的思维规律，都通过从感性到理性、从具体到抽象的过程认识事物；而语言具有民族性，不同国度、不同民族，有着不同的语法规则。

2. 思维与语言的联系

人的思维活动是以感性材料为基础，凭借语言而实现的。语言是一种社会上约定俗成的符号系统，而个体掌握和使用语言的活动过程则称为言语。就思维和语言发生的角度来说，思维先于语言。但对已经掌握语言的人来说，思维和语言是紧密交织在一起，不可分割的。

（1）语言是思维的工具。语言之所以能成为思维的工具，是因为语言有如下几方面的特征：首先，语言具有概括性。每一个词都有它特定的意义，标志一类事物。词作为特殊的刺激物，就成为现实中一类事物的信号。掌握了大量具有高度概括性词语的人，可以凭借这种信号，摆脱具体事物形象的束缚进行相应的抽象思维。其次，语言具有物质性。人的任何形式的思维都是借助于语言的物质形式来实现的。例如，我们看书依靠语言的视觉刺激；上课听讲依靠语言的听觉刺激；独立思考问题依靠默默无声的内部语言的动觉刺激。

（2）语言是交流思想、传递知识的工具。人类不仅以语言为工具进行思维，而且人类的思维成果又必须借助于语言才能记载、巩固下来，进而人类的知识经验储存积累起来，并借助语言为媒介，使人与人之间进行心理沟通和知识经验的传递。

总之，思维和语言是密切相关，不可分割的，思维是语言的思维，没有语言，人类的思维就会仅仅停留在感性形象的水平上；语言又是思维的语言，没有思维，语言就像鹦鹉学舌一样，成为毫无意义的声音和符号。同时，思维和语言又是相辅相成，互相促进的。思维的发展可以进一步丰富语言的内涵；语言的发展又会促进思维水平的提高。

二、思维的种类

（一）根据思维的凭借物和解决问题的方式分类

根据思维的凭借物和解决问题的方式，可把思维分为直觉动作思维、具体形象思维和抽象逻辑思维。

1. 直觉动作思维

直觉动作思维是凭借直观感知，以实际动作为支柱去解决问题的思维。从发展的角度看，3岁以前的儿童，其思维属于这种形式。他们的思维活动往往是在实际操作中，借助触摸、摆弄物体而产生和进行的。例如，幼儿在学习简单计数和加减法时常常借助于数手指。实际活动一旦停止，他们的思维便立即停下来。成人也有直觉动作思维，如技术工人在动手拆卸和安装机器过程中，边操作边进行思维。不过，成人的动作思维，是在经验的基础上，在第二信号系统的调节下实现的，这与尚未完全掌握语言的儿童的动作思维相比有着本质的区别。

2. 具体形象思维

具体形象思维是指运用具体形象或头脑中的表象来解决问题的思维。这种思维往往是通过对表象的联想来进行的，在幼儿期和小学低年级儿童身上表现得非常突出。如儿童计算 3+5=8，不是对抽象数字的分析综合，而是在头脑中用 3 个手指加 5 个手指，或 3 个苹果加 5 个苹果等实物表象相加而计算出来的。成人的思维虽然主要是抽象逻辑思维，但仍不能完全脱离形象思维，往往是凭借具体形象，并按照逻辑规律在进行。特别是在解决复杂问题时，鲜明生动的形象有助于思维的顺利进行。如艺术家、作家、导演、设计师等，均需要高水平的形象思维。

3. 抽象逻辑思维

抽象逻辑思维是以语词为基础，利用概念、判断和推理的形式来进行的思维。抽象逻辑思维有时虽然也需要具体形象思维的参与，但它主要以概念作为思维的支柱，揭示的是事物的本质特征及其规律性联系。小学高年级学生逻辑抽象思维得到了迅速发展，初中生这种思维已经开始占主导地位。初中各门学科中的公式、定理、法则的推导、证明与判断等，都离不开抽象逻辑思维。

儿童思维的发展，一般都经历直觉动作思维、具体形象思维和抽象逻辑思维三个阶段。成人在解决实际问题时，这三种思维往往是相互联系、相互补充，共同参与思维活动。如进行科学实验时，既需要高度的科学概括，又需要展开丰富的联想，同时还需要在动手操作中探索问题的症结所在。

（二）根据解决问题的思维方向分类

根据解决问题时的思维方向，可以把思维分为聚合思维和发散思维。

聚合思维又称求同思维、集中思维，是把问题所提供的各种信息集中起来得出一个正确的或最好的答案的思维。例如，学生从各种解题方法中筛选出一种最佳解法。

发散思维又称求异思维、辐射思维，是从一个问题出发，沿着各种不同途径寻求各种答案思维。例如，数学中的"一题多解"。

（三）根据思维过程中的指导依据分类

根据思维过程中的指导依据，可以把思维分为经验思维和理论思维。

经验思维是以日常经验为依据，判断生产、生活中的问题的思维。例如太阳东升西落就属于经验思维。

理论思维是以科学的原理、定理、定律等理论为依据,对问题进行分析、判断的思维。

(四)根据解决问题时是否有明确的步骤和清晰的意识分类

根据解决问题时是否有明确的步骤和清晰的意识,可以把思维分为直觉思维和分析思维。直觉思维是未经逐步分析就迅速对问题答案做出合理的猜测、设想或突然领悟的思维。分析思维是经过逐步分析后,随问题解决做出明确结论的思维。

(五)根据解决问题时创新成分的多少分类

根据解决问题时创新成分的多少,可以把思维分为常规思维和创造性思维。常规思维是指人们运用已获得的知识经验,按惯常的方式解决问题的思维。创造性思维是一种以新异、独特的方式解决问题的思维方式。创造性思维是人类思维的高级过程,会产生新的思维成果。

单项选择题
5.1 "一题多解"的教学方式主要用于训练学生的( )。
A. 直觉思维　　　B. 发散思维　　　C. 动作思维　　　D. 集中思维

三、思维过程与思维形式

(一)思维过程

思维是一个非常复杂的心理过程。它表现为对作用于人脑的客观事物进行分析与综合、比较与分类、抽象与概括、系统化与具体化等过程。其中,分析与综合是思维的基本过程,它贯穿于人的整个思维活动之中,其他过程都是通过分析与综合来实现的。

1. 分析与综合

分析是在头脑中把事物或现象的整体分解为各个组成部分或个别属性的思维过程。如我们把一篇文章分解成几个段落,或者分析出一篇文章的人物、背景、语言特色、修辞手法等,这都属于分析。

综合是在头脑中把事物或现象的各个组成部分或各种特征联合成为一个整体的思维过程。把一篇文章的人物、背景、语言特色等综合起来,形成对这篇文章完整风格的认识,这就是综合。

分析与综合,虽然活动方向相反,两者却是密切联系,不能彼此孤立存在的。在解题过程中,分出已知、未知的条件,这是分析;而探索与确定未知与已知的关系,就是综合。对于一篇课文,不分析成段落、句子、人物、背景,就不能认识得深入细致;不综合成全文,就难以认识文章的主题或中心。宇宙之间的任何事物,即使是简单的事物,要想深入了解，深入认识，都需要分析。分析是通向深入认识整体的基本手段。分析与综合是思维的基本过程。没有分析与综合，就无法进行比较，找不出事物的异同，就不能区别事物的本质与非本质特征，也就无法进行抽象概括，所以说，分析与综合是贯穿于整个思维过程的基本过程。

2. 比较与分类

比较是在头脑中把各种事物或现象加以对比，确定它们的异同点的思维过程。比较的基础是客观事物的差异性和同一性。正因为事物或现象之间存在着性质上的异同、数量上的多少、形式上的美丑、质量上的好坏等，我们才有可能在思维活动中将其进行比较。比较可以在同一事物或现象之间进行，也可以在不同类但具有某种关系或联系的事物或现象之间进行。

比较是以分析为前提的，只有在思想上把不同对象的部分特征区别开来，才能进行比较。同时，比较又要确定它们之间的关系，所以比较又是一个综合过程。例如，人要挑选计算机，要了解其各种型号的特点、使用性能、外形、结构、信誉以及价格等，这就是分析。当把不同型号的计算机一一进行对比时，还要把各种特性结合在一起进行比较，以做出正确的选择，这就是综合的比较。

比较是重要的思维过程，也是重要的思维方法，在人们的认识活动中有着极其重要的作用。有比较才有鉴别，只有通过比较才能找到事物间的共同点和差异点。教学活动中教师应尽量运用变式教学，使学生能更多地利用比较的方法，正确理解知识，辨析概念，合理归类，突破教学上的难点。

分类是在头脑中根据事物或现象的共同点和差异点，把其归入适当的类别中去的过程。分类是在比较的基础上，将有共同点的事物划为一类，再根据更小的差异将它们划分为同一类中不同的属，以揭示事物的一定从属关系和等级系统。如学生掌握"数"的概念时，把数分为实数和虚数；又把实数分为有理数和无理数；有理数又可分为整数、小数和分数等。

3. 抽象与概括

抽象是在头脑中把同类事物或现象的共同的、本质的特征抽取出来，并舍弃个别的、非本质特征的思维过程。如我们从手表、怀表、电子钟、石英钟、闹钟、座钟、挂钟等对象中，抽取出它们"能计时"的共同本质特征，舍弃它们不同大小、形状、构造、颜色等方面的非本质特征，就是思维的抽象过程。

概括是在头脑中把抽象出来的事物的共同的、本质的特征综合起来并推广到同类事物中去的思维过程。如通过抽象得出结论"有生命的物质叫生物"，并把这个结论推广到植物、动物和微生物等一类事物中的思维过程就是概括。

抽象、概括同分析、综合及比较紧密联系着。抽象主要是在分析、比较的基础上进行的；概括主要是在抽象、综合的基础上进行的，没有抽象和综合就不可能进行概括。

4. 系统化与具体化

系统化是在头脑中根据事物一般特征和本质特征，按不同顺序与层次组成一定系统的思维过程，如生物学家按界、门、纲、目、科、属、种的顺序，把世界上千千万万的生物分了类，同时揭示出各类生物之间的关联，这就是人在头脑中对生物系统化的过程。

系统化是在比较和分类的基础上实现的，也是思维过程中不可缺少的环节。系统化的知识便于在大脑皮层上形成广泛的联系，因此系统化在学习过程中有着非常重要的意义。

具体化是人脑把经过抽象、概括而获得的概念、原理、理论应用到某一具体对象上去的思维过程，也就是用一般原理去解决实际问题，用理论指导实际活动的过程。具体化在人的思维过程中有着重要的作用。它能把抽象的理性认识同具体的感性认识结合起来，是启发思考与发展认识的重要环节。通过具体化的思维过程，人们可以更好地理解一般的原理和规律，也可以使已经总结出来的原理得到检验，并使其不断扩大、深化和发展。

（二）思维的形式

思维的形式是指人思维活动中的静态结构。就思维的形式而言，思维的形式包括概念、判断和推理。任何内容的思维都要通过这三种形式表现出来。

1. 概念

概念是人脑反映事物本质的一种思维形式。在抽象和概括的基础上，人脑形成各种不同的概念。概念是思维的基本单位，是思维的出发点和归宿，而且人们利用概念进行判断和推理，因此，它是思维的基本形式。

概念与词紧密地联系着，词是概念的语言形式，概念是词的思想内容。因此，任何概念都是通过词来表达的。但是，概念与词也不是完全一一对应的关系。一个词可以代表不同的概念，如在英语中单词"process"表达了"加工"和"过程"等不同的概念。同样，相同的概念也可以用不同的词来表示，而有的词则不表示任何概念。

每一个概念都有内涵和外延两个方面。内涵代表概念能够反映的事物的本质特征；外延代表的是概念所能囊括的所有个体或样例。一个概念的内涵越丰富，信息量越大，所能包含的外延就越少；反之，一个概念的内涵越概括，其所拥有的外延也就越丰富。

另外，概念还分为不同的层次，上位的概念称为属概念，下位的概念称为种概念。

2. 判断

判断是指人脑反映事物之间联系和关系的思维形式，是在概念的基础上形成的对事物有所判定的思维形式之一。任何判断都是由概念组成的，都是概念的展开。单一的概念是无法进行思维活动和表达思维的，必须把多个概念联系起来，对事物有所肯定或者否定，这就构成了判断。如"金属是可以导电的""铁是一种金属"等。判断主要有直接判断与间接判断、肯定判断与否定判断等类型。

3. 推理

推理是人脑从已知的判断出发推出新判断的思维形式。人们在思维时通常经历着"由此及彼"的过程。例如"月晕而风""础润而雨"，是说人们看见"月晕"与"础润"等自然现象，就做出"风""雨"将要来临的结论，这个过程就是推理。在推理的过程中，把出发进行推理的已知判断叫做前提，把由已知判断推出的新判断叫做结论。因此，要保证推理结论的正确，必须具备两个条件：一是前提要真实；二是前提与结论之间的关系有一定的必然联系。

推理的种类很多，主要有归纳推理和演绎推理两种。归纳推理是从个别的、特殊的事例中推出一般结论的过程。例如，从金、银、铜、铁等金属中知道它们能够传热，从而推出"金属可以传热"的结论。演绎推理是从一般的知识、原理中推出关于个别事物的结论的过程。例如，从"所有的哺乳动物都是以乳汁哺育幼体的""鲸鱼是哺乳动物"这两个前提出发，推出"鲸鱼是以乳汁哺育幼体的"结论。当然，归纳推理与演绎推理既有联系又有区别。它们的区别在于归纳推理即使前提正确、真实，其结论也不一定正确；而演绎推理则遵循逻辑规律，只要前提正确，结论必定正确。因此，在进行归纳推理时，应预先提出假设，再对假设进行验证，得出一般的结论。

概念、判断、推理是思维的基本形式，这三者之间有密切的联系，在抽象概括的基础上，形成各种不同的科学概念，然后才能对事物做出判断和推理。一方面，判断是由概念组成的，推理又是由判断组成的，它反映着判断与判断之间的关系。从这个意义上看，概念是判断与推理的基础，是思维的起点和细胞。另一方面，人们通过判断、推理形成科学的原理与法则，获得新的认识，形成新的、更深刻的概念。从这个意义上看，概念又是判断、推理的结晶，是人们认识客观世界的总结。

★真题链接★

单项选择题

5.2 学生掌握了整数、分数、小数的知识后，可以将其概括为有理数，这是思维过程的（　　）。

A. 具体化　　　　B. 形象化　　　　C. 系统化　　　　D. 抽象化

5.3 王老师在讲"果实"这个概念时，列举了可食果实的例子，也列举了不可食果实的例子。这种教育方法称为（　　）。

A. 变式　　　　B. 范式　　　　C. 原理　　　　D. 演绎

多项选择题

5.4 思维是客观事物在人脑中概括的和间接的反映。思维的基本形式包括（　　）。

A. 概念　　　B. 判断　　　C. 推理　　　D. 比较

填空题

5.5 思维的基本过程是分析与_____。

 拓展阅读

福尔摩斯的推理

在《福尔摩斯侦探集》中有这样一段情节：有一天，福尔摩斯的朋友华生医生出去办了一件事情，回来刚坐下（他坐在福尔摩斯对面办公），福尔摩斯说："你刚才到邮局发了

一封电报。"华生很奇怪,问:"你怎么知道的?"福尔摩斯说:"你刚才到邮局去了一趟,因为你的靴子上有黄泥,本城之内只有邮局门口在挖沟,有黄泥。""你桌子上有信封和信纸均未动用,你肯定是去发电报了。"华生对福尔摩斯的判断十分佩服。

从心理学的角度看,福尔摩斯之所以坚信自己的结论,是因为他的看法是通过思维与想象得出来的。

(资料来源:王有智,欧阳仑. 心理学基础——原理与应用[M]. 北京:首都经济贸易大学出版社,2003.)

第二节 想象概述

一、什么是想象

想象是人脑对已有表象进行加工、改造而形成新形象的心理过程。

人脑不仅能感知当前作用于它的事物,或者回忆过去感知过的事物,还能想象出从未感知过的新形象。这些新形象可以是个体从未亲身经历过的、现实中尚未存在的或者根本不可能存在的事物的形象。例如,学生在听老师朗读课文时,头脑中会随着课文的描写显现出许多生动的画面,这就是想象。这个新形象不是凭空产生的,而是以头脑中原有的表象为基础,经过加工改造而形成的。记忆表象越丰富,想象的形象就越生动。

乍一看来,想象的形象新颖、离奇,有的甚至很难在现实中找到其具体的"蓝本",似乎具有超现实性。其实,想象同其他心理现象一样,不是凭空产生的。就构成新形象的材料来说,想象源于客观现实。正如鲁迅先生所说,文学作品中的人物形象,往往嘴在浙江,脸在北京,衣服在山西,是一个拼凑起来的角色。因此,想象也是对客观现实的反映,它是在感知材料的基础上形成的,没有相应的感性材料就不能产生想象。

二、想象的种类

根据想象是否有自觉目的性,可把想象分为无意想象和有意想象两类。

(一)无意想象

无意想象是没有预定目的,在一定刺激作用下,自然而然产生的想象。例如,当我们抬头仰望天空变幻莫测的浮云时,脑中就会产生起伏的山峦、柔软的棉花、活动的羊群、嘶鸣的奔马等形象;当我们看到北方冬季玻璃上的冰花时,就会觉得它像梅花,像树叶等,这些都是无意想象的表现形式。

梦是在睡眠状态下产生的一种正常的心理现象,是无意想象的极端形式。人在睡眠时,整个大脑皮层处于一种弥漫性的抑制状态,但仍有少部分神经细胞兴奋活跃,由于意识控制力的减弱，这些记载着往日经验的细胞便随意地、不规则地结合在一起，形成了一个个离奇古怪、荒诞绝伦的梦境。不过"日有所思，夜有所梦"，无论梦境多么离奇，仍然来源于客观现实，是对个体生活一种典型的无意想象。当人们以全副精力投入创造性活动时，梦可能给人以启示，促进发明创造活动的顺利进行。

（二）有意想象

有意想象是根据一定的目的，在意识控制下，自觉进行的想象。科学家提出的各种假设，文学艺术家在头脑中构思的人物形象，都是有意想象的结晶。

按有意想象的新颖性、独立性和创造性程度的不同，有意想象又可以分为再造想象和创造想象两种。

1. 再造想象

再造想象是根据语言的描述或非语言的描绘，在头脑中产生有关事物新形象的心理过程。如我们看完鲁迅先生的《孔乙己》时，头脑中出现穿长衫、站着喝酒的人物形象，这就是再造想象。

再造想象产生的新形象是相对的，即对于想象者来说，这个形象是新的，而实际上这个形象可能是很早就已经存在了。但是，再造想象仍然有一定的创造性。由于每一个人的知识、经验、个性特征等主观因素的不同，再造想象的内容和创造性水平必然有一定的差异。

再造想象对于学生的学习活动具有非常重要的意义。在教学过程中，教师通过生动形象的语言表述或图表、模型的演示，可以使学生通过再造想象在头脑中形成与概念相应的形象，从而深刻地理解教材，牢固地掌握知识。

2. 创造想象

创造想象是根据一定的目的、任务，在头脑中独立地创造出事物新形象的心理过程。飞机设计师在头脑中构成一架新型飞机的形象，作家在头脑中构成新的典型人物形象等，都属于创造想象。这些形象的产生不是根据别人的描述，而是想象者根据生活提供的素材，在头脑中通过创造性地综合而形成的具有重大社会价值的新形象。

创造想象具有独立性、首创性、新颖性的特点，是人类创造性活动不可缺少的心理成分。无论是科学发明，还是文艺创作，都必须首先在头脑中形成活动的最终或中间产品的模型，即进行创造想象。可见，创造想象是创造性活动的必要环节。没有创造想象，创造性活动就难以顺利进行。

创造想象是一种比再造想象更复杂的智力活动，它的产生有赖于社会实践的需要、创造者强烈的创造欲望、丰富的表象储备、高水平的表象改造能力以及积极的思维活动等主客观条件。

3. 幻想

幻想是与个人生活愿望相联系并指向未来的想象。幻想是创造想象的特殊形式。它也不同于一般的创造想象，主要表现为以下两点：①幻想与个人愿望相联系，幻想的事物是个人所追求、向往和憧憬的东西；而一般的创造想象不一定是创造者所赞美、向往的形象。②幻想不与当前的创造性活动直接发生联系，不一定产生现实的创造成果，仅是指向未来创造活动的前奏和准备；而一般的创造想象与创造性活动紧密相关。

根据幻想的社会价值和有无实现的可能性，可把幻想分为积极的幻想和消极的幻想。积极的幻想是根据事物的发展规律，并具有一定的社会价值和实现可能的幻想，一般称为理想。它能为人指明前进的方向，使人展望到未来美好的前景，激发人的信心和斗志，鼓舞人顽强地去克服困难。而消极的幻想违背客观事物发展的规律，且毫无实现的可能，一般称为空想。它是一种无益的幻想，常使人脱离现实，想入非非，以无益的想象代替实际行动，害怕艰苦的劳动和逃避困难。因此，在教学过程中，应重视青少年的理想教育，使他们从小就树立远大崇高的理想。

想象与思维同属高级认识活动，都产生于问题情境，由个体的需要所推动，并能预见未来，在解决问题的过程中，它们又常常相伴而行。一般认为，当问题的原始材料是已知的、解决问题的方向基本明确的时候，解决问题主要依靠思维；如果问题的情境具有很大的模糊性，而信息又不充分的情况下，解决问题往往依靠想象。问题的解决越是处在模糊不清的阶段，思维的进行就越需要想象的支持。因为想象可以借助形象"跳过"某些思维阶段，构成事物的形象，并在此基础上寻找解决问题的途径，拟定行为程序。

可见，思维和想象都能使人的认识超出当前感知的范围，都能提供感知不能提供的知识，正是借助思维和想象，个体才实现对知识的理解。

三、想象的品质及培养

（一）想象的品质

1. 想象的主动性

想象的主动性是指想象的积极性与目的的明确性程度如何。想象主动性良好的人，在一切活动中都积极主动地展开想象，看到什么不满意、不合理、不科学的，便产生一种强烈的创造想象欲望和动机，以积极的态度进行必要的知识积累和丰富的表象储备，能紧紧围绕所确定的主题和目的积极思维，有计划、有步骤地展开自己的想象，并保持一定的方向，因而能比较顺利地取得成果；而想象主动性差的人，对周围的事物缺乏敏感，抱残守缺，难以展开想象，即使开展了想象也缺乏知识的准备，头脑中没有稳固的表象。在想象过程中，想象主动性差的人常常东想西想，脱离主题，想象如同出笼的小鸟，漫天飞翔。这样想象出的新形象虽形形色色，但杂乱无章，不能实现创造的目的。

2. 想象的丰富性

想象的丰富性是指想象内容的广阔性和充实性程度如何。想象丰富的人，能根据想象主题的要求，在广泛的领域和范围内展开多角度、多侧面、全方位的想象，从而产生出大量的新形象。如曹雪芹在《红楼梦》中成功地塑造了大观园里众多形态各异的人物群像，以及荣宁两府奢侈豪华的生活情景,均反映出作者超人的想象丰富性。想象贫乏的人,想象局限在狭小的范围内,想象内容也空泛、肤浅、平淡无奇。

3. 想象的深刻性

想象的深刻性是指新形象反映事物本质的正确性和深透性程度如何。想象深刻性良好的人,通过想象所产生的新形象是理性概括的、具有典型性的,因而能够反映客观事物的本质。文学家、艺术家所塑造的一些典型人物的艺术形象,往往都十分深刻地反映了社会生活的某些本质方面,它给予人们的教益,不亚于理论性的教科书。例如,曹植创作的千古传诵的"煮豆燃豆萁,豆在釜中泣;本是同根生,相煎何太急",痛斥曹丕对他的迫害,寓意深刻,感人肺腑。又如,有的漫画寥寥几笔,形象也不复杂,却寓意极深,都是想象深刻性的表现。想象深刻性差的人,即使创造了新形象,也往往是感性的概括,缺乏典型性,没有代表性,不能由个别反映一般、由现象反映本质。

4. 想象的新颖性

想象的新颖性是指想象的新异性和独特性程度如何。想象新颖性强的人,想象所依据的表象是多种多样的,且对其进行了复杂的改造,所产生的新形象与原型差别甚大,从而产生出前所未有的、独特新异的新形象。想象新颖性差的人,想象囿于表象,因循守旧,作品往往"依葫芦画瓢",缺乏新意。

5. 想象的清晰性

想象的清晰性是指新形象的鲜明性和生动性程度如何。想象清晰性良好的人,想象某一事物犹如在头脑里"看见了""听到了""闻到了"一样,活灵活现,惟妙惟肖。屠格涅夫写《父与子》时,仿佛自己就是巴扎洛夫,每天给他记日记;罗曼·罗兰为《约翰·克利斯朵夫》的主人公的命运担忧,以致每写一章都要白了一些头发;福楼拜在《包法利夫人》的创作中,整日沉湎在所描写的情景中,当写到包法利夫人最后服毒自杀时,竟感到自己嘴里都有砒霜的味道。这都体现了作者想象的清晰性。想象清晰性差的人,头脑里出现的新形象常常是暗淡的、模糊的、片断的和不稳定的。

6. 想象的现实性

想象的现实性是指想象与现实的相关性程度如何。想象现实性良好的人,能把自己的想象根植于现实之中,尽管可能超越现实,却是符合现实的要求和现实的发展方向的,且具有一定的社会价值,经过充分发挥能动作用,想象的事物可以得到实现;想象的现实性差的人,无视现实,想入非非,脱离实际,想象只是一些漂亮的肥皂泡,转瞬即逝。

(二)学生想象力的培养

培养和发展学生的想象力是培养创造性人才的重要环节。教师在教学中应有意识地培养学生的想象力。

1. 在教学活动中发展学生的再造想象

再造想象在学生的想象过程中具有重要的作用。再造想象是学生感知和掌握事物的有效手段,是学生理解和掌握客观事物规律与内在联系的必不可少的心理条件,是进行思想教育的重要形式之一。教学活动中发展学生的再造想象,要注意以下几个方面。

(1)通过各种课外实践活动,扩大学生的知识领域,扩大学生脑海中的表象储备。想象力的水平与一个人的知识、表象的广博程度密切相关,一个知识、表象贫乏的人,其想象也往往很狭窄、肤浅,甚至易产生想象失真。在现实生活中,人往往由于阅历所限而容易用自己的情况想象别人,用本地的情况想象外地,用今天的情况想象过去或未来等。比如,今天的少年儿童没有在旧社会的生活经验,没有见过那时候的地主、资本家、国民党特务,由于受某种漫画、小人书及概念化、脸谱化的电影、戏剧的影响,因而一提起地主他们就想到头戴瓜皮小帽、身穿长袍马褂,手提一把大算盘的形象;一提资本家就想到腆着大肚皮、身着西装革履,手持文明棍的形象;一提起特务,就会想到头戴鸭舌帽,鼻梁上架墨镜,手持无声手枪的形象。这样不仅不能形成丰富而准确的想象,相反易导致想象的表面性、片面性。因此,培养学生的想象力不是只局限于课堂上,应积极引导、组织学生从事参观、访问、观察和实验等教学实践活动,指导学生课外阅读,以开阔他们的眼界,丰富他们的表象储备,为想象奠定基础。

(2)运用生动形象的语言,培养学生的想象力。教学中,教师本身生动形象的语言描述,不仅有利于学生对抽象知识的理解,还对学生想象力的培养具有指导作用。它能帮助学生积极地对头脑中的记忆表象进行提取、改造和重组,使想象活动方向明确、进展顺利,有利于想象力的发展。一位化学教师在讲"一滴水里有多少水分子"时说:"科学实验证明,一滴水里所含的分子数,如果拿来分给全世界 80 亿人口,而后把其中一个人所得的分子数平均分给全世界的人,这样每人还可分到 25 个水分子。"显然这位老师用这种形象化的语言启发学生想象一滴水里所含的分子数,比简单地告知"一滴水里含有 16 万亿个水分子"产生更好的效果,因此,教师讲课时应善于联系学生日常生活经验中的例子,借助恰当、形象的比喻启发他们想象,将抽象的知识变成具体、鲜明的形象,从而加深学生对知识的领会和理解。

(3)运用直观教具和现代化教学手段,丰富和发展学生的想象。教学中,教师结合教学内容,广泛运用实物、模型、图片等直观教具,或电影、电视、幻灯及多媒体等现代化教学手段,对于丰富和发展学生的想象极有帮助。

2. 在教学活动中培养学生的创造想象

创造想象是学生在目前和将来从事创造活动的重要心理条件。在教育与教学中,教师应通过课堂有意识地培养学生的创造想象,除了扩大学生的知识经验,丰富学生的表象储备之外,还要结合各学科的教学活动,有目的地训练学生的想象力。在教学中培养学生的创造想象,具体有以下几方面的内容。

(1)形象性自由联想训练。教师可根据具体情况,有目的地在课内或课外安排进行。具体做法是让学生根据若干抽象画或简单图形,迅速展开自由联想,想到的事物越多、越新颖、越独特越好。例如，诗歌所创造出来的形象具有创造性和跳跃性，故在诗歌教学中应充分发挥学生的想象力，通过对诗歌进行"补充""转换""再创造"，将诗歌的文字符号转换为立体画面，把作者没有直接说出来的话补充完整，从而融入诗歌的艺术世界。如一位教师在分析《再别康桥》的"绘画美"的特点时，让学生从中挑选一节自己最喜欢的诗歌，发挥想象，在自己头脑中形成一幅画，用自己的语言描绘出来。这样不仅可以让学生尽快进入诗歌优美的画面之中，同时对其语言表达能力无疑也是一种提高。

（2）创造性复述训练。所谓创造性复述训练，就是要求学生对阅读过的文章或听过的故事，在不背离原作主旨的基础上进行创造性的补充、发挥、畅想。这种创造性复述训练对发展学生的想象力，尤其是对创造想象能力的培养是很有帮助的。

（3）具象化训练。所谓具象化训练，就是要求学生将某种抽象的概念、思想或情感，比如"静夜""初春""贪婪""骄傲""筋疲力尽"以及"得意忘形"等，努力绎化为直观的、具体的、形象的言语表达的一种训练方式。这种训练最好结合作文讲评进行。即使原习作只是一段概念化的短文，也能通过"具象"手段而"化"之为一篇形象生动的好文章。这中间，学生想象能力的增强，表达兴趣的提高，实在是不言而喻的。

（4）创造性虚构训练。虚构就是通过创造想象，对教材进行选择、提炼、加工，塑造新形象的过程。在教学中教师可结合教学内容，适当安排一些创造性的虚构训练。具体来讲，在作文课上，应在培养学生写实能力为主的作文训练中加入一些虚构训练，可采取以下方式训练。

其一，为学生提供某一课题，如"假如人类不吃东西也能生活，人类将会怎样生活""假如地球上的煤与石油都用完了，人类将怎样应付能源危机"等，由学生独立地想象、构思、写作。

其二，给学生一篇不完整的文章（或缺开头，或缺结尾，或缺中间部分），让学生根据自己的想象将文章补充完成，如给学生提供这样一个开头："一次，一个青年人在路上拾到10元钱钞票，从此他走路时眼睛总是离不开地面，40年的漫长岁月过去了……"由学生独立想象文中青年人会变成什么样，用生动形象的语言完成这篇短文。

其三，人物虚构训练，又叫做形象合成训练，即引导学生观察生活中某一阶层、某一职业或某一年龄阶段、某一性别的人的言语、表情、行为习性等，将他们散布于不同时间和空间、不同层次和平面上最富有特色的东西集中并组织到一起，糅合成一个全新的人物，不仅要构想出他的外貌特征，还要想象出他在特定条件下该如何说话、如何行动等，而后用具体生动的语言把这个人物形象地描写出来。

此外，也可以让学生以生活中某个熟悉的人物为原型，适当汲取有关人物的某些特点来创造人物形象。在进行人物虚构时，必须让学生明确，运用形象合成所写出的人物虽是虚构的，却是建立在生活中确实存在的某些人物基础上的，是对现实生活与人的内心世界的真实反映。因此，它必须建立在现实基础上，否则，就成了虚假而难以令人信服的胡编乱造。除了作文课外，虚构练习也可以在美术、音乐等课程的教学中进行，如可以组织学生根据所学的设计方法，独立地设计学校的标志或校徽等。

单项选择题

5.6 学生学习《望庐山瀑布》这首古诗时,头脑中呈现诗句所描绘的相关景象,这种心理活动属于( )。

A. 无意记忆　　　　B. 有意记忆　　　　C. 再造想象　　　　D. 创造想象

第三节　创造性思维

一、创造性思维的概念

创造性思维是指用独特新颖的方法解决问题的思维过程。它是人类思维的高级形态,是智力的高级表现。

二、创造性思维的特征

(一)新颖独特性

创造性思维不同于一般的思维活动,它要求打破惯常的解决问题的方法,将已有的知识经验进行改组或重建,创造出个体前所未知的或社会前所未有的思维成果。因此,新颖独特性是创造性思维的本质特征。

(二)创造性思维是多种思维的结晶

创造性思维既是发散思维和聚合思维的统一,也是形象思维和抽象思维的统一,但更多地表现在发散思维上。一个人的创造性思维活动的完整过程是通过从发散思维到聚合思维,再从聚合思维到发散思维的多次循环、不断深化才得以完成的。只有发散思维与聚合思维有机结合、协调活动,才有可能发现事物之间的新联系,提出新假设,解决新问题。创造性思维以发散思维为核心。发散思维具有流畅性、灵活性(变通性)和独创性(独特性)等特点。当然,创造性思维者还要对新颖独特的观念具有高度的敏感性,具有及时把握它们的能力。因此,目前也有人以发散思维的特点来代表创造性思维的特点。

(三)创造性想象的积极参与

创造性想象的积极参与是创造性思维的重要环节。因为创造性想象提供的是事物的新形象,并使创造性思维成果具体化。所以文艺作品中新形象的创造、科学研究中新假说的提出、新机器的发明等都离不开创造性想象。

（四）灵感状态

灵感状态是创造性思维活动的又一典型特征。所谓灵感，是指人在创造性思维过程中，某种新形象、新概念和新思想突然产生的心理状态。它是人在以全部精力集中解决思考中的问题时，由于偶然因素的触发而突然出现的顿悟现象。任何创造性思维，都离不开灵感。

三、创造性思维的过程

创造性解决问题比解决一般性问题有着更为复杂的心理活动过程，并且它的运行具有独特的思维活动程序和规律。英国心理学家华拉斯（J. Wallas, 1926）通过对创造过程的分析，提出了创造性思维的四阶段理论，把与创造活动相联系的创造性思维过程分为准备期、酝酿期、豁朗期和验证期。

（一）准备期

在这一阶段，最重要的是明确创造目的，掌握丰富的经验，收集广泛的资料和信息，掌握必要的技能。

（二）酝酿期

在准备期收集到的信息并未消极地存储在头脑中，而是按照一种我们目前尚不清楚的方式被加工和重新组织，进而产生新的思想、新的心象。

（三）豁朗期

豁朗期也称产生灵感阶段，是指创造者经过长期酝酿后，新假设产生或对考虑的问题豁然开朗。豁朗期是创造活动极为重要的阶段。

（四）验证期

在这个阶段，创造者要把头脑中产生的新假设或新观点通过实践加以检验。验证可以对新假设加以确定、修正、补充或完善。

四、创造性思维的培养

创造性思维是学生智力发展的一个重要组成部分，因此教师如何培养学生创造性思维也至关重要。教师在培养学生创造性思维的过程中应着重在创设思维氛围、激发思维兴趣、培养直觉思维、训练发散思维以及发展逆向思维等方面。

（一）创设思维氛围

心理学研究表明，每一个健康的人都具有创新的潜能，但是把潜在的创新力转化为现实的创新力,必须要有一个激发潜能、形成创新力的环境和氛围。据此,教师必须实行"民主、平等"的教学观,改变传统的"把知识作为预先决定了的东西教给学生,对学生的奖励也往往是以学生对课本知识的顺从为条件"的课堂教学模式,同时教师还要允许每一位学生凭直觉和经验来进行分析、判断、推测,允许他们展开讨论,允许他们独立地发表各种设想和见解,最大限度地调动学生的积极性、主动性,保护他们创新思维的萌芽,从而促进学生创造性思维能力的培养和发展。

(二)激发思维兴趣

兴趣是动机的重要心理成分,是学生对知识主动探索的动力源泉,也是学生创新思维能力的基础与前提。教师要结合教材内容,适当设计运用一些生动的知识小故事、趣味性较浓的例题等,善于激发并利用学生的好奇心,启发学生积极开展思考问题,引导学生学会质疑问题,培养学生"无疑之处生疑"的良好思维品质。通过设疑,可以激发学生的思维兴趣和求知欲望及思维创新的欲望,激励学生进行广泛的、多方位的独立思考,培养学生思维的主动性和多向性。

(三)培养直觉思维

所谓直觉思维是指对问题的一种突如其来的领悟或理解。它不像逻辑思维那样是有意识地按照推理规则进行的。在这种思维过程中,思维的中间环节被省略了。由直觉思维产生的想法尽管还只是一种未经检验与证明的猜想、假设,但它能推动人们继续深入思考,从而成为发明、创造的先导。直觉思维往往在创造活动的关键阶段发挥作用。在整个创造性活动中,每个环节都离不开抽象逻辑思维,而且由直觉思维产生的想法也要经过抽象逻辑思维和实践的检验。因此,在创造性活动中,抽象逻辑思维也同样重要。在一定意义上说,创造性活动也是抽象逻辑思维和直觉思维的统一。爱因斯坦关于科学创造原理的思想,有人曾简洁地表述成以下模式:经验—直觉—概念或假设—逻辑推理—理论。

直觉思维并不神秘,它来源于个人丰富的知识经验,是以实践为基础的。因此,为了培养学生的直觉思维,教师首先要教育学生认真学习每一学科系统的科学文化知识,增加知识经验的积累,这是发展学生直觉思维的根本。其次,要加大思维的"前进跨度",提倡大步骤思维。无论是教师讲课还是学生学习,一旦具备了相应的知识基础或已达到了一定的熟练程度,就可以大步骤思维,培养思维的跳跃能力。例如,在作业时不要求学生每次都写详细步骤。再次,要鼓励学生对问题进行大胆的推测和猜想。教师不要总是把明确的答案给学生,而应经常有意识地给予学生一定的模糊度,给学生猜测和假设的机会,然后引导他们去进行逻辑的检验或实践的检验,这是培养学生直觉思维的重要途径。最后,加大思维的"联想跨度",培养学生把不同事物联系起来的能力,特别是建立看上去不相干的事物之间的联系。

(四)训练发散思维

发散思维又称求异思维、辐射思维,是指思考者根据已有知识、经验的全部信息,对单一的信息从不同的角度,沿着不同的方向,进行各种不同层次的思考,多触角、全方位地去寻求与探索和发展新的多样性的方法和结论的开放式思维。发散思维的主要特点是流畅性、变通性和独特性,所以培养学生的发散思维,应当从培养其流畅性、变通性和独特性入手。例如,从增加学生知识经验的积累、训练其反应速度来培养流畅性;从数学中"一题多解"和作文中"一事多写"的训练来培养其变通性;从鼓励学生大胆想象、敢于发表对问题的独立见解来训练其独特性。事实上,这三个特性之间也是相互联系的:能流畅而后才有变通;能流畅又能变通,才可能有超乎寻常的独特。因此,对这三个特性的培养是统一的。例如,让学生集体讨论某一物体的非常用途,要求思维结果的数量要大(训练其流畅性);种类变化要多(训练其变通性);想法要奇特超俗(训练其独特性)。

(五)发展逆向思维

逆向思维亦称反向思维,即"反过来想一想"。人们思考问题时通常只注重已有的联系,习惯于沿着合乎习俗的传统方向正向"顺推",而往往忽视了事物之间常常是互为因果的,具有双向性和可逆性。因此,运用"倒过来"思考的逆向思维方式,对解决问题往往会产生突破性的效果。逆向思维有利于拓展思路,防止思维的僵化,克服习惯性思维。

第四节 问题解决

问题解决是一个复杂的过程,包括对问题的要求、条件的分析,发现它们之间的联系和关系,以及寻找解决问题的方法等。其中,思维活动是解决问题活动中的关键和核心成分。研究问题的解决就要从问题解决的思维过程以及影响其进行的诸多因素加以探讨。

一、问题解决的思维过程

综合国内外心理学家对问题解决的思维过程划分上的不同意见,一般把问题解决划分为4个阶段,即提出问题、明确问题、提出假设和检验假设。

(一)提出问题

问题就是矛盾,提出问题的过程就是发现矛盾的存在,并产生解决矛盾的需要和动机,这是把社会需要转化为个人思维活动的过程。发现问题是解决问题的开端,也是解决问题的动力。只有发现问题，才能激励和推动人们投入到解决问题的思维活动中。爱因斯坦说过："提出一个问题比解决一个问题更重要，因为后者仅仅是方法和实践的过程，而提出问题则要找到问题的关键。"

能否发现具有重大社会价值的问题，取决于多种因素。首先，依赖于个体思维活动的积极性。勤于思考、善于钻研的人，才能从细微平凡的事件中，发现关键性的问题。牛顿从人们司空见惯的"苹果落地"现象中发现了万有引力，瓦特受到日常现象的启发发明蒸汽机，这些都是善于观察、勤于思考的结果。其次，依赖于个人对活动的态度。一个人做事认真负责、社会责任感强、活动积极性高，则容易发现实践活动中的问题。再次，有强烈求知欲望的人、兴趣广泛的人，他们不满足于对事物一般的、表面的、通常的解释，喜欢穷追不舍，所以，往往能发现别人不能发现的问题。最后，知识渊博、经验丰富的人，往往能够提出深刻而有价值的问题。

（二）明确问题

所谓明确问题就是根据问题的条件与要求，理清它们的关系，找出和抓住问题的核心和关键，把握问题的实质，从而确定解决问题的方向。

迅速而准确地明确问题依赖于两个条件：一是全面系统地掌握感性材料。问题总是在具体事实上表现出来的，因此在全面系统地收集与问题有关的感性材料的基础上，把问题分解，使矛盾充分暴露，再通过分析、比较等思维活动，找出主要矛盾，这是明确问题的关键。二是已有的知识经验丰富。知识经验越丰富，越容易在分析问题时抓住主要矛盾，越容易对问题进行归类。

（三）提出假设

解决问题的关键就是找出解决问题的方案，而解决问题的方案又常常先以假设的方式出现，并经过验证逐步完善。科学理论正是在假设的基础上，通过不断的实践发展和完善的。提出假设就是根据问题的性质，运用已有的知识经验，推测出解决问题的途径、策略和方法。

假设的提出依赖于很多条件，首先依赖于一个人已有的知识经验。假设不是随心所欲的主观臆测，它是建立在大量的事实和高度概括的知识的基础上，并通过对丰富的感性资料进行深入细致的研究而形成的。此外，提出切实可行的假设并非是轻而易举的事，常常需要经过多次尝试性的实际操作和创造性构想的积极参与才能完成。

（四）检验假设

假设是对解决问题方案的探索和设想，假设是否科学、正确，需要借助于一定的手段来检验。检验的方法分为两种：一种是直接检验，即依据实践或实验结果直接判断某一假设。实践是检验真理的唯一标准，这是检验假设的最根本、最可靠的手段。另一种是间接检验，即在头脑中，根据已掌握的科学原理、原则，利用思维对假设进行论证。那些不能立即通过实践直接检验的复杂的假设通常采用间接检验。如医生设计的治疗方案、军事指挥员提出的各种作战方案等，总是先在头脑中加以推敲、论证，而后才能付诸实践。当然，任何假设的真伪最终都要接受实践标准的根本检验。

二、问题解决的策略

虽然解决问题的策略非常多样化，但是总结起来基本上可以归纳为以下几种。

（一）算法策略

算法策略是将所有可能的针对问题解决的方法都列举出来并进行尝试，直到最终从根本上解决问题。很明显，算法策略需要在解决问题时进行大量的准备工作，需要花费较大的精力和较多的时间，但优点就是能够确保找到问题解决的途径。例如，解锁密码箱时每一位密码都有 0～9 个数字，那么把所有数字组合一个一个进行尝试，直到找到打开密码箱的正确密码，这一过程就是在使用算法策略。

（二）启发法策略

与算法的思维过程不同，启发法则是基于一定的经验，根据现有问题状态与目标状态之间的内在联系，采用较少搜索而找到解决问题途径的一种策略。启发法不需要像算法策略那样费时费力，往往是一种比较快捷的方法，省时省力，但是并不能保证一定可以成功地解决问题。以下是几种常用的启发法策略。

1. 手段—目的分析法

手段—目的分析法是指把所需达到的问题的目标状态分解为若干子目标，通过实现一系列的子目标而最终达到总目标。因此，手段—目的分析法是在不断地减少当前状态与目标状态之间的差别。解决复杂问题时往往要借用这种方法。

2. 爬山法

爬山法是采用一定的方法逐步降低初始状态和目标状态的距离，以达到问题解决的一种方法。爬山法与手段—目的分析法类似，其不同之处在于爬山法只允许一步步地接近目标，而手段—目的分析法包括这样一种情况，即有时人们为了达到目的，不得不暂时扩大目标状态与初始状态的差距，以便最终达到目标。

3. 逆向搜索法

逆向搜索法也称为目标递归策略，是指从目标状态出发，按照子目标组成的逻辑顺序逐级向初始状态递归。例如，人们要去某陌生地方，需要先从地图上寻找路线；在寻找路线的过程中往往是先找到目的地，再从目的地退回出发点。在学习过程中，这一策略常常用于证明几何题。

三、影响问题解决的因素

问题的解决受很多因素的影响,既有客观的因素,也有主观的因素;既有积极的影响作用,也有消极的影响作用。了解其作用规律,有利于发挥其积极性,控制其消极性,推动思维活动的进行,使问题得以顺利解决。

(一) 问题情境

问题情境就是指问题呈现的知觉方式。问题呈现的知觉方式与人们已有的知识经验越接近,问题就越容易解决;反之,如果与人们已有的知识经验相差甚远,问题解决起来就很困难。

(二) 原型启发

在解决问题的过程中,因受到某种事物的启发而找到解决问题的途径和方法的现象,叫做原型启发,其中,具有启发作用的事物叫原型。原型之所以有启发作用,主要是因为原型与所要解决的问题之间有某些相似点,通过联想的作用,使人很容易找到解决问题的新方法。例如,人们发明飞机和轮船就是受到了飞鸟和鱼的原型启发;鲁班发明锯子是受到了丝茅草的原型启发。

原型对解决问题能否起到启发作用,一是看原型与所要解决的问题相似性的大小,相似性越大,启发作用越大;二是看主体是否处于积极的思维状态。如果主体不能积极主动地联想、想象和类比推理,即使事物间的相似性很大,也难以受到启发。

(三) 定势的作用

定势又称心向,定势是指由于受到过去知识经验的影响而使心理活动处于一种准备状态,表现为问题解决过程中的一种思维倾向性和专注性。这种准备状态容易影响人们对刺激情境以某种习惯的方式进行反应。定势对解决问题有积极的作用,也有消极的影响。一般情况下,当解决相似或相同的课题时,定势有助于人们适应问题的需要而提高反应速度。但对变化了的情境或课题,定势常有消极作用,它会阻碍人们产生更合理有效的思路,影响解决问题的速度和效率。如数学老师在课堂上讲了一道例题,学生对与例题类似的练习做起来非常容易,而对完成与例题差别较大的练习题就感到困难。

(四) 动机状态

一个人的动机状态对解决问题有着不同的影响作用。

就动机的性质而言,动机越积极、越有社会价值,其推动力就越大,人们为解决问题而进行的探索就越积极、越主动,效率也就越高。

就动机的强度而言,动机对解决问题的思维活动的影响比较复杂。一般情况下,动机强度太弱，人的兴奋性低，思维不活跃，注意力涣散，人的心理潜能很难发挥出来，解决问题的效率就低；动机强度太高，易出现情绪紧张，思维混乱，注意范围狭窄，欲速则不达，解决问题的效率也不高。只有适宜的动机强度，才能保持振奋而又镇静从容的状态，使问题得到顺利解决。可见，动机强度与解决问题的效率之间呈倒"U"字曲线，如图 5-1 所示。

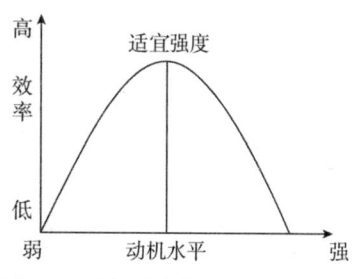

图 5-1 动机强度与解决问题的关系

（五）功能固着

功能固着是指个体在解决问题时往往只看到某种事物的通常功能，而看不到其他方面可能的功能。例如，衣架就是用来晾衣服的，盒子就是用来装东西的等。在解决问题的过程中，人们能否改变事物固有的功能以适应新问题情境的需要，常常成为解决问题的关键，直接影响到人们是否能够快速有效地解决问题。

定势和功能固着都是思维的刻板现象，表现了过去经验在解决问题中的作用。一般而言，经验丰富有助于发现问题和解决问题，但是如果一个人囿于固有经验，那么经验就可能对解决问题产生不利的影响。因此，在破除定势和功能固着的消极影响时要具体情况具体分析，一旦发现习惯的方法解决问题发生困难时，不要钻"牛角尖"，而应该换一种思路，寻找新的策略。

（六）个性特征

个性因素对解决问题有重要影响。实验研究表明：一个善于解决问题的人往往具有灵活性、首创性和自信心等心理特征。实践还表明：顺从型的人在解决各种问题的能力上，都比不上独立型的人；一个勤奋、乐观、自信、坚定、有献身精神、勇于探索的人，能够克服各种困难去解决问题。

 真题链接

判断题

5.7 心理定势对解决问题只有消极影响。（　　）

单项选择题

5.8 初三学生小岩晚上在家复习功课，忽然灯灭了，他根据物理课上所学的知识，推测可能是保险丝断了，然后检查了闸盒里的保险丝。这是解决问题过程中的（　　）阶段。

A. 发现问题阶段　　　　　　　　　　B. 理解问题阶段
C. 提出假设阶段　　　　　　　　　　D. 检验假设阶段

第五节　思维与教学

一、培养学生良好的思维品质

（一）思维的广阔性和深刻性

思维的广阔性是指一个人善于全面地看问题，能够抓住事物之间各方面的联系和关系来思考。具有广阔性思维的人，不仅善于抓住整个问题的基本轮廓，而且不遗漏问题的重要细节；同时，还善于在不同知识和实践领域内从多方面创造性地进行思维。与思维的广阔性相反的是思维的狭隘性。思维狭隘的人往往片面地看问题，只凭有限的知识经验去思考问题，抓住一点不及其余；容易一叶障目，只见树木，不见森林。

思维的深刻性是指一个人思维深度方面的特点。思维深刻的人在思维活动中，能够透过问题的表面现象，深入到问题的内部核心，发现其本质规律；善于揭露现象产生的原因，预见事物的进程及其发展结果。具有思维深刻性的大思想家、科学家都能在普遍的、简单的、广为人知的现象中发现重大问题，并从中揭示出最重要的规律。与思维深刻性相反的是思维的肤浅性，思维肤浅的人在思维过程中往往被事物的表面现象所迷惑，看不到问题的本质；时常对重大问题熟视无睹，轻易放过；满足于一知半解，缺乏洞察力和预见性。

教师在教学工作中要善于引导学生全面客观、实事求是地分析思考问题，抓住问题解决的本质，做出正确的判断和推理，最终解决问题。

（二）思维的独立性和批判性

思维的独立性是指一个人在思维过程中善于独立地发现问题、分析问题和解决问题的品质。具有独立性的人，不会满足于现成的解决问题的方法，而是善于创造性地去认识客观事物，运用新方法、新途径去解释和解决问题。与思维的独立性相反的是思维的依赖性。形成思维依赖性的人，习惯于人云亦云，盲从迷信，易受别人的暗示和影响。

思维的批判性是指一个人善于根据客观标准和实践观点来检验自己思维活动及其结果是否正确的品质。具有思维批判性的人，能正确地评价自己的一切言论和行动，有明确的是非观念，既能坚持正确的东西，又能放弃错误的东西。思维的随意性是与批判性相反的品质。具有思维随意性的人，总是自以为是，或者随波逐流。

教师在教学中要注意培养学生独立思考的能动性，摆脱思维定势的消极影响，或者利用解决问题的新颖性、创造性，来培养学生思维的独特性。例如，自编文艺节目、自我创作、发明创造等。同样，教师可以通过鼓励学生对解决问题所依据的条件进行分析后，大胆提出自己的假设、猜想和敢于对现成答案提出质疑，以此来培养学生思维的批判性。

（三）思维的灵活性和敏捷性

思维的灵活性是指善于根据客观条件的发展变化，灵活机动地采取有效措施及时地解决问题的品质。思维的灵活性表现为在解决问题时能摆脱偏见，因时、因地、因人制宜地调整方案去获得最佳的效果。而思维僵化的人，总是墨守成规，固执己见，不顾条件的变化仍按老一套办事，这是与思维灵活性相反的思维品质，叫做思维的固执性。

思维的敏捷性是指善于当机立断地采取措施去对付并解决问题的品质。思维敏捷的人表现为思维活动迅速，在解决问题时，能够进行周密的思考，准确地决断和迅速地得出结论。思维的迟钝性正好与思维的敏捷性相反，它表现为优柔寡断、临阵惶惑、束手无策等。

教师在教学中要有意识、有目的地加强学生的发散思维训练。例如，在教学中，通过"一题多解""一事多写"的练习，来培养学生思维的灵活性。同时，通过培养他们迅速地分析问题和解决问题的能力来提高学生思维的敏捷性。

（四）思维的逻辑性

思维的逻辑性是指一个人思维条理性方面的特点。思维逻辑性强的人，能够严格遵守逻辑规律进行思维，提出的问题明确而不含混，考查问题遵循逻辑顺序；进行推理合乎逻辑规则，论证有条不紊，有理有据，结论有充分的说服力；表述层次清楚，井井有条。缺乏思维逻辑性的人，思路混乱且跳跃性大；论述缺乏证据，推理易出现逻辑错误；陈述无顺序性，常出现语无伦次的现象。

思维的逻辑性是思维品质的中心环节，是所有思维品质的集中体现。思维的发展总是和言语发展分不开的。学生思维能力发展是在言语发展过程中逐步发展起来的。学生正确地掌握大量词汇和系统的语法规则，并能清晰、准确、灵活地使用口头语言与书面语言表达自己的思想感情，可使学生的思维活动明确、系统、符合逻辑。因此，在教学中，教师要积极引导学生掌握词汇、丰富概念，训练语言表达的规范性，给学生提供充分的口头语言和书面语言表达与练习的机会，从而培养学生思维的逻辑性。

二、思维规律在教学中的应用

（一）创设问题情境，激发学生积极思维

一般来说，思维是从问题开始的。在教学中教师应有意识地创设一定的问题情境，来激发学生思维活动的积极性，从而培养学生独立思考问题、解决问题的能力。所谓的问题情境，是指提出具有一定困难而经过努力探索又力所能及可解决的问题或任务。这也就要求把学生引入一种与问题有关的情境过程，即设疑（问题）—探究—深思—发现—解决问题的过程。因此，在教学活动中，教师要把解决的问题（或任务）有意识地、巧妙地寓于各种各样的符合学生发展规律的学习活动当中，在学生的心理上造成一种悬念，从而使他

们的观察力、注意力、记忆力、思维力、想象力聚合在一起,以达到认知活动的最佳状态。

在教学中,教师创设适宜的问题情境是激发学生积极思维的关键环节。这有利于激起学生强烈的学习兴趣和学习的热情,能积极引导学生开动脑筋思索;也有助于培养学生的探究能力和调动学生学习的积极性、主动性与创造性,形成良好的认知结构。因此,在教学过程中,教师应该注意以下三个方面:①创设问题情境时,必须考虑学生的身心发展水平;②提出问题的方式要能激发学生的好奇心和求知欲,语言要有情趣,内容要直观形象;③教师要创设一个适合学生自己去探索知识的意境,使学生经常处于"愤"与"悱"的境地,培养学生独立思考问题、解决问题的能力。

(二)抑制定势的消极作用,拓展学生思维

在教学过程中,教师有时会用统一的标准、规范去影响和压制学生思维,可能造成学生对某一问题形成习惯性思维,就不容易使学生摆脱思维定势的影响,提出创新的建议。

如果教师能从不同的角度考虑同样的问题,对学生新奇的见解给予肯定和欣赏,无疑是保护了学生思维的多样性,拓展了学生思维的广度。因此,在教学中,教师应该做到以下两点。

1. 注意学生求异思维的训练

例如,在数学教学中,通过选取典型例题、习题,进行一题多解训练,以求培养学生思维的灵活性,从而克服思维定势的消极影响。

2. 采用变式教学,培养学生思维的深刻性

变式教学是指变换问题的条件和结论,变换问题的形式,而不变换问题的本质,使学生对问题的本质有更全面、更深刻的理解和掌握。通过变式教学,学生不迷恋于事物的表象,而能自觉地从本质看问题;同时,学生学会比较全面地看问题,注意从事物之间的联系的矛盾上来理解事物的本质,这在一定程度上可克服和减少思维中的绝对化而呈现的思维僵化及思维惰性。

(三)掌握问题解决的思维过程,提高学生解决问题的能力

人类解决问题的思维过程,一般包括这样几个步骤,即发现问题、分析问题、提出假设和验证假设。通过对问题解决过程的理论与实践分析,心理学家认为,在教学活动中教师应该帮助学生掌握问题解决的基本步骤和方法,提高学生解决问题的能力。

1. 鼓励学生仔细地界定问题

这是问题解决的关键步骤。教师应该鼓励学生对提出的问题进行简要的陈述和明确的界定,并让学生进行练习,以培养学生仔细地界定问题的良好习惯。

2. 教给学生分析问题的策略

教师应该通过具体的实例向学生示范如何分析问题,掌握有关信息,使学生学会对问题做出规划和提出建议。

3. 鼓励学生多角度提出假设

在明确问题的前提下，教师应鼓励学生从不同方面尽可能多地提出各种假设，而不是对其假设进行评价和判断，以免阻碍学生发散思维的发展，从而影响问题的解决。

4. 提供问题解决的机会

在教学过程中，教师应该提供各种各样的机会和条件，让学生实际地解决现实生活中的各种问题，使学生在解决问题的过程中得到成功与失败的体验，以提高学生问题解决的能力。

（四）调控问题解决的心态，提高学生解决问题的效能

在解决问题过程中，学生的动机和情绪状态是制约思维活动和解决问题效率的不可忽视的心理因素。耶克斯-多德森定律告诉我们：①在动机方面的表现。强度适中的学习动机有助于学习效率的提高；过分强烈或微弱的动机则不利于学习效率的提高。实践证明，学生在学习和解决问题的过程中，易出现两种情况：一是在平时作业解题时，易出现动机强度偏低造成思维积极性不足的情况；二是在测验或考试解题时，易出现因动机强度过高而学生的思维功能削弱的情况。②在情绪方面的表现。积极、乐观、兴奋的情绪状态可以使人的思维活跃、思路开阔，有助于问题的解决；焦虑、紧张、恐惧、忧郁、自卑等消极情绪则不利于学生解决问题。例如，学生在考试时，容易受到来自焦虑、紧张、恐惧等消极情绪的干扰，从而影响考试的结果。

为了提高学生学习的效率和解决问题的效能，教师应该做到：一是建立民主的师生关系，激发学生的学习动机；二是营造宽松的学习氛围，激发学生的学习热情；三是完善激励评价机制，使学生获得积极体验。总之，在教学过程中，教师要让学生学会调控自己的心理状态，在学习和解决问题时使自己尽量处在动机强度适中以及情绪积极、乐观、愉悦的心境之中。

单项选择题

5.9 纸是学习中的必用品，写字时常常用，然而天气热的时候有的人将纸拿来当扇子用。这种情况属于思维的（　　）。

A. 流畅性　　　　B. 灵活性　　　　C. 独创性　　　　D. 发散性

> 复习思考题
> 1. 什么是思维？思维的基本过程有哪些？
> 2. 影响问题解决的因素有哪些？
> 3. 什么是想象？想象包括哪些种类？
> 4. 良好的思维品质包括哪些内容？如何根据思维的规律更好地组织教学？

第六章　情绪与情感

本章学习目标
掌握情绪、情感的含义；
理解情绪、情感的表现形式；
明确心境、激情与应激三种情绪状态；
掌握情绪调节的方法并在教育教学中培养学生的情商。

核心概念
情绪、情感、心境、激情、应激、道德感、理智感、美感

第一节　情绪与情感概述

一、什么是情绪、情感

（一）情绪与情感的概念及其特征

1. 情绪与情感概念

情绪是人对客观事物是否符合自身需要所产生的态度体验，是伴随认识活动而产生的一种心理过程。一般来说，当人们遇到能满足自己需要的事物时，便会产生积极、肯定的情绪，如满意、愉快、喜爱、欣赏等；反之，当人们的需要无法得到满足时，就会产生消极、否定的情绪，如苦闷、悲伤、憎恨等。

情感是同人的社会性需要相联系的态度体验。情感经常用来描述具有稳定而深刻社会含义的高级感情，诸如捍卫祖国主权的尊严感、见义勇为的正义感、朋友有难鼎力相助的友谊感等都属于情感范畴。

2. 情绪与情感特征

（1）情绪与情感是人对客观事物的态度体验及相应的行为反应。人在认识外界事物时，并不是无动于衷的，会产生个人对知觉到的独特处境的反应，会出现躯体和精神上的复杂

的变化模式。人们对现实中的现象,诸如各种事物、他人的行为、自己的举动等常抱有一定的态度体验。例如,看到色香味俱佳的美食会赞叹不已,产生愉快的情绪;当看到一些不良现象时会产生蔑视、愤怒等情绪。

(2)情绪和情感只有在需要的中介作用下才能真正产生。情绪和情感虽然是由客观事物引起的,但需要引发情绪情感的中介。情绪和情感是主体的一种主观感受,或者说是一种内心的体验,它反映的是客观外界事物与主体需要之间的关系。例如,教室就在火车轨道沿线,平时听惯了火车通过的轰鸣声,这个声音虽然是客观刺激但并不会引起任何情绪体验,可是当你全力思考一道期末考试的难题时,这个声音就会让你产生讨厌、烦躁的情绪;如果恰好知道朋友坐这个沿线的一趟火车来看你,你也许就会对这个声音产生高兴、愉快、期待的情绪体验。人对客观事物与个人需要之间的关系有所体验,是因为人在认识和改造客观世界的过程中,客观事物和个人的需要形成了各种关系,人对客观现实会产生各种需要。

(3)情绪和情感的性质是由对刺激情境的认知决定的。认知是情绪和情感产生的基础,情绪、情感过程是以人的认知活动过程作为基础的,它涉及个人的认知活动以及对认知结果进行的评价。同一件事,不同的人由于认知不同和对认知结果的评价不一样,就会产生不同的情绪、情感。比如,没有完成作业的学生受到老师的批评,有的同学觉得老师是对自己严格要求,为自己好,会心怀内疚;有的同学认为老师对自己不好,故意找茬,就会有愤怒的情绪。再比如,公交车上被踩了一脚,如果认为对方恶意为之或者连歉意都不表达,就会怒从心头起,如果认为对方不是故意的,就会接受对方的道歉,相视一笑。好多时候正是因为认知的改变才化干戈为玉帛。

(二)情绪与情感关系

1. 情绪与情感的区别

(1)从需要的角度来看区别。情绪一般与人的生理需要相联系,是人和动物所共有的;情感则主要与人的社会需要相联系,是在人类社会发展进程中形成的,为人类所特有。

(2)从发生的角度来看区别。情绪总是与具体的情境相联系,经常随情境的改变而改变,具有较强的情境性和易变性;而情感是由对事物复杂意义的理解所引起的,具有稳定性、深刻性和持久性。例如,朋友之间有时也会发生争执,并且生气,但事情过后很快又和好了。这是因为生气只是一种短暂的情绪,而友谊则是一种比较稳定的情感。

(3)从表现形式来看区别。情绪具有冲动性和外显性,常伴有明显的外部表现,如欣喜若狂、手舞足蹈、怒不可遏、暴跳如雷等;情感则比较内隐和深沉,常常以微妙的方式流露出来,其生理变化也不明显。

2. 情绪与情感的联系

(1)情绪是情感的基础,情感离不开情绪。人类的情绪和情感虽有区别,但两者又是密不可分的。情绪是情感的外在表现形式,离开了情绪,情感也就无法表达了。

（2）情绪的变化又常常受情感的支配。情感作为比较稳定、深刻的心理反应，一定程度影响着情绪的表现，情感的强度决定情绪反应的强度。对人类而言，情绪离不开情感，情感是情绪的本质内容。

二、情绪的表现形式

情绪是一种相当复杂的心理过程，情绪的产生是多种因素综合作用的结果。情绪表现包括三大基本成分：主观体验、外部表现和生理唤醒。三者结合，才真正构成一种情绪。

（一）情绪的主观体验

情绪的主观体验是指个体对不同情绪和情感状态的自我感受，不同情绪有不同的主观体验，这就构成了情绪情感的心理内容。比如，获得一等奖学金，内心体验到快乐；丢失了有重要信息的手机，内心体验到沮丧和懊悔。恋爱牵手成功体验到高兴和兴奋；失恋体验到痛苦与悲伤。这种内心体验与所接受的外在刺激是相一致的，构成了某种情绪的内心体验。这种内心体验不仅与外在刺激相一致，还与人的外显表情、行为等外部表现相一致。假如你佯装吓唬孩子，做出愤怒的表情，实则并没愤怒，没有愤怒的内心体验，即使有外部表情，也不能算作你有愤怒的情绪。正是主观体验与表情的一致性保证了表情正确地反映情绪体验的性质，并传递其适应意义。

（二）情绪的外部表现

情绪体验的外部表现称为表情动作，简称表情。人的表情主要有面部表情、言语表情和动作表情。其中，最有特色、研究得最多的是面部表情。

面部表情是指面部的表情动作，它是情绪表达的主要通道。人类的面部表情可以用额眉部、眼鼻部和口唇部的变化来标志，这三个部分肌肉运动的不同组合，就构成了不同的面部表情，表达着相应的情绪。例如，人在愉快时，额眉部放松，眉毛稍下降；眼鼻部眼睛眯小，面额上提；口唇部嘴角后收、上翘等。研究还表明，自主神经系统的变化也会在面部表情中体现出来，例如人在羞愧时因血管舒张而脸红，恐惧时因血管收缩而面色苍白。

言语表情是情绪在语言的音调与节奏、速度等方面的表现。同一句话，由于说话者语气、语调的不同，往往能给听话者以完全不同的感受。例如，人在高兴时音调轻快，悲哀时声音低沉缓慢，愤怒时说话大声严厉。很多优秀的演说家就是靠他们的言语表情去打动和说服听众的。

动作表情是情绪在身体姿势和四肢动作方面的表现，以手脚部位的运动为主。在不同的情绪状态下，人们的动作表现往往也会不同。例如，人在欢乐时手舞足蹈，悔恨时捶胸顿足，惧怕时手足无措，失落时垂头丧气，悲哀时肃立低头。因此，根据动作也能在一定程度上识别人的情绪。

表情是人与人之间表达态度、交流思想的重要手段之一，它能表达很多语言无法表达或不便于表达的心理内容。语言可以心口不一，察言观色则可以发现真实的心理状态。当然，有时人也可以有意识地控制自己的表情，从而隐藏自己真正的情绪和态度。这一点说明了人类心理的复杂性。

（三）情绪的生理唤醒

人在情绪状态下会出现许多生理反应，它们主要受自主神经系统和内分泌系统支配，自主神经系统分为交感系统和副交感系统两部分，前者控制着人在紧张而不愉快的情绪状态下的生理反应，与应激状态下能量的集中供应有关；后者控制着人们在平静而愉快的情绪状态下的生理反应，与日常代谢和能量储备有关。在紧张、剧烈的情绪状态下，交感系统作用增强，并引起机体的各个系统产生相应的生理唤醒。倘若用特定的仪器把这些反应记录下来，就可以作为情绪活动的客观指标。例如，心率、血压、脉搏、呼吸、心电、脑电、皮肤电、瞳孔等，均可以作为反映情绪变化的生理指标。

从呼吸系统来看，人在愤怒时，呼吸每分钟可达40～50次（平静时每分钟20次左右），呼吸频率大为增加，呼吸强度加大，呼气时间变短，吸气时间变长；在突然惊恐时，呼吸会暂时中断；在狂喜或悲痛时，呼吸还会发生痉挛现象。

从循环系统来看，人在情绪激动时，心跳加快，脉搏加强，单位时间内心脏的排血量增加，以加快氧气和血糖运输。血糖分解加快，血液中的化学成分发生变化，释放出大量能量。例如紧张、生气、害怕、惊恐等都可以引起皮肤血管的收缩，血压升高。

个体情绪的变化往往还会引起各种内分泌腺（如肾上腺、胰腺）和外分泌腺（如泪腺、消化腺）活动的变化。例如人在焦虑、悲伤时，消化腺的活动往往受到抑制，使肠胃蠕动减慢，食欲衰退；惊恐、愤怒时，唾液常常停止分泌，使人感到口干舌燥；紧张、激动时，肾上腺素的分泌会增加，使人脸红心跳；人在惊恐、困惑、紧张时，汗液分泌会发生变化，在应激状态下，汗腺的分泌也会增加，以发散活动时产生的热量，维持体温恒定。

个体情绪在发生变化时，不仅有外周变化，还有中枢变化，因此我们可以通过记录脑电活动的变化来测定中枢的变化。利用脑电记录技术可以测出一定情绪状态下大脑不同部位电位差的变化。人们初步探知，在强烈的情绪状态下，人的脑电波活动与正常状态下的脑电波活动不同。如在焦虑状态下枕叶的α波消失，脑电波振幅降低。

综上所述，可以看出在情绪发生时，呼吸、循环、消化等系统相互配合发生变化。情绪的生理唤醒的目的是给机体提供充足的能量，以应对环境中的紧急情况。

单项选择题

6.1 小明即将上考场，感觉心跳加速，有点微微出汗，这属于情绪情感的（　　）。
A. 主观体验　　　B. 外部表现　　　C. 生理唤醒　　　D. 认知活动

6.2. "知之深,爱之切"说明情感过程依附于(　　)。
A. 感知过程　　B. 教育过程　　C. 认识过程　　D. 注意过程
6.3 情绪的(　　)是个体对不同情绪和情感状态的自我感受。
A. 主观体验　　B. 外部表现　　C. 生理唤醒　　D. 过激反应

 拓展阅读

失而复得

一天,我带着刚学会走路的大儿子彼得去一个大商场购买儿童用品,当我放下孩子准备付账签单时,一个行人提醒说:"你最好小心点,别把孩子丢了!"我随后转过身来,仅仅一会儿工夫,彼得就不见了。一开始我只是有点着急,在柜台的一头四处寻找,没有看到彼得,我心里有些急了,又去柜台另一头寻找,还是没有看到彼得。现在,我的心跳加快了,开始在附近的柜台来回地找,仍然没有彼得。此时,焦急变成了恐慌,我开始在商场的通道上来回奔跑,还是没有找到他。得知我丢了孩子,商场经理用广播请求顾客帮助寻找。过了一会儿,我碰到刚才提醒我的那位顾客,他责怪我说:"我警告过你,别把孩子丢了!"想象着孩子已经被拐走,我的双腿直打摆,手都抖到报警电话打不出去。但过了一会儿,广播里传来某个好心的顾客将孩子找到并送回服务台的消息!顷刻间,恐惧转换为狂喜,我三步并作两步奔向服务台。我抱紧儿子,泪流满面。我已经无法表达自己的谢意,高兴得跌跌撞撞地冲出了商场。

(资料来源:戴维·迈尔斯. 心理学[M]. 北京:人民邮电出版社,2006.)

就像上述这个故事所描绘的,情绪是一个混合物,由三个部分所组成,即生理唤醒(心跳加快)、外部表现(步伐加快、双腿打摆)、主观体验(恐惧感和随后的喜悦)。

三、情绪、情感功能

(一)适应功能

情绪和情感是个体生存、发展和适应环境的重要手段。个体通过情绪和情感所引起的生理反应能够发动其身体的能量,使个体处于适宜的活动状态,便于机体适应环境的变化。同时,情绪和情感还可以通过表情表现出来,以便得到别人的同情和帮助。例如,在危险的情况下,人的情绪反应使个体处于高度紧张的状态,身体能量的调动可以让人进行搏斗,也可以呼救。

情绪和情感的适应功能从根本上来说,就是服务于改善人的生存和生活的条件。婴儿通过情绪反应与成人交流,以便得到成人的抚养;成人也要通过情绪反映他处境的好坏。在社会生活中,人们用微笑表示友好,用示威表示反对;人们还可以通过察言观色了解对方的情绪状态,以利于决定自己的对策,维护正常的人际关系。这些都是为了更好地适应社会环境,求得更好的生存和发展的条件。

（二）动机功能

情绪和情感构成一个基本的动机系统，它可以驱动个体从事活动，提高人的活动效率。一般来说，内驱力是激活个体行动的动力，但是，情绪和情感可以对内驱力提供的信号产生放大和增强的作用，从而能更有力地激发个体的行动。例如，缺水使血液变浓，引起了个体对水的生理需要。但是，只是这种生理需要还不足以驱动人的行为活动，如果意识到缺水会给身体带来危害，因而产生了紧迫感和心理上的恐惧，这时，情绪和情感就放大和增强了内驱力提供的信号，从而驱动了人的取水行为，成为人的行为活动的动机。

情绪和情感的动机作用还表现在对认识活动的驱动上。认识的对象并不具有驱动活动的性质，但是，兴趣却可以作为认识活动的动机，起着驱动人的认识和探究活动的作用。

（三）组织功能

情绪和情感对其他心理活动具有组织的作用。它表现为两方面：积极的情绪和情感对活动起着协调和促进的作用；消极的情绪和情感对活动起着瓦解和破坏的作用。这种作用的大小还与情绪和情感的强度有关。一般来说，中等强度的愉快情绪有利于人的认识活动和操作效果的提高；痛苦、恐惧这样的负面情绪则降低操作的效果，而且负面情绪强度越大，效果越差。

例如，情绪和情感对记忆的影响表现为两方面：愉快的情绪状态下，容易记住带有愉快色彩的记忆材料；在某种情绪状态下记住的材料，在同样的情绪状态下也容易回忆起来。情绪和情感对行为的影响表现为两个方面：当人处于积极的情绪状态时，他容易注意事物美好的一面，态度变得和善，也乐于助人，勇于承担重任；在消极情绪状态下，人看问题容易悲观，懒于追求，甚至更容易产生攻击性行为。

（四）信号功能

情绪和情感具有传递信息、沟通思想的功能。情绪和情感都有外部的表现，即表情。情绪和情感的信号功能就是通过表情实现的，微笑表示友好，点头表示同意等。此外，表情既是思想的信号，又是言语交流的重要补充手段，在信息的交流中起着重要的作用。从发生时间来说，表情的交流比言语的交流出现得要早。

（五）感染功能

人的情绪和情感可以互相传递和感受，具有感染性。当一个人发生某种情绪时，不仅自身能感受到相应情绪体验，还能通过表情动作等外显形式表现出来，引起他人相应情绪反应。这种相互感染体现在"共鸣"和"移情"作用。共鸣是指某人已经发生的情绪和情感引起他人相同或相似的情绪和情感，是情绪和情感的互通现象，"感同身受"就是如此。移情是个人将自己的内心感受赋予他人或物，如"爱屋及乌"。个体对各种信息意义的鉴别与认定，通常通过共鸣和移情来进行。

此外，情绪和情感具有强化功能、迁移功能、健康功能、疏导功能和协调功能。

单项选择题

6.4 人们能通过一个人的表情来推测出他的情绪状态，这体现出情绪、情感具有（　　）。

A. 信号功能　　　B. 适应功能　　　C. 动机功能　　　D. 组织功能

6.5 "化悲痛为力量"体现了情绪情感的（　　）。

A. 适应功能　　　B. 动机功能　　　C. 组织功能　　　D. 健康功能

6.6 小明由于期中考试没有考好，而情绪低落，使得他身边的朋友也深受影响。这属于情绪情感功能的（　　）。

A. 信号功能　　　B. 感染功能　　　C. 动机功能　　　D. 适应功能

第二节　情绪与情感的种类

一、情绪的种类

（一）基本情绪和复合情绪

从生物进化的角度，可把情绪分为基本情绪和复合情绪。

1. 基本情绪

基本情绪是人和动物共有的、不学而会的。每一种基本情绪都有其独立的神经生理机制、内部体验、外部表现和不同的适应功能。基本情绪的种类各家有不同的分法，近代研究中常把快乐、愤怒、悲哀和恐惧列为情绪的基本形式，又称为原始情绪。

快乐是盼望的目的达到后，紧张情绪解除继之而来的情绪体验。快乐的程度取决于愿望满足的意外程度。目的无足轻重只能引起轻微的满足；目的极重要并且意外地达到，则会引起异常的快乐。快乐有强度的差异，从满意开始到愉快，再到欢乐，直到狂喜。

愤怒是由于他人或他事妨碍目的达到，从而使紧张积累而产生的情绪体验。愿望不能达到或一再地受到挫折，当得知挫折是由于不合理的原因或被人恶意造成时，最容易产生愤怒。根据强度不同，愤怒可分为有不同的等级，依次是微愠、愤怒、大怒、暴怒、狂怒。

悲伤是在失去自己钟爱的事物或在自己的理想或愿望破灭时产生的情绪体验。人们常常因为失去了亲人而悲痛，有时也因为失去所盼望的、所追求的东西或有价值的东西或贵重的东西而悲伤。悲伤的强度依存于失去对象的重要性和价值。悲伤也有强度的差异，从失望到遗憾、难过，再到悲伤，直到哀痛。

恐惧是企图摆脱、逃避某种情境时产生的情绪体验。恐惧比其他任何情绪更具有感染性。引起恐惧的重要原因是缺乏处理可怕情境的能力或缺少对付危险的手段。当一个人不知道用什么办法击退威胁，或者发现自己企图逃脱的路径被堵塞，因而被一种不可抗拒的力量包围时，恐惧就产生了。突然发生的地震引起人们的恐惧就是一例。当人们习惯了危险的情境，或者学会了应对危险情境的办法时，恐惧就不会发生。如果情境发生变化或者掌握的办法已失效，恐惧将重新来临。由于个人的个性、经验不同，相同的危险情境可能引起不同的反应。

2. 复合情绪

复合情绪是由基本情绪的不同组合派生出来的。在基本情绪的基础上，可以派生出多种复杂的情绪。这些情绪有的与感觉刺激有关，如厌恶、烦恼、愉快、焦虑等；有的与自我评价有关，如骄傲、羞耻、罪过、内疚、悔恨等；有的与他人关系有关，如喜欢、接纳、拒绝、敌意、同情、冷漠、爱、恨等。

（二）心境、激情和应激

按照情绪状态，也就是按照情绪发生的速度、强度和持续时间的长短，可以把情绪划分为心境、激情和应激。

1. 心境

心境是一种微弱、持久而又具有弥漫性的情绪体验状态，通常叫做心情。心境并不是对某一事件的特定体验，而是以同样的态度对待所有的事件，即心境具有弥漫性。"人逢喜事精神爽"就是高兴的事引起的心情舒畅的情绪状态。愉快的心境使人觉得轻松愉快，看待周围的事物都带上愉快的色彩，动作也显得比平时敏捷。不愉快的心境使人觉得沉重，感到心灰意冷，对什么事情都不感兴趣。心境对人的生活、工作和健康会发生重要的影响，积极乐观的心境会提高人的活动效率，增强克服困难的信心，有益于健康；消极悲观的心境会降低人活动的效率，使人消沉，长期的焦虑心境会有损于健康。经常保持积极乐观的心境，善于调整自己的心态，克服不良的心境是一种良好的性格特点。

影响心境的原因是复杂多样的，一种心境可能是由一种原因引起的，也可能是由多种原因引起的。影响心境主要原因包括以下几项：①社会生活状况是引起心境状态变化的根本原因。个体所处的社会生活状况不同，引起的心境状态也就不同。社会生活状况改变了，心境也会随之而变化。②具有重大意义的事件的发生。生活中的顺境和逆境、工作中的成功与失败、人际关系是否融洽、个人的健康状况、自然环境的变化等，都可能成为引起某种心境的原因。③身体状况的变化。例如，健康状况的重大变化、工作疲劳程度、休息和睡眠情况等，也是引起不同心境的原因。④时令季节和气候的变化、环境景物的变更等，都会影响心境。⑤引起心境状态变化的主观原因主要表现在人们一贯的认识社会、认识事物的态度方面。认识事物"阳光心态"的人就能够在任何条件下保持朝气勃勃、乐观积极的心境。相反，认识事物"戴灰色眼镜"的人就容易形成萎靡不振、消极悲观的心境。

2. 激情

激情是一种强烈的、爆发式的、持续时间较短的情绪状态。这种情绪状态像狂风暴雨似的突然侵袭个体，一般在个人面临重大事件或受到了强烈的刺激时产生。激情主要包括以下特点。

（1）激情具有激动性的特点，例如狂喜、暴怒、悲痛欲绝、惊恐万状等。激情状态往往伴随有生理变化和明显的外部行为表现，例如，盛怒时全身肌肉紧张，双目怒视，怒发冲冠，咬牙切齿，紧握双拳等；狂喜时捧腹大笑，手舞足蹈等。极度恐惧、悲痛和愤怒之后，可能导致精神衰竭、晕倒、发呆，甚至出现所谓的激情休克现象，有时表现为过度兴奋，言语紊乱，动作失调。

（2）激情具有冲动性的特点。激情状态下，人往往出现"意识狭窄"现象，即认识活动的范围缩小，理智分析能力受到抑制，自我控制能力减弱，进而使人的行为失去控制，甚至做出一些鲁莽的行为或动作。有人用激情爆发来原谅自己的错误，认为"激情时完全失去理智，自己无法控制"，这种说法是不对的。人能够意识到自己的激情状态，也能够有意识地调节和控制它。因此，任何人对在激情状态下的失控行为所造成的不良后果都是要负责任的。

（3）激情状态有积极和消极之分。我国运动员在奥运赛场中取得金牌时的欣喜若狂，这些激情中包含着强烈的正向情感，是激励人积极上进的强大动力。但是激情不仅有积极的影响，也有消极的影响，比如曾经有一名女子乘坐公交车，因为坐过站情绪激动强行抢夺公交车司机方向盘，导致车辆失控掉进江里，酿成惨案。所以要提高自我控制的能力，做自己情绪的主人。

3. 应激

应激是出乎意料的紧迫情况所引起的急速而高度紧张的情绪状态。在遭遇意外事件或遇到危险情境时，为了应对突如其来的紧急情况，必须迅速做出决定，果断反应，就会出现应激状态。例如，飞行员在空中飞行而发现机械有故障的时刻，司机在驾驶过程中出现危险情境的时刻，亲人猝然病危、意外的被盗、火警、水灾、地震等时刻，都会发生应激状态。在应激状态下，人可能有两种表现：一种是惊慌失措，目瞪口呆，手忙脚乱，陷入窘境；一种是急中生智，行动及时，摆脱困境。

单项选择题

6.7 "临危不惧，化险为夷"这种情绪状态称为（   ）。
　　A. 应激　　　　B. 激情　　　　C. 心境　　　　D. 抑郁

6.8 得知本班取得学校合唱比赛第一名的成绩时，同学们欣喜若狂。他们的情绪状态属于（   ）。
　　A. 应激　　　　B. 心境　　　　C. 激情　　　　D. 亢奋

6.9 在鲜花盛开、草木葱茏的阳春三月，人们常有"花在微笑，草在点头"的愉悦。这种情绪状态是（　　）。

A. 心境　　　　B. 激情　　　　C. 应激　　　　D. 焦虑

二、情感的种类

人的高级情感包括很多种，主要的有道德感、理智感和美感。

（一）道德感

道德感是按照一定的道德标准评价人的思想、观念和行为时所产生的主观体验。包括热爱祖国、热爱人民、热爱社会的情感，集体荣誉感、责任感等。如果自己的言行符合道德标准，就会产生幸福感、自豪感和自慰感；如果自己的言行不符合道德标准，就会感到不安、自责、内疚等。同样，当别人的言行符合道德标准时，人们会对他产生爱慕、崇敬、尊重、钦佩等情感；而对那些违背这一标准的思想和行为，人们就会产生厌恶、反感、鄙视、憎恨等情感。

（二）理智感

理智感是在智力活动过程中，在认识和评价事物时所产生的情感体验。例如，人们在探索未知的领域时所表现的求知欲、认知兴趣和好奇心、发现问题的惊奇感、问题无解的焦躁感、执着探索的孤独感、问题解决的喜悦感、献身真理的自豪感等都属于理智感。

理智感对人们学习科学知识、认识和掌握事物发展的客观规律具有动力作用，这种作用的大小同个人已有的知识水平、学习的愿望有关。理智感产生于智力活动的过程中，推动人们学习科学知识，探索科学奥秘。

（三）美感

美感是按照一定的审美标准评价自然界、社会生活及文学艺术品时所产生的情感体验。人的审美标准既反映事物的客观属性，又受个人的思想观点和价值观念的影响，所以美既是客观的，又是主观的，是主客观的对立统一。优美的自然环境可以陶冶人的情操；善良、纯朴的人格特征，公正无私、舍己救人的高贵品质给人以美的感受；奸诈狡猾、徇私舞弊、损人利己的行为则让人厌恶和憎恨。美感体验的强度受人的审美能力和知识经验的制约，对美感的培养和进行美的教育是精神文明建设的重要组成部分。

单项选择题

6.10 "先天下之忧而忧，后天下之乐而乐"这种情感体验属于（　　）。

A. 理智感　　　B. 热爱感　　　C. 审美感　　　D. 道德感

6.11　学生攻克难题后产生自豪感，这种体验是（　　）。

A. 应激　　　　B. 美感　　　　C. 道德感　　　D. 理智感

 **拓展阅读**

什么是情商？

情商（EQ）又称为情绪智力，是近年来心理学家们提出的与智力和智商相对应的概念。它主要是指人在情绪、情感、意志、耐受挫折等方面的品质。以往认为，一个人能否在一生中取得成就，智力水平是第一重要的，即智商越高，取得成就的可能性就越大。但现在心理学家们普遍认为，情商水平的高低对一个人能否取得成功也有着重大的影响作用，有时其作用甚至要超过智力水平。那么，到底什么是情商呢？美国心理学家认为，情商包括以下几个方面的内容：一是认识自身的情绪。因为只有认识自己，才能成为自己生活的主宰。二是能妥善管理自己的情绪，即能调控自己。三是自我激励。它能够使人走出生命中的低潮，重新出发。四是认知他人的情绪。这是与他人正常交往，实现顺利沟通的基础。五是人际关系的管理，即领导和管理能力。

心理学家认为，情商水平高的人具有如下的特点：社交能力强，外向而愉快，不易陷入恐惧或伤感，对事业较投入，为人正直，富有同情心，情感生活较丰富但不逾矩，无论是独处还是与许多人在一起时都能怡然自得。心理学家还认为，一个人是否具有较高的情商，和童年时期的教育培养有着密切的关系。因此，培养情商应从小开始。

智商是多年来被人们普遍认同的表现人的潜能的指标之一。但是，仅仅依据智商来对人的素质进行测定和判断，已经暴露出种种局限，因而有关学者对个人素质的影响因素进行了更深层次的探索。近几年来，心理学界研究提出比较新的观点：对于一个人的成功来说，智商的影响只占20%，而情商的因素则占80%，情商比智商更重要。

（资料来源：戴维·迈尔斯. 心理学[M]. 北京：人民邮电出版社，2006.）

第三节　情绪调节

一、什么是情绪调节

（一）情绪调节的概念

情绪调节是个体管理和改变自己和他人情绪的过程，其包括具体情绪的疏导、情绪唤醒水平的调节和情绪成分的调节。具体情绪的疏导，是指喜、怒、哀、惧、焦虑、抑郁等的调节；情绪唤醒水平的调节，是指情绪体验和情绪行为维持在适度的水平的调节；情绪成分的调节，是指情绪系统、认知和行为、情绪的格调和动力性的调节。

（二）情绪调节的方式

情绪在人的生活中有重要的地位。个体情绪不仅对其自身有影响，同时对他人也有很大的影响。适时地对情绪进行适当的调节，不仅可以顺应和协调社会和个人的关系，还可以协调人际关系，同时，把情绪调节在适当的水平对人的心理健康有重要意义。情绪调节的方式主要有如下几方面。

1. 生理调节

在情绪过程中，伴随相应的生理唤醒，生理唤醒是典型的情绪生理反应。情绪的生理调节是以一定的生理过程为基础的。国外的学者研究发现，悲伤受到抑制时，躯体活动下降，皮肤电、心血管系统的交感神经激活水平和呼吸等明显上升；快乐受到抑制时，躯体活动、心率、皮肤电水平等明显下降。情绪生理成分的调节是系统性的，情绪的生理调节将改变或降低处于高唤醒水平的烦恼和痛苦。

2. 情绪体验的调节

情绪体验是个体对自身情绪状态的感知。对情绪体验的调节包括对心态的调节，也包括对情绪体验强度的调节。不同情绪的调节采取不同的策略。当人愤怒时，说明某个人或某个事物妨碍你达到你的目的，这时要把注意力放在寻找解决问题的办法上，要想办法说服对方不再妨碍你，而不是向对方发泄你的不满；当人悲伤时，要学会向其他人倾诉；当某人让你感到厌恶，而你又摆脱不掉时，最好的方法是忽视他。在现实中要适时适度地调整情绪的反应强度，避免过深地卷入情绪状态，不论是积极的情绪还是消极的情绪，卷入太深，人被情绪控制，就难以做出理智的抉择。保持心态平和，不大喜也不大悲，因为任何事情都有利与弊两个方面。

3. 情绪行为的调节

情绪行为的调节是个体通过控制和改变自己的表情和行为来实现的。心理学的研究表明，行为调节可以对情绪体验产生影响，例如，脸部肌肉的变化可以引起个体产生相应的快乐和愤怒的体验，而且脸部肌肉的变化可以加强人的愤怒的体验。因此，在现实中，适当地调整自己的行为，可以达到控制情绪的目的。主要可以通过这三种方式进行调节：一是控制好情绪表达，学会抑制不良的情绪，适当的时候要学会掩盖；二是掌握交际技巧，充分利用积极情绪的表情动作，表达自己的要求、愿望和思想；三是当郁闷和焦虑等不良情绪出现而又无法排解时，做些自己喜欢的运动，使不良的心理能量得到释放和疏解。

4. 认知调节

认知过程是情绪产生的基础，认知角度不同，得到的信息不同，人的感受也不同。现实中，遇到令人烦恼、苦闷的事情时，多方位、多角度地认识周围的事物，学会弹性地思考问题，掌握辩证的思维方式和良好的认知方式，这样会使人的心境得到大大的改观。看问题的角度多，人就会更全面地认识问题的利与弊，就会冲淡事物不利的那面引发的不快。

5. 人际调节

人际调节是指利用个体的动机状态、社会信号、自然环境、记忆等因素调节情绪。主要可以通过以下几种方式进行调节：客观地分析环境，对周围的环境做出正确的评估，调整自己的目标，使之和周围的环境保持协调和一致；建立良好的人际关系，获得亲人、朋友、同事和其他人的心理支持，对保持良好的心态很重要；注意环境的选择，自然环境要清新、有序，社会环境要有健康、积极向上的氛围。

二、培养学生调节与控制情绪能力

情绪的发展与学习有密切的关系。情绪健康的学生，情绪愉快，能提高学习的信心，克服干扰与困难，加强智力的效能，且有良好的社会适应能力；情绪不健康的学生，情绪对其干扰大，遇到困难会畏缩，智力效能降低，社会适应能力不良。因此，教师要关心学生的情绪健康，特别是情绪的社会化发展方向和成熟程度，善于识别学生的情绪。

（一）教师引导学生调节与控制情绪的方式

1. 正确认识情绪，形成正当、合理的需要

学生个体不成熟，情绪波动大，易冲动，容易出现消极情绪。教师要教会学生正确地认识情绪。正确认识情绪包括两个方面：①正确识别自身的情绪情感；②正确认识自身情绪情感产生的根源，"做自己情绪的主人"。需要得到满足时，人就会产生积极的情绪；反之，则会产生消极的情绪。对自己要有"自知之明"，否则就会因自己的志向非能力所及而终日闷闷不乐；对客观事物正确认识，这样遇到挫折时才不会苦恼。

2. 利用教学中的因素进行情感教育，丰富学生的情绪体验

学生的不适宜的情绪的产生，往往是由于缺乏一定的情绪体验引起的。例如参加比赛时的惊慌、参加考试时的怯场等。

学生的友谊感、责任感、欣赏艺术作品的美感和理智感等都是在参加集体活动或教学活动中，逐步积累情绪经验而丰富起来的。因此，挖掘教学中情感教育因素，激发学生的情绪、情感体验，或利用丰富多彩的教育活动增加学生的情绪、情感体验非常重要。如果教师发现学生有幸灾乐祸的表现，也应当从他们的情绪经验中找到根源，设法帮助他们改正。教师经常为学生创造表达健康情绪或良好情感的机会，也有利于丰富学生正确的情绪经验。

3. 引导学生从多种角度看待问题，使其情感向正确的方向发展

人们对事物的观察和体验，对生活中遇到的问题与挫折，倘若只从一个角度来看，可

能引起不安，造成终日苦闷和烦恼；而从另外一个角度来看，就可能发现它的积极意义，使消极的情绪或情感转化为积极的情绪或情感。

在情绪发生时，特别要注意移情或由不良情绪引起的心理防卫。有时，原来由某一刺激引起的情绪反应，会泛化到与该刺激相类似的情境。例如，学生由于某一教师的行为所引起的不快或不满常会转移到其他教师身上而发生类似的情绪反应。有时，刺激情境的一部分引起的情绪反应会扩散到有关情境的全部，变局部情绪反应为全部情绪反应。例如，学生对一门学科的某一部分困难内容引起的焦虑情绪，常常扩散到对整门学科的焦虑与缺乏信心。有时，学生会逃避引起不良情绪的刺激情境，如逃学。有时，学生还会采取压抑、替代、推诿或迁怒来转移自己的情绪或情感。这些都是不能从多种角度、各个侧面来分析问题，采取不适当的心理防卫手段对待问题所造成的消极情绪状态。不良的情绪影响学生的学习效果、志向水平和社会适应能力，严重时甚至造成变态心理。因此，教师要从多种角度、各个侧面帮助学生提高认识，引导学生的情绪、情感向健康、正确的方向发展。

4. 鼓励引导学生善于表达自己的感受

一个学生常常为集体的荣誉而欢乐，为学习成绩的降低而感到愧疚。出现这种情绪反应是适当的，缺乏这种情绪反应则是不正常的。一个学生如果对于损害集体声誉的行为不感到羞耻或愤慨，对于学习的成就不感到欣喜，他就不可能坚持进步与努力向上。学生的情绪不论是积极的还是消极的，都应当允许表达，情绪的压抑对心身健康都是有害的。当然，对于不适当的情绪表达，教师要加以引导，使其达到文明的水平。

5. 教师充分利用积极情绪、情感感染学生

教师不仅应该有丰富的学识，还应该有良好的情绪特征。用自己的积极情绪、情感去感染、激发学生的正向情感，用教师的真挚获得学生的真情。教师要充满情感地进行教学，唤起学生追求真知的欲望，充分发挥情绪、情感的信号和感染作用；教师不仅要有爱，还要善于爱，要多关心学生，多了解他们的情感需要，学会做一个倾听者，而不只是一个说教者；教师要发挥表率作用，对学生产生"潜移默化"的影响，使其情绪积极地进行学习。

（二）教会学生自我调节不良情绪的方法

1. 认知调节法

学生不良情绪的产生主要是由于自我意识的发展不够成熟。当学生发现自己有负性情绪时，可以通过以下两种方式来认识自己：①思考自己的感觉是怎么产生的；②分析这种感觉是否是自己的想法或解释造成的，与自己的个性、习惯又有哪些联系。美国心理学家艾利斯提出的"情绪ABC"理论认为，一个人情绪的好坏主要是由自己的认知和想法所决定的，如果能改变一个人非理性的思想、观念和评价，就能改变他的情绪和行为。根据此心理学原理引导学生，当个体处于负面情绪时，如果能找到人类非理性信念，并驳斥干预此信念，用合理信念取而代之，个体就会产生新的情绪。

2. 合理宣泄法

当人受到不良刺激而产生消极情绪时,应让不良情绪充分得以宣泄,通过合理的宣泄来减轻心理负担,恢复心情平静。宣泄可以采用适当的方式,如找亲朋好友倾吐不愉快的事;大哭一场或自言自语,都能发泄心中的委屈和不满。宣泄必须合理、适当,否则可能导致消极后果。

3. 转移注意法

当人受了刺激产生不良情绪时,应尽可能离开不良刺激的环境,把注意力转移到新环境和新事物上去,避免不良情绪的蔓延和加重。

4. 放松训练法

对于紧张、焦虑等不良情绪,我们可以通过调整呼吸、冥想、体育运动,给自己积极的言语暗示、激励,利用幽默或自嘲等方式来消除。

第四节 情绪、情感与生活

人们在日常生活中,随时随地都有喜、怒、哀、乐等的变化。情绪、情感和人的生活有着密切关系。

一、情绪、情感与工作效率

凡是能提高人的活动能力,充实体力和精力的都是积极的、增力的、正能量的情绪、情感;凡是能抑制人的活动能力,减少体力和精力的都是消极的、减力的、负能量的情绪、情感。一般而言,消极情绪会降低工作效率,但也不尽然,焦虑情绪的程度不同对工作效率影响也不同。

心理学家们采用实验方法研究焦虑情绪和工作效率的关系发现以下几种情况。

第一,适度的焦虑能发挥人的最高学习效率。过分焦虑或无动于衷都不能取得良好的学习成绩,焦虑程度和学习效率的关系基本上接近倒 U 曲线。适度的焦虑情绪往往可以让人紧张起来,维持人们对任务的兴趣和警觉,有利于工作效率的提高。没有一点焦虑和高度焦虑都可能降低工作效率。

第二,从情绪的个别差异方面来分析,一般情况是平时情绪比较稳定、不容易过分焦虑的人比那些容易激动和焦虑的人有较好的学习成绩。

第三,从学习情境的压力和焦虑程度个别差异的关系来看,一般的情况是低焦虑者(情绪较稳定、不易激动)在情绪压力下可提高学习效率,而高焦虑者的学习效率常因情绪压力的影响而降低。

第四,从学习情境的压力和学习任务的性质的关系来看,一般的情况是简单的工作常因情绪压力而提高学习效率,而复杂的工作则因情绪压力而降低效率。工作的性质越难、越复杂,工作效率就越容易受高度情绪压力的干扰。

单项选择题

6.12 焦虑情绪与工作效率之间的关系成( )。
A. 倒 U 曲线　　　　B. 正 U 曲线　　　　C. 斜线　　　　D. 垂线

二、情绪、压力与健康

心理学中将"stress"翻译成应激或压力。心理压力是指人们面对具有威胁性的刺激情境时,伴有躯体机能以及心理活动改变的一种身心紧张状态,也称应激状态。外界环境的变化和机体内部状态所造成的人的生理变化和情绪波动就是心理压力副产品。导致心理压力的因素很多,而且来源、性质不尽相同。心理压力来自已经发生或即将发生的生活事件给人带来的精神困扰,包括来自心理的、社会的、文化的和生物的各种事件。比如对发生事件的认知评估、性格特征等;学习工作困境、情感受挫、家庭矛盾、人际适应、经济窘迫等;不同族系的文化差异以及躯体疾病、饥饿、睡眠剥夺、噪声、气温变化等。不仅负性生活事件会对人产生心理压力,有人也会因为正性生活事件如晋升晋级、立功受奖等引发心理压力。心理压力会带来消极的影响,短暂的心理压力对人的身心健康危害是可逆的,即可以修复。但长期的心理压力使人在生理上产生过度的反应,往往会危害健康,导致种种疾病。当然适度心理压力也有一定积极作用,可以激发潜能,增强学习工作的动力,提高工作效率。

心理学家指出压力状态下身心反应经历三个阶段。

第一阶段是警觉反应阶段。此阶段,个体发现了压力源并引起警觉,同时准备战斗;调动身体肾上腺素分泌增加,促进新陈代谢,释放储存的能量,进入应激状态。

第二阶段是搏斗阶段。此阶段,个体全力投入对事件的应对,或消除压力,或适应压力,抑或退却。个体企图对身心任何受损的部分加以维护复原,所以内在的生理和心理资源被大量消耗,由于调控压力而大量消耗能量,所以个体变得敏感、脆弱,即使是日常微小的困扰,都可引发个体的强烈情绪反应。

第三阶段是衰竭阶段。此阶段,个体由于压力存在太久,应付压力的精力耗尽,如果外在压力源基本消失,或个体的适应性已经形成,那么,经过相当时间的休整和养息,仍能康复。如果适应能力丧失,压力源仍然存在,一个能量资源已经耗尽而仍处在压力下的人,身心疾病产生就成为可能。

心理压力会直接引发一系列的负面情绪反应,例如焦虑、担忧、紧张、郁闷、恐慌、害怕、烦躁、生气、愤怒、懊悔、沮丧、悲伤、痛苦、绝望、无助等。如果这些负面情绪长期存在，使人惶惶不可终日，由情绪引起的生理变化也会久久不能复原。长期的负面情绪不仅影响人的生活效能，还会降低人体免疫力，降低抵抗细菌、病毒和其他引发疾病因素的能力，对身体健康造成危害。有的人经受长期紧张之后，心理上的痛苦转化为身体上的疾病，这类疾病叫做心因性疾病。这类疾病虽有生理上的症状，但是它们是由不良的心理因素所形成的。睡眠障碍、进食障碍、偏头痛、心血管疾病如高血压、急性心肌梗死、冠心病、口腔溃疡、胃肠功能紊乱、消化性溃疡、糖尿病、哮喘、神经性皮炎、湿疹及甲状腺功能亢进等，都与长期情绪紧张有密切关系，尤其是生气和懊恼的情绪是引起许多心身性疾病的主要原因。"笑一笑，十年少；愁一愁，白了头"，形象生动地说明了情绪、情感与健康的关系。

三、情绪与记忆

情绪在我们的记忆中扮演着重要的角色。一方面，情绪状态会影响记忆效果，特定的情绪状态可以改善记忆，而某些情绪则会损害记忆；另一方面，对情绪事件和情绪体验的记忆本身就构成了记忆的一种类型——情绪记忆。

情绪对记忆有积极的影响，也有消极的影响。如研究者发现，识记时处于消极情绪状态的个体记住了更多的消极材料，而处于愉快情绪状态的个体记住了更多令人愉快的内容，即情绪与记忆的内容具有一致性。研究者发现，消极的情绪或心境也会干扰记忆，导致记忆任务绩效的下降。如悲伤或任何消极情绪状态会阻碍个体对记忆任务分配注意资源的能力，导致记忆能力下降。

四、情绪与归因

归因是指对事件或行为的原因进行主观评价，它是一种认知评估活动。韦纳认为，人们在行为结果产生的时候，首先会直接对结果的好坏做出判断，然后会产生相应的积极或消极情绪。但是同时他还认为，人们通常不会满足于对行为结果的肤浅了解，在多数情况下他们会思考产生这个结果的原因，这就是归因过程。归因过程将引发新的、更为复杂的情绪体验。

举例来说，假如一个人在一项重要的活动上达到了他渴望已久的目标，当他得知这一结果的时候，肯定会高兴一阵子、喜悦一阵子，这种情绪反应是以对该种结果的初步知觉为基础的，是最初的情绪反应。然后，当他静下心来思考和寻找造成这种结果的原因时，他的情绪、情感体验会因为归因的不同而发生很大的变化，甚至逆转。如果他最终确定其目标的实现完全是他自己出色的能力或不懈努力的结果，他就会产生自尊、自豪、骄傲等情绪、情感体验；如果他发现其目标的实现是由某种偶然因素造成的，他也许会产生幸运甚至后怕的情绪、情感体验；如果他发现目标的实现是别人帮助的结果，他会因对别人帮助他的原因的推测不同而产生更加复杂的体验，善意的帮助引起感激，而别有用心的恩赐则会导致不快甚至愤怒的情绪体验。所有这些复杂的情绪、情感都是由归因的不同而产生的，它们全都依赖于归因这一高级认知过程的结果而发生、发展。

五、情绪与决策

在现实生活中，我们做出决策常常会受到情绪的影响。对事情可能结果预期所带来的情绪体验会影响人的决策。比如面对一场学生会竞聘活动，你有50%机会赢得学生会主席的职位，你也有50%可能失去学生会主席职位，而要竞聘学生会职务又必须先辞去班级班长职务，你是否参加竞选？有些人因为对失败的过度担心可能放弃机会。心理学研究发现，大脑对负面信息更敏感，对坏刺激的反应更强烈，而且留下的印象更深刻、情绪唤起更长久。这是因为决策错误损失造成的消极情绪冲击如害怕、担心、恐慌，要大于等量收益所引发的积极情绪冲击。在这种心理引导下，可能产生的情绪体验会影响人们做出正确的决策。人们往往会因为恐惧做出不恰当的决策。

第五节　情绪理论

心理学在发展的过程中，产生过不少解释情绪的理论。从情绪理论发展的过程来看，比较重要的、对情绪的研究具有推动作用的情绪理论有以下几种。

一、詹姆斯-兰格的情绪外周理论

美国心理学家詹姆斯（W. James）和丹麦生理学家兰格（C. G. Lange）分别于1884年和1885年提出了观点相同的情绪理论，后人称这种情绪理论为詹姆斯-兰格情绪理论。

詹姆斯认为，情绪是对身体变化的知觉，即当外界刺激引起身体上的变化时，我们对这些变化的知觉便是情绪。按照他的说法，人并不是因为愁了才哭，生气了才打，怕了才发抖，而是相反，人是因为哭了才愁，因为动手打了才生气，因为发抖了才害怕。兰格强调血液系统的变化和情绪发生的关系。他说自主神经系统的支配作用加强，血管扩张，结果便产生愉快的情绪；自主神经系统活动减弱，血管收缩，器官痉挛，结果便产生恐怖的情绪。

詹姆斯和兰格都强调情绪与机体变化的关系，强调自主神经系统在情绪发生中的作用，所以被称作情绪的外周理论。这种理论虽然荒谬，也遭到了很多人的反对，但它强调了情绪和自主神经系统活动的关系，引起了人们对情绪机制研究的广泛兴趣，对推动情绪机制的研究起到了重要的作用，所以在情绪心理学的发展中有一定的地位。

二、坎农-巴德的情绪丘脑理论

美国心理学家坎农（W. B. Cannon）反对詹姆斯-兰格的情绪理论，提出了很多质疑。坎农认为，情绪变化快而生理的变化慢；同样的内脏器官活动的变化可以引起极不相同的情绪体验；切断动物内脏器官和中枢神经系统的联系，情绪反应并不完全消失；用药物可以引起和某种情绪相同的身体变化，却并不产生相应的情绪变化。于是坎农于 20 世纪 30 年代提出了情绪的丘脑理论。坎农认为，情绪的生理机制不在外周，而在中枢神经系统的丘脑。外界刺激作用于感觉器官，引起神经冲动，经感觉神经传至丘脑，激发情绪的刺激由丘脑进行加工，丘脑所产生的神经冲动向上传至大脑皮层，引起情绪的主观体验；向下传至交感神经系统，引起机体的生理变化，所以，身体变化和情绪体验是同时发生的。

坎农的理论得到巴德（P. Bard）的支持和发展，故后人将这一理论称为坎农-巴德丘脑情绪理论。坎农、巴德发现了丘脑在情绪发生中的作用，驳斥了詹姆斯-兰格的情绪外周理论，提出了情绪的中枢理论，是对情绪理论的发展。但是这一理论忽视了外因变化的意义，也忽视了大脑皮层对情绪发生的作用，也是有缺陷的。

三、沙赫特的情绪认知理论

美国心理学家沙赫特（S. Schachter）提出，任何一种情绪的产生都是由外界环境刺激、机体的生理变化和对外界环境刺激的认识过程三者相互作用的结果，而认知过程又起着决定的作用。

1962 年，沙赫特和辛格（J. Singer）共同设计了一个实验：把被试者分为四组，除一组是控制组外，另外三组都是实验组。给所有被试注射药物，告诉被试注射的是维生素，目的是考查药物对视觉的影响。控制组注射的是生理盐水，实验组注射的都是肾上腺素，但告知三组实验组的被试药物生理反应不同，分为正确告知组、未告知组和错误告知组。因此，三个实验组被试的生理变化虽然是相同的，但三组被试对生理反应的认知却是不同的。在此状态下，看他们在欣快和愤怒两种不同的情境下的表现会有什么不同。所谓欣快的环境，是由主试的助手（这个助手是受过训练的，他和被试一起，被试以为他也接受同样的注射，在同样的情况下参加实验）同被试一起唱歌、玩耍和跳舞。所谓愤怒的环境，是主试的助手当着被试的面对主试要他填写的调查表表示极大的愤怒，不断咒骂、斥责并把调查表撕得粉碎。结果发现，由于实验组被试对生理变化的认识不同，他们所产生的情绪体验也有很大的区别。正确告知组的被试和控制组的被试反应相同，他们不受生理变化的影响。另外两个实验组的被试情绪却受到很大的影响。这说明，生理变化在情绪的发生中肯定是会出现的，但对情绪体验来说却不是决定性的，决定性的因素是对外界刺激和对身体变化的认知。沙赫特将认知因素纳入对情绪发生的解释，这对情绪的认识又是一个进步。

四、汤姆金斯和伊扎德的情绪动机—分化理论

汤姆金斯（S. Tomkins）和伊扎德（C. E. Izard）20 世纪 60 年代提出，情绪并不是伴随着其他心理活动产生的一种副现象，而是一种独立的心理过程。情绪有其独特的机制，并在人的心理生活中起着适应环境的独特作用。这种观点构成了情绪理论另一大的派别，即情绪的动机—分化理论。

汤姆金斯直接把情绪看作动机。他认为，内驱力的信号需要通过一种放大的媒介才能激发有机体去行动，而情绪正是起这种放大作用的心理过程。不仅如此，情绪本身可以离开内驱力的信号而起到动机的作用。

伊扎德进一步指出，情绪的主观成分，即体验就是起动机作用的心理机构，各种情绪体验是驱动有机体采取行动的动机力量。伊扎德还认为，情绪是新皮质发展的产物，随着新皮质体积的增长和功能的分化，情绪的种类不断增加，面部肌肉的分化也越来越精细。情绪的分化是生命进化过程的产物，只有情绪的分化，才使得情绪具有了多种多样的适应功能，也只有这样，情绪在生存和适应中才起到了核心作用。

★真题链接★

单项选择题

6.13 主张丘脑在情绪形成中起作用的是（　　）。
A. 詹姆斯-兰格理论　　　　B. 坎农-巴德理论
C. 沙赫特情绪认知理论　　　D. 当代情绪理论模型

复习思考题

1. 简述情绪与情感的定义，阐述情绪与情感的关系。
2. 阐述情绪与情感的功能。
3. 情绪的外部表现反映在哪些方面？如何根据情绪的外部表现与人沟通？
4. 情绪调节的方式有哪些？
5. 分析心境、激情与应激及其对人的影响。
6. 如何培养学生情绪、情感的调节能力？

第七章 意 志

本章学习目标
理解意志的概念，明确意志行动是与克服困难相联系的行动；
理解意志与认知和情绪、情感、个性的关系；
掌握意志行动过程；
掌握意志品质的特性；
探究学生意志品质培养的策略。

核心概念
意志、意志过程、意志品质

第一节 意志概述

一、意志的概念

意志是指人自觉地确定目标，有意识地根据目的支配、调节自己的行为，并通过克服困难和挫折，实现预定目的的心理过程。所以，在社会生活中，若为一定的目的付出了艰辛，做出了努力，就一定有意志过程的参与。

意志是人的能动性的集中表现，是人类独有的心理现象。人在作用于客观世界的过程中，往往根据对客观事物的认识，先在头脑中确定行为的目的，然后根据确定了的目的来组织、调节自己的行为，并克服困难，力求达到目的，这个过程集中体现了人的能动性，而意志在其中起着重要作用。人有了意志，就能够积极地改造世界，改造自身，从而成为世界的主人。

人的有目的、有组织的行为与动物的行为迥然不同。虽然有些高等动物仿佛有某种带目的性的行为，但是从根本上说，它们不能意识到自己行为的目的和结果，它们的行为是盲目的。动物的行为从根本上说不能达到自觉意识的水平。动物也不能自觉地组织、调节自己的行为，克服困难，以实现目的。因此，如果说动物也能不断地影响它们周围的环境，那对于动物本身来说，这是无意识地发生的；而人却能积极主动且有计划地向着事先知道的目标改造环境。

二、意志行动及其特征

（一）什么是意志行动

受意志支配的行动叫意志行动。意志行动是有意识、有目的的行动，行动的目的要通过克服困难和挫折才能达到。有些行动是习惯性的、无意识的，这样的行动不是意志行动。有些行动虽然有意识、有目的，但可以自然而然地完成，没有困难需要克服，像吃一顿饭，玩一会儿游戏，这些行动也体现不出人的意志，所以也不算意志行动。只有有目的的，通过克服困难和挫折实现的，即受意志支配的行动才是意志行动。

意志对行动的支配和调节体现在两个方面：一是表现为推动人去产生和维持达到一定目的所必需的行动；二是表现为阻止和克制与预定目的相违背的愿望与行动。但意志调节功能的这两个方面在实际活动中不是互相抵触和排斥的，而是一个问题的两个方面，是一个统一的过程。古人的"有所为，有所不为"正是通过推动和抑制这两种作用，实现着对人的活动的支配和调节，保证了活动目的的顺利实现。

（二）意志行动的特征

意志行动是人类所特有的，只有人类才能预先自觉地确定行动目的，有意识地调节自己的行为。动物虽然也能够作用于环境（如挖洞、啃食树木等），甚至有些高等动物表现出某种带有目的性的行为（如黑猩猩觅食），但从根本上讲，它们都未能上升到自觉意识水平。这是因为，动物的行动可能十分巧妙，但它们不能明确意识到行动的目的，也无法预测和控制行为的后果。人在从事活动之前，就有了明确的行动目标以调节和引导自己的行动，并能预测和控制活动的结果，这一点动物是无法做到的。因此，从意志的自觉目的性上来讲，只有人的心理才有意志过程，只有人类才能在自然界打上自己意志的印记。但并非人类的所有行动都属于意志行动。意志行动有以下三个特征。

1. 意志行动是具有自觉目的性的行动

意志行动的自觉性首先表现在行动前要先确定目的，并意识到行动的目的，能预见其行动的结果。因此，那些无意识的、盲目的冲动行为不是意志行动。意志行动的自觉目的性还表现在自觉地按照目的去组织、调节自己的行为。这种组织和调节功能既包含激励符合目的的行为和选择一定的策略组织符合目的的行为，又包含抑制不符合目的的行为。

2. 意志行动是与克服困难相联系的行动

意志行动在目的的确立和实现的过程中，往往会遇到各种各样的困难，正是在克服各种困难的过程中才表现出一个人的意志力量。因此，意志行动是与克服困难相联系的行动，没有困难的行动不是意志行动。

困难有内部困难和外部困难。内部困难是指干扰目的的确定与实现的内在条件，它包括心理和生理两种。心理上的困难，如信念动摇、情绪的冲动、能力的缺乏等；生理上的困难，如健康状况不佳等。外部困难是指阻碍目的的确定与实现的外在条件，如缺乏必要的工作条件等。人在活动中为了克服困难，就必须动员自己所具有的知识、情绪与体力，使之处于良好状态，这就是意志的表现。

3. 意志行动是受意识控制的行动

人的意志行动是以随意动作为基础的，而随意动作是受意识控制的，具有很强的目的性，因此人的意志行动是在意识的调节和支配下进行的，这就使人的意志行动具有了主观能动性，即能根据目的和对客观规律的认识，使客观规律服务于自己的一定的目的。

通过意志行动特征的分析，充分说明意志在人的意识活动中具有自觉的、有目的的主观能动作用。否认人的能动作用，把人的行为都归结为是由外界刺激机械决定的，或者否定人的意志对客观规律的依存性，宣扬意志绝对自由，这两种见解都是错误的。意志既是自由的又是不自由的。说它是自由的，是因为在一定条件下，人可以根据自己的意愿自主地选择目的，发动或制止某种行动，按某种方式方法行动；说它是不自由的，是因为人的一切愿望、一切行动都必须符合客观规律。意志有巨大的能动作用，但又绝不能违背客观规律和超越客观条件的限制。人越善于认识并运用客观规律，人就越主动、越自由。

三、意志行动的生理机制

意志行动是人脑的机能，是神经系统多部位、多层次整合活动的结果。

意志行动是通过一系列随意运动来实现的。直接控制机体运动的是运动区。运动区对一定部位肌肉的支配，具有精细的机能定位。大脑皮质运动区由许多呈纵向柱状排列的多细胞单元组成。运动区的细胞与皮质的其他部位有广泛的神经联系；来自皮肤、肌肉和关节的冲动以及来自额叶等部位的信息，为运动区调节运动提供了所需的信息。

大脑额叶在意志行动中具有非常重要的意义。大脑额叶是形成意志的目的器官，它随时将活动的结果与预先拟订的计划目的进行校对。鲁利亚等人的研究表明，额叶损伤的患者丧失了形成行动的愿望，不能独立地产生行动计划，行动的意识调节受到严重破坏，患者不能借助语言形成的动机而产生某种行动。额叶严重损伤时，随意运动程序的机制遭到破坏。这与运动区损伤时，运动的执行环节遭到破坏是不同的。

网状结构在行为的意志调节中也有重要意义。因为行为的意志调节必须以大脑皮质的优势兴奋中心为前提，要使大脑皮质建立优势兴奋中心必须有高于正常的动力供应，而网状结构则是皮质动力供应的特殊"电池"和"操纵台"。

总之，意志行动是大脑的许多复杂的神经过程相互作用的结果，其中中央前回运动区和额叶起着十分重要的作用。

四、意志与其他心理活动的关系

（一）意志和认识的关系

意志和认识过程有着密切联系。

首先，意志的产生是以认识过程为基础的。我们知道，意志行动具有自觉目的性。人在确立行动的目的，选择方法和步骤时，要审度客观形势，分析主观条件，回顾过去的经验，设想将来的结果，制定方案，编制计划，并对这一切进行反复的斟酌。所有这些都必须通过感知、记忆、思维、想象等认识过程才能实现。这样人才能确立切合实际的目的，选择合适的方法，制定有效的方案。所以说，意志行动离不开认识过程，意志是在认识活动的基础上产生的。

其次，意志对认识过程也有很大的影响。人在进行各种认识的过程中，总是会遇到一定的困难，要克服这些困难，就需要做出意志的努力，而没有意志努力去克服困难，认识过程就难以深入和持久，难以取得一定的成效。在认识过程中缺乏意志的人往往遇难而退，半途而废，很难达到目的。

（二）意志与情绪、情感的关系

意志与情绪、情感也有着密切联系。

情绪、情感既可以成为意志行动的动力，也可以成为意志行动的阻力。一般而言，积极的情绪、情感，如强烈的热情、责任感、良好的心境等对意志行动起着推动或支持的作用；消极的情绪、情感，如对要达到的目标的冷漠态度、畏难情绪、不切实际的骄傲情绪以及高度的焦虑情绪、不良的心境、缺乏责任感等都会妨碍意志行动的贯彻，动摇以致削弱人的意志。不过，对不同的人来说，消极情绪、情感的干扰作用的大小取决于个人的意志水平。意志坚强的人可以克服消极性情绪、情感的干扰，使其影响降到最低；而意志薄弱的人则可能被这些消极情绪、情感所压倒，半途而废。

意志可以控制情绪，丰富和升华情感。人可以通过意志调节和控制情绪。意志坚强的人往往能够战胜不良情绪，他们会主动采取有效的办法调节和控制不良情绪，并产生良好的积极情绪，使意志行动顺利进行，他们往往成为自己情绪的主人。在意志活动中，意志坚强的人克服一个个困难，产生丰富而高级的情感体验，他们的情感也变得越来越丰富、深刻，情感的境界越来越高。尤其是经历过巨大的意志努力取得成功以后，人们会获得情感的质的飞跃。

（三）意志与个性的关系

意志和个性的关系十分密切。

理想、信念和价值观以及爱好等个性倾向性制约着人的意志表现。崇高的理想、坚定的信念、强烈的兴趣爱好或认为某事很值得去做等都会激发出强大的意志力量，促使人克服各种困难和障碍，从而达到目的，即使是原本意志薄弱的人也可能做到这样。这一点提示我们，在培养意志力的时候，要高度重视理想、信念、价值观以及兴趣爱好等的培养。

意志对个性的形成和发展具有十分重要的意义。坚强的意志有利于高品质的个性倾向性的形成，也有利于形成良好的情感品质，有利于能力的发挥，有利于形成健康而有魅力的个性。所以，培养良好的意志品质是教育的重要任务。

 拓展阅读

意志考验

美国心理学家瓦尔特·米斯切尔于20世纪60年代在斯坦福大学的一所幼儿园做了一个著名的实验。在实验中，瓦尔特·米斯切尔事先在每个儿童（仅有4岁）的面前放上一颗棉花糖，告诉他们：你们可以吃掉这颗糖，但如果能等到我出去一会儿后回来再吃，就能吃到两颗。当他刚离去，有的小孩就迫不及待地吃掉了那颗糖；有的小孩等待了一会儿，但还是忍不住把糖吃掉了；剩下的那些孩子则坚持等候了对他们来说很漫长的20分钟，吃到了两颗棉花糖。

10多年后，这些孩子长大了，参加了大学入学考试，结果是那些坚持得到两颗糖的孩子的平均分比得到一颗糖的孩子要高出210分（总分800分），而他们的智商水平并没有明显的差别。

（资料来源：谢敏，等. 成才监控与人格智能[M]. 重庆：重庆出版社，1997.）

第二节　意志行动过程的分析

意志总是通过一系列的具体行动表现出来，人的大部分行动是意志行动。对意志行动过程的心理分析有利于了解意志行动的内部机制。意志行动的心理过程分为两个阶段：采取决定阶段和执行决定阶段。

一、采取决定阶段

采取决定阶段是意志行动的初始阶段，也是内部决策阶段。它决定着意志行动的方向及意志行动的动因。采取决定阶段主要包括动机冲突、确定目的、选择方法、制订计划等环节。

（一）动机冲突

在采取决定的过程中，有时候很容易就做出决定；有时候，可供选择的目标有好几个，在确立目的时会产生各种动机冲突，只有妥善解决动机冲突后，才能确立目的，做出决定。

1. 按动机冲突的内容分类

按动机冲突内容分类，动机冲突可分为原则性动机冲突和非原则性动机冲突。凡是涉及个人愿望与社会道德、法律准则相矛盾的冲突，就是原则性动机冲突。解决这类冲突要经过激烈的思想斗争。凡是不与社会准则相矛盾，仅属个人爱好、兴趣、习惯等方面的动机冲突属非原则性动机冲突。这种冲突的解决也表现一个人的意志水平。意志坚强的人善于有原则地权衡和分析不同的动机，及时地选择正确的动机，并确定与该动机相适应的目的，意志薄弱的人则会长久处于犹豫不决的矛盾状态，甚至确定目的后也不能坚持，并且还会受到其他动机的影响而改变目的。

2. 按动机冲突的形式分类

按动机冲突的形式分类，动机冲突可分为双趋冲突、双避冲突、趋避冲突和多重趋避冲突。

（1）双趋冲突。双趋冲突，是指当个体以同等程度的两个动机去追求两个有价值的目标时，因不能同时获得而产生的动机冲突。古语"鱼和熊掌不可兼得"就是这种动机冲突的体现。

（2）双避冲突。双避冲突，是指个体以同等程度的两个动机去躲避两个具有威胁性的事件或情境时，因不能同时避开而产生的动机冲突，所谓"前有断崖，后有追兵"就属于这种情况。

（3）趋避冲突。趋避冲突，是指个体对一个事物同时产生两种相反的态度取向时内部的动机冲突。在生活中我们对一个人爱恨交织，对一件东西取舍不定，都是趋避冲突的体验。

（4）多重趋避冲突。多重趋避冲突是一种最为复杂的冲突形式，也是实际生活中人们常常遇到的。人们面对两个或两个以上的目标，而每个目标都对人们既具有吸引力又具有排斥力，人们需要进行多种选择，审慎地权衡利弊，这时产生的冲突就是多重趋避冲突。

单项选择题

7.1 下列选项体现趋避冲突的是（　　）。

A. 鱼和熊掌不可兼得　　　　　　　　B. 人心不足蛇吞象

C. 前怕狼后怕虎　　　　　　　　　　D. 想吃药治病又怕药苦

7.2 某学生既想参加演讲比赛，锻炼自己，又害怕讲不好，被人讥笑，这时他面临的心理冲突是（　　）。

A. 双趋冲突　　　B. 双避冲突　　　C. 趋避冲突　　　D. 双重趋避冲突

（二）确定目的

在动机冲突解决后，就是目的的确定。确立目的往往还有许多事情要做。

目的在意志行动中起着极其重要的作用。目的越深刻（即社会意义越大）、越具体，则由目的所引起的毅力也就越大。目标越远大，它对行动的动力作用也就越大。但在远大的目标之下，应再确立一些近期的具体的目标，因为单纯的远大目标反而使人懈怠。

有时，确定目的很容易就能完成；有时却要审度各种客观形势，探索事物的规律，分析主客观条件，设想将来的结果，探讨目的的意义、价值及各种方案，同时收集各种情报，从中选出一个最可行和最有前途的目的，这一过程需要较大的意志努力来斟酌完成。

（三）选择方法

确立目的之后，就需要选择适宜的行动方法。有时行动方法同行动目的有直接联系，无须选择。例如要想升入大学就只有努力学习，要想自如地同外国朋友交流就只能努力学好外语。但在许多情况下，达到同一个行动目的的方法可能不止一种，这就需要进行选择。首先要比较不同方法间的优缺点，能否顺利有效地达到行动目的；其次要考虑行动方式和方法是否符合公众利益和社会道德，是为达到个人目的不择手段，损人利己，还是选择既有利于社会，也有利于个人的方式。

（四）制订计划

在选定了行动目的和行动方法之后，在采取决定之前，还有一个步骤是制订行动计划。特别是在复杂的意志行动中，如打一场战争或做一次大手术，都需要精心准备，做好计划。计划的制订要在调查研究的基础上，要综合考虑主客观因素，力争周密而严谨。因为一个切实、合理的计划将为执行决定打下一个良好的基础。

二、执行决定阶段

在做出决定之后，便过渡到执行决定阶段。执行决定阶段是意志行动的关键。因为采取决定阶段只是主观的东西，而执行决定阶段才是主观见之于客观的物质活动。通过执行决定才能发挥意志在改造客观世界中的作用。

从做出决定到执行决定，在时间间隔上有两种情况：一种情况是，在行动目的已确定，方法、策略、方案已选好，完成行动的主客观条件都已具备，就应当机立断，立即执行。这时如果优柔寡断，当行而不行，就是意志薄弱、缺乏果断性的表现。另一种情况是，在做出决定之后，要隔相当长的时间才能执行，需要意志的坚持性。这时如果草率从事，则是盲目性的表现。由此可见，在执行决定过程中，意志表现为采取积极行动来达到目的，也表现为抑制那些不利于达到目的的行动。

在执行决定过程中常常会遇到很多困难，例如，体力和脑力的紧张与疲劳、知识经验不足、失败与挫折等，这就需要较强的意志努力。克服困难是意志力水平的突出表现。意志坚强者往往能直面各种困难，千方百计地动员自己全部身心去克服困难，做到百折不挠，屡败屡战，最终达到自己的目标；意志薄弱者往往回避困难，放弃努力，在失败面前垂头丧气，一蹶不振。优良的意志力水平也正是在克服困难的过程中锻炼和培养起来的。

总之，在意志行动的执行决定阶段，有多种心理成分的参与。其中，如何用意志力来调节执行决定时遇到困难或顺利情况下的心理效应，对于成功地执行决定有着重要的意义。下面分别阐述这两种情况下的心理效应及其应对方法。

（一）挫折感及其应对方法

所谓挫折感，是指个人动机性活动受到阻碍后所引起的情绪反应。挫折包括由于遇到内外条件的限制无法实现自己全部或局部的意图、期望与目标，也包括由于造成某些不良后果与损失而遭到别人及社会的非议等。由困难和失败所引起的挫折感会使一个人的心理和行为发生各种变化。

挫折感可能使一个人产生攻击行为。这种攻击行为，有时采取直接攻击的形式，即把攻击的矛头直接指向设置障碍的人或事物上；有时采取间接攻击的形式，即把情绪发泄到与设置障碍无关的其他人或事物上；有时采取对内攻击的形式，即把攻击对象指向自己，甚至自虐自伤。用打斗、辱骂来对付阻碍是攻击的一种表现，遇到困难时怨天尤人，消极抵抗也是一种攻击，这些行为不仅无助于执行决定，反而会把事情弄糟。要成功地执行决定，这时更需要冷静、自制，勇敢地承担责任，以获得友谊、合作和支持。

挫折感可能使一个人意志消沉，不再做出努力。这样的消沉可能会影响到生活的其他方面，使之在其他的事情上也放弃自己应有的努力。消沉还可能造成长期的焦虑和抑郁。

挫折感可能使一个人不敢正视现实，用自圆其说的理由来为自己辩解。例如，有的学生考试失败了，却说自己只注重能力不在乎分数。这种解释虽然能维护个人的自尊心，但无助于问题的解决。

挫折感还能使一个人丧失自尊心和自信心，增加失败感、愧疚感和思想负担，使他感到智穷力竭，疲劳不堪。这种疲劳不是肌体疲劳而是心理疲劳，它是不能像消除肌体疲劳那样靠休息一下所能够消除的。因为，它实际上是屈服于困难，通过休息仍不能解决问题。

因此，挫折感像一种预报系统，它要求人用意志努力来面对现实，探明挫折的根源，找出不敢承认失败的原因，根据具体情况继续努力奋斗。倘若一个人的活动确实遇到了不可克服的障碍，应当承认事实，躬身自退，转移活动。倘若所谓"不可克服的障碍"是挫折后意志薄弱的借口，则应鼓起勇气面对现实，更耐心地对待眼前的活动，下定最大的决心，施展所有的本领应对困难。面对挫折，意志坚强者能坚韧不拔，百折不挠，充满信心地去战胜挫折；意志薄弱者几经挫折，便一蹶不振，甚至失去了生活的勇气。

人生不可能都是一帆风顺而无波折的，因此每一个人都应该自觉地培养自己的挫折耐力。一般来说，应对挫折应注意如下几方面。

（1）建立正确的挫折观。我们应该认识到，挫折是人生不可避免的，人生逆境十有八九，挫折是人生的伴侣；挫折有消极的一面，也有积极的一面。挫折往往成为自强不息、奋起拼搏的动力，往往也是锻炼意志品质，提高耐挫力的机会。耐挫力和坚强的意志正是通过战胜挫折，与困难做斗争培养起来的。

（2）正确客观地分析挫折事件。正确客观地分析挫折的原因、后果及经验教训，以便调整目标、策略、计划，重新奋斗。避免以偏概全，无限夸大后果等错误认识。

（3）培养应对挫折的积极态度。敢于面对挫折，主动自觉地把自己置身于困难中去磨炼，不逃避，不放弃。自强不息是一切成功者共同的特征。

（4）学会一些应对技巧。例如学习怎样处理失败情绪，学习怎样把消极因素转化为积极行为，学习怎样处理复杂局面等。

（二）成就感及其应对方法

意志行动的成功常使我们体验到成就感。成就感有不同表现，一般的反应是感到愉快、精神振奋、意气焕发，从而增强了自信心和自尊心。这对于成功地执行决定是很有利的因素。

不过，所谓成功也是相对的。它因个人抱负水平（即志向水平）的差异而不同。教师都遇到过这样的情况：在同一次考试中三个学生都得"75分"，但他们的反应可能很不相同。甲生得意地说："这简直出乎意料，我从未想到有这样的好分数。"乙生无所谓地说："这跟我预料的差不离，我本来是这个水平。"丙生甚为不安地说："这不可能，我从来没有得过这样低的分数。"对同样的活动结果，人们体验到的成败感如此不同，是由他们抱负水平的不同所决定的。

同时，活动的成败也影响着人们的抱负水平。研究表明，个人的成功经验一般能提高以后的抱负水平；成就感越强烈，抱负水平也提得越高。而失败的经验一般会降低个人的抱负水平；挫折感越严重，抱负水平也降得越低。

正因为成功的经验能提高一个人的抱负水平，所以在工作顺利，活动有所成就时，人也往往容易产生骄傲自满情绪，以致松懈了自己的斗志。

面对成就，应能克制自己，警惕和戒备骄傲自满情绪的发生，毫不松劲地去争取更大的成功；面对成就，理智对待，防止被成功冲昏头脑，骄傲自大起来，结果使工作、学习半途而废。

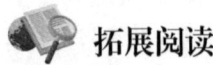 **拓展阅读**

越挫越勇，在磨难中寻找勇气

磨难本身不是好事，但如果能在磨难中百折不挠、越挫越勇，那么，它就是财富。

爱迪生为试制灯泡的灯丝就试用过几千种材料，其中的失败足以让他放弃此试验，但正是百折不挠的精神使他获得了"光明使者"的称号。如果爱迪生重试过几种材料后就打道回府，那么发现制灯丝的最佳材料的将是另一个人了。

清代著名小说家蒲松龄在多次考试不及第后，开始用写作向生活挑战，终以《聊斋志异》名扬天下。如果蒲松龄考试失利后郁郁寡欢，恐怕浩浩青史会失去几分灵光。

历史上赫赫有名的威灵顿将军，在一次兵败后，做了自我调整，后来他重整旗鼓，打败了对手拿破仑。如果威灵顿将军兵败后愤懑自杀，恐怕历史上就会少去滑铁卢战役的著名史迹。

阿尔伯特·爱因斯坦据说是世界上最聪明的人，他说的一句话常常被人引用：月复一月，年复一年，我想了又想，但有99次的结论是错的，不过，第100次总算对了。由此可见，在挫折面前，越是勇敢地坚持，越能稳健地站立。

（资料来源：赵国秋. 心理压力与应付策略[M]. 杭州：浙江大学出版社，2015.）

第三节　　意志品质及其培养

一、意志品质

人们的意志品质存在着巨大的个别差异。人的主要意志品质表现为自觉性（独立性）、果断性、坚韧性和自制性。

（一）自觉性

意志的自觉性，也称独立性，是指个体自觉地确定行动目的，独立自主地采取决定和执行决定。这反映了一个人在活动中坚定的立场和始终如一地追求目标。自觉性是意志的首要品质，贯穿于意志行动的始终，也是意志行动进行和发展的重要动力。独立性强的人，能够广泛地听取别人的意见并进行取舍，吸收有益的成分，独立自主地确立合乎实际的目标，自觉地克服困难，执行决定，对行动过程及结果进行自觉反思和评价。

与自觉性相反的表现是易受暗示和独断。易受暗示指缺乏主见，人云亦云，没有独立的见解和敢为天下先的勇气，为人处事易受他人影响，表现出过多的屈从和盲从；独断指容易从主观出发，一意孤行，刚愎自用，听不进中肯的意见和合理的建议。

（二）果断性

意志的果断性是指一个人是否善于明辨是非，迅速而合理地采取决定和执行决定方面的意志品质。果断性强的人，当需要立即行动时，能迅速地做出决断对策，使意志行动顺利进行；而当情况发生变化，需要改变行动时，能够随机应变，毫不犹豫地做出新的决定，以便更加有效地执行决定，完成意志行动。

与果断性相反的表现是优柔寡断和武断。优柔寡断的表现是，面临选择时常犹豫不决，摇摆不定，做出决定后又患得患失，踌躇不前；武断的表现是处事冲动鲁莽，不等到时机成熟就草率从事。优柔寡断和武断决定都是意志薄弱的表现。

（三）坚韧性

意志的坚韧性是指在执行决定阶段能矢志不渝，坚持到底，遇到困难和挫折时能顽强乐观地面对和克服。意志的坚韧性在于既能坚持原则，抵制各种内外干扰，又能审时度势，灵活机动地达到预定目的。所谓"锲而不舍，金石可镂"就是意志坚韧性的表现。凡有成就的人，意志都有极强的坚韧性。

与坚韧性相反的表现是动摇和执拗。容易动摇的人，在意志行动刚开始的时候，决心很大，干劲十足，一旦遇到困难，就灰心丧气，感觉前路茫茫，中途退缩；执拗的人，在行动中认准目标后，就一成不变地按计划行事，遇到特殊情况，或者客观条件发生了变化，也不能审时度势地寻求变通。

 拓展阅读

坚持就是胜利

日本松下电器公司总裁松下幸之助，年轻时必须靠他一个人养家糊口。有一次，他到一家电器工厂去谋职，请求一位负责人给他安排一个哪怕是最差的工作。这位负责人看到松下衣服脏兮兮的，又瘦又小，不想聘用他，但又不便直说，于是就找了一个理由说："我们现在暂不缺人，你一个月以后再来看吧。"这本来是个托词，没想到一个月后松下真的去了，那位负责人又推托说此刻有事，过几天再说吧。几天后松下又去了。如此反复多次，这位负责人干脆说出了真正的理由："你这样脏兮兮的，是进不了我们工厂的。"松下回去借了一笔钱，买了一件整齐的衣服穿上又去了。这人一看实在没有办法，便告诉松下："关于电器方面的知识你知道得太少了，我们不能要你。"两个月后，松下再次来到这家企业，说："我已经学了不少有关电器方面的知识，您看我哪方面还有差距，我一项项来弥补。"这位负责人盯着他看了半天才说："我干了这行几十年了，头一次遇到像你这样来找工作的，我真佩服你的耐心和韧劲。"这位负责人终于被松下的毅力所打动，答应他进厂工作。

（资料来源：桂世权. 心理学[M]. 成都：西南交通大学出版社，2006.）

（四）自制性

意志的自制性是指能够完全自觉、灵活地控制自己的情绪，约束自己的言行的意志品质。具有自制力的人，既能发动合乎目的性的行动，又能抑制与行动目标不一致或相违背的行动。

与自制性相反的表现是任性和怯懦。任性的人，容易受情感左右，缺乏理智，常在需要克制冲动的时候任意为之，意气行事；怯懦的人，在需要采取行动、迎接挑战的时候却临阵退缩,不敢有所行动。

单项选择题

7.3 能控制自我,克制与实现目标不一致的思想和情绪,排除外界诱因的干扰,迫使自己执行已经采取的、具有充分根据的决定,这体现意志品质中的(　　)。

A. 自觉性　　　B. 果断性　　　C. 坚韧性　　　D. 自制性

7.4 下列特征不属于意志品质的是(　　)。

A. 自觉性　　　B. 果断性　　　C. 坚韧性　　　D. 复杂性

二、青少年意志品质的特点

(一) 自觉性的特点

初中生的自觉性表现为其近期目标起着更重要的作用,如得到老师的表扬、考到第几名等。他们对未来理想的观念比较笼统和肤浅,对其行为的影响较小。在自觉性方面,初中生往往还保留依赖性和模仿性,易受人暗示。

高中生的自觉性则有了很大的发展。首先,他们既有近期目标,又有较长远的目标,如既可能规划考第几名的目标又可能规划今后考什么大学。其次,高中生确立行动目的,比初中生具有更强的独立性,也更能独立支配自己的行为。比如大学所选专业往往不愿受家长的影响,有时会坚持自己的意愿,甚至向家长据理力争。

(二) 果断性的特点

初中生的常见特点是决心很大,却行动迟疑。初中生虽然能按照一定的观点、原则去行事,果断性比以前提高,但是他们常常带有盲动性、冒险性等特点,遇到困难和复杂的事物,往往不加周密思考就草率从事,或者是犹豫不决。这是因为意志的果断性毕竟是需要不断磨炼而逐步形成的。初中生虽然有着内心愿望想要加以实现,但经常表现出口头上决心不小,甚至信誓旦旦,一到执行时,则犹豫拖沓,摇摆不定。初中生易于表决心,有时并不是因为果断性发展的结果,而是以对某项决定的合理性、可行性的充分估量不足所导致的。故初中生做出决心的轻易性恰恰是其果断性发展不足的反映。

我国的一些心理学研究表明,意志果断性的发展,从小学二年级到初中二年级并不显著,到高一前后才出现明显提高。这可能是与他们的认识能力,特别是与思维的批判性和敏捷性发展相联系。高中生的果断处理问题的能力大大提升。

(三) 自制性的特点

初中生的自制力比小学生有了质的提高。无论是在课堂纪律的维持上,还是在学生课外活动中，都显示出小学生更多地需要教师的提示和管束，而初中生则表现出更多的自律能力，但自制性仍然较差。初中生的自制性往往受到情绪两极性的影响，易于变化，意志也不够坚定。高中生与初中生相比，抵抗外部诱惑的能力增强，能自觉约束自身的行为，坚持完成活动任务。

（四）坚韧性的特点

初中生行动目的的明确性、情绪情感和个性对意志的支撑作用、自我调控能力等方面都比小学生强，因此，坚韧性比小学生大有进步。但初中生也常表现出遇到困难易灰心丧气的状态。高中生的坚韧性往往比初中生要强，能为自己的目标付出艰辛的努力，表现出百折不回的韧性。

三、学生意志品质的培养

（一）加强世界观和人生观教育，确立正确的行动目的

在对学生进行世界观和人生观教育的时候，应该紧密结合社会现实和学生当前的学习、生活实际，帮助他们把个人的理想和价值追求同国家、社会、集体的利益联系起来，使他们既具有远大的目标，又能将远大的目标转化成日常学习和生活中的苦干和实干精神。

（二）组织实践活动，加强意志锻炼

坚强的意志是在克服困难的实践活动中磨砺出来的。教师应该科学、严谨地组织学生的学习活动，合理安排班集体的劳动和课外文体活动，使每个学生融入其中。另外，在意志锻炼中，还要根据学生的实际情况，因材施教。

（三）发挥教师和班集体的影响，给予必要的纪律约束

学生意志品质的形成，离不开周围的人和环境的影响。特别是在学校教育中，教师和班集体发挥着不可忽视的作用。

（四）启发学生进行意志的自我锻炼

除了学校的政治思想教育、课内外的实践活动以及教师和班集体的影响，调动学生自己的主观能动性在学生的意志品质形成中也发挥着重要作用。

（五）针对学生意志的个别差异，采取不同的培养措施

学生的意志类型存在着个别差异。根据意志的不同特点，采取不同的培养措施。对于易于盲从、轻率行事的学生，应多启发他们意志的自觉性；对于胆小、犹豫不决的学生，应培养他们勇敢、果断、大胆的品质；对于任性、缺乏自制力的学生，着重培养他们控制行为的能力；对于缺乏毅力，做事虎头蛇尾的学生，应激发他们的坚韧精神和克服困难的信心。

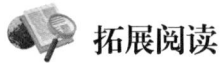 **拓展阅读**

意志检验

下面有20道题，每道题都有5个备选答案，请你根据自己的实际情况在题目后面圈出相应的字母，每题只能选择一个答案。

A. 很符合自己的情况；B. 比较符合自己的情况；C. 难以回答；D. 较不符合自己的情况；E. 很不符合自己的情况。

1. 当我决定做一件事时，就马上动手，决不拖延。
2. 我给自己定的计划常常不能如期完成。
3. 我能长时间地做一件枯燥但重要的事情。
4. 在练长跑时我常常不能坚持跑到终点。
5. 我没有睡懒觉的不良习惯，即使冬天也能按时起床。
6. 我对某件事情不感兴趣，我就不会努力去做。
7. 我喜欢长跑、登山等可以考验自己毅力的运动。
8. 在遇到困难时，只要有可能，我就立即请求别人帮助我。
9. 没做完功课我不会出去玩。
10. 面对复杂情况，我常常优柔寡断、举棋不定。
11. 只要工作或学习需要，没有人强迫我，我也可以自觉坚持一个月不看电影、电视。
12. 我有时下决心从第二天开始做某件事情，但到了第二天我的劲头就消失了。
13. 我答应别人的事，就不会食言。
14. 如果我借到一本引人入胜的小说，我会忍不住在上课时或做作业时拿出来偷看。
15. 我敢在寒冷的冬天用冷水洗脸、洗脚或洗澡。
16. 在我遇到问题举棋不定时，就希望别人来帮我决定。
17. 我感到计划应留有一定的余地，免得完不成时太被动。
18. 在与人争吵时，虽明知自己不对，我也会忍不住说一些使对方听了感到难受的话。
19. 我决不拖延作业，即使做到很晚。
20. 我比一般人更怕痛。

计分与评价：题号为单数的题目计分标准为：A记5分，B记4分，C记3分，D记2分，E记1分；题号为双数的题目计分标准为：A记1分，B记2分，C记3分，D记4分，E记5分；各题得分相加，得出总分。20～35分：意志力很薄弱；36～51分：意志力较薄弱；52～68分：意志力一般；69～84分：意志力较坚强；85～100分：意志力很坚强。

如果你的意志不足，就要加强训练，可以按以上各项选择进行。

（资料来源：杨昭宁，等. 现代心理学[M]. 济南：山东人民出版社，2009.）

复习思考题

1. 什么是意志？意志行动特征的内容有哪些？
2. 阐述意志与认识、情感、个性的关系。
3. 分析自己的意志品质特点。
4. 面对挫折可能的行为反应有哪些？举例说明如何应对挫折。
5. 分析意志行动过程基本阶段。
6. 如何培养良好的意志品质。
7. 请设计自己的一个意志行动方案。

第八章 个 性

本章学习目标

理解个性的含义,掌握个性的特征及结构;

理解能力、气质和性格的含义,掌握气质类型的主要特征;

了解男女学生的能力差异,掌握学生的气质类型对教育、教学工作的意义;

了解性格的特征及学生的性格缺陷的表现,掌握对性格缺陷的学生进行教育的方法。

核心概念

个性、能力、气质、性格

第一节 个性概述

一、什么是个性

个性也称人格,它来源于拉丁语,原意为舞台演员所戴的面具。罗马时代,其意义发生变化,指演员本人和他所扮演的角色。个性不仅指人的外表,还包括个人的真实特性。现代心理学把个性理解为一个人的整个精神面貌,即具有一定倾向性的比较稳定的各种心理特征的总和。具体地说,个性包括个性倾向性和个性心理特征两大部分。这两大部分的有机结合使个性成为一个整体的结构。

二、个性的基本特征

（一）自然性与社会性

人的个性是在先天的自然素质的基础上,通过后天的学习、教育与环境的作用逐渐形成的。因此,个性首先具有自然性。但个性又是在个体生活过程中逐渐形成的,它在很大程度上受社会文化、教育教养内容和方式的塑造。由此可见，个性是自然性与社会性的统一。

（二）稳定性与可塑性

个性的稳定性是指个体的人格特征具有跨时间和空间的一致性。同时，个性或人格绝不是一成不变的，因为现实生活非常复杂，随着社会现实和生活条件、教育条件的变化，年龄的增长，主观的努力等，个性也可能发生某种程度的改变。特别是在生活中经过重大事件或挫折，往往会在个性上留下深刻的烙印，从而影响个性的变化，这就是个性的可塑性。

个性既具有相对的稳定性，又有一定的可塑性。教育工作者要充分认识到这一点，履行教育职责时才能有耐心和信心。

（三）独特性与共同性

个性的独特性是指人与人之间的心理和行为是各不相同的。因为构成个性的各种因素在每个人身上的侧重点和组合方式是不同的。

强调个性的独特性，并不排除个性的共同性。个性的共同性是指某一群体、某个阶级或某个民族在一定的群体环境、生活环境、自然环境中形成的共同的典型的心理特点。正是个性具有的独特性和共同性才组成了一个人复杂的心理面貌。

单项选择题

8.1 "江山易改，本性难移。"这句俗语为个性的（　　）作了最好的诠释。
A. 稳定性　　　B. 独特性　　　C. 整合性　　　D. 功能性

三、个性心理结构

个性的结构是指个性所包含的成分或单位。个性是复杂的、多侧面、多层次的统一体。它包含个性倾向性和个性心理特征两大部分。

（一）个性倾向性

个性倾向性是个性中的动力结构，是个性结构中最活跃的因素，是决定社会个体发展方向的潜在力量，是人们进行活动的基本动力，也是个性结构中的核心因素。它主要包括需要、兴趣、动机、理想、信念与世界观、自我意识等心理成分。

（二）个性心理特征

个性心理特征是个性中的特征结构，是个体心理差异性的集中表征，它表明一个人的典型心理活动和行为，包括能力、气质和性格。

总之，个性倾向性和个性心理特征之间不是彼此孤立，而是错综复杂地交织在一起。它们之间相互渗透、相互影响。一方面，个性心理特征受个性倾向性的调节；另一方面，个性心理特征的变化也会在一定程度上影响个性倾向性的变化和发展。因此，个性是一个统一的整体。

第二节　需要

一、需要的概念

需要是个体在生活中感到某种欠缺而力求获得满足的一种内心状态。它是人脑对生理和社会要求的反映。需要总是指向某种东西、条件或活动的结果等，具有周期性，并随着满足需要的具体内容和方式的改变而不断变化和发展。

需要是个体在内外条件刺激下，对某些事物希望得到满足时的一种心理紧张状态。人为了求得个体和社会的生存和发展，必须要求一定的事物，例如食物、衣服、睡眠、劳动、交往等。这些需求反映在个体头脑中，就形成了他的需要。需要被认为是个体的一种内部状态，或者说是一种倾向，它反映个体对内在环境和外部生活条件的较为稳定的要求。

二、需要的种类

对需要种类的划分有不同的角度，通常从需要的起源和需要的对象两个角度进行分类。

（一）按需要的起源划分

从需要的起源划分，需要包括自然需要和社会需要。

1. 自然需要

自然需要（生理需要或生物需要）是由生理的不平衡引起的需要，它是维持有机体生存和种族延续所必需的。生理需要包括维持有机体内不平衡的需要，如对饮食、运动、睡眠、排泄等的需要；回避伤害的需要，如对有害或危险的情景的回避；性的需要等。生理需要是生而有之的，人与动物都存在，但人与动物表现在生理上的需要是有本质区别的。马克思曾说过：饥饿总是饥饿，但是用刀叉吃熟肉来解除的饥饿不同于用手、指甲和牙齿啃生肉来解除饥饿。可见人的生理需要已被深深地烙上社会的痕迹，已不是纯粹的本能驱动。

2. 社会需要

社会需要是反映社会要求而产生的需要。社会需要包括对知识、劳动、艺术创作的需要，对人际交往、尊重、道德、名誉地位、友谊和爱情的需要，对娱乐消遣、享受的需要等。它是人特有的、在社会生活实践中产生和发展起来的高级需要。人的社会需要因受社会的背景和文化意识形态的影响而有显著的个别差异。

（二）按需要的对象划分

按需要的对象划分，需要包括物质需要和精神需要。

1. 物质需要

物质需要是指人对物质对象的需求，包括对衣、食、住等有关物品的需要，对工具和日常生活用品的需要。物质需要是一种反映人的活动对于物质文明产品的依赖性的心理状态。因此，物质需要既包括生理需要又包括社会需要。

2. 精神需要

精神需要是指人对社会精神生活及其产品的需求，包括对知识的需要、对文化艺术的需要、对审美与道德的需要等。这些需要既是精神需要又是社会需要。

单项选择题

8.2 马斯洛需要层次理论中，人类最低层次的需要是（　　）。
A. 安全需要　　　　B. 生理需要　　　　C. 尊重需要　　　　D. 求知需要

三、需要层次理论

（一）需要7个层次

美国心理学家马斯洛把人的需要分为5个层次，最低层是生理需要，中间层有安全需要、爱和归属需要、尊重需要，最高层是自我实现需要。后来他又补充了求知需要和审美需要两种需要，即需要由5个层次扩充为7个层次。

1. 生理需要
生理需要是指人对食物、空气、水、性和休息等的需要。生理需要是人的基本需要。

2. 安全需要
安全需要是指人对生命财产的安全、秩序、稳定、免除恐惧和焦虑等的需要。

3. 爱和归属需要
爱和归属需要也称社交需要，是指人要求与他人建立情感联系的需要，如结交朋友、追求爱情的需要、对集体的归属感等。

4. 尊重需要
尊重需要是指自我尊重和受人尊重需要。前者是希求别人的重视，获得名誉、地位；

后者希求个人有价值，希望个人的能力、成就得到社会的认可。

5. 求知需要

求知需要，又称认知与理解的需要，是指个人对自身和周围世界的探索、理解，即解决疑难问题的需要。如何找到食物，如何摆脱危险，怎样得到别人的好感等，都离不开认知。

6. 审美需要

审美需要是指对对称、秩序、完整结构以及对行为完美的需要。

7. 自我实现需要

自我实现需要是指人希望最大限度发挥自己的潜能，不断完善自己，实现自己理想的需要。

（二）各层次之间的关系

（1）人的需要从低到高有一定的层次性，但不是绝对固定的。需要的产生由低级向高级的发展是波浪式地推进的，在低一级需要没有完全满足时，高一级的需要就产生了，而当低一级需要的高峰过去但没有完全消失时，高一级的需要就逐步增强，直到占绝对优势。

（2）需要的满足过程是逐级上升。当较低级需要满足后，就向高层次发展。这7个层次需要不可能完全满足，层次越高，越难满足，满足的百分比越少。

（3）人的行为是由优势需要决定的。同一时期内，个体可存在多种需要，但只有一种占支配地位。优势需要是在不断变动的。

（4）各层次需要互相依赖，彼此重叠。较高层次需要发展后，低层次的需要依然存在，只是对人行为影响的比重降低而已。

（5）不同层次需要的发展与个体年龄增长相适应，也与社会的经济与文化教育程度有关。

（6）高级需要的满足比低级需要满足的愿望更强烈，同时，高级需要的满足比低级需要的满足要求更多的前提条件和外部条件。

（7）人的需要满足程度与健康成正比。在其他因素不变的情况下，任何需要的真正满足都有助于健康发展。

第三节　兴趣

一、兴趣的概念

兴趣是人们对事物的一种认识倾向，伴随着积极的情绪体验，特别是对个体的认知活动有巨大的推动作用。

兴趣是需要的一种表现方式，人们的兴趣往往与他们的直接或间接需要有关。一个人对某种事物感兴趣,就会产生接近这种事物的倾向,并积极参与有关活动,表现出乐此不疲的极大热情。人们历来很重视兴趣在教学中的作用。孔子就曾说过:"知之者不如好之者,好之者不如乐之者。"爱因斯坦也说过:"兴趣是最好的老师。"兴趣使人的探究和认识活动染上强烈的、肯定的情绪色彩,从而使这种活动为人所接受和喜爱。

二、兴趣的种类

根据兴趣的目的不同可将兴趣分为直接兴趣和间接兴趣。

(一)直接兴趣

直接兴趣是人对事物本身或活动过程本身感兴趣,是由于有意义事物本身在情绪上引人入胜而引起的。例如,学生对一堂生动的课、电影、歌曲等的兴趣就是直接兴趣。直接兴趣具有暂时性的特点。

(二)间接兴趣

间接兴趣是指对某种事物或活动本身没有兴趣,但对其结果感到需要而产生的兴趣。如有的学生对某些课程并不感兴趣,甚至感到乏味,但意识到学好这些课程对将来服务于社会有重要作用,因此刻苦学习,并对此产生兴趣。间接兴趣具有较稳定的特点。间接兴趣在一定条件下可以转化为直接兴趣。

第四节 动机

一、动机的概念

动机是指引起和维持个体活动,并使活动朝向某一目标的内部动力,是驱动人或动物产生各种行为的原因。动机有两种功能:第一,唤醒功能。与动机水平低的个体相比,动机水平高的个体的情绪和意识处于较高的唤醒水平,在动机指向的目标达到之前,这种唤醒状态将维持下去。第二,指向功能。有较强动机的个体,与无动机的个体相比,其思想和行为更集中指向满足动机的客体或事物。

二、动机的种类

动机对于活动的影响和作用有不同的方面,由此可对动机进行不同的分类。

(一)根据动机的引发原因分类

根据动机的引发原因,可将动机分为内在动机和外在动机。

1. 内在动机

内在动机是由活动本身产生的快乐和满足所引起的，它不需要外在条件的参与。个体追逐的奖励来自活动的内部，即活动成功本身就是对个体最好的奖励。如学生为了获得知识、充实自己而努力读书就属于内在动机。

2. 外在动机

外在动机是由活动外部因素引起的，个体追逐的奖励来自动机活动的外部，如有的学生认真学习是为了获得教师和家长的好评等。

内在动机的强度大，时间持续长；外在动机持续时间短，往往带有一定的强制性。事实上，这两种动机缺一不可，必须结合起来才能对个人行为产生更大的推动作用。

（二）根据动机在活动中所起的作用

根据动机在活动中所起的作用，可将动机分为主导性动机与辅助性动机。

1. 主导性动机

主导性动机是指在活动中所起作用较为强烈、稳定、处于支配地位的动机。

2. 辅助性动机

辅助性动机是指在活动中所起作用较弱、较不稳定、处于辅助性地位的动机。

在儿童的成长过程中，活动的主导性动机是不断变化与发展的。事实表明，只有主导性动机与辅助性动机的关系较为一致时，活动动力会加强；两者关系冲突时，活动动力会减弱。

（三）根据动机的起源

根据动机的起源，可将动机分为生理性动机和社会性动机。

1. 生理性动机

生理性动机是与人的生理需要相联系的，具有先天性。人的生理性动机也受社会生活条件的制约。

2. 社会性动机

社会性动机是与人的社会性需要相联系的，是后天习得的，如交往动机、学习动机、成就动机等。

（四）根据动机行为与目标远近的关系

根据动机行为与目标远近的关系，可将动机划分为近景动机和远景动机。近景动机是指与近期目标相联系的动机；远景动机是指与长远目标相联系的动机。例如，有的学生努力学习，其目标是为期末考试获得好成绩；而有的学生努力学习，其目标是为今后从事教育事业打基础。前者为近景动机，后者为远景动机。远景动机和近景动机具有相对性，在一定条件下，两者可以相互转化。远景目标可分解为许多近景目标，近景目标要服从远景目标，体现远景目标。

第五节　能力

一、能力的概念

（一）什么是能力

能力是直接影响活动效率，使活动得以顺利完成的个性心理特征。它是顺利完成某种活动的必要心理条件。例如，绘画除纸张、颜料、场地等必要的物质条件外，还必须具备色彩鉴别力、形象记忆力、估计比例能力等心理条件，否则就不能顺利完成绘画任务。

能力总是同某种活动相联系，在活动中形成、发展，并在活动中表现出来。例如，学生的学习能力就是在他们掌握知识和技能的过程中逐渐发展起来的，同时在掌握知识技能的速度、难易、巩固程度等方面显示出他们之间的差异。

但是，不能认为凡是与人的活动有关，并且在活动中表现出来的所有个性心理特征都是能力。大胆、积极、不怕困难等心理特征，虽与能否顺利进行活动有一定的关系，但它们并不一定是进行活动所必需的基本条件，因此不能称之为能力。只有那些直接影响活动效率，并使活动顺利完成的心理特征才叫能力。例如，学生学习，必须要有一定的学习能力；教师上课，必须要有一定的组织能力；音乐工作者必须具备一定的音乐能力；等等。这些都是顺利完成他们所从事的相应活动所必需的基本的个性心理特征。缺乏这些特征，就会影响他们活动的效率，使活动不能顺利进行，因此，我们将其称之为能力。

（二）才能与天才

要顺利完成某种活动任务，单凭一种能力是不够的，必须有多种能力的结合。例如，教师要想成功地完成教学工作，仅有言语表达能力是不行的，还必须具备逻辑思维能力、细致的观察能力、丰富的想象力、良好的记忆力、情绪的感染力和组织能力等。因此，要顺利地完成任何一种活动都有赖于一系列能力的结合。我们把多种能力的有机结合称为才能。说一个人有才能，即意味着他能将从事某种活动所必需的各种能力进行综合运用，因而能取得很好的效果。才能常以活动的名称来命名，如音乐才能、管理才能、教学才能等。

才能的高度发展称为天才。天才是各种能力的最完备的结合，它能使人独立地、顺利地、创造性地完成某种复杂的活动。如数学天才就是由对有关材料的概括能力、把运算过程迅速"简化"的能力、由正运算灵活过渡到逆运算的能力等几种高度发展的能力完美结合而成的。

二、能力的种类

能力的种类有很多，根据不同的标准可以划分为以下几种。

（一）按能力的结构分类

按能力的结构，可以把能力分为一般能力和特殊能力。

1. 一般能力

一般能力是在不同活动中表现出来的共同能力，是从事一切活动所必备的能力的综合（也称为智力），它是由观察力、记忆力、思维力、想象力和注意力等构成。智力的核心是思维能力。

2. 特殊能力

特殊能力是指从事某种专业活动或某种特殊领域的活动所表现出来的能力。如演唱能力、绘画能力、数学能力、写作能力等。

一般能力和特殊能力相互关联。一方面，一般能力在某种特殊活动领域得到特别发展时，就可能成为特殊能力的重要组成部分。例如，人的一般听觉能力既存在于音乐能力之中，也存在于言语能力中。没有听觉的一般能力的发展，就不可能发展言语和音乐的听觉能力；另一方面，在特殊能力发展的同时，也发展了一般能力。观察力属于一般能力，但在画家的身上，由于绘画能力的特殊发展，对事物一般的观察力也相应增强起来。人在完成某种活动时，常需要一般能力和特殊能力的共同参与。总之，一般能力的发展为特殊能力的发展提供了更好的内部条件，特殊能力的发展也会积极地促进一般能力的发展。

（二）按能力的创造性程度

按能力的创造性程度，可以把能力分为模仿能力、再造能力和创造能力。

1. 模仿能力

模仿能力是指仿效他人的言谈举止而做出与之相似的行为的能力。

2. 再造能力

再造能力是指遵循现成的模式或程序掌握知识技能的能力。这种能力符合学习活动的要求，如记忆力、认知能力等。

3. 创造能力

创造能力是指不依据现成的模式或程序，独立地掌握知识和技能，发现新的规律，创造新的方法的能力。它具有流畅、独特、变通、创新及超越平常的思考与活动的能力，这种能力符合创造活动的要求。

再造能力和创造能力是互相联系的。模仿能力和再造能力是创造能力的基础，任何创造活动都不可能凭空产生。因此,为了发展创造能力,首先就应虚心地学习、模仿、再造。在实际活动中,这三种能力是相互渗透的。

(三)按能力所涉及的领域

按能力所涉及的领域,可以把能力分为认知能力、操作能力和社会交往能力。

1. 认知能力

认知能力是指人脑储存、加工和提取信息的能力。它是人们完成活动的最基本和最主要的条件,即我们一般所讲的智力。

2. 操作能力

操作能力是指人们操纵自己的肢体去完成各种活动的能力。例如,体育运动能力、实验操作能力、艺术表演能力等。操作能力与认知能力关系密切,没有认知能力就不可能有操作能力的形成与发展;而操作能力不发展,人的认知能力也不会得到很好的发展与提高。

3. 社会交往能力

社会交往能力是指人们在社会交往活动中所表现出来的能力,主要有人际关系敏感性、人际关系调整能力和自我协调能力。例如组织管理能力、决策能力、调解纠纷能力、语言感染能力等。社会交往能力在人际交往与信息沟通中有重要作用。

(四)按能力与先天禀赋和社会文化因素的关系分类

按能力与先天禀赋和社会文化因素的关系,可以把能力分为流体能力和晶体能力。

1. 流体能力

流体能力是在信息加工和问题解决过程中所表现的能力。例如类比、演绎推理能力,形成抽象概念的能力等。一般人在20岁以后,流体能力发展达到顶峰,30岁以后将随年龄的增长而降低。

2. 晶体能力

晶体能力是获得语言、数学等知识的能力,它决定于后天的学习和经验,与社会文化有密切的关系。晶体能力在人的一生中一直在发展,只是到25岁以后,发展速度渐趋平缓。

单项选择题

8.3 学生获得言语、数学知识的能力,取决于后天的学习,与社会文化有密切的关系的是(　　)。

A. 一般因素　　　B. 流体智力　　　C. 特殊智力　　　D. 晶体智力

三、能力的结构(智力结构)

目前,大家一致认为,智力也即智能,是使人顺利完成某种活动所必需的各种认知能力的有机结合,它包括观察力、记忆力、注意力、想象力和思维力等成分,并以思维力为核心。智力结构是指智力包含的因素以及各因素之间是怎样结合起来的。研究智力结构有利于我们认清和把握能力的实质,合理设计能力测量工具,科学地拟订培养学生能力的具体措施。关于智力结构问题,心理学家提出了各自不同的理论观点。

(一)斯皮尔曼的二因素论

英国心理学家斯皮尔曼(C. E. Spearman)首先提出了智力的二因素理论。他认为,智力包括两种因素:一般因素(即 G 因素)和特殊因素(即 S 因素)。G 因素代表一个人普遍而概括化的能力,其参与所有的智力活动。一个人智力高低取决于 G 因素的数量。S 因素代表一个人的特殊能力,其只在某些特殊方面(如绘画、唱歌等)表现出来。S 因素参与不同的智力活动,但每种智力活动中主要有一种特定的 S 因素存在。人在从事任何一项智力活动时都需要有 G 和 S 因素的共同参与。一般智力测验所测量的只是普遍能力(G 因素)。

(二)智力的三维结构论

美国心理学家吉尔福特(J. P. Guilford)提出了智力的三维结构论。他认为智力结构应从操作、内容和产物三个维度去考虑。智力活动就是人在头脑里加工(即操作过程),客观对象(即内容),产生知识(即产物)的过程。智力操作过程包括认知、记忆、发散思维、辐合思维和评价 5 个因素。智力加工的内容包括图形(具体事物的形象)、符号(由字母、数字和其他记号组成的事物)、语义(词、句的意义及概念)和行为(社会能力),共 4 个因素。智力加工的产物包括 6 个因素,即单元、类别、关系、系统、转换、寓意。这样,智力便由 4×6×5=120 种基本能力构成(见图 8-1)。1971 年,吉尔福特把内容维度中的图形改为视觉和听觉,使其增为 5 项,智力组成因素变为 150 种。1988 年,他又将操作维度中记忆分为短时记忆和长时记忆,使其由 5 项变为 6 项,智力结构的组成因素便增加到 5×6×6=180 种。吉尔福特认为每种因素都是独特的能

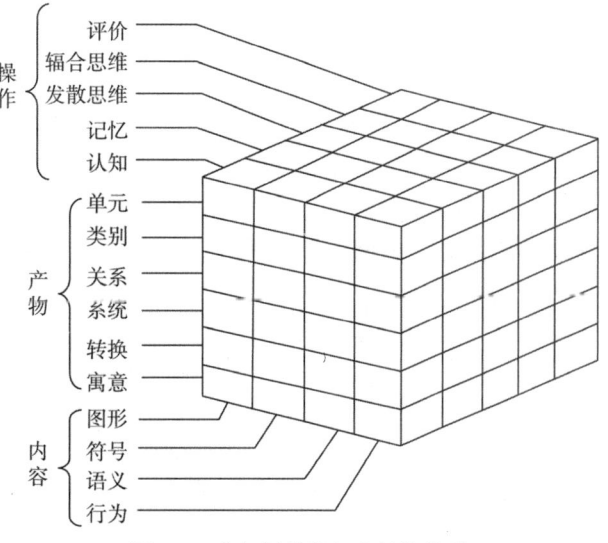

图 8-1 吉尔福特的智力结构模型

力。例如学生对英语单词的掌握，就是语义、记忆、单元的能力。又如，说出鱼、马、菊花、太阳、猴等事物哪些属于一类，回答这类问题进行的操作是认知，内容是语义，产物是类别。

（三）多元智力理论

1. 多元智力理论的主要内容

多元智力理论是美国心理学家加德纳提出的。这一理论认为，智力是在某种文化环境的价值标准之下，个体用于解决问题与生产创造所需的能力。加德纳认为，人的智力结构中存在着 7 种相对独立的智力，这 7 种智力在人身上的组合方式是多种多样的。每个人在不同领域的智力发展水平是不同步的。有人可能在某一两个方面是天才，而在其余方面却是蠢材；有人可能每种智力都很一般，但如果他所拥有的各种智力被巧妙地结合在一起，则可能在解决某些问题时会表现得很出色。加德纳所提出的七种智力分别是言语智力、逻辑—数学智力、视觉—空间智力、音乐智力、运动智力、人际智力、自知智力。

（1）言语智力包括说话、阅读、书写的能力。能说会道、妙笔生花是言语智力高的表现。作家、演说家是言语智力高的人。

（2）逻辑—数学智力是指数字运算与逻辑思考的能力以及科学分析的能力。数学家的逻辑—数学智力很高。

（3）视觉—空间智力包括认识环境、辨别方向的能力。画家、雕塑家、建筑师的视觉—空间智力很高。

（4）音乐智力包括对声音的辨识与韵律表达的能力。加德纳认为这种能力大多是天赋。

（5）运动智力包括支配肢体以完成精密作业的能力。出色的舞蹈家、运动员、外科医生的运动智力特别高。

（6）人际智力（即社交智力），包括与人交往并和睦交往的能力。人际智力高的人善于处理人际关系，善于与人交往。推销员、教师、心理咨询医生、政治家的人际智力很高。

（7）自知智力（即内省智力），包括认识自己并选择生活方向的能力。神学家、哲学家和心理学家的自知智力比较高。

1999 年，加德纳又提出了第 8 种智力，即认识自然智力，它是认识自然，并对我们周围环境中的各种事物进行分类的能力。

2. 多元智力理论与新课程改革

加德纳的多元智力理论对传统的智力观念提出了新的诠释，也为我国新课程改革，建立促进学生全面发展的评价体系，提供了有力的理论依据与支持。所以加德纳的多元智力理论一经提出，就对当前教学改革产生了重大的影响。

（1）积极乐观的学生观。加德纳认为，每个学生的智力都有自己独特的表现形式，都有自己的智力强项和学习风格。因此，我们应对所有的学生都抱有热切的成长希望，充分尊重每一个学生的智力特点，使教学真正成为愉快教学、成功教学，而不是把学生区分为三六九等。

(2) 科学的智力观。长期以来，学校教育偏重于培养学生的言语智力与逻辑—数学智力，而忽视了对学生其他智力的开发和培养。根据多元智力理论，我们必须认识到学生智力的多样性、广泛性和差异性，把培养学生的多种能力放在同等重要的地位。

(3) 因材施教的教学观。由于每个学生的智力都是多元的，其作用方式也是有差异的，因此，教师应该根据学生的智力特点进行教学，要善于针对不同智力特点的学生，尤其是要根据学生智力结构中的优势智力，采用多元化的教学模式和教学方式，使不同的学生都能得到最好的发展。

(4) 多样化的人才观和成才观。传统的观点认为，只有读了大学的人才是人才，也只有通过上大学这条路才有可能成才。而根据多元智力，每个学生都有自己的智力优势，只要这一优势智力得到了合理的发展，就有可能成为优秀人才，成才的道路也应该是多样化的。

(四) 斯滕伯格的三元智力论

美国耶鲁大学的心理学家斯滕伯格提出了智力的三元理论。该理论包括智力成分亚理论、智力情境亚理论和智力经验亚理论。

智力成分亚理论认为，智力包括三种成分及相应的三种过程，即元成分、操作成分和知识获得成分。元成分是用于计划、控制和决策的高级执行过程，如确定问题的性质，选择解题步骤等；操作成分表现在任务的执行过程，是指接受刺激，将信息保持在短时记忆中，并进行比较，负责执行元成分的决策；知识获得成分是指获得和保存新信息的过程，负责接受新刺激，做出判断和反应，以及对新信息的编码与储存。在智力成分中，元成分起着核心作用，它决定人们解决问题时所使用的策略。

智力情境亚理论认为，智力是指获得与情境拟合的心理活动。在日常生活中，智力表现为有目的地适应环境，塑造环境和选择新环境的能力，这些能力统称为情境智力。

智力经验亚理论认为，智力包括两种能力，一种是处理新任务和新环境时所要求的能力，另一种是信息加工过程自动化的能力。

四、能力的差异

人与人之间在能力上存在着明显的个别差异。这种差异主要表现在能力类型的差异、能力发展水平的差异和能力表现早晚的差异。研究人类能力的个别差异有助于教师掌握学生能力的特点，因材施教。

(一) 能力类型的差异

能力类型的差异是指构成能力的各种因素存在质的差异，主要表现在知觉、记忆、想象、思维的类型和品质方面。例如，有的人善于想象，有的人善于记忆，有的人善于思维等。能力类型差异一般不代表智力水平的高低，只影响人们学习的过程和获取知识经验的方式。

（二）能力发展水平的差异

能力发展水平的差异主要是指智力上的差异（即一般能力的差异），指的是个体之间或个体内部智力水平高低不同的程度。它表明人的能力发展有高有低。研究表明，人们的智力水平呈正态分布，又称常态分布，大多数人的智力属于中等水平。正态分布函数曲线呈钟形，因此，人们又经常称之为钟形曲线。心理学家根据智力发展水平把儿童分成三个等级，即超常儿童、常态儿童、低常儿童。超常儿童是指智力发展或某种才能显著超过同龄儿童平均水平的儿童。推孟（美国心理学家，1877—1956）统计的智商百分比认为，IQ超出140的人属于天才，他们在人口中大约占1.3%；IQ超出130为智力超常，他们在人口中大约占4.4%。低常儿童是指智力发展明显低于同龄儿童平均水平并有适应性行为障碍的儿童，又称智力落后儿童。IQ低于70为智力落后，他们在人口中大约占2.7%。

（三）能力表现早晚的差异

各种能力不仅在质或量的方面表现出明显的差异，能力表现的早晚也存在着明显的差异。有的人在儿童时期就显露出非凡的智力或特殊能力，这叫人才"早慧"或"早熟"。例如，莫扎特3岁时已在钢琴上弹奏简单的和弦，5岁开始作曲，8岁试作交响乐，12岁创编歌剧。

在人的能力发展中，也有不少人的能力发展较晚，这叫"大器晚成"。例如，我国著名画家齐白石，近30岁开始学画，40岁才表现出卓越的绘画才能。

五、教学中学生能力的培养

（一）教学中要加强知识与技能的学习与训练

知识、技能与能力的关系告诉我们：能力是在掌握和运用知识、技能的过程中得到发展的。因此，在教学中教师首先要注重基础知识的教学，例如通过语文课的教学，在听、说、读、写的各种练习中，培养和发展学生的理解力、语言表达能力、记忆力、材料的组织能力；通过数学知识的教学，培养学生的概括能力、空间想象力、计算能力和判断推理能力。其次，教师在教学中要把基础知识、基本概念、基本原理，讲清楚，并予以适当的归类、组织，使之具有一定的概括水平。因为只有经过高度概括和合理组织的知识，才有利于学生良好认知结构的形成，才有利于学生学习迁移的产生。再次，教学中重视学生智力技能的训练，这对学生学习能力的提高也是必不可少的。有研究表明，学有成就的学生与较一般的学生的重要区别之一，就在于前者拥有一些可以广泛应用的智力技能和有组织地思考问题的习惯，在解决较复杂的问题时，前者多采取提出假设再加以检验的方式去解决，而后者则倾向于运用尝试和逐渐排除的方式获得偶尔成功。由此，教师要善于指导学生掌握解答各类课题的程序、解题规则、方法和步骤，经过反复强化训练，形成较稳固的智力技能，以促进学生的思维能力、概括能力的发展。

（二）教学中要针对学生的能力差异因材施教

1. 教师应根据学生不同特点提出不同的要求

对能力发展水平较高、学习成绩优良的学生，应提供较难的学习任务，鼓励他们独立进行思考，创造各种条件发挥他们的才智；对智力发展较差的学生，要给他们更多的帮助，对作业进行具体的指导，使他们树立起信心；对那些智力水平不差，但学习成绩差的学生，要针对他们各自的特点，主要从端正学习态度和培养良好学习习惯入手，不断完善其良好的个性品质。

2. 教师不应歧视在某些能力方面有缺陷的学生

教师要树立一种观念，即任何儿童都有可能发展某种活动所需要的能力，要鼓励他们树立信心，扬长避短，同时采取适当的方法使学生长善救失，人尽其才。

3. 教师要善于发现和培养有特殊兴趣和才能的学生

对于有某方面特长的学生，教师应给予机会，通过组织各种课外活动来促进其特长进一步发展。

（三）教学中要积极培养学生的元认知能力和创造能力

培养学生元认知能力就是教会学生如何去学习和如何正确评价自己的学习能力，使学生由被动学习变为主动学习。在人们的各种活动中，元认知都发挥着十分重要的监控、调节功能，其实质就是人们对认识活动的自我意识、自我监控和自我调节。元认知在学生的学习、记忆、理解、问题解决等方面的活动中起着重要的作用，元认知的训练可以提高学生的智力发展水平，其训练的方法主要有以下三种。

1. 自我提问法

自我提问法，即通过提供一系列关于学生自我观察、自我监控、自我评价的问题，不断促进学生自我反省，从而提高问题解决的能力。美国数学家波利亚就解决数学问题的几个阶段，提出了一系列供学生自我提问的问题。例如，在理解问题阶段提问：未知条件是什么？已知条件是什么？足以确定未知量吗？多余还是不足？在回顾步骤时提问：我能检验结果的正确性吗？我能运用这个结果或方法在其他问题上吗？等等。

2. 相互提问法

相互提问法，即将学生每两人分为一组，给每个学生一份类似于上述自我提问的问题表，要求学生在解决问题的同时根据问题表相互提问并做出回答。

3. 知识传授法

知识传授法，即通过传授学习理论的有关知识，特别是关于元认知的知识，学生认识到元认知在学习中的重要性,自觉地将元认知运用到学习中,形成适当的学习策略,提高学习效果。

(四)要注意培养学生的非智力因素

对学习效果的影响不仅有智力因素,也有非智力因素,而且两者协同作用。因此,教师在教学中除注重发展学生的智力因素外,要特别重视对学生非智力因素的培养与引导,因为这两方面都是我们的教育目标。从智力开发的角度来说,非智力因素所起的作用是至关重要的。没有非智力因素,智力因素就失去了动力源。教师只有善于培养和激发学生的非智力因素,并通过系统课程的学习和智力操作训练,才能使学生的智力或能力不断地充分发展。在实际教学中,培养非智力因素可按三个阶段进行。第一阶段,教师采用个别教育的方法,分别培养每个学生的兴趣、意志、情感等。第二阶段,采用整体教育的方法,使整个班级甚至全校都形成良好的学习风气,让学生在其中受到熏陶,逐步培养自己良好的个性品质。教师在此阶段要为学生树立身边的、好的学习榜样,使学生从榜样身上汲取力量。第三阶段,教师采取个别教育的方法,有针对性地逐个纠正学生自身的一些不良习惯,使之在原有的水平上得到不同程度的提高和进步。

第六节 气质

一、气质的概念

气质是心理活动表现在强度、速度、稳定性和灵活性等方面动力性质的心理特征。气质相当于我们日常生活中所说的脾气、秉性或性情。

气质使个体全部心理表现都染上了一种独特的色彩。例如,一个易于激动的人,在任何场合都难于控制自己的情绪;相反,一个沉静稳重的人,在任何场合都能心平气和、沉着从事。气质具有天赋性。由于气质是人的高级神经活动类型特点在外部行为方式上的表现,因此,人一出生,由于遗传的神经类型不同,就表现出明显的气质差异。一个人的气质具有极大的稳定性,它很早就清楚地表露在儿童游戏、作业和交往活动中。但是在环境和教育影响下,气质也会发生变化,当然,较之其他心理特征,它的变化要缓慢得多。

单项选择题

8.4 人们日常生活中所说的脾气、秉性或性情指的是人的( )。

A. 气质　　B. 性格　　C. 能力　　D. 动机

二、气质的类型与学说

人的气质是有明显差异的,这些差异属于气质类型的差异。对气质类型的划分,有不同的见解,因而形成不同的气质理论。

(一) 体液说

最早对气质加以分类并给予细致的描述,其分类被后人接受认可的,是希波克拉底(Hippocrates)对气质的分类。

希波克拉底是古希腊著名的医生,他最早提出气质的概念。他在长期的医学实践中观察到人有不同的气质。他认为气质的不同是由于人体内不同的液体决定的。

希波克拉底提出,人体内有4种液体,即血液、黏液、黄胆汁和黑胆汁。每一种液体和一种气质类型相对应。黄胆汁对应于胆汁质,血液对应于多血质,黏液对应于黏液质,黑胆汁对应于抑郁质。一个人身上哪种液体占的比例比较大,他就具有和这种液体相对应的那种气质类型。

1. 胆汁质

胆汁质以精力旺盛、表里如一、刚强、易感情用事为特征。整个心理活动笼罩着迅速而突发的色彩。

胆汁质的学生反应速度快,具有较高的反应性和主动性。他们直率、热情、精力旺盛、情绪兴奋性高,容易冲动,心境变换剧烈,具有外倾性。但有时脾气暴躁,不稳重、好挑衅、刚愎自用,傲慢不恭。

2. 多血质

多血质以反应迅速、有朝气、活泼好动、动作敏捷、情绪不稳定、粗枝大叶为特征。

多血质的学生活泼好动、敏感、亲切、反应迅速,情绪发生快而多变,注意和兴趣易转换,思维和语言敏捷,善于交际,容易适应新环境,语言表达与感染能力强,具有外倾性。但有时表现出轻率、缺乏忍耐力和毅力。

3. 黏液质

黏液质的人稳重,但灵活性不足;踏实,但有些死板;沉着冷静,但缺乏生气。

黏液质的学生安静、稳重、反应缓慢,沉默寡言、情绪不易外露,注意力稳定难以转移,言语、动作和思维比较迟缓,遇事谨慎,善于忍耐,具有内倾性。但可塑性差,不够灵活,往往表现出固执和淡漠。

4. 抑郁质

抑郁质的人以敏锐、稳重、体验深刻、外表温柔、怯懦、孤独、行动缓慢为特征。

抑郁质的学生具有较高的感受性和较低的敏捷性,他们多愁善感、孤僻,行动迟缓,情绪发生慢而体验深刻，善于觉察别人不易觉察的事物与人际关系，不善与人交往，具有内倾性。但这类学生往往富于想象、比较聪明，对力所能及的任务，表现出较大的坚韧精神。

希波克拉特所划分的这4种气质类型比较切合实际，所以至今仍沿用着他提出来的名称。

（二）体型说

体型说由德国精神病学家克雷奇默（E. Kretschmer）提出。他根据对精神病患者的临床观察发现，病人所犯精神病的种类和他的体型有关，如躁狂抑郁症的患者多是矮胖型的；精神分裂症的患者多是瘦弱者或强壮型、发育异常型的。据此，他认为正常人和精神病人之间只有量的区别，没有质的区别，所以，可以根据一个人的体型特征来预见他的气质特点。

（三）激素说

美国生理学家柏尔曼（Berman）把人分为4种内分泌腺的类型，即甲状腺型、垂体腺型、肾上腺型和性腺型，并认为内分泌腺类型不同的人，其气质也不相同。例如，甲状腺型的人中，甲状腺分泌过多者精神饱满、感知灵敏、意志坚强；甲状腺分泌不足者迟缓、冷淡、痴呆、被动；垂体腺型的人智慧、聪颖；肾上腺型的人情绪容易激动；性腺型的人性别角色突出。

虽然内分泌腺的活动影响了人的行为和心理，但是内分泌腺的活动也受神经系统的支配。影响气质类型形成的因素很多，因此不能把气质只看作由内分泌腺决定的。

（四）血型说

血型说是日本学者古川竹二等人的观点。他们认为气质是由不同血型决定的，血型有A型、B型、AB型、O型4种。A型气质的特点是温和、老实稳妥、多疑、顺从、依赖他人、感情易冲动。B型气质的特点是感觉灵敏、镇静、不怕羞、喜社交、好管闲事。AB型气质特点是上述两者的混合。O型气质特点是意志坚强、好胜、霸道、喜欢指挥别人、有胆识、不愿吃亏。这种观点也是缺乏科学根据的。

（五）高级神经活动类型说

巴甫洛夫关于高级神经活动类型的学说为气质提供了自然科学基础。通过大量的实验，巴甫洛夫发现高级神经活动的兴奋过程和抑制过程，在强度、平衡性和灵活性方面具有不同特性。这些特性的不同结合，构成了4种基本的神经类型。

1. 强而不平衡型

强而不平衡型，即兴奋过程强于抑制过程，以易兴奋，不能抑制为特点，又称之为"不可遏制型"。

2. 强、平衡而灵活型

强、平衡而灵活型，即兴奋过程和抑制过程都较强，并且两者容易转换，以反应敏捷、活泼好动为特点，又称之为"活泼型"。

3. 强、平衡而不灵活型

强、平衡而不灵活型，即兴奋和抑制过程都较强，但是两者不易转移，以安静、沉着、反应迟缓为特征，又称之为"安静型"。

4. 弱型

弱型，即兴奋过程和抑制过程都较弱，过强的刺激易引起疲劳，有时甚至会引起神经官能症。以胆小、畏缩、消极防御为特征，又称之为"抑制型"。

巴甫洛夫还认为，上述 4 种神经系统的基本类型是人和动物所共有的。神经系统的一般类型是气质的生理基础，气质是神经系统一般类型的外在表现。它们的关系如下表 8-1 所示。

表 8-1 高级神经活动类型与气质类型的对照表

高级神经活动类型			气质类型
强	不平衡（不可遏制型）		胆汁质
	平衡	灵活（活泼型）	多血质
		不灵活（安静型）	黏液质
弱（抑制型）			抑郁质

单项选择题

8.5 某学生活泼、好动、乐观、灵活，喜欢交朋友，爱好广泛，但稳定性差，缺少耐性，见异思迁。他的气质类型属于（　　）。

A. 多血质　　　B. 胆汁质　　　C. 黏液质　　　D. 抑郁质

三、气质对人的生活实践的影响

（一）气质本身没有好坏之分

人的气质是各种各样的，它表现了人的神经系统的某种特性，正如人的神经系统没有好坏之分一样，气质也没有好坏的区别。气质只表明一个人心理活动的动力特征，不涉及心理活动的方向和内容。因此，每种气质类型都有积极的和消极的方面。例如，多血质的人情感丰富、活泼、亲切，但多变、精力分散甚至轻浮；胆汁质的人既有生气勃勃、热情、勇敢、动作迅速有力的优点，又有暴躁与易冲动的缺点；黏液质的人既有自制力较强、坚毅、冷静等积极的一面，又有对周围事物冷淡、固执的消极一面；抑郁质的人情感深刻、观察力敏锐、办事认真，但容易沉沦于个人的体验，造成过度的沉默、孤僻。正因为这样，个体在任何一种气质的基础上，既可以发展良好的性格特征和优异的才能，也可能发展不良的性格特征，限制优异才能的发展。

（二）气质本身不决定一个人活动的社会价值和成就的高低

气质虽然对性格与能力等个性方面有一定的作用，并对个体的活动有普遍影响，但气质本身不能决定人的社会价值与成就的高低。事实上，在社会活动家、科学家、作家等卓越的人物中，各种气质类型的典型代表都可见。据俄国心理学家分析，俄国4位著名文学家就是4种气质的典型代表：普希金属于胆汁质类型，赫尔岑属于多血质类型，克雷洛夫属于黏液质类型，果戈理属于抑郁质类型。由此可见，任何一种气质类型的人都有可能发挥自己的才能，对社会做出贡献。

（三）气质影响人的活动方式与效率

在各种实践领域中，气质虽不起决定作用，但它对人的工作方式有影响，并在一定程度上影响人的工作效率，因此在职业的选择上，考虑气质因素是十分重要的。

研究和实践表明，某些气质特征为一个人从事某种工作或职业提供了可能性和有利条件。例如，黏液质、抑郁质的人，容易适应持久细致的工作，而胆汁质、多血质的人则难以适应这类工作；多血质、胆汁质的人容易适应迅速灵活的工作，而黏液质、抑郁质的人就难以适应这类工作。

总之，气质与职业活动的关系表现在两方面：一方面要使自己的气质特征适应工作的客观要求；另一方面在选择人才和安排工作时，要考虑个人的气质特点。

（四）气质规律在教育教学中的应用

1. 正确对待学生的气质特征，有针对性地进行教育

气质本身没有好坏之分，教师对学生的气质不应存在任何偏见，不能偏爱某种气质类型的学生，或讨厌某种气质类型的学生，因为各种气质既有优点又有缺点。例如，多血质的学生，有朝气，活泼灵敏，爱交际，但变化无常、粗枝大叶、轻浮不稳重；胆汁质的学生开朗直率，反应敏捷，但简单冲动，粗心急躁；黏液质的学生，稳重踏实，善于自制，但行动缓慢，比较固执，冷漠；抑郁质的学生观察细致，感情细腻，但怯懦多疑，行为孤僻。

教师教育的目的不是设法改变学生原有的气质，而是要克服这种或那种气质的缺点，发展它的优点，使学生在原有气质的基础上建立优良的个性特征。教师的教育任务是找到适合于学生神经活动类型（气质）特点的、能培养他们个性积极特征的最好的教育途径与方法。对不同气质学生采取不同的教育态度与策略，所产生的实际效果是不同的。例如，尖锐严厉的批评能使多血质的学生感到震动，使其改正自己的缺点；对抑郁质学生要尽量采取温和、委婉、同情的态度，对他们的要求不能过于严格或急于求成，那将适得其反；胆汁质的学生容易激动，如态度过于强硬，与之粗声大气地说话，就会惹怒他们，产生不必要的对立，使教育失败。当然，对黏液质的学生也不能因为他们是安静的，不妨碍任何

人而忽视对其良好个性的教育、培养。

2. 根据学生的气质特征有的放矢地进行教学

因材施教是一条重要的教学原则，但在人们的一般认识中，因材施教就是强调教师在教学过程中，要依据学生能力的不同水平加以分别对待。在这里，"材"的内涵被限制在"能力"的范围。我们认为，这是一种误解，起码是不全面的认识。"材"的内涵应包括气质因素。换言之，教师在传授知识、技能时不可忽视学生的气质特点。有研究表明，各种气质类型的学生，都可以在学习知识、技能方面取得优良成绩，其主要原因是学生在学习中充分发挥了各自气质的积极特征，克服消极特征的影响，从不同途径、以不同方式方法取得的好成绩。如胆汁质的学生发挥了思维较灵敏、学习热情高、意志坚强、不服输的特点，弥补了粗心与简单化的学习方式的不足；黏液质的学生以踏实、认真、刻苦、自制力强的优点，弥补了较迟缓与不大灵活的缺点。因此，教师在教学过程中要充分调动学生气质中的积极因素，在学习的方式和方法上给予个别指导，帮助他们克服气质中不利于知识、技能学习的消极因素，真正做到因材施教，有的放矢。

3. 指导学生正确认识和调控自己的气质

作为教师，掌握气质的原理与规律不仅有利于教育教学，更重要的是可以指导学生正确认识自己的气质。教师应该使学生懂得，人的气质是不可选择的，要乐于接受自己的气质，因为每种气质都各有优劣之处；教师还要指导学生善于认识和分析自身气质的长处与不足。在各种活动中，根据学生的气质特点合理地分配角色，充分调动学生气质的积极方面，帮助他们有意识地克服气质中的消极方面。例如，让多血质和胆汁质的学生多做些宣传、组织、演讲与联络的工作，因为他们善于交往，热情，思维较敏捷而又行动迅速，但在工作中要提醒他们应埋头苦干，学会坚忍自制，不可蛮干和轻率；对于黏液质的学生，教师应给予他们一些具体的、需要认真而又细致的工作，在工作中注意培养他们与人交往、敢于承担责任与创新的精神；抑郁质的学生则可做一些需要精益求精而又要耐心的事情，在工作中锻炼他们的胆量，学会与人合作，培养其自尊与自信的品质。总之，教师应调动学生的自我教育能力，自觉地克服气质的消极表现，并巩固其积极的特性，真正做自己气质的主人。

第七节　性格

一、性格的概念

性格是一个人在对现实的稳定的态度以及与之相适应的、习惯化的行为方式方面的个性心理特征。

对性格的理解应注意以下三点：首先，性格是人对现实的态度和行为方式概括化与定型化的结果。其次，性格指一个人独特的、稳定的个性心理。最后，性格是人格中最具核心意义的心理特征。

二、性格与气质的关系

（一）性格与气质的联系

性格与气质都属于稳定的人格特征，两者相互渗透，彼此制约，相互影响。表现为以下几方面：气质影响一个人对事物的态度和行为方式，因而使性格带有某种气质的色彩和具有某种特殊的形式；气质影响性格的形成和发展以及形成的速度；性格可以掩蔽和改造气质，指导气质的发展，使它服从于生活实践的要求。

（二）性格与气质的区别

1. 气质受生理影响大，性格受社会影响大

气质由人的神经系统的某些生物学特点，特别是脑的特点所决定。性格是人对现实的态度和他的行为方式所表现出来的个性心理特征。在不同的社会生活条件下，人们的性格有明显的区别。

2. 气质的稳定性强，性格的可塑性强

由于气质较多地受生物因素的制约，因此变化较难、较慢。性格是后天形成的，由生活实践决定，它虽然也具有一定的稳定性，但在社会生活条件的影响下，比气质的变化要快得多，它的可塑性更强。

3. 气质特征表现较早，性格特征表现较晚

人的气质差异是先天形成的，受神经系统活动过程的特性所制约，因此，气质形成得早，表现在先。性格是后天形成的，受社会影响大，因此，性格特征出现得比较晚。

4. 气质无所谓好坏，性格有优劣之分

气质是人的天性，无好坏之分。性格表现了一个人的品德，受人的世界观、人生观、价值观的影响，具有道德评价含义。性格是在后天社会环境中逐渐形成的，是核心的人格差异。

三、性格的类型

（一）理智型、情绪型和意志型

根据理智、情绪、意志三者哪一个在心理机能方面占优势，可把人的性格分为理智型、

情绪型和意志型。

1. 理智型

理智型的人通常用理智来衡量一切，并支配自己的活动。他们观察事物认真仔细，思维活动占优势，很少受情绪波动影响。

2. 情绪型

情绪型的人，内心情绪体验深刻，外部表露明显，情绪不稳定。他们有时欢乐愉快，有时抑郁低沉，有时安乐宁静，有时烦躁不安，言行举止受情绪影响，缺乏理智感，处理问题常感情用事。

3. 意志型

意志型的人，行动目标明确，积极主动，勇敢、果断、坚定，自制力强，不易为外界因素干扰，但有的人会显得固执、任性或轻率、鲁莽。

除了以上这三种典型的类型外，还有中间类型，例如理智—意志型、精绪—意志型等。

（二）外向型和内向型

按照心理活动指向于外部世界，还是指向于内部世界，可以把人的性格类型分为外向型和内向型。

1. 外向型

外向型的人心理活动指向于外部世界，表现为活泼、开朗、热情、不拘小节，情绪外露，善于交际，反应迅速，易适应环境的变化，不介意别人的评价。但有的人会表现出轻率、散漫、感情用事，自我分析和自我批评的态度。

2. 内向型

内向型的人心理活动指向于内部世界，一般表现为以自我为出发点，感情比较深沉，办事小心谨慎，多思但见于行动的少。有时表现为反应缓慢，不善交往，适应环境的能力较差，很注重别人对自己的评价。有的人甚至表现为冷漠和孤僻。

典型的外向型或内向型的人并不很多，大多数人是兼有内向和外向的中间型。

（三）独立型和顺从型

按照个体活动的独立性程度，把人分为独立型和顺从型。

1. 独立型

独立型的人，具有坚定的个人信念，善于独立思考，能够独立地分析和解决问题；自信心强，不易受他人的暗示和其他因素的影响；在遇到紧急情况和困难时，显得沉着冷静。但有的人则失之于主观武断，喜欢把自己的意志强加于人，常常唯我独是、唯我独尊。

2. 顺从型

顺从型的人，做事缺乏主见，易受他人意见所左右，常常不加分辨就接受别人的观点或屈从于他人的权势；在突发事件面前，常表现为束手无策或惊慌失措。

单项选择题

8.6 按照心理活动指向于外部世界还是内部世界，可以把人的性格分为（　　）。

A. 独立型和顺从型　　　　　　B. 外向型和内向型
C. 理智型和情绪型　　　　　　D. 情绪型和意志型

四、性格的结构

（一）性格的静态结构

1. 性格的态度特征

性格的态度特征主要指的是一个人如何处理社会各方面的关系的性格特征，即他对社会、对集体、对他人以及对待自己的态度的性格特征。

性格的态度特征，好的表现是忠于祖国、热爱集体、关心他人、帮助人、大公无私、正直、诚恳、文明礼貌、勤劳节俭、认真负责、谦虚谨慎等；不好的表现是没有民族气节、对集体与他人漠不关心、自私自利、损人利己、奸诈狡猾、蛮横粗暴、懒惰挥霍、敷衍了事、不负责任、狂妄自大等。

2. 性格的意志特征

性格的意志特征指的是一个人对自己的行为自觉地进行调节的特征。

按照意志的品质，良好的意志特征是有远大理想、行动有计划、独立自主、不受别人左右、果断、勇敢、坚韧不拔、有毅力、自制力强；不良的意志特征是鼠目寸光、盲目性强、随波逐流、易受暗示、优柔寡断、放任自流、固执己见、怯懦、任性等。

3. 性格的情绪特征

性格的情绪特征指的是一个人的情绪对他的活动的影响，以及他对自己情绪的控制能力。

良好的情绪特征是善于控制自己的情绪，情绪稳定，常常处于积极乐观的心境状态；不良的情绪特征是大小事情都容易引起个体情绪反应，而且情绪对其身体、工作和生活的影响较大，意志对情绪的控制能力又比较薄弱，情绪波动，心境容易消极悲观。

4. 性格的理智特征

性格的理智特征是指一个人在认知活动中的性格特征。例如认知活动中的独立性和依存性：独立性强的人能根据自己的任务和兴趣主动地进行观察，善于独立思考；依存性强的人则容易受到无关因素的干扰，愿意借用现成的答案。

单项选择题

8.7 骄傲自大描述的是性格的（　　）特征。

A. 态度　　　B. 意志　　　C. 情绪　　　D. 理智

（二）性格的动态结构

性格静态结构的几个特征并不是相互分离的，而是彼此关联、相互制约、有机地组成一个整体。一般来说，性格的态度特征是性格的核心，而且对社会、对集体的态度又是最为重要的态度。因为态度直接表现了一个人对事物所特有的、比较恒常的倾向，同时它也决定了性格的其他特征。例如，一个对社会、对集体有高度责任感的人，他对工作、对学习也一定是认真负责、兢兢业业的，他对别人也会是诚恳、热情的，对自己也是能严格要求的。因此，在分析一个人的性格时，一定要抓住他的性格的主要特征，由此可以预见其他的性格特征。

另外，性格的各种特征并不是一成不变的机械组合，常常会在不同的场合下显露出一个人性格的不同侧面。

五、人格发展理论

（一）弗洛伊德的人格发展理论

弗洛伊德是精神分析学派的创始人，以无意识为基础的人格理论是弗洛伊德精神分析理论的核心。弗洛伊德认为人格是由本我、自我和超我三部分构成的。

人格结构的基本层次是本我，相当于他早期提出的潜意识。它处于心灵最底层，是一种与生俱来的动物性的本能冲动，特别是性冲动。

中间一层是自我，它是从本我中分化出来。自我充当着本我与外部世界的联络者与仲裁者，并且在超我的指导下监管本我的活动。它是一种能根据周围环境的实际条件来调节本我和超我的矛盾，决定自己行为方式的意识，代表的就是通常所说的理性或正确的判断。

最上面一层是超我，即能进行自我批判和道德控制的理想化的自我。它主要包括两个方面：一方面是平常人们所说的良心，代表着社会道德对个人的惩罚和规范作用；另一方面是理想自我，确定道德行为的标准。超我的主要职责是指导自我以道德良心自居，去限制、压抑本我的本能冲动，而按至善原则活动。

（二）埃里克森的社会性发展阶段理论

美国精神分析学家和心理学家埃里克森认为，人格的发展是一个逐渐形成的过程，必须经历 8 个顺序不变的阶段，其中前 5 个阶段属于儿童成长和接受教育的时期。

1. 基本的信任感对基本的不信任感（0～1.5 岁）

这一阶段为婴儿期，发展任务是培养婴儿对周围世界，尤其是对社会环境的基本态度，培养其信任感。

2. 自主感对羞耻感与怀疑（2～3 岁）

这一阶段为儿童早期，发展任务是培养儿童自主性。儿童初步尝试独立处理事情，如果父母允许儿童去做他们力所能及的事，鼓励幼儿独立探索的愿望，幼儿就会逐渐认识自己的能力，养成主动、自主的性格；反之，父母过分溺爱和保护或过分批评指责，就可能使儿童怀疑自己对自我和环境的控制能力，产生羞耻感。

3. 主动感对内疚感（4～5 岁）

这一阶段为学前期，发展任务是培养儿童主动性。此时如果父母或教师对儿童遇到的问题耐心听取，细心回答，对儿童的建议给予适当的鼓励或妥善的处理，则儿童不仅发展了主动性，还能培养明辨是非的道德感；反之，如果父母对儿童的问题感到不耐烦或嘲笑儿童的活动，儿童就会对自己的活动产生内疚感。

4. 勤奋感对自卑感（6～11 岁）

这一阶段为学龄期，发展任务是培养勤奋感。如果儿童在学习、游戏等活动中不断取得成就并受到成人的奖励，儿童将以成功、嘉奖为荣，从而培养儿童乐观、进取和勤奋的人格；反之，如果由于教学不当，或努力不够而多次遭受挫折，或其成就受到漠视，儿童就容易形成自卑感。正是在这个时期，即青春期躁动到来之前的少年时期，他们逐渐形成了勤奋感和对自己力量的信任感，但也可能形成自卑感和对自己的天分及能力的低评价。

5. 自我同一性对角色混乱（12～18 岁）

这一阶段为青春期，发展任务是培养自我同一性。自我同一性是指个体因自己的动机、能力、信仰及其活动经验而形成的有关自我的一致性形象。自我同一性的形成要求谨慎的选择和决策，尤其体现在职业定向、性别角色等方面。如果青少年不能整合这些方面和各种选择，或者他们根本无法在其中进行选择，就会导致角色混乱。这一时期学生的智力和情感迅速发展，而对于新问题的思考又充满矛盾，所以经常会感觉苦恼、迷茫。

6. 亲密感对孤独感（18～25 岁）

这一阶段为成年早期，发展任务是获得亲密感而避免孤独感，体验爱情的实现。整个大学时期都处于这一阶段。因此大学生往往会开始寻求一种特殊的关系，并通过这种关系来发展亲密感，以在情感方面得到成长。亲密感发展的结果一般是对另一个人爱的承诺。

在这一阶段不能形成良好亲密感的人，会面临孤独感。

7. 繁殖感对停滞感（25～50岁）

这一阶段为成年中期，主要为获得繁殖感而避免停滞感，体验着关怀的实现。这时男女建立家庭，兴趣扩展到下一代。这里的繁殖不仅指个人的生殖力，还指抚育和指导下一代的成长。缺乏这种体验的人会倒退到一种假亲密的需要，沉浸于自己的天地之中，一心专注于自己而产生停滞感。

8. 自我整合对绝望感（50岁直至死亡）

这一阶段为成年晚期，主要为获得完善感且避免失望和厌倦感，体现着智慧的实现。这时人生进入最后阶段，如果回顾一生觉得这一辈子活得很有价值，就会产生一种完善感，反之则不免恐惧死亡，觉得人生短促，对人生感到厌倦和失望。

六、影响人格发展的因素

性格特征不是先天的，是在先天素质的基础上，通过家庭、学校和社会环境的影响，经过儿童自己的实践活动和积极主动性才逐渐形成的。

（一）来自生理因素的影响

性格的形成与发展有其生物学的根源。遗传素质是性格形成的自然基础，它为性格形成与发展提供了可能性，具体表现在4个方面。第一，一个人的相貌、身高、体重等生理特征，会因社会文化的评价与自我意识的作用，影响到自信心、自尊感等性格特征的形成。第二，生理成熟的早晚也会影响性格的形成。一般地，早熟的学生爱社交，责任感强，较遵守学校的规章制度，容易给人良好的印象；晚熟的学生往往凭借自我态度和感情行事，责任感较差，不太遵守校规，很少考虑社会准则。第三，某些神经系统的遗传特性也会影响特定性格的形成，这种影响或起加速作用或起延缓作用。这从气质与性格的相互作用中可以印证：活泼型的人比抑制型的人更容易形成热情大方的性格；在不利的客观情况下，抑制型的人比活泼型的人更容易形成胆怯和懦弱的性格特征，而在顺利的条件下，活泼型的人比抑制型的人更容易成为勇敢者。第四，性别差异对人类性格的影响也有明显的作用。一般认为，男性比女性更具有独立性、自主性、攻击性、支配性，并有强烈的竞争意识，敢于冒险；女性则比男性更具依赖性，较易被说服，做事有分寸，具有较强的忍耐性。

（二）来自家庭环境的影响

家庭因素对性格形成与发展有重要的影响。家庭是儿童出生后接触到的最初的教育场所，家庭所处的经济地位和政治地位、家长的教育观念和教育水平、家长的教育态度与教育方式、家庭的气氛、儿童在家庭中扮演的角色与所处的地位等，都对儿童性格的形成有非常重要的影响。

1. 家庭气氛与父母的文化程度对儿童性格的影响

家庭成员之间特别是父母之间的相互关系处理得好坏，会直接影响儿童性格的形成。一般来讲，家庭成员之间和睦、宁静、愉快的关系所营造的家庭气氛对儿童的性格有积极的影响；家庭成员之间相互猜疑、争吵、极不和睦的关系所造成的家庭紧张气氛，尤其是父母离异的家庭对儿童性格有消极的影响。大量研究表明，离异家庭的儿童比完整家庭的儿童更多地表现出孤僻、冷淡、冲动、好说谎、恐惧、焦虑，甚至反社会等不良的性格特征。

研究发现，父母的文化程度对儿童的性格发展会产生很大影响。父母的文化程度对儿童的自制力、灵活性有显著影响；母亲的文化程度则对儿童性格的果断性、思维水平、求知欲、灵活性四项行为特征产生显著影响；父亲的文化程度的影响主要表现在儿童的意志特征上；母亲的文化程度除了在性格的情绪特征、意志特征上有某些影响外，对儿童性格的理智特征也有较大的影响。

2. 家长的教育观念、教育态度与方式的影响

家长的教育观念具体表现为以下几项：家长对家庭教育的作用与在家教问题上所承担的角色与职能之认识的教育观；家长对儿童的权利与义务、地位及对子女发展规律之看法的儿童观；家长在子女成才问题上之价值取向的人才观；家长对自己同子女有什么样的关系之看法的亲子观。家长教育观念的正确与否，决定家长对儿童采取何种教育态度与方式，而家长的教育态度与方式又直接影响着儿童的发展，特别是性格的形成与发展。

3. 儿童在家庭中的地位与角色的影响

儿童在家庭中所处的地位及扮演的角色，也会影响其性格的形成与发展。例如父母对子女不公平时，受偏爱的一方可能有洋洋自得、高傲的表现，受冷落的一方则容易嫉妒、自卑。

艾森伯格（P. Eisenberg）研究认为，长子或独生子比中间的孩子或最小的孩子具有更多的优越感。孩子在家庭中越受重视，其性格发展越倾向自信、独立、优越感强。如果其地位发生变化，原有的性格特征往往会随之产生不同程度的变化。苏联一位心理学家对同卵双生子的姐妹进行研究，发现姐姐处事果断、主动勇敢，妹妹较为顺从、被动。经了解，在这对双生子出生后，她们的祖母指定一个为姐姐，一个为妹妹。从童年时起，姐姐就担当起保护、照顾妹妹的责任，所以形成了前面所说的性格特征，而妹妹由于被照顾和保护，就形成了依赖、顺从的性格特征。

（三）来自学校环境的影响

学校的教育对儿童性格的形成起主导作用。因为学校教育是教师根据教育目的对学生施加有目的、有系统、有计划的影响，而且是在学生的生活、学习的集体中，通过各种活动进行的。

首先是班集体的影响。学校的基本组织是班集体，班集体的特点、要求、舆论、评价对学生都是一种无形的巨大的教育力量。在教师的指导下，优秀的班集体会以它正确而又明确的目的，对班集体成员严格而又合理的要求，自身强大的吸引力感染着集体成员，充分调动所有成员的主动性、自觉性，从而促进学生良好性格的形成。与此同时，学生在集

体中通过参加学习、劳动及各种文艺、体育及兴趣小组等活动，通过同学之间的交往，增强了责任感、义务感、集体主义感，学会了互相帮助、团结友爱、尊重他人、遵守纪律，也培养了乐观、坚强、勇敢、向上等优秀品质。优秀的班集体不仅可以促进学生良好性格的形成，还可以使学生的一些不良性格特征得以改变。日本心理学家岛真夫曾挑选出在班集体里地位较低的 8 名学生担任班级干部，并指导他们工作。一学期后，发现他们在学生中的地位发生了很大变化，表现得自尊、有责任心，整个班级的风气也有所改变。

其次是教师的性格、态度与师生关系的影响。教师在学生性格的形成与发展中所起的作用是至关重要的。特别是对小学生来说，其影响更为显著。教师的性格往往在他们的性格上打下深深的烙印。教师的性格是暴躁还是安静，兴趣是广泛还是狭窄，意志坚强还是薄弱，情绪高昂还是悲观低落，办事果断还是优柔寡断等，教师的这些心理品质对学生性格都会产生积极与消极的影响。

教师对学生的态度、师生关系也会直接影响学生的性格。有人曾把教师的态度分为三种，即放任型、专制型、民主型。

放任型教师表现为不控制学生的行为，不指导学生学习。学生则表现为无集体意识、无团体目标、纪律性差、不合作。

专制型教师表现为包办学生的一切学习活动，全凭个人的好恶对学生赞誉、贬损。学生则表现为情绪紧张、冷漠、具有攻击性、自制力差。

民主型教师表现为尊重学生的自尊心和人格。学生则表现为情绪稳定、态度积极友好、开朗坦诚、有领导能力。

可见，教师在学生中是具有权威性的，教师是学生学习、效仿的榜样，其言传身教对学生性格特征的发展是潜移默化的，作用是不可估量的。

从另一方面看，学校如忽视对学生思想品德的教育或采取一些违反教育原则的教育方式与方法，如体罚、不尊重学生等，或学校与家长的教育不一致，就会使学生形成不良的性格。现实生活中是不乏其例的，对此必须引起重视。

总之，学校教育对学生性格的影响是方方面面的，主要通过学校的传统与校风，教师的性格、态度与行为，师生关系，学生所在班集体，同学之间的关系，学校组织的团队活动、体育活动、课外活动等渠道实现。

（四）来自社会环境的影响

社会环境对学生性格的影响主要通过社会的风尚、大众传媒等得以实现，如电脑、电视、电影、报刊、文学作品等。电视对儿童性格的影响是巨大的。美国的心理学家在 1971 年进行的实验证明，电视节目里的许多攻击性行为对年幼无知的孩子的行为发展影响很大。实验是这样的：让一组八九岁的儿童每天花一些时间看具有攻击性行为的卡通节目；而另一组小孩则在同样长的时间里观看没有攻击性行为的卡通节目。在实验中，同时对这两组儿童所表现出的攻击性行为加以细致的观察记录。结果发现，观看含攻击性行为的卡通节目的儿童，其攻击性行为增多；但是，那些看不含攻击性行为的卡通节目的儿童，在行为上却没有改变。经过十年后的追踪研究发现，以前参与观看含攻击性行为节目的儿童，即使到了19岁，仍然比较具有攻击性，只是女性没有这种相关现象存在。

随着信息时代的到来，通过网络传播的各种信息会对学生性格的形成产生正面和负面的影响，而且其影响是广泛而深刻的。这对教育工作者提出了新的研究课题，即如何引导、教育学生正确选择、利用网络信息，提高抵制不健康信息的能力。

此外，报刊、文艺作品中的典型人物或英雄榜样也会激起学生丰富的情感和想象，引起效仿的意象，从而影响性格的形成与发展。

（五）自我教育在性格形成中的作用

自我教育是良好性格形成与发展的内在动力。人与动物最本质的区别就是人有主观能动性，有自我调控能力，因此每个人都可以通过自我教育塑造自己良好的性格。俄国伟大的教育家乌申斯基认为，人的自我教育是性格形成的基本条件之一，因为一切外来的影响都要通过自我调节而起作用。从这个意义上讲，每个人都在自己塑造自己的性格。

在儿童成长过程中，自我意识明显影响着性格的形成。儿童把自己从客观环境中区分出来是性格形成的开始。从此，儿童就开始了自己教育自己、自己塑造自己，当然，这是在成人的指导、帮助下实现的。随着儿童自我意识的发展，这种自我教育、自我塑造的力量越来越强。因此，教育者要鼓励和指导学生自我意识的发展，创造各种机会，加强他们自身性格的锻炼与修养。

七、性格规律在教育教学中的应用

（一）教师应掌握学生性格评定的方法

性格评定是指对一个人的性格进行描述和测量。正确地评定性格可以帮助教师了解学生的性格特征与类型，预测他们的行为，这对于因材施教、培养学生的良好性格、改造不良性格、调动每个学生的积极性，都是十分重要的。

由于性格这一心理现象的复杂性，性格评定往往需要多种方法。下面介绍几种常用的方法。

1. 行为评定法

行为评定法主要包括观察法、谈话法、作品分析法、个案法4种。

（1）观察法。观察法是在自然条件下通过观察一个人的行为、言语、表情、态度从而分析其性格的方法。采用此方法必须使被观察者处于自然情境中，保持心理活动的自然性和客观性，这样获得的资料才会真实；不论是长期观察还是短期观察，观察者都要做到有计划。

（2）谈话法。谈话法是通过与某人谈话从而了解其性格特征的方法。使用谈话法一定要事先确定谈话目的，要对谈话中的内容加以分析，要采取多种多样的谈话方式，要保持谈话气氛的融洽、和谐、温馨。谈话法在心理咨询中应用很广泛，它对了解人的性格、收集资料、确定解决问题的途径，具有重要意义。

（3）作品分析法。作品分析法是通过对一个人的作品，如日记、命题作文、信札、传记、试卷以及劳动产品等的分析，来间接了解其性格特征的方法。这种方法一般用来收集资料，对研究人的性格具有辅助性的意义。

（4）个案法。个案法是通过收集一个人的家庭历史、社会关系、个人的成长史等多方面资料，来分析和了解其性格特征的方法。在学校中，使用个案法研究学生性格的步骤大致有以下几步。

第一，计划准备。根据班主任的介绍、档案材料与初步观察所发现的问题制订计划。

第二，收集资料。通过各种渠道，采取不同的方式，如对其行为的观察、面谈、分析作业与作文、家访、与任课教师或同学座谈等，来收集学生各方面的具体表现，重点了解他们对社会、学习、劳动以及对人对己的态度与行为方式，并做好记录。

第三，分析概括。对所收集的资料加以去粗取精、去伪存真、由此及彼、由表及里地分析研究，从中获取有价值的材料。

第四，寻找原因。根据对学生性格特征的分析、概括，寻找这些性格特征与家庭、学校、社会环境和教育影响的历史联系，以及它们之间的内在联系。

第五，提出教育建议。根据学生的性格特征，提出发展与完善其性格的具体措施与方法。

第六，书写鉴定书。

实际上，个案法就是观察法、谈话法、作品分析法的综合运用。

2. 自然实验法

自然实验法是目前研究性格采用较多的方法，它是实验者根据研究的目的创设实验情境，主动引起被试的某种性格特征的表露，然后经分析、概括来确定其性格特征的方法。一位苏联心理学家曾用该方法设计了冬夜拾柴火的自然情境，以研究儿童在困难条件下的性格意志特征。实验是这样的：实验者把一部分干柴放到离宿舍不远的但需走一段夜路的山谷中，把一些湿柴放到离宿舍较远的但一路有灯光的储藏室中。要求学生定期在夜晚去捡柴火（不指定地点），实验者则藏在岔路口的小房内观察。结果发现，一部分学生勇敢而负责任地到山谷中取干柴；有的学生边走边埋怨；还有部分学生怕黑，宁走远路去储藏室取湿柴。在这个实验中，实验者真实地了解到了学生性格意志特征的差异。

自然实验法最大的特点是简便易行，获得的材料真实可靠。

3. 测验法

测验法是用标准化测验测定性格特征的方法，主要包括自陈法和投射法。

（1）自陈法。自陈法也称问卷法，一般是让被试按一定标准化程序和要求一次回答问卷中的大量问题，最后根据测验分数和常模来推知被试属于哪种性格类型。常见的性格问卷有4种。一是卡特尔16种人格因素问卷（简称16PF），根据卡特尔提出的16种根源特质编制而成，共有187个题目，适用于具有阅读能力的16岁以上的成人。卡特尔等人后又设计了分别适用于中学生、小学生、学前儿童的三个个性问卷。二是明尼苏达多项人格调查表（简称MMPI），该表由美国明尼苏达大学的两位教授编制，共566个题目，包括14个分量表。它可以测量人格的各个特征，也可以鉴别癔症、强迫症、精神分裂症、抑郁症等。三是艾森克人格问卷（简称 EPQ），该问卷由英国心理学家艾森克（H. J. Eysenck）等人编制，有 7—15 岁儿童和 16 岁以上成人两个版本。每个问卷包括 4 个分量表，即精神质量表、内外倾量表、情绪稳定性量表和效度量表。四是 Y-G 性格表，是由美国心理学家吉尔福特等人编制。该量表由 120 个题目组成，包括 12 个分量表，适用于 7 岁以上的正常人。

（2）投射法。投射法是利用某些材料（一般是意义模糊的刺激），要求被试对刺激材料进行解释，让他们在不知不觉中将自己的思想、态度、愿望和情感泄露出来，从而确定其性格特征。最常用的投射测验有罗夏墨迹测验和主题统觉测验（简称 TAT）。

罗夏墨迹测验是由瑞士精神病学家罗夏（H. Rorschach）编制。它是由 10 张对称的墨迹图片组成，其中 5 张黑白，5 张彩色图片，如图 8-2 所示。在施测过程中，要求被试对所呈现给他的墨迹图像进行描述，然后根据被试的反应从以下 4 个方面进行统计：一是反应的部位（全部还是部分）；二是决定（形状还是颜色）；三是内容（动物还是人或物体）；四是独创性（与众不同还是与众一致）。根据统计结果确定被试的性格。

主题统觉测验由美国心理学家默瑞所创制。它由 30 幅图像和一张空白卡片组成。图像多是人物，也有一部分风景。每幅图像都相当模棱两可，可以做多种不同的解释（见图 8-3）。但被试所编的故事必须包括 4 个方面的内容：一是图片中故事发生的情景；二是图片中故事发生的原因；三是图片中故事发生的结果；四是自己的感受。主试根据被试对当前知觉图片所编的故事对其性格做出鉴定。

图 8-2 罗夏墨迹测验图示

图 8-3 主题统觉测验图示

运用上述各种方法来评定人的性格都各有优缺点，因此，进行性格评定时应该综合运用多种方法，取长补短，以便对学生的性格做出合乎实际的评定。

（二）学生良好性格塑造的途径与方法

1. 树立效仿的榜样

教师为学生提供效仿的榜样大致可分为三类：一是历史上的伟人；二是现实生活中的模范和学生群体中的先进分子；三是家长和教师。

2. 提供实际锻炼的机会

学生的性格是在后天经过各种实践活动不断形成的，性格的不断发展与完善还要通过具体的实践活动才能实现。这些实践活动,可以提高学生的思想觉悟,培养他们从小爱科学、追求真理、热爱劳动的思想情感和热爱劳动的习惯;锻炼他们不怕困难、坚强、勇敢、耐挫折的性格特征;逐渐形成遵守纪律的习惯。

3. 及时进行个别指导

教师在对学生进行性格培养时,既要考虑学生的共性,也不能忽视个别性。这里的个别性包括以下两种情况。

第一种情况,性格品质特别优秀的学生和性格的不良品质居多的学生,相对大多数儿童,他们的性格品质具有个别性,需要具体的指导。如对性格上已形成较明显的不良特征的学生,要帮助他们明辨是非,启发他们的上进心,培养他们的自制力和克服困难的品质;对性格上较优秀的学生,除给予积极的肯定外,也要注意防止他们养成骄傲自大、不虚心等性格特征。

第二种情况,就每个学生而言,其各自的性格特征的优劣组合是不同的,更需要有针对性地实施教育指导。如对性格较固执的学生,要使他认识到固执带来的危害,懂得在真理面前善于修正自己的错误意见和勇于改正错误行为,并使之明白这是性格修养问题;对于有自卑感的学生,教师要善于发现他们性格中的优点并给予及时的肯定和公开的表扬,以确立他们的自信心,对其性格中的缺点,多以婉转的方式规劝,不要过多地批评、指责。

4. 创设优良的集体气氛

正确的集体舆论对学生的性格形成有直接的促进作用。为此,教师的一项重要工作就是有目的、有计划地利用各种手段,对学生进行教育,借助多数学生的优良性格,形成班级的健康舆论,以此促进学生良好性格特征的形成;同时,教师要注意培养班级干部良好的性格品质,利用其优良品质去影响其他学生,使集体风气向更高水平发展。

5. 鼓励学生自我教育

自我教育是形成和培养学生积极性格的重要条件。教师要鼓励并指导学生进行性格的自我认识、自我控制、自我锻炼和自我修养。具体来说,有以下几点:第一,教师应启发学生认识自己性格中的优缺点,客观地了解自己;第二,要为学生提供性格自我修养的素材,如科学家的传记、英雄人物的事迹、名人的格言等,使之确立远大而又崇高的目标;第三,要帮助学生制订性格自我锻炼的计划和方法,使之在行动中增强克服困难的勇气。

复习思考题

1. 什么是个性?个性有哪些特征?
2. 什么是能力?能力的差异表现在哪些方面?
3. 什么是气质?气质有哪几种类型?各具有哪些主要特征?
4. 了解学生的气质类型对教育、教学工作有什么意义?
5. 什么是性格?性格有哪些特征?

第九章 中学生心理发展

本章学习目标

掌握心理发展的概念，了解心理发展的一般特点；

了解影响中学生心理发展的因素；

掌握中学生认知发展、情绪发展的特点；

掌握皮亚杰的认知发展阶段理论和维果斯基的最近发展区理论；

掌握如何对中学生进行异性交往的指导。

核心概念

心理发展、心理发展的年龄特征、皮亚杰认知发展阶段理论、维果斯基的最近发展区理论、性心理

第一节 心理发展概述

一、什么是心理发展

心理现象是物质世界发展到一定阶段的产物。心理现象自产生以来，并不是停留在一种水平上，而是不断地发展变化着。由动物心理的发生到人的意识的形成，曾经历了一个漫长的过程。就个体心理而言，人的一生心理也是不断地发展变化的。因此，有关心理发展的研究，主要包括两方面的内容：一个是心理的种系发展，另一个是心理的个体发展。本章中所说的心理发展主要指心理的个体发展。

心理发展是指个体从出生到成熟直至衰老的过程中，持续的有规律的心理变化。一个人的心理是不断变化和发展的。心理发展就是心理变化，但并非所有的心理变化都可以叫做心理发展。由于疲劳或病理原因而发生的心理变化就不能称之为心理发展，因为这种变化是暂时的、偶然的、个别的心理变化，而不是有规律的心理变化。所谓有规律的心理变化是指个体在生长发育过程中，在环境和教育条件影响下，心理上所发生的必然的变化。

它包括有规律的前进上升和有规律的衰退下降。一个人从出生到基本成熟期间，心理呈现积极向上的发展趋势；而从基本成熟到衰老，其心理发展达到一定水平，并持续一段时间，然后就会呈现下降的趋势。由此可见，心理发展贯穿于一个人生命的始终。

二、心理发展的一般特点

（一）心理发展具有连续性

心理发展是一个持续不断的心理变化过程。每一个心理过程和个性心理特征都是逐渐地、持续地由简单到复杂、从低级到高级发展的。各个阶段是相互联系、逐渐过渡的。前一阶段为后一阶段准备了条件，后一阶段是前一阶段的持续和发展。因而，前一阶段往往包含了后一阶段的某些特征，而后一阶段也往往保留着前一阶段的某些特点。

（二）心理发展具有阶段性

个体心理的发展是一个不断的对立统一、从量变到质变的变化过程。当某些新质要素的量累积到一定程度时，就会取代旧质要素，从而产生质的飞跃，使心理发展由一个阶段上升到另一个新的阶段，表现出心理发展的阶段性。

（三）心理发展具有程序性

在正常条件下，个体心理的发展是具有一定的方向和顺序的，而且这种顺序是不可逆的，也是不可超越的，总是呈现由简单到复杂、由低级到高级的发展变化。如个体的思维发展遵循从直觉动作思维—具体形象思维—抽象逻辑思维的路线发展。人与人之间因受各种因素的影响，心理发展的速度和水平上可能存在着个别差异，但心理发展的方向和顺序一般不会改变。

（四）心理发展具有联系性

个体心理发展过程中，各种现象之间是相互联系、相互制约、系统变化的，并非个别心理过程和个性特征的孤立改变。人的心理本来就是一个整体，各种心理现象之间是相互联系、相互制约的。其中任何一种心理现象的发展，必然会在不同程度上影响其他心理现象的发展。例如，儿童感知的发展是记忆发展的前提，而记忆的发展反过来使感知更加精确和深入；感知为思维提供具体直观的材料，而思维的发展使人们的感知得到改进和完善，使人们的感知更加全面和概括。

（五）心理发展具有不均衡性

心理发展的不均衡性是指个体的各种心理活动在发展速度及达到成熟水平的时间上存在差异。各种心理活动在发展速度上是不同步的，每一种心理活动也不是按照相等的速度直线发展的。一般是感知觉、机械记忆等一些比较简单的心理现象发展得较早、较快，在小学高年级已经发展到相当高的水平；而抽象逻辑思维、世界观等一些复杂的心理活动发展得较晚、较慢，一直到高中时期，才得到一定程度的发展。

（六）心理发展具有个别差异性

心理发展的个别差异性是指在同一年龄阶段上，人与人之间在心理发展速度、水平和发展的优势领域上存在着差异性。尽管儿童心理发展都要按照一定的方向和顺序进行，而且都要经历共同的发展路线，表现出大致类似的年龄特征。但由于遗传素质的差异、环境和教育的影响不同，以及个体主观努力的不同，从而使同一年龄阶段儿童的心理发展表现出明显的个别差异性。因此，在教育过程中，教师既要考虑学生的年龄特征，又要了解学生的个别差异，更好地进行因材施教。

三、影响心理发展的因素

个体心理的发展受很多因素的制约，其中的主要因素有4个：遗传素质、社会生活环境、学校教育因素和个体本身的主观能动性。关于这些因素在心理发展中的作用问题，历来是心理学家、教育学家和遗传学家争论的焦点。辩证唯物主义认为，遗传素质为心理发展提供了可能性，环境和教育则使这种可能性变为现实。

（一）遗传素质是心理发展的生物前提

遗传素质是指那些与生俱来的解剖生理特点，如机体形态、构造的解剖生理特点，感觉器官和运动器官的特点，神经系统的特点等。它是儿童心理发展的生物前提、自然条件。一个人如果没有正常的遗传素质，就会影响他相应的心理现象的产生和正常发展。如无脑畸形儿生来不具备正常脑髓，因而就不能产生思维，最多只能有一些饥、渴等非常低级的感觉；一个生来就是全色盲的孩子，就无法辨别颜色，更无法成为画家。

当然，我们也绝不能夸大遗传素质的作用，因为它只能提供心理发展的可能性，但绝不能预定或决定个体心理的发展，它只是心理发展的必要条件，而不是决定条件。个体心理向什么方向发展，并不决定于遗传，而是决定于环境和教育。

（二）环境和教育在心理发展上起决定作用

个体心理的发展是由其所处的环境条件和教育条件决定的。其中，教育条件起主导作用。

1. 环境规定心理发展的现实性

就心理的实质来说，人的心理是人脑的机能，但人脑本身不能独立地产生心理。人脑作为遗传素质的一部分，它只是人的心理产生的物质前提，它为人的心理产生提供了可能性，而要把这种可能性变为现实，必须依靠客观现实，即人的生活环境。一个生来具有健康人脑和器官机能的儿童，虽然可能产生和发展正常人的心理，但是，如果他从小离开了人的生活环境，离开了正常的社会生活条件，他的心理就不可能得到正常发展。因此，客观现实，尤其是社会生活条件是人的心理产生和发展的主要内容和源泉。

2. 教育条件在心理发展上起主导作用

教育（尤其是学校教育）本身也是一种社会生活条件，是一种环境因素，但它跟一般的社会生活条件和环境不同，它是由专职的教育者有目的、有计划、有系统地对学生施加影响的过程。学校教育对学生心理发展起主导作用，主要表现为以下几方面。

（1）学校教育对社会环境的选择。当社会生活环境的影响与教育目的相一致时，学校就可以充分利用其积极作用，对学生进行教育；当社会环境的某些影响与教育目的不一致时，学校就要对学生进行正面引导，并采取各种措施来抵制或消除不良因素对学生的侵蚀。

（2）学校教育能充分利用学生的遗传素质，对其心理发展施加积极影响。学校教育既可利用学生良好的遗传素质来充分发挥其智力和才能，又可对一些在遗传素质上有缺陷的学生进行特殊训练，以弥补其先天不足。

（3）学校教育能影响学生心理发展的方向和水平。学校所进行的教育是有目的、有计划、有系统的教育，可使学生的心理沿着正确的方向发展。而且由于是在教师的组织和指导下，按照学生心理发展的特点和认识活动的规律通过有效的教育方式进行的，因而，学生能在较短的时间内，掌握大量的、系统的科学文化知识，发展智力和提高能力，形成良好的思想品德和个性品质。

当然，环境和教育是个体心理发展的决定性条件，并不意味着它可以机械地决定个体心理的发展。环境和教育的决定作用总是通过个体的活动，通过个体心理发展的内部条件来实现。

（三）主观能动因素是个体心理发展的内部条件

无论是接受学校的教育，还是社会生活条件的影响，个体心理发展都要通过其本身的实践活动来实现。个体的心理只有在实践活动中通过个人的主观努力，才能形成和发展起来。所以，主观能动因素作为心理发展的内部条件之一，它对心理发展可以起促进或延缓的作用。

四、儿童心理发展的年龄特征与发展阶段

（一）年龄特征的概念

儿童心理发展的年龄特征是指在心理发展的各年龄阶段所表现出来的一般的、典型的、本质的心理特征。它标志着儿童心理发展的水平，具有相对的稳定性。儿童心理发展的年龄特征是从许多个别的儿童心理发展事实中概括出来的，它代表了这一年龄阶段大多数儿童的心理发展的典型特征和一般趋势。儿童心理发展的年龄特征应以儿童经常出现的而不是偶然的表现为依据，不能把这个时期中个别儿童在特殊条件下出现的特点作为年龄特征。了解儿童心理发展的年龄特征是教育工作的一个出发点，是合理安排教学内容、选择教学方法、引导儿童心理健康发展的重要依据。

（二）儿童心理年龄阶段的划分

一般来说，根据儿童在一段时间内所具有的较多的、共同的心理年龄特点和主导活动为依据，将儿童心理发展分为以下几个主要阶段：乳儿期（1岁以前）；婴儿期（1岁到3岁）；幼儿期（3岁到6、7岁）；童年期（又称学龄初期，6、7岁到11、12岁）；少年期（又称学龄中期，11、12岁到14、15岁）；青年初期（又称学龄晚期，14、15岁到17、18岁）。这些年龄阶段的划分是相对的，各相邻的阶段没有严格的界限。前一阶段中往往包含了后一阶段的特征，后一阶段也往往保留着前一阶段的某些特点。

（三）中学生心理发展的阶段特征

1. 少年期

少年期又称学龄中期，大致相当于初中阶段，是个体从童年期向青年期过渡的时期，具有半成熟、半幼稚的特点。这一时期，中学生正处于生理发育的第二个高峰期，充满了独立性与依赖性、自觉性与幼稚性错综的矛盾。这一时期也被称为"心理断乳期"或"危险期"。身体状态的剧变、内心世界的发现、自我意识的觉醒、独立精神的加强是少年期学生表现出的总体性的阶段特征。

2. 青年初期

青年初期又称学龄晚期，相当于高中阶段，是个体生理上、心理上和社会性上向成人接近的时期。这一时期，学生的智力接近成熟，抽象逻辑思维由经验型向理论型转化，开始出现辩证思维。占主要地位的情感是与人生观、世界观相联系的情感，道德感、理智感、美感都有了深刻的发展。他们不仅能比较客观地看待自我，还能明确地表现自我，敏感地防御自我，并珍重自我，形成了理智的自我意识。然而，理想的自我与现实的自我仍面临着分裂的危机，自我肯定与自我否定常发生冲突。他们对未来充满理想，敢说敢干，意志的坚强性与行动的自觉性都有了较大的发展，但有时也会出现与生活相脱节的幻想。

第二节 中学生认知的发展

一、认知发展的理论

（一）皮亚杰的认知发展阶段理论

1. 建构主义的发展观

（1）心理发展的实质。皮亚杰的理论核心是"发生认识论"。皮亚杰认为，所有生物包括人都有适应和建构的倾向，这也是认知发展的两种机能。皮亚杰认为，人的知识来源于动作，动作是感知的源泉和思维的基础。儿童心理发展的实质和原因就是主体通过动作完成对客体的适应。适应的本质在于取得机体与环境的平衡。适应分为两种不同的类型：同化和顺应。儿童对环境做出的适应性变化并不是消极被动的过程，而是一种内部结构的积极建构过程，即儿童的认知是在已有图式的基础上，通过同化、顺应和平衡，不断从低级向高级发展。

（2）图式、同化、顺应与平衡。图式是指人在认识周围世界的过程中，形成自己独特的认知结构。从发展的角度来看，儿童最初的图式是遗传所带来的一些本能反射行为，如吸吮反射、定向反射等。

同化是指在有机体面对一个新的刺激情境时，把刺激整合到已有的图式或认知结构中。通过这一过程，主体才能对新刺激做出反应，动作也得以加强和丰富。

顺应是指当有机体不能利用原有图式接受和解释新刺激时，其认知结构发生改变来适应刺激的影响。

平衡是指同化和顺应之间的"均衡"。皮亚杰认为，同化和顺应过程对于认知能力的发展变化是非常重要的。

儿童通过同化和顺应达到机体与环境的平衡，如果失去平衡，就需要改变行为以重建平衡。但平衡是相对的，不是绝对的。儿童在平衡与不平衡的交替中不断建构和完善认知结构，实现认知发展。

2. 皮亚杰的认知发展阶段理论

皮亚杰认为认知发展是一个构建的过程，是个体在与环境的相互作用中实现的。他提出了认知发展的阶段理论，将个体的认知发展分为以下 4 个阶段。

（1）感知运动阶段（0～2 岁）。在这一阶段，儿童的智力只限于感知运动，儿童主要是通过感知运动图式与外界发生相互作用。他们通过眼睛、耳朵、手和嘴与外界互动，进行"思维"。总之，在感知运动阶段里，儿童的智力表现主要局限于自身的动作中，在出生后的近两年的时间里，虽然也发展了许多解决问题的能力，但这些能力更多的仅具有感知的意义，而不具有心理操作的意义。

（2）前运算阶段（2～7 岁）。在这一阶段，儿童的思维已表现出了符号性的特点。他们已能通过表象、言语以及其他的符号形式来表征内心世界和外在世界，但其思维仍是直觉性的，而非逻辑性的，且具有明显的自我中心特征。

① 早期的信号功能。儿童能将各种感知信息以心理符号的形式储存下来，积累了表象素材，促进了表象性思维的发展。随着年龄的增长，儿童越来越多地使用符号来表示外部世界，如用"牛""羊"来代表真正的牛和羊等。

② 自我中心性（中心化）。自我中心性是指儿童还不能将自我与外界很好地区分开来，总是站在自己的角度去认识和适应外部世界。这种自我中心性体现在该阶段儿童的认知、言语、情感和社会性发展等诸多方面。

③ 感知的局限性。感知的局限性是指儿童在观察事物的时候，往往只能把注意力集中在事物所具有的较显著的特性方面，而忽略其他方面。在观察世界时，儿童首先了解的是

事物的静止状态，然后才是事物的转换状态。

虽然，在这一阶段里，儿童获得了某些智力发展上的进步，但仍表现出许多局限性，思维的抽象程度还很低，不能进行抽象符号之间的逻辑运演。因此，皮亚杰称此阶段为"前运算"阶段。

（3）具体运算阶段（7~11岁）。在这一阶段里，儿童的思维具有了明显的符号性和逻辑性，但在很大程度上仍局限于具体的事物和直观形象的支持，才能进行逻辑推理和运用逻辑思维解决问题，不能够进行纯符号运算，缺乏抽象性。儿童进入具体运算阶段以后所获得的最大收获是，具有了心理操作能力。儿童可以运用这种心理操作去认识、表征和反映内、外部世界，使其认识活动更具深刻性、灵活性和广泛性，他们能完成任何形式的守恒任务。

虽然，处于具体运算阶段的儿童已能解决许多问题，但其思维的抽象程度还很低，在面对某些数学问题、物理问题以及社会问题时，仍显得无能为力。

（4）形式运算阶段（11岁到成年）。形式运算阶段是儿童思维发展趋于成熟的阶段。在这一阶段，儿童总体能够设定和检验假设，能监控和内省自己的思维活动，思维具有抽象性。儿童开始具有了进行假设—演绎推理的能力。他们可以脱离真实的事件和事物，完全凭借抽象符号进行推理。同时，儿童归纳推理的能力也获得了发展。归纳推理是指由一系列的具体事实概括出一般性原理的思维过程。

皮亚杰认为，儿童在经过前述4个连续的发展阶段以后，其智力水平就基本趋于成熟。

（二）维果斯基的最近发展区理论

1. "文化—历史"发展理论的基本观点

（1）维果斯基强调社会文化在认知发展中的作用。为此，维果斯基创立了"文化—历史"发展理论。他区分了两种心理机能：①作为动物进化结果的低级心理机能，如简单的感觉和无意注意等；②作为历史发展结果的高级心理机能，即以符号系统为中介的心理机能，如抽象逻辑思维。高级心理机能是人类所特有的，它使得人类心理在本质上区别于动物。由低级机能向高级机能转化的发展有4个表现：①随意机能不断发展。随意性越强，心理水平越高。②抽象—概括机能的提高。③各种心理机能之间的关系不断变化、重组，形成间接的、以符号为中介的心理结构。④心理活动的个性化。维果斯基认为，人的高级心理机能是在与社会环境的交互作用中发展起来的，或者说人的高级心理活动起源于社会的交往。儿童的认知发展更多地依赖于周围人们的帮助，儿童的知识、思想、态度、价值观都是在与他人的交往中发展起来的。维果斯基指出，儿童在与成人交往的过程中，通过掌握高级心理机能的工具——语言符号这一中介环节，使其在低级的心理机能基础上形成各种新的心理机能。

（2）维果斯基强调，人的思维与智力是在活动中发展起来的，是借助于语言等符号系统不断内化的结果。内化是促使认知发展的主要机制，所谓内化是指个体将外在的事物或他人的心智运作转变成自己内在的表征。语言在内化过程中起重要作用，认知发展遵循"社会语言—自我语言—内部语言"的路线。维果斯基把语言看成认知发展的工具，认知能力随语言这种心理工具的成熟而成熟，而语言的发展则是在社会文化环境中实现。换言之，维果斯基认为个体的发展是从社会化到个体化的过程。

2. 心理发展的实质与"内化说"

维果斯基强调环境和社会因素在儿童发展中的重要作用。他提出心理发展的实质是在环境和教育的影响下，个体在低级心理机能的基础上逐渐向高级心理机能转化的过程。他认为，发展大部分得益于由外向内，即个体通过内化，从情境中汲取知识，获得发展。儿童的许多学习发生在与环境的相互作用中，这个环境决定了大部分儿童内化的内容。在环境中，儿童的父母和其他人通过与儿童的相互作用来扩大儿童的知识视野，促进儿童的学习。内化说是维果斯基心理发展观的核心思想。

3. 最近发展区的概念

维果斯基认为，儿童有两种发展水平：一是儿童的现有水平，即由一定的已经完成的发展系统所形成的儿童心理机能的发展水平；二是可能达到的发展水平，也就是通过教学所获得的潜力。这两种水平之间的差异，就是最近发展区。也就是说，最近发展区是儿童在有指导的情况下，借助成人的帮助所能达到的解决问题的水平与独自解决问题所达到的水平之间的差异，实际上是两个邻近发展阶段间的过渡状态。

4. "教学应走在发展前面"包含的两层含义

在维果斯基看来，教学的可能性由学生的最近发展区决定，"教学应该走在发展的前面"在这里有两方面含义：一方面，教学在发展中起主导作用。它决定着儿童的发展，决定着发展的内容、水平、速度及智力活动的特点。另一方面，教学创造着最近发展区。教学应适应学生的现有水平，但更重要的是要发挥教学对发展的主导作用。

它的提出说明了儿童发展的可能性，指导教育者不应只看到儿童今天已达到的发展水平，还应看到仍处于形成的状态、正在发展的过程。所以，维果斯基强调教学不能只适应发展的现有水平，还应适应最近发展区，从而走在发展的前面，最终跨越"最近发展区"而达到新的发展水平。因此，教学的最佳效果产生于"最近发展区"。

5. 适时辅导学生是教学的必由之路——教学支架的应用

为促进教学发展，维果斯基认为教师可采用教学支架，进行支架式教学，即在学生试图解决超出当前知识水平的问题时给予支持和指导，帮助其顺利通过最近发展区，使之最终能够独立完成任务。支架式教学可采用的方式有以下几种：①把学生要学习的内容分割成许多便于掌握的片段；②向学生示范要掌握的技能；③提供有提示的练习。需要注意的是，教师提供的支持和帮助要合适。帮助过多，学生独立解决问题的能力就不能充分发展；帮助不够，学生可能因失败而泄气，久而久之，可能会形成习得性无助感。

单项选择题

9.1 中学生晓波通过物理实验发现，钟表的摆动幅度不取决于钟摆的材料或重量，而是取决于钟摆的长度。根据皮亚杰的认知发展阶段理论，晓波的认知发展水平已达到（   ）。

A. 感知运动阶段　　　B. 前运算阶段　　　C. 具体运算阶段　　　D. 形式运算阶段

9.2 赵明能够根据 A>B，B>C，则 A>C 的原理，推出 A、B、C 的关系。根据皮亚杰的认知发展理论，赵明的认知发展处于（   ）。

A. 感知运动阶段　　　B. 前运算阶段　　　C. 具体运算阶段　　　D. 形式运算阶段

二、中学生感知觉的发展

（一）感觉的发展

中学生的视觉、听觉和运动觉发展很快。视觉感受性不断提高，区别颜色的精确性明显提高，视觉敏感发展到一生中的最高水平，即达到或超过成人水平；听觉感受性不断提高，区别高音的能力明显增长；运动觉和平衡觉不断提高。

（二）知觉的发展

中学时期是知觉发展的一个重要时期。

知觉的有意性和目的性进一步提高，能够主动、积极、自觉、有意地去感知周围客观事物，不同于儿童时期那样被动地感知客观事物，遇到什么感知什么。

知觉的精确性和概括性不断提高。中学生某些感知觉的精确性甚至超过成人。他们不仅能感知事物的表面特征，而且能由表及里、去伪存真、去粗取精，抓住事物的本质特征，精确、细致、深刻地去感知事物。

中学生开始出现逻辑知觉。这种知觉是和逻辑思维密切联系的，即在知觉过程中，能够把一般原理、规则和个别事物或问题联系起来。尽管此时出现的逻辑性思维还不尽完善，但与儿童相比，已有质的变化。

除此之外，知觉的发展还集中体现在知觉的整体性、理解性、选择性和恒常性的发展上。

1. 知觉的整体性方面

中学生已经具备了知觉整体性的特点，在教学活动和日常生活中，中学生能对存在一定缺欠的事物进行修补，但是由于知识和生活经验所限，常常忽视弱刺激部分而过分注重强刺激，从而做出不完全正确甚至是错误的反应。

2. 知觉的理解性方面

中学生运用几种加工方式的时候还不成熟，很大程度上还依靠自己的主观想象，表现出更多的随意性，这样有时对知识的理解就显得牵强附会，如果没有正确的指导和更合理的解释，他们还会把这种理解顽固地坚持下去。

3. 知觉的选择性方面

一切影响中学生注意发展的因素都影响着他们对知觉对象的选择，比如知觉事物的直观性、新异性，学生自身的兴趣、需要、动机等。

4. 知觉的恒常性方面

中学生已经发展和完善了这方面的特点，不论物体向何种方向运动以及在何种位置，他们都能知道物体的本来形状。

（三）观察力的发展

中学生的观察力与小学生相比具有明确的目的性，持久性、精确性也显著提高。另外随着思维水平的提高，中学生观察力的概括性逐渐增强，他们能够在观察中发现事物的异同，找出事物的规律及其与其他事物的内在联系。

三、中学生注意的发展

（一）中学生注意发展的特点

1. 注意逐渐向高级形态发展和深化，从以无意注意为主向有意注意过渡

随着儿童年龄增长，无意注意的发展曲线是呈递增趋势的。在小学二年级以前无意注意就已出现，以后迅速发展，到初中二年级达到发展巅峰，而后又缓慢下降。无意注意虽然在中学时期逐渐居于次要地位，但无意注意却有了进一步的深化，并达到成人的水平，产生无意注意的原因由外部为主转变为以内部为主。最初无意注意的产生主要依靠外部刺激物的作用，随着中学生自身兴趣、爱好的逐渐稳定，无意注意的产生主要受到兴趣、爱好的影响。研究表明，由于强烈的直接兴趣的影响，约有90%的中学生明显地表现出偏科现象。这是无意注意发展和深化的具体表现。

与此同时，中学生的有意注意也得到了迅速发展并不断深化。他们学习、活动的目的性、计划性和自觉性日趋提高，注意逐渐具有自我组织、自我调节、自我控制的性质，注意的稳定性和集中性有了长足的发展，出现了更加高级的注意形态——有意后注意。有意注意最终取代无意注意的主导地位是在初中阶段。

2. 注意特征存在个体差异

虽然中学生的有意注意有了明显发展，但无意注意的作用在学习活动中仍占有一定的地位。这就决定了中学生注意的发展明显地存在着几种不同的类型：以无意注意占优势的

情绪型；以有意注意占优势的意志型；以有意后注意占优势的自觉意志型，即智力型。

3. 注意品质不断改善

中学生在注意品质的 4 个方面都有了不同程度的提高。

（1）随着年级的升高，中学生的注意的稳定性增强。注意的稳定性对七年级学生成绩的影响比学习能力对学习成绩的影响更加明显。在七年级到八年级阶段，注意稳定性的提高最为显著。在中学阶段，随着自制力的发展，中学生已经能较长时间稳定地集中注意于某项活动和某个内容，他们的注意保持 45 分钟已无困难。因而课堂教学就不需要再像小学那样，在一节课内变换几种教学形式和方法，只用某种适当的教学形式和方法，也能完成教学任务，保证教学效果。但在初中阶段，学生的情绪仍有冲动的特点，有时也难控制自己的注意，一些中学生还有分心走神的毛病。注意的稳定性到高中阶段增长的速度逐渐缓慢，这可能与高中生注意稳定性趋于成熟有关。

（2）注意的广度除了与知觉对象的特点和性质有关，主要是取决于个人的知识经验。青少年时期是知识经验迅速积累的时期，因此，注意的广度也有了长足的提高。13 岁学生的注意广度已接近成年人水平。

（3）人的注意分配能力发生较早而发展得较为缓慢，但也在不断发展。注意分配能力发展缓慢主要与注意分配必须具备一定的条件有关。中学生动作技能和智慧技能的发展受经验所限，不可能在短期内达到各项活动的高度熟练，所以各个年级学生注意分配基本处于相同水平，没有太大的发展。初中低年级学生在注意分配时也会出现顾此失彼现象，如注意了抄写就忽略了听讲。九年级以上的学生由于各种技能、技巧的稳定性有了提高，才使注意分配能力逐渐向较高水平发展。高中生在学习过程中能够根据不同活动的性质和任务，较好地分配自己的注意。例如，高中生既能听讲，又能抄写；既能注意教师讲解的主要问题，又能注意问题的前后联系。这种有机结合，说明高中生注意分配能力已日趋成熟。

（4）注意转移的能力是随个体大脑神经系统内抑制能力、第二信号系统的发展而得以迅速发展的。虽然随着年级的升高，注意转移速度在加快，但这种变化并不明显。一般而言，高中阶段的学生，注意转移能力才得到较快发展，大多数学生能自觉地根据活动任务把注意从一种对象转移到另一种对象上，但学生间个体差异较大。

（二）中学生注意力的培养

注意是学习活动中重要的心理条件。许多学习成绩不理想的学生存在一个共同的缺点，就是注意力涣散，表现为漫不经心、懒懒散散、粗心大意。因此，培养中学生的注意力非常有必要。教师可以从以下几方面着重培养中学生的注意力。

1. 培养间接兴趣

兴趣和注意有密切的关系，它是培养注意力的一个重要的心理条件。对于有兴趣的事物，大脑皮层就会形成优势兴奋中心，使注意力高度集中，使人记忆敏锐、思维活跃，对所学内容能清晰地反映；相反，没有兴趣，就会对事情漠然置之，很难集中注意力。

间接兴趣是引起和保持有意注意的重要条件之一。有时活动本身缺乏吸引力，但活动的目的与结果使人感兴趣，为了完成活动任务，活动本身则成为有意注意的对象。因此，为了引发学生学习的间接兴趣，教师在一门课开始时应阐明本门课程的学习意义和重要性，让学生明确认识到本学科知识对他们所具有的价值，以引起他们对学习结果的兴趣，从而调动他们对该门课学习的积极性，来唤起他们注意的维持。

2. 养成良好的学习习惯

良好的学习习惯有助于提高注意力。良好学习习惯的养成应从两方面着手。一方面，养成力图把握重点的学习习惯。不管是听课、读书或者是做作业，都要认真思考。认真思考的过程不仅能把注意力吸引过来，还能使认识得到加深，并产生愉快的体验，使注意力稳定。另一方面，养成劳逸结合的学习习惯。疲劳是集中注意力的大敌。长时间连续工作，彻夜不眠地看书，使人疲劳，因而大脑神经兴奋水平降低，注意力难以集中。例如，疲劳驾驶不利于安全行驶。学生在学习的过程中，也一定要注意劳逸结合，保持精力充沛的状态，才能提高注意力集中的水平。

3. 保持良好的心理状态

导致注意分散的重要因素是自己不稳定的心理状态，因此，保持良好的心理状态是维持注意的重要条件。这主要体现在是否有自信心、是否心情愉快、是否心情平静等方面。

（1）能不能使注意集中，自信心是关键。静下心来以后，就要相信自己能够集中注意力、全神贯注地听课，于是就获得好的效果；如果没有信心，认为自己的注意力集中不起来，那就会真的出现注意力不集中。

（2）心情愉快有利于注意集中。心情舒畅或联想愉快的事情能帮助注意的集中。

（3）心情平静有益于注意集中。情绪稳定有助于个人控制自己的心理状态，使自己集中精力，指向学习目标。在需要注意集中之前，要先使心神安定下来，"只要能静下心来，就等于集中了一半的精力"；反之，一个心情焦躁、烦乱的人要想集中注意是很困难的。

4. 重视集中注意的自我训练

培养自己注意力的可靠途径就是训练自己能在各式各样的环境条件下都专心学习或工作。一旦确定了要干的事，就要有计划、有目地地集中注意，去干好要干的事，不受其他刺激的影响和干扰。在进行集中注意的自我训练时，要注意培养对不良刺激的容忍力。安静的环境有利于注意的集中，嘈杂烦乱的环境容易分散注意。有干扰的环境是难以避免的，培养自己抗干扰的能力十分必要。需要特别注意的是，不管是对外部的还是内部（内心的烦乱）的干扰，都应处之泰然。这种内心的安静比环境的安静更为重要，因为环境的干扰只有通过内心的干扰才能起到分散注意的作用。所以，不加强自己抗干扰的能力，而怨恨外界干扰，既是不公正的，也是无益的。对分散注意的刺激的烦恼和愤怒，比刺激本身更能强烈地分散我们的注意，犹如火上浇油一般。这里需要的是耐心和韧性，并加强自我约束。在注意力的训练中，加强锻炼自我调节控制和自我管理的能力是非常重要的。

四、中学生记忆的发展

（一）记忆的整体水平处于人生的最佳时期

青少年正处于记忆力发展的"全盛时期"，记忆训练所产生的效果，也是人生各时期中最好的。随着年龄的增长，中学生记忆发展的总体趋势不断上升，到 16 岁记忆力发展趋于成熟。从 16 岁到 18 岁，学生的记忆成绩基本上没什么变化，也就是说，高中生处于记忆发展的"黄金"时段。

（二）有意识记日益占主导地位

随着年龄的增长，中学生的有意记忆和无意记忆效果都不断提高，但有意记忆逐渐占主导地位。有意记忆的主导地位是从 10 岁开始的，12 岁以后有意记忆的优势更加明显。进入青少年期，随着学习任务的加重，学习动机的不断加强，学习目的性和兴趣性不断提高，个体的有意识记日益占主导地位。到了高中阶段，学生能逐渐自觉地确定目的来支配自己的识记活动，提出适当长远的记忆任务，主动选择良好的记忆方法等。

（三）意义识记明显占优势

在小学生的记忆中，机械识记的成分占主要地位，机械识记在 10 岁左右得到快速发展后，一直保持较高水平。而进入青少年时期后，意义识记成分逐渐加大，两者比重逐渐发生逆变，尤其是进入高中阶段，意义识记占明显优势。但另一方面，从意义识记和机械识记的发展水平上看，高中生意义识记能力高于初中生，而机械识记能力则落后于初中生。可见，在中学阶段，意义识记能力随年龄提高，机械识记能力随年龄下降。

（四）抽象材料的记忆水平显著提高

从记忆内容上看，随着个体的发展，中学生对抽象材料的记忆能力也不断增强，进入青少年后，更有明显的提高。中学生的形象记忆和语词抽象记忆都在发展，但从小学四年级起，由于思维从具体形象占优势发展到抽象逻辑占优势，所以抽象记忆的发展速度也超过了形象记忆，并最终在中学阶段占了主导地位。

五、中学生思维的发展

（一）中学生逻辑思维的发展

整个中学阶段，学生的抽象逻辑思维均得到了迅速的发展。但是，初中阶段与高中阶段，学生的思维发展特点还是存在质的不同。

初中生思维发展的主要特点就是抽象逻辑思维逐步占据主导地位，能运用假设、逻辑法则进行逻辑推理，但这时的逻辑思维还需要具体经验的支持；进入高中阶段以后，学生已能在头脑中进行完全的抽象符号推导，能在理论的指导下分析、解决各种问题。总体而言，中学生思维的发展具有如下特点。

1. 抽象逻辑思维占据主导地位，并由经验型向理论型过渡

进入青少年期，个体的抽象思维能力迅速提高，并占据优势地位，正如皮亚杰所认为的，到了 11 岁至 15 岁，青少年思维进入"形式运算阶段"，即可以在头脑中把形式和内容分开，脱离具体事物进行逻辑推演。初中阶段，个体的抽象思维虽开始占优势，但在很大程度上尚属经验型，仍需要感性经验的直接支持。八年级是中学阶段思维发展的关键期，从八年级开始，抽象思维由经验型向理论型转化，到高二初步完成，趋向成熟。

抽象逻辑思维就是要求人们抛开具体事物，运用概念和假设进行思维活动，它要求思维者按照提出问题、明确问题、提出假设、检验假设的途径，经过一系列抽象逻辑的过程，达到解决问题的目的。

由于生理心理的发展，初中生认知结构发生新的变化，使得他们在解决问题时能逐渐熟练地运用假设、抽象概念、逻辑法则以及逻辑推理等手段来解决问题；而高中生在思维中运用假设的能力不断增强，使得高中生的思维更加具有预计性。高中生在解决问题之前，能事先形成计划、方案以及策略。同时，高中生思维活动的自我意识或监控能力更加明显化，他们能够意识到自己的智力活动的过程，并在一定程度上加以监控。

经过中学阶段的发展，高中生的抽象逻辑思维已具有充分的假设性、预计性及内省性。抽象逻辑思维的各种思维成分基本趋于稳定，开始达到理论型抽象逻辑思维的水平；个体在思维品质和思维类型上的差异已趋于定型，与成人期的思维水平基本保持一致。

2. 形式逻辑思维逐渐发展，在高中阶段处于优势

整个中学阶段，形式逻辑思维已获得了相当完善的发展，在其思维活动中占据主导地位，主要表现在其概念、推理和逻辑法则等的应用能力上。

（1）经过整个中学阶段的发展，中学生已经逐步掌握了系统的、完整的概念体系。在概念的理解上，从初中开始，已经逐步从理解概念的外延特征（如事物功用性或具体的描述）向理解概念的本质定义转变。到了高中以后，学生已经能较正确地对社会概念、哲学概念和科学概念做出定义。在概念的分类上，已经逐步能揭示事物的本质，具有较强的理论性。

（2）中学生的推理能力基本达到成熟。七年级学生已开始具备初级水平的推理能力，但假言、选言、复合、连锁等演绎推理和运用推理解决问题的能力都还较差。到了高中之后，学生的各种推理能力都得到了较好的发展。特别是高中二年级以后，学生的各项推理能力基本发展完善。

（3）中学生能够较好地运用逻辑法则。初中生已经基本上掌握并能运用逻辑法则，到高中二年级，学生在掌握和运用逻辑法则方面已趋于成熟。但在掌握不同逻辑法则的能力上存在着不平衡性。

3. 辩证逻辑思维迅速发展

形式逻辑思维和辩证逻辑思维是抽象逻辑思维的两个不同的发展阶段，它们的发展和

成熟是青少年思维发展和成熟的重要标志。

中学生的辩证逻辑思维发展有如下趋势：七年级学生已经开始掌握辩证逻辑的各种形式，但水平较低；九年级学生的辩证思维则处于迅速发展阶段，九年级是一个重要的转折时期；高中学生的辩证逻辑思维已趋于优势的地位，他们已经能多层次地看待问题，理解一切事物都处于互相制约、互相联系或者是对立统一的关系之中。

（二）对问题情境的思维有质的飞跃

首先在提问方面，与小学生相比，中学生对问题情境的思维具有三方面质的飞跃。

1. 提问趋于探究性

小学生好问，但其作用主要在于扩充知识，问题偏重于"是什么"；而中学生的问题偏重于"为什么"，主要在于寻求事物的内在联系和本质特征。尤其到了高中阶段，学生提出的问题更有探究性与思辨性。

2. 提问具有开拓性

小学生提问的范围比较窄，直观性强，主要围绕自身能够直接接触到的事物。中学生由于生活领域的扩大，学习内容的增多以及自我意识的发展，使得其提问的范围大大扩展，涉及诸多的社会现象甚至科学规律和人生意义。尤其到高中阶段以后，学生更能以其丰富的想象和抽象的思维，摆脱时空束缚，在更广阔的背景上思考社会与人类、历史与现实、未来与理想、信仰与人生等具有哲理性的问题，使得问题的范围得到开拓。

3. 提问具有逆反性

首先，在对答案的态度方面，小学生提问往往满足于成人的现成答案，对答案多持接受态度；而中学生则不囿于成人的现成答案，对答案多持怀疑、批判的态度，甚至对课本上的"金科玉律"也敢质疑、辩驳，从而使其提出的问题富有逆反性和挑战性。因而，中学生也就更会从习以为常、约定俗成的现象中发现问题、提出问题。

其次，在求解方面，中学生对问题情境的思维具有两个质的飞跃。第一，能够运用假设。小学生求解问题，要么直接向成人索取答案，要么经验性地归纳，缺乏假设过程；青少年能抛开具体事物，使用以概念支撑的假设进行思维，使问题解决过程合乎科学性。第二，具有预见性，他们会拟订计划、思考步骤，有条理地求解问题。

（三）思维品质的矛盾性

中学生的思维品质虽有了较大的发展，但与心理发展的矛盾性特点相对应，其在思维品质的发展中也表现出明显的矛盾性，这种矛盾性在初中阶段尤为突出。具体来说有以下两方面。

1. 思维的深刻性与表面性共存

随着思维的抽象概括能力的提高，中学生思维的深刻性也有了明显的发展，但思维的表面性还明显存在。尤其在初中阶段，学生在分析问题时还常被事物的个别特征或外部特征所困扰，而难以深入把握事物的本质。

2. 思维的批判性与片面性共存

随着自我意识和独立性的发展，中学生在八年级以后其思维的批判性得到了显著的提高。他们已经不满足于教师或教科书关于事物和现象的解释；不再像小学生那样相信家长、教师的话和权威意见；喜欢独立地寻求和争论各种事物现象的原因和规律；常常独立、批判地对待一切。但中学生（特别是初中生）的思维批判性还不成熟，具有一定的片面性。初中生思维的片面性主要表现为其思想的偏激与极端，不能全面、辩证地分析问题、解决问题，而是抓住一点而不及其余。这种思想的片面性体现在以下三个方面。

（1）反映在他们对人、对事的态度上，狂热的"明星崇拜"就是出现在这个阶段，少男少女们常收集大量的他们所崇拜的明星照片，甚至在发式、服装、姿态及言行举止上竭力模仿某位明星，从中能获得心理上的满足感，而没有明确意识到自己在现实生活中的身份及所应追求的目标。

（2）思维的片面性还使初中生在思考、分析问题时极易钻牛角尖，经常陷入思想的死角而不能自拔，严重者会出现心理障碍。

（3）初中生在日常的学业活动中，在显示出很高的创造力的同时，又暴露出思想上缺乏严谨的逻辑性及全面性。所以，对问题的最后处理结果常常是虽然很有新意，但并不准确。中学生（特别是初中生）在独立思考能力发展上的这些特点是和他们的知识不足相联系的，是和他们的辩证思维发展不足相联系的。教师一方面要大力发展他们的独立思考能力，随时加以引导，另一方面要对他们独立思考中的这些缺点给予耐心的、积极的说服教育。对中学生的缺点采取嘲笑的态度是不对的；反之，采取放任不管的态度也是不对的。

（四）思维活动中自我中心的出现

初中生思维活动的自我中心主要表现为：虽然他们能区别自己与他人的想法，但不能明确区分他们自己关心的焦点与他人关心的焦点的不同。初中生自我中心式思维的结果之一就是在心理上制造出了假想的观众。他们感觉每天就像生活在舞台上一样受到别人的欣赏或批评。在初中生自我中心的思想中，与"想象的观众"相对应的是关于"个人的虚构"。初中生将别人如此关注他们的原因解释为自身的"与众不同"，即他们具有一个独特的自我。因此，他们总是将思想集中在自己的情感上，常常夸大自己的情绪感受，认为他的情绪体验是独一无二的，只有他才能感受到那种极度的痛苦与极度的狂喜。初中生思维中这种自我中心的特点是与他们当时所具有的身心特点紧密联系的。高中阶段，这种自我中心倾向就会逐渐削弱，逐渐会明确区分出自己与他人思想上关注点的区别，认识到自己的主观意见与现实之间的差异，更好地掌握分析问题的客观标准，这时个体的思维就又发展到一个新的水平。

(五)出现了思维中的元认知现象

中学生由于自我意识的发展,主体和客体自我发生分化,能做到对思维的思维,即反省思维。这使中学生对自己的思维活动能进行自我监控、调节,以改进思维策略,这也就是思维中的元认知现象。

1. 思维监控的概念

思维监控是指为了保证达到预期的目的,在思维过程中将思维个体作为意识的对象,不断地对其进行积极主动的定向、控制、调节的能力。思维监控的发展是中学生思维发展的一个显著特点,也是其思维发展趋于成熟的一个标志。

2. 思维监控的功能

思维的自我监控是整个思维结构的统帅和主宰。思维的自我监控有六大功能:①确定思维的目的。②管理和控制非认知因素,有效地保护积极的非认知因素,努力将消极的非认知因素转化成积极的非认知因素。③搜索和选择恰当的思维材料。④搜索和选择恰当的思维策略。⑤实施并监督思维的过程。⑥评价思维的结果,检查当前的思维结果是否与既定的目的一致;如果不一致,对前五种功能做必要的调整和修正。如此循环往复,直到实现既定的目的。

3. 思维监控的发展特点

七年级到高一期间,中学生自我监控能力的发展速度比小学生快得多,其计划性、准备性、方法性和反馈性得到了很好的发展。中学生与成人在问题解决过程中的即时监控表现差异不显著,他们的思维监控能力已经接近成人水平。有关中学生自我监控能力的发展特点的研究发现,随着年龄的增长,中学生自我监控水平不断提高。

(六)创造性思维发展进入关键期

随着年龄的增长,青少年的创造性思维水平总的趋势是不断向前发展的,年级越高,创造性思维成绩越好,但发展速度是不均匀的。高二是创造性思维发展的高潮,七年级和高三是创造性思维发展的低潮。随着年龄的增长,高中生的创造性思维的流畅性呈下降趋势,变通性平稳发展,独特性逐渐提高。

七年级学生的创造性思维水平较低,原因有很多。在生理方面,此时正是个体由儿童向青少年期过渡的年龄;中学生对行为规范具有高度的一致性趋向,思维变得较为稳健、平常;原有的认知结构也已远远不适应初中。而高中二年级学生创造性思维发展迅速,是因为在生理上这一阶段青少年已经发育成熟,并且已经接近成年;此外,这一阶段的青少年基本上完成了知识的学习任务,已经积累了较为完备的创造性思维所要求的有关领域的技能。

创造性想象是创造性思维的主要组成部分和表现形式,是指在创造活动中不依据现成的描述,而根据一定的目的、任务,在头脑中独立地创造新形象的过程。中学生创造性想象能力在12~17岁呈平稳增长趋势,但在14岁和18岁有所下降。也就是说,12~13岁、

14～17岁是青少年创造性想象能力迅速发展的时期，17岁以后创造性思维发展非常缓慢，呈现一种稳定状态。

除创造性想象外，中学生创造性思维的发展还表现在顿悟、类比迁移及假设检验等方面。中学生的创造性思维处于高度发展阶段，个体创造性思维水平的高低对其创造力的表现有重要影响。

六、中学生想象的发展

（一）初中生想象的有意性迅速增长

八年级到九年级是学生空间想象力发展的加速期或关键期。初中生想象的创造性成分在不断增加。

（二）初中生想象的现实性在不断发展

想象的内容比较符合现实，富有逻辑性。初中生的想象具有现实性、兴趣性，有时也带有虚构的特点，而要达到理性的想象一般要到高中阶段。

（三）想象中创造性成分日益增多

由于表象的积累和言语的发展，不但再造想象更富有独创的成分，而且以独创性为特色的创造想象也日益发展起来。高中生想象的特点主要表现在他们的创造性成分的增加和理想的形成、发展方面。高中生更重视现实，他们的理想不仅考虑自己的兴趣，还要考虑到有无实现的可能和条件，一旦有可能如愿，他们就会为之而奋斗，争取实现自己的理想。

★真题链接★

单项选择题

9.3 人的高级心理机能是在一定社会历史文化背景下，借助语言，通过人与人之间的社会交往而形成的。持这种观点的心理学家是（　　）。

A. 维果斯基　　B. 乔姆斯基　　C. 巴甫洛夫　　D. 弗洛伊德

9.4 学生在成人的指导下可以达到的水平与实际发展水平之间的差距，维果斯基称之为（　　）。

A. 教学支架　　B. 最近发展区　　C. 先行组织者　　D. 互相协助

第三节　中学生情绪的发展

随着年龄的增长，中学生情绪的社会性成分不断增加。中学以后，由于生活条件的变化和教育的提高，情感内容进一步深化。中学生情绪情感发展的特点主要体现在以下几方面。

1. 中学生情绪情感非常丰富

从自我意识的发展来看,中学生出现较多的自我体验,自我尊重的需要强烈,易产生自卑、自负等情绪体验。

从社交方面来看,中学生的交往范围日益扩大,与同学、朋友、师长之间的交往更细腻、更复杂,对友谊有了更深层次的理解。有的中学生还开始体验一种更特殊的感情活动——恋爱,而恋爱活动往往伴随着深刻的情感体验,这种特殊的体验对中学生有十分重要的影响。随着性意识的萌芽,中学生开始感受到来自异性的吸引,并产生接近异性的倾向和愿望。但由于认识水平不高,容易形成表面疏远而内心"爱慕"的矛盾心理与行为。这应该引起教师和家长的注意,并采取相应的引导措施。

从社会实践活动来看,中学生通过各种活动了解社会,学习社会道德规范,对自己的身份、角色、志向、价值等问题有了更深入的思考。部分中学生确立了道德感、正义感,同时理智感、美感、集体荣誉感等高级情感也有所发展,高中生的高级情感比初中生更为深刻,道德感、理智感、美感的内容与水平日益丰富与提高。但是由于认知水平和知识经验的局限,其高级的社会性情感具有一定的狭隘性和肤浅性。

2. 情绪兴奋性高且易波动起伏

中学生给人留下的第一印象就是易激动,即兴奋性高。同样的刺激情境,对成年人来说,可能不至于引起明显的情绪反应,但能激起青少年较强烈的情绪体验,甚至导致冲动。同时,青少年的情绪又易波动起伏,这表现为两方面:一方面,青少年会因为一时成功,欣喜若狂,激动不已;又会因一点挫折,垂头丧气,懊丧不已,从而出现情绪两极间的明显跌宕。另一方面,青少年常会出现似乎莫名其妙的情绪波动、交替,给人以变化无常的感觉。

3. 情绪理解能力增强,学会运用情绪表达规则

中学生能更好地认识到情绪的产生有复杂的心理原因。他们对别人特别是同伴的情绪特别敏感,对情绪的理解也较为准确,对直接引起情绪的事情反应强烈。随着年龄的增长,中学生渐渐学会如何表达自己的情绪。

4. 能采用有效的情绪调节手段

中学生的情绪调节经历了一个由外部调节转到内部自我调节的过程,并在遇到情绪困扰时,能够运用有效的手段来调节自己的情绪。

5. 情绪的心境化与文饰现象

中学生尤其是进入青年初期的高中生,会出现情绪反应时间明显延长的情况,这种延长表现在两个方面:一是延缓做出情绪反应;二是延长情绪反应过程,从而出现情绪反应心境化的趋势。

与此相联系的另一种情况便是情绪文饰现象,即个体内部的情绪体验被外部的情绪表现所掩饰,出现表里不一致的情绪现象。青少年会出现内心很难过却面带微笑,明明很得意却装得若无其事,心里喜欢某位异性同学却又在公开场合表现得十分冷漠的种种情绪文

饰现象，从而使青少年的情绪生活变得复杂化，令人难以捉摸。

6. 出现反抗情绪与逆反心理

逆反心理是指人们彼此之间为了维护自尊，而对对方的要求采取相反的态度和行为的一种心理状态。中学生的逆反心理往往发生在父母或教师等成人遇事"爱唠叨"或者说话过头，限制了他们的求知欲、好奇心、交友结伴的时候。

7. 情绪变化两极性

情绪和情感的两极性是指每一种情绪和情感都能找到与之对立的情绪和情感。在快感度、紧张度、激动度和强度上，情绪和情感都表现出互相对立的两极。这种两极性是情绪和情感的主要特征之一。情绪和情感的两极性具体表现在以下4个方面：①在快感度方面，两极为"愉快—不愉快"；②在紧张度方面，两极为"紧张—轻松"；③在激动度方面，两极为"激动—平静"；④在强度方面，两极为"强—弱"。这4种情绪和情感的两极并不是绝对相互排斥的，它们之间有一定的关联。每一方面的两极也不是不可相互转化的，如"乐极生悲""破涕为笑""喜极而泣"等成语，都反映了这种变化。中学生情绪的两极性具体表现有如下几点。

（1）复杂与简单共存。进入中学以后，随着环境的改变、视野的扩大、知识的增多，中学生的情绪领域也在不断拓宽。情绪内容日趋复杂，其范围已经发展为对学习、生活、友谊等的体验，以及对一切热衷事物的体验。但是，由于诸多因素的影响，中学生的所有情绪体验，尤其是高级情感体验尚存在一定的简单性，如有的中学生对理想的追求仅仅是因为兴趣深厚，对学习的热情仅仅是为了荣誉，把友谊理解为"义气"等。

（2）强与弱共存。中学生的情绪十分强烈，为一件小事或暴跳如雷，或欣喜若狂，或欢呼雀跃，或垂头丧气的现象屡见不鲜。与此同时，他们的情绪还有着温和细腻的一面，在与知心朋友、敬重的师长交往时，他们也会表现出温文尔雅、和颜悦色的形象，即使有令人不快的事情发生，有时也会冷静理智地对待和处理。

（3）波动和稳定共存。中学生的情绪波动性表现为情绪的大起大落，往往从一个极端走向另一个极端，顺利时晴空万里，受挫时愁云满天，今天对某人佩服得五体投地，明天又觉得不屑一顾。与波动性相对的是稳定性，中学生在形成一种看法后，有时也会表现出一定的坚持性，不易改变。

（4）微妙的隐蔽性。中学生的情绪不再像儿童那样天真直露、心口如一，开始表现出文饰性、内隐性。有时会把自己真实的内心情绪世界封闭起来，对自己内心的真实想法或真实情绪是否予以表现也时常依时间、对象、场合而决定。但中学生毕竟阅历较浅，涉世未深，内心深处存在希望被理解的强烈愿望，依然比较坦诚、率直，当意志不能完全控制情绪时，也会锋芒毕露；当遇到知己时，也会倾诉真情。

单项选择题

9.5 中学生小博得知自己物理竞赛成绩名列年级第一,在家里高兴得手舞足蹈,但在学校却表现出若无其事的样子。这反映了小博的情绪具有(　　)。

A. 矛盾性　　　B. 激动性　　　C. 掩饰性　　　D. 短暂性

9.6 小东在解决了困扰他许久的数学难题后出现的喜悦感属于(　　)。

A. 道德感　　　B. 理智感　　　C. 美感　　　　D. 效能感

9.7 王悦接到高考通知书已经有十多天了,仍心情愉悦,往常觉得平淡的事也能让她很高兴,这种情绪状态属于(　　)。

A. 激情　　　　B. 心境　　　　C. 应激　　　　D. 热情

9.8 当同学们获悉本班取得学校合唱比赛第一名的成绩时欣喜若狂,他们的情绪状态属于(　　)。

A. 心境　　　　B. 激情　　　　C. 应激　　　　D. 热情

第四节　中学生性心理的发展与异性交往辅导

一、中学生性心理的特点

(一)性心理的概念

性心理是个体伴随着性生理发育而出现的一系列与性有关的心理活动,主要包括性意识、性观念、性情感以及性适应等。健康的性心理是指上述各方面既符合社会文化的道德规范,又有利于自己身心健康发展的心理状态。

(二)中学生性心理的特性

青春期的中学生性心理是非常复杂的,它和人的个性、年龄及性别有很大联系。和成年人的性心理比较起来,中学生性心理的特点有如下几点。

1. 本能性和朦胧性

这种本能性和朦胧性缺乏深刻的社会内容,基本上还是生理急剧变化带来的本能作用。他们对异性的认识还披着一层朦胧的面纱,对异性的兴趣、好感和爱慕主要是单纯的异性间的吸引。不少青春期的学生不了解性的知识,对性有很多神秘感。

2. 内在强烈性和外在文饰性

青少年的性心理通常会以一种反向形式显示出来。他们虽然十分重视自己在异性心目中的印象和评价，但表面上却表现出拘谨、羞涩和冷漠的样子；他们心里可能对某一异性很感兴趣，却表现出无动于衷、不屑一顾的样子，甚至还会以无礼、粗鲁的方式来对待自己感兴趣的异性；他们表面上十分厌恶异性间的亲昵和接触，实际上却渴望体验。

3. 动荡性和压抑性

青春期是人一生中性能量最旺盛的时期，但由于不少孩子的心理还不成熟，他们的性心理极易受到外界不良因素的影响而动荡不安。同时，有的孩子由于性能量得不到合理的疏导，而导致过分的压抑，少数孩子还可能以扭曲、不良甚至变态的行为方式表现出来。

4. 男女性心理的差异性

女性性心理比男性成熟早，而男性获得某些性的体验在年龄上要比女性早。在对异性感情的流露上，男生较外显、热烈，女生则含蓄、深沉；在内心体验上，男生多新奇、喜悦和神秘，而女生则常常是惊慌、羞涩和不知所措；在表达方式上，男生一般较主动，女生往往采取暗示的方式。此外，男生的性冲动易被视觉刺激唤起，而女生则易在听觉、触觉刺激下引起兴奋。

（三）中学生性心理的发展特点

1. 性意识出现

性意识是指人对性的认识和态度，是人类关于性问题的思维活动，它左右着人的性行为。人类性意识发展一般要经历性别意识的儿童期、爱慕异性的青春期、性行为意识的成熟期。在性别意识的儿童期，儿童只能从身体外形上区分男女之间的区别，而对于性的真实含义并不明白。进入青春期以后，由于性机能的逐渐成熟，中学生表现出对性的特别关注、兴趣和向往，这些微妙变化和特殊的心理体验即为性意识出现。中学生性意识的特点有如下几点。

（1）渴望了解性知识。由于第二性征的出现，中学生渴望认识自己与异性的不同，渴望理解新奇的生理变化，希望探究生理要求产生的原因和满足的方式。因此，他们从各种途径去探索和获取性知识。

（2）对异性充满好奇与爱慕。当中学生发现异性与自己的差异时，他们充满好奇并希望通过多种途径进行了解。他们喜欢与异性交往，愿意互相接近，相互怀有好感，出现情感上的相互吸引和爱慕。他们会自觉不自觉地用遐想来达到精神上的满足，如憧憬未来的生活，构想与心目中的异性在一起的浪漫情景，有时会想入非非，迷恋、爱慕自己心目中的偶像，以满足精神上的需求。

（3）在异性面前容易紧张和兴奋。他们希望自己在异性面前表现得更出色，展示自己的才华和外貌，以吸引异性。男孩希望在自己钟爱的女生的心目中成为英雄和崇拜的对象，女孩则以文静庄重或矜持等方式展现自己的女性美。这种心理动态又需要隐蔽，反而缩手缩脚，行为失态，有时弄巧成拙，可能损伤自尊心，甚至可能因此出现心理障碍。

（4）性冲动和性欲望的出现。青少年进入青春期以后，出现性欲望和性冲动，是发育中的正常生理现象与心理现象。

2. 性情感的发展变化

在与异性朋友的接触和交往中，双方都会感到一种相互吸引的力量。性情感是指在两性活动中有关爱慕、吸引或憎恨等感情的发展变化。中学生性情感的发展要经历以下几个阶段。

（1）疏远异性阶段。中学生在青春发育初期，由于生理上的急剧变化，开始朦胧地认识到两性差别，往往对性的问题感到害羞、腼腆、不安和反感。于是在心理上和行为上表现出不愿接近异性、彼此疏远、男女界限分明、喜欢与同性伙伴密切相处等情况。这种对异性疏远的背后潜藏着对性别差异的神秘心理。这一时期的性意识是由对两性关系的无知到有意识，是一种朦胧状态。这种变化是由于中学生自身生理的发育，导致本能地产生对异性短暂的疏远或隔膜。但是这种现象如果长久持续下去，就会影响男女同学之间的正常交往与友谊，甚至出现异性交往恐惧症。

（2）接近异性阶段。随着中学生年龄的增长，生理、心理的进一步成熟，男女之间会产生一种情感的吸引，相互怀有好感，对异性表示出关心，萌发出彼此接触的要求和愿望。开始喜欢一起学习、一起参加各种活动和交往，并对异性表示关心、体贴，乐于帮助异性同学以博得异性好感，这个阶段的性意识带有朦胧的向往的特点。此时，要提醒中学生，既要告诉他们对异性的兴趣出于自然，不必紧张和自责，又要鼓励他们把注意力转向学习知识、确立远大的人生目标，为将来的生活旅途积累资本。

（3）异性眷恋阶段。随着生理上的进一步成熟及社会生活的全面影响，此时男女学生在异性好感的基础上，各自形成一个或几个异性的"理想模型"，并在众多男女生共同交往中，逐渐由对群体异性的好感转向对个别异性的依恋。他们仅把特定的异性视为自己交往的对象，持续地交往，相互爱慕，进入恋爱。这个阶段的爱情多为内心隐蔽的爱情，他们一般有蕴藏在内心的强烈眷恋，可又不敢公开表露，大多数还不倾向于直接以肉体接触来表达恋情，而是用精神心理交往的方式来显示自己的情感纯洁性。

青春后期的高中生却表现出较冷静的情绪和理智的思考，较能控制自己的冲动。当然，由于还达不到成年后那种理智与克制水平，在两性交往中也可能有不适当的表现。由于高中生的独立意识较强，与父母的关系较疏远，家长的控制力下降，所以高中生一旦失去自我控制，就比初中生更容易发生性失误、性越轨，甚至做出悔恨终生或严重影响双方身心健康的事情。目前，家庭和学校过于注重高中生的学业状况，却忽视他们的性成熟、性心理发展中的问题，更无力指导他们的异性交往，因此，通过社会途径对高中生进行关于友谊、爱情、性与婚恋的教育就更为迫切。

（4）择偶尝试阶段。高中毕业进入大学的青少年（18~20岁左右），青春期已到尾声，是由青少年期到青年期的过渡阶段。此时期的青年显然比青春期中期更为成熟，对异性的爱慕和追求更趋专一化，萌发爱情，进入了恋爱择偶的时期。

处于青春期的中学生的性情感有一个由幼稚向成熟、由波动向稳定发展的过程。在这一过程中，正确的引导和教育是青少年性情感走向成熟的关键。教师要教育青少年做情感的主人，加强道德意志的训练。性心理的发展变化是与一个人的道德认识、道德情感和道德意志相联系的。对异性的情感，表明一个人的价值观。而且，伴随着情感体验和生活经验的积累，以及对自我认识的深入，中学生逐渐形成了较高的自我评价和自我尊重的需要，这种需要引起了一定的自我调节，并自觉地抑制、监督、改变自己的行为。缺乏情感自我调节和行为控制能力的中学生，在性刺激和性冲动面前常常放纵自己，直接造成性欲求的泛滥。为此，教师应该尊重中学生的人格，教育他们自尊、自爱，做情感的主人。教师必须在提高青少年认识的基础上加强道德行为训练，要使他们懂得必须顺从社会生活的基本准则和纪律秩序，通过制订规划、反复练习、严格要求、及时强化，以提高其自我控制能力。

二、对中学生正确处理异性交往的指导

中学生异性交往是十分自然、正常的现象，作为教师，一定要理解、宽容，多做调查和研究，不能采取回避、听之任之的态度，更不能"草木皆兵"，把中学生异性交往视为"洪水猛兽"，甚至严厉禁止异性同学之间的交往。教师对中学生在异性交往方面的指导应注意以下几点。

（一）重视青春期性教育

教师和家长都要重视孩子青春期的性教育，而且要把握好教育尺度，在传授性知识的时候，用符合中学生年龄特点、能被他们接受的方式为宜，而不是简单地把成人的知识教给孩子，或是单纯地迎合孩子的心理。青春期性教育包括三方面的内容：性生理教育、性心理教育和性道德教育，其核心是性道德教育。青春期性教育可以消除学生对异性的神秘感，增强学生的自我控制能力，使他们正确认识与异性同学的关系，把握与异性同学交往的分寸，掌握与异性交往的礼仪，严肃对待恋爱、婚姻以及性的问题。

（二）进行爱情基础知识教育

教师要告诉学生"青春期不是播种爱情的季节"。爱情是美好的，但是过早涉足爱河利少弊多。爱情是复杂的人生课题，爱情意味着无私的奉献与崇高的责任，要使对方获得终身的幸福。中学生缺乏生活经验和人生阅历，还不能领会爱的真正内涵，处理爱情问题力不从心。况且，中学生的未来还是未知数，自己的生存需要还要靠父母解决，更没有能力使所爱之人幸福。懂得了这个道理，中学生就会更自觉地约束自己的情感和行为，理智地对待与异性同学的交往，并把主要精力用于学习。

（三）更新观念，认识异性交往的意义

异性交往是中学生身心发展的必然结果，青少年时期是个体社会化的关键期，在这一

阶段，个体与异性同伴的正常交往对他们的成长和发展具有重要的适应意义。异性交往可以促进青少年同一感的发展，增进中学生的心理健康，增进青少年之间的友谊，促进中学生的社会性发展，对中学生的心理、行为有多方面的积极影响。学会与人相处、与异性交往，是个体成长不可或缺的内容，也是中学心理素质教育的一项重要课题。

由此，家长、老师和学校绝不应忽视这方面的教育，更不该因噎废食，将其作为不正当的行为而一味驳斥。教育者应当提高自身的鉴别能力，坚决摒弃对异性友谊和爱情"一刀切"的干预方式。

（四）指导行为，让学生能够正确地处理性冲动、恰当地与异性交往

青春期学生的一个特点是冲动和盲目，因此需要指导中学生按照社会文化规范的要求，约束和调整自己的性欲望和性行为，恰当地处理与异性相处的关系。

性欲望是青春期性心理的突出表现之一，它是随着性意识的觉醒而产生的。中学生的某些性欲望，如与异性正常交往的欲望应该予以满足，而不应设男女之大防。而一些如性尝试的欲望，则应该加以约束。青春期性欲望强烈是自然规律，一味压抑或放任自流都是错误的。

（五）开展丰富多彩的集体活动

组织适合中学生身心特点的丰富多彩的集体活动，充实文化生活，提供异性正常交往的渠道，既可以满足他们正常交往的需要，也可以使异性交往过密的学生迁移兴奋中心。开展丰富多彩的集体活动，可以给学生的身心发展创设宽松的环境，引导学生积极向上，激发异性同学之间的相互竞争与共同进步，从而把异性同学之间的吸引力转化成班集体团结向上的凝聚力，使每位学生都能在这个集体中健康成长。

复习思考题

1. 什么是心理发展？简述心理发展的一般特征。
2. 简述皮亚杰的认知发展理论。
3. 简述维果斯基的最近发展区理论。
4. 中学生思维发展的特点有哪些方面的表现？
5. 如何指导中学生正确处理异性交往？

第十章　学习基本理论

本章学习目标

了解联结学习理论的代表人物桑代克、巴甫洛夫和斯金纳的著名实验并掌握其理论的基本观点；

掌握认知学习理论、人本主义学习理论和建构主义学习理论的基本观点。

核心概念

尝试—错误说、经典条件作用、强化、顿悟、意义学习、建构主义

第一节　联结学习理论

一、桑代克的尝试—错误说

桑代克是美国著名心理学家，现代教育心理学的奠基人。他于19世纪末就开始进行了大量的动物学习的实验研究，其中最著名的实验是"饿猫学习如何逃出迷笼获得食物"的实验（见图10-1）。桑代克将饥饿的猫禁闭于"迷笼"之内，饿猫可以用抓绳或按钮等不同的动作逃出笼外获得食物。饥饿的猫第一次被关进"迷笼"时，开始盲目地乱撞乱叫，东抓西咬，经过一段时间后，它可能做对了打开迷笼门的动作，逃出笼外。桑代克重新将猫再关入笼内，并记录每次从实验开始到猫做出打开笼门的正确动作所用的时间。经过上述多次重复实验，桑代克认为猫是在进行"尝试错误"的学习，经过多次的尝试错误，饥饿的猫学会了打开笼门的动作。因此，有人将桑代克的这种观点称为学习的尝试—错误说，或简称为试误说。

图10-1　桑代克迷笼实验装置之一

20世纪20年代，桑代克又进行了大量的人类学习实验。桑代克依据动物和人类学习的实验材料，创立了学习的联结说，认为学习就是在情境与反应之间形成了一定的联结。

桑代克的"尝试—错误说"有如下几个基本观点。

第一，学习的实质在于形成联结。

通过对动物和人类的实验研究，桑代克认为，学习过程在于形成一定的联结。对此，他明确指出"学习即联结，心即是一个人的联结系统"，同时"这些系统，下自26个字母，上至科学或哲学，其本身都是联结造成的"，他还认为，"人之所以善于学习，就是因为他形成了许多联结"。

第二，情境与反应之间的联结是通过尝试错误而建立的。

桑代克认为，学习的过程完全是盲目地尝试错误。桑代克提出形成情境与反应相联结的三条主要的学习律，即准备律、练习律和效果律。准备律是指当某一情境与某一反应准备联结时，给予联结就引起学习者的满意；反之，当某一情境与某一反应不准备联结时，要求联结就引起烦恼。练习律是指一个学会了的反应的重复将增加刺激—反应之间的联结，练习和使用得越多，就越来越得到加强；反之会变弱。刺激—反应联结的应用会增强这个联结的力量，联结的失用（不练习）会导致联结的减与弱或遗忘。效果律是指学习者对刺激情境做出反应的过程中，如果获得满意的结果，该反应与特定刺激的联结就会增强；如果获得令其烦恼的结果，刺激与反应的联结就会削弱。除了三条主律外，桑代克还提出5条辅助定律，即多重反应、心向或意向、选择反应、类比反应和联想性转移。

第三，动物的学习是盲目的，而人的学习是有意识的。

在谈到"试误学习"的性质时，桑代克认为，动物的学习和人的学习不同，动物的学习都是盲目的，无须以观念为媒介，而人的学习是有意识的。

二、巴甫洛夫的经典条件反射论

巴甫洛夫是俄国著名的生理学家和心理学家，他通过对动物的实验研究，提出了经典条件反射论，其中最著名的是狗分泌唾液的实验。实验安排如图10-2所示，在实验中，巴甫洛夫将狗置于隔音实验室内。首先向狗呈现铃声刺激，铃响半分钟后便给予食物，则狗产生唾液分泌反应。当铃声与食物反复配对多次以后，仅呈现铃声而不出现食物时，狗也会产生唾液分泌反应。在这个实验开始时，食物可以诱发狗的唾液分泌反应，但铃声不能诱发狗的唾液分泌，这时食物称为无条件刺激，铃声称为中性刺激，诱发的唾液分泌反应称为无条件反应。在铃声与食物多次匹配之后，单独呈现铃声而没有食物时，狗也会分泌唾液。此时，铃声具有了诱发唾液分泌反应的力量，成为条件刺激，而单独呈现条件刺激即能引起的反应称为条件反应。这就是经典条件反射的形成过程。巴甫洛夫在实验基础上创立了条件反射学说，认为条件反射的形成是在中枢神经系统内形成了"暂时性神经联系"。

图 10-2 巴甫洛夫实验图示

巴甫洛夫经典条件反射的基本规律如下所述。

（一）习得律与消退律

在条件作用的获得过程中，条件刺激与无条件刺激之间的时间间隔十分重要。一方面，条件刺激和无条件刺激必须同时或近于同时呈现，间隔太久则难以建立联系；另一方面，条件刺激作为无条件刺激出现的信号，必须先于无条件刺激呈现，否则也将难以建立联系。如果条件刺激重复出现多次而没有无条件刺激相伴随，则条件反应会变得越来越弱，并最终消失。然而，要完全消除一个已经形成的条件反应则比获得这个反应要困难得多。

（二）刺激泛化与分化

人和动物一旦学会对某一特定的条件刺激做出条件反应以后，其他与该条件刺激相类似的刺激也能诱发其条件反应。因此借助刺激泛化，我们可以把已有的学习经验扩展到新的学习情境中，从而扩大学习范围。但是泛化刺激所引起的泛化反应，有时是不准确或不精确的，这就需要刺激分化。

刺激分化指的是通过选择性强化和消退，使有机体学会对条件刺激和与条件刺激相类似的刺激做出不同的反应。例如，为了使狗能够区分开圆形和椭圆形光圈，如果只在圆形光圈出现时才给予食物强化，而在呈现椭圆形光圈时则不给予强化，那么狗便可以学会只对圆形光圈做出反应而不理会椭圆形光圈。在实际的教育和教学过程中，也经常需要对刺激进行分化，如引导学生分辨勇敢和鲁莽、谦让和退缩，要求学生区别重力和压力、质量和重量等。刺激泛化和刺激分化是互补的过程，泛化是对事物相似性的反应，分化则是对事物差异的反应。

单项选择题

10.1 "一朝被蛇咬，十年怕井绳"这种现象指（　　）。
A. 消退　　　　B. 行为强化　　　　C. 刺激比较　　　　D. 刺激泛化

三、斯金纳的操作条件反射论

斯金纳是美国著名的行为主义心理学家,他在桑代克的联结主义学习理论的基础上,用自己发明的一种学习装置"斯金纳箱"(见图10-3)进行实验,并提出了操作性条件反射论。斯金纳箱内,装有一个操作用的杠杆(踏板),杠杆和另一提供食丸的装置相连接,实验时将饥饿的白鼠置于箱内,白鼠在箱内自由活动,当它偶然碰触到杠杆时,供丸装置里就会自动落下一颗食丸。经过几次尝试,它会不断地按压杠杆,直到吃饱为止。同时,箱外的记录器记下白鼠按压杠杆和得到食物的详细情况。这一装置是对桑代克迷笼的改进,箱内杠杆作为刺激具有良好的辨别性,抬起前腿按压杠杆即可完成,既不同于啃、抓、咬等动作,又是新的不难掌握的动作。在这一实验中,白鼠学会了按压杠杆以获取食物的反应,刺激情境(杠杆S)和压杆反应(获得食物R)之间形成固定的联系,形成了操作性条件反射。另外,按压杠杆变成了取得食物的手段或工具,因此操作性条件反射又称为工具性条件反射。

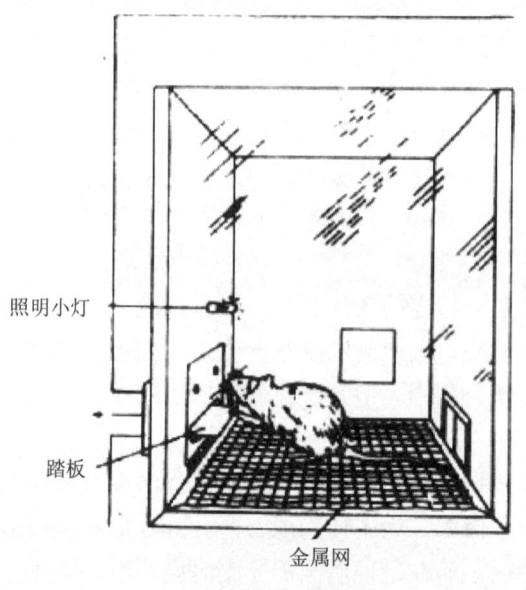

图10-3 斯金纳箱

操作性条件反射论的基本规律有以下几点。

(一)强化

强化的作用在于改变某一反应在将来发生的概率,而强化物则是一些刺激物,它们的呈现或撤除能够增加反应发生的概率。强化有正强化与负强化之分。

1. 正强化

正强化是指给予有机体一个愉快刺激,从而增强其行为出现的概率。在日常生活中,人们常在自觉或不自觉地运用奖励对他人的行为进行积极强化。例如,教师对上课守纪律的学生进行表扬，家长对考试成绩好的孩子给予物质奖励等。

2. 负强化

负强化是指摆脱一个厌恶刺激，从而增加良好行为反应在将来出现的概率。逃避条件作用与回避条件作用都是负强化的条件作用类型。

当厌恶刺激出现时有机体做出某种反应，从而逃避了厌恶刺激，则该反应在以后的类似情境中发生的概率便增加。这类条件作用称为逃避条件作用，它揭示了有机体是如何学会摆脱痛苦的。在日常生活中，逃避条件作用也不乏其例，如看见路上的垃圾后绕道走开，感觉屋内人声嘈杂时暂时离开等。

然而，当预示厌恶刺激即将出现的刺激信号呈现时，有机体也可以自发地做出某种反应，从而避免了厌恶刺激的出现，则该反应在以后的类似情境中发生的概率便增加。这类条件作用则称为回避条件作用，它是在逃避条件作用的基础上建立的，是有机体在经历过厌恶刺激的痛苦之后，学会了对预示厌恶刺激的信号做出反应，从而免受痛苦。例如，过马路时听到汽车喇叭声后迅速躲避，违章骑车时遇到警察时赶快下车等。

（二）消退

有机体做出以前曾被强化过的反应，如果在这一反应之后不再有强化物相伴，那么，此类反应在将来发生的概率便降低，这种现象称为消退。在操作性条件作用中，无论是正强化的奖赏，还是负强化的逃避与回避条件作用，其作用都在于增加某种反应在将来发生的概率，以达到塑造行为的目的，而消退则不然。消退是一种无强化的过程，其作用在于降低某种反应在将来发生的概率，以达到消除某种行为的目的。因此，消退是减少不良行为、消除坏习惯的有效方法。

单项选择题

10.2 小伟为获得老师和同学的关注，在课堂上总扮鬼脸，老师和同学都不予理睬，于是他扮鬼脸的行为逐渐减少。这体现的是（ ）原理。

A. 消退　　　B. 负强化　　　C. 惩罚　　　D. 正强化

（三）惩罚

当有机体做出某种反应以后，呈现一个厌恶刺激，以消除或抑制此类反应的过程，称为惩罚。惩罚与负强化有所不同，负强化是通过厌恶刺激的排除来增加反应在将来发生的概率，而惩罚则是通过厌恶刺激的呈现来降低反应在将来发生的概率。但是惩罚并不能使行为发生永久性的改变，它只能暂时抑制行为，而不能根除行为。因此，惩罚的运用必须慎重，惩罚一种不良行为应与强化一种良好行为结合起来，方能取得预期效果。

总之，根据操作性条件学说，在教育过程中，教师应多用正强化的手段来塑造学生的良性行为，用不予强化的方法来消除消极行为，而应慎重地对待惩罚，因为惩罚只能让学生明白什么不能做，但并不能让学生知道什么能做和应该怎么做。

第二节　认知学习理论

一、格式塔心理学的完形—顿悟说

格式塔心理学是 1912 年创立于德国柏林大学的一个心理学派别，其创始人是韦特海默、柯勒和考夫卡。韦特海默早年从事似动现象和人类知觉的研究，最早提出格式塔心理学的基本观点；柯勒对黑猩猩的学习进行了大量的实验研究，提出了学习的顿悟说；考夫卡则是格式塔心理学宣传者，使格式塔心理学理论更加系统化。

完形—顿悟说的基本内容包括以下几方面。

（一）学习是通过顿悟过程实现的

格式塔心理学家认为，学习是有机体利用自身的智慧与理解力对情境及情境与自身关系的顿悟，而不是动作的累积或盲目的尝试。顿悟虽然常常出现在若干尝试与错误的学习之后，但不是桑代克所说的那种盲目的、胡乱的冲撞，而是在作出外显反应之前，在头脑中要进行一番类似于"验证假说"的思索。因此，学习包括知觉经验中旧有结构的逐步改组和新的结构的豁然形成，顿悟是以对整个问题情境的突然领悟为前提的。动物只有在清楚地认识到整个问题情境中各种成分之间的关系时，顿悟才会出现。换言之，顿悟是对目标和达到目标的手段与途径之间的关系的理解。动物的学习如此，人类的学习更是如此。因此格式塔心理学家认为，学习的过程就是顿悟的过程，并以此来反对桑代克的联结—试误说。

（二）学习的实质是在主体内部构造完形

完形是一种心理结构，是在机能上相互联系和相互作用的整体结构，是对事物的关系的认知。所谓完形，原是德文中 Gestalt（格式塔）一词的译名。它在德文中含有"形状""形式"与"完整"的意思，所以一般译为"完形"或音译为"格式塔"。其实，格式塔学派所说的"完形"实际上就是"结构"，只是由于当时心理学中流行的以冯特为首的"结构主义"实质上是一种"元素主义"，而这正是他们所反对的，所以考夫卡等拒绝运用"结构"一词，而采用"完形"这一术语。

格式塔心理学家认为，学习过程中问题的解决，都是由于对情境中事物关系的理解而构成一种完形来实现的。这种完形倾向具有一种组织功能，能填补缺口或缺陷，使有机体不断发生组织和再组织，不断出现一个又一个完形。

总之，格式塔心理学家认为，学习在于发生一种完形的组织，并非各部分间的联结。学习的过程就是一个不断地构建完形的过程。

（三）刺激与反应之间的联系不是直接的，而需以意识为中介

桑代克的学习理论是以刺激与反应间的直接联系为基础的，是把反应看成由刺激直接引起的。由此，他把行为看成被动地由环境直接支配。格式塔心理学认为这是一种机械观点，是违反事实的。对于刺激与反应或环境与行为之间的关系，格式塔心理学同联结主义或行为主义的理解都是不同的。前者的理解为间接的，是以意识因素为中介的，用公式表示为 S—O—R；后者的理解是直接的，不存在意识的中介作用，用公式表示为 S—R。这就是完形—顿悟说同联结—试误说或刺激—反应说的根本分歧所在。

总体来说，完形—顿悟说作为最早的一个认知学习理论，虽不如"尝试—错误说"那样完整而系统，其实验范围也较有限，在当时的影响也远不及联结说，但它肯定了主体的能动作用，强调心理具有一种组织的功能，把学习视为个体主动构造完形的过程，强调观察、顿悟和理解等认知功能在学习中的重要作用。这对反对当时联结论的机械性和片面性具有重要意义，对于当前创造科学的学习理论体系也有重要的参考价值。

二、布鲁纳的认知—结构学习论

布鲁纳是美国研究认知学习和认知发展的著名心理学家，布鲁纳注重研究教学中的学习心理学问题。他的学习理论以学生的知识学习为研究对象。

布鲁纳认为任何一门学科知识都有一定的知识结构，学习就是掌握学科的知识结构，在头脑中建立相应的编码系统。教学的主要任务就是让学生掌握学科的知识结构。他认为，教学不能逐个地教每个事物，为使教学真正达到目的，就必须使学生在某种程度上获得一套概括了的基本思想或原理。这些基本思想或原理构成一种对理解来说是最佳的知识结构。这就是布鲁纳强调学科的基本知识结构教学的思想。

布鲁纳提倡在教学中运用发现学习。他认为，要使学生学得的材料有效地利用，必须把它变成学习者试图解决问题的手段，布鲁纳并不把"发现"限制在找出前人还不知道的某种东西的行动上，相反，"发现"包括运用一个人自己的思想和自己获得知识的一切形式在内。布鲁纳认为，这种学习不仅有利于学好知识，还能激发学生积极地思考和创造精神。

布鲁纳还提出教学要根据学生的已有认知水平组织或处理教学内容。他主张所教的材料必须是经过修整的，按顺序排好的，并以适合于各个学习者现有表象模式的形式提出来。他认为"任何思想、任何问题或任何一种知识能够用足够简单的形式描述，使任何特殊的学习者都能用一种可辨认的形式去理解它"。所以，学校的任务就是把知识转变成各种年龄的学习者都能理解的结构。

布鲁纳的学习理论是一种坚持认知观点，把学习与课堂教学相联系的学习理论，有人称之为"认知—发现说"。它对于指导课堂教学实践和学生的学习有重要的参考价值，是值得重视的一种学习理论。布鲁纳提出的"强调学科知识结构的教学""强调教学的最佳顺序"和"学习发现法"的观点，当时在美国和其他各国都有很大影响，这种影响至今仍然存在。

但是，我们也应该看到，在布鲁纳的心理学思想中，接受并反映出麦独孤和皮亚杰等人的唯心主义的思想观点，其学习理论的思想体系也属于"过程—结构"哲学。对这些思想观点，我们应持分析态度，摒弃其唯心主义的杂质。

三、奥苏贝尔的有意义接受学习论

美国著名认知教育心理学家奥苏贝尔曾根据学习进行的方式把学习分为接受学习与发现学习，又根据学习材料与学习者原有知识结构的关系把学习分为机械学习与意义学习，并认为学生的学习主要是有意义的接受学习。

（一）意义学习的实质

所谓意义学习，奥苏贝尔认为就是将符号所代表的新知识与学习者认知结构中已有的适当观念建立起非人为的和实质性的联系。例如，学生认知结构中已经有了"哺乳动物"的概念，再学习"鲸"这一新概念时，就与"哺乳动物"概念之间产生了逻辑上的关系，这种关系不是人为的，而是符合一般与特殊的关系的。

（二）意义学习的条件

从主观条件来看，首先，学习者认知结构中必须具有能够同化新知识的适当的认知结构。其次，学习者必须具有积极主动地将符号所代表的新知识与认知结构中的适当知识加以联系的倾向性。如果学习材料本身有逻辑意义，而学习者认知结构中又具备了适当的知识基础，那么这种学习材料对学习者来说就构成了潜在的意义，即学习材料有了和学习者认知结构中的适当观念建立联系的可能性。最后，学习者必须积极主动地使这种具有潜在意义的新知识与认知结构中的有关旧知识发生相互作用，使认知结构或旧知识得到改善，使新知识获得实际意义（即心理意义）。意义学习的目的就是使符号代表的新知识获得心理意义。上述条件缺一不可，否则就不能构成有意义的学习。

（三）接受学习的实质

接受学习是学习者在教师指导下接受事物意义的学习。奥苏贝尔认为，接受学习适合于年龄较大、有较丰富的知识和经验的人。在接受学习中，所学习的内容大多是现成的、已有定论的、科学的基础知识，包括一些抽象的概念、命题、规则等，通过教科书或教师的讲述，用定义的方式，直接向学习者呈现。这时不可能发现什么新知识，学习者只能接受这些已有的知识，掌握它们的意义。

（四）先行组织者技术

奥苏贝尔认为，影响接受学习的关键因素是认知结构中起固定作用的观念的可利用性。为此，他提出了"先行组织者"的教学策略。所谓"先行组织者"是先于学习任务本身呈现的一种引导性材料，它的抽象、概括和综合水平高于学习任务，并且与认知结构中原有的观念和新的学习任务相关联。运用先行组织者技术的目的是为新的学习任务提供观念上的固着点，增加新旧知识之间的可辨别性，以促进学习的迁移。

第三节　建构主义学习观

认知主义学习理论在20世纪末进一步发展，出现了一个崭新的方向，即现代建构思想。建构主义认为，学习是学习者主动建构知识的意义的过程。建构是对新信息的意义的建构，同时又包含对原有经验的改造和重组，是新旧经验之间的双向的相互作用过程。

虽然不同的建构主义理论在具体观点上有很大的差异，但是它们在有关知识、学生、学习和教学等基本问题上还是存在一些共识的。

一、知识观

建构主义者在一定程度上质疑知识的客观性和确定性，强调知识的动态性。具体体现在以下三个方面：①知识不是对现实的准确表征，其只是一种解释、一种假设。知识不是问题的最终答案，相反，它会随着人类的进步而不断地被"革命"，并随之出现新的假设。②知识并不能精确地概括世界的法则，不能拿来便用，一用就灵，而是需要针对具体情境进行再创造。③知识不可能以实体的形式存在于具体个体之外，尽管我们通过语言符号赋予了知识一定的外在形式，甚至这些命题还得到了较普遍的认可，但这并不意味着学习者会对这些命题有同样的理解。因为这些理解只能由个体基于自己的经验背景而建构起来，取决于特定情境下的学习历程。

建构主义认为，课本知识只是一种关于各种现象的较为可靠的假设，而不是解释现实的"模板"。科学知识包含真理性，但不是绝对正确的最终答案，它只是对现实的一种更可能正确的解释。更重要的是，这些知识在被个体接受之前，它对个体来说是毫无权威可言的，不能把知识作为预先决定了的东西教给学生，不要用我们对知识正确性的强调作为让个体接受它的理由，不能用科学家、教师、课本的权威来压服学生。学生对知识的"接受"只能靠他自己的建构来完成，以他自己的经验、信念为背景来分析知识的合理性。学生的学习不仅是对新知识的理解，还是对新知识的分析、检验和批判。另外，知识在各种情况下应用并不是简单套用，具体情境总有自己的特异性。所以，学习知识不能满足于教条式的掌握，而是需要不断深化，把握它在具体情境中的复杂变化，使学习走向"思维中的具体"。

二、学生观

建构主义者完全否定心灵白板说，强调学生经验世界的丰富性和差异性。建构主义者强调，学生并不是空着脑袋走进教室的。在日常生活中，在以往的学习中，他们已经形成了丰富的经验，小到身边的衣食住行，大到宇宙、星体的运行，从自然现象到社会生活，他们几乎都有一些自己的看法。而且，有些问题即使他们还没有接触过，没有现成的经验，但当问题一旦呈现在面前时，他们往往可以基于相关的经验，依靠他们的推理和判断能力，形成对问题的某种解释。并且，这种解释并不都是胡乱猜测，而是从他们的经验背景出发而做出的合乎逻辑的假设。为此，教学不能无视学生的先前经验，另起炉灶，从外部引进新知识，而是要把儿童现有的知识经验作为新知识的生长点，引导儿童从原有的知识经验中"生长"出新的知识经验。教学不是知识的传递，而是知识的处理和转换。教师不单是知识的呈现者，他应该重视学生自己对各种现象的理解，倾听他们的意见，洞察他们这些想法的由来，并以此为根据，引导学生丰富或调整自己的理解。这不是简单的"告诉"就能奏效的，而是需要与学生共同针对某些问题进行探索，并在此过程中相互交流和质疑，了解彼此的想法，彼此做出某些调整。同时，由于经验背景的差异，学生对问题的理解各异，他们可以在一个学习的共同体中相互沟通、相互合作，对问题形成更丰富的、多角度的理解。因此，学生经验世界的差异本身便构成了一种宝贵的学习资源。教学就是要增进学生之间的合作，使他看到那些与他不同的观点，从而促进学习的进行。

三、学习观

以上述知识观和学生观为基础，建构主义理论家进一步认为，学习的过程具有以下三个基本特点。

（一）主动建构性

建构主义认为，学习不是由教师向学生传递知识，而是学生建构自己的知识的过程；学生不是被动的信息接受者，而是信息意义的主动建构者，这种建构不可能由其他人代替。

学习是个体建构自己的知识的过程。这意味着学习是主动的，学生不是被动的刺激接受者，他要对外部信息进行主动的选择和加工，因而不是行为主义所描述的 S—R 过程。而且，知识或意义也不是简单地由外部信息决定的。外部信息本身没有意义，意义是学习者通过新旧知识经验间反复的、双向的相互作用过程而建构成的。其中，每个学习者都在以自己原有的经验系统为基础对新的信息进行编码，建构自己的理解，而且原有知识又因为新经验的进入而发生调整和改变，所以学习并不是简单的信息积累，它同时包含由于新旧经验的冲突而引发的观念转变和结构重组。学习过程并不是简单的信息输入、存储和提取，而是新旧经验之间的双向的相互作用的过程。

（二）社会互动性

传统的观点把学习看作每个学生单独在头脑中进行的活动，往往忽视学习活动的社会情境，或者将它仅仅看作一种背景，而非实际学习过程的一部分。建构主义者强调，学习是通过某种社会文化的参与而内化相关的知识和技能、掌握有关的工具的过程，这一过程常常要通过一个学习共同体的合作互助来完成。

学习共同体的主要特征有以下几点：①强调共同体各个成员所具有的多元化的知识、技能优势，这可以使每个人都对团体目标做出有价值的贡献，从而得到认可和尊重；②共同体有共同的目标，即围绕共同关注的问题推动集体性知识的持续发展，而不是个人的知识、技能的习得；③在学习活动上强调个人发展与共享性的知识建构活动的统一，强调成员之间知识、技能的共享和综合，强调学习资源的共享，强调成员之间实现学习过程的透明化；④强调学习共同体对学习过程的自我管理，而非教师的主导性控制。教师作为学习共同体的组织者、促进者，其核心责任是设计和组织以学习共同体为中心的学习活动。

（三）情境性

传统的教学观念对学习基本持"去情境"的观点，认为概括化的知识是学习的核心内容，这些知识可以从具体情境中抽象出来，让学生脱离具体物理情境和社会实践情境进行学习，而所习得的概括化知识可以自然地迁移到各种具体情境中。但是，情境总是具体的、千变万化的，抽象概念和规则的学习无法灵活适应具体情境的变化，因而学生常常难以灵活应用在学校中获得的知识来解决现实世界的真实问题，难以有效地参与社会实践活动。据此，建构主义提出了情境性认知的观点。

建构主义认为，知识是不可能脱离活动情境而抽象地存在的，学习应该与情境化的社会实践活动结合起来。具体体现在三个方面：①知识存在于具体的、情境性的、可感知的活动之中。概念知识不是一套独立于情境的知识符号（如名词术语等），它只有通过实际应用活动才能真正被人所理解。②人的学习应该与情境化的社会实践活动联系在一起，就如同手工作坊中师傅带徒弟一样。学习者（如同徒弟）通过对某种社会实践的参与而逐渐掌握有关的社会规则、工具、活动程序等，形成相应的知识。在实践情境中所生成的实践性知识是现实世界最强有力的智慧，该知识体现在实践共同体成员的活动和文化之中，学习者通过参与该共同体的社会实践而逐渐形成这种知识。③学习和理解的关键是形成对具体情境中的"所限"和"所给"的调适，即学习者能理解该情境中的限制规则，理解在社会互动和实践活动中存在的"条件—结果"关系，从而能对自己的活动过程及其结果做出预期。学习者要洞悉情境中所提供的支持条件，以及它们分别可以支持哪些可能的活动和交往方式。

四、教学观

由于知识的动态性和相对性以及学习的建构过程，教学不再是传递客观而确定的现成知识，而是激活学生原有的相关知识经验，促进知识经验的"生长"，促进学生的知识建构活动，以实现知识经验的重新组织、转换和改造。教学要为学生创设理想的学习情境，激发学生的推理、分析、鉴别等高级的思维活动，同时给学生提供丰富的信息资源、处理信息的工具以及适当的帮助和支持，促进他们自身建构意义以及解决问题的活动。基于建构主义的观点，研究者提出了许多新的教学思路，如情境性教学、支架式教学以及合作学习等，这些教学模式对数学、科学和语言等领域的教学实践产生了巨大影响。

综上所述，当今的建构主义者对学习和教学进行了新的解释，强调学生学习的主动性、自主性、探索性，提倡教学应以学生为中心。但建构主义学习观并不排斥教师在教学中的作用，而是对教师提出了更具有挑战性的新职责。

第四节 人本主义的学习观

人本主义心理学是20世纪50年代末至60年代初兴起于美国的一种心理学理论，20世纪60年代和70年代又迅速发展，被称为心理学的第三势力。人本主义心理学是由许多持有近似观点的心理学家和学派联合发起的一种学术思想运动，其主要发起者是马斯洛。近年来影响较大的代表人物是罗杰斯。

罗杰斯的学习观集中反映为以下几个方面。

（一）学习是有意义的心理过程

在对学习过程本质的看法上，罗杰斯的观点是与行为主义的学习理论根本对立的。罗杰斯认为学习不是机械的刺激和反应联结的总和，个人学习的主要因素是心理过程，是个人对知觉的解释。罗杰斯曾举例说明，具有不同经验的两个人在知觉同一事物时，其反应是不一致的。罗杰斯认为两个人因对知觉的解释不同，所以他们所认识的世界以及对这个世界的反应也不同。因此要了解一个人，要考查一种学习过程，只了解外界情境或外界刺激是不够的，更重要的是要了解学习者对外界情境或刺激的解释或看法。

（二）学习是学习者内在潜能的发挥

在对学习的起因和学习动机的看法上，罗杰斯认为，人类具有学习的自然倾向或学习的内在潜能，人类的学习是一种自发的、有目的、有选择的学习过程。教学的任务就是创设一种有利于学生学习潜能发挥的情境，使学生的学习潜能得以充分的发挥。人本主义的学习观把学生看作一个有目的、能够选择和塑造自己行为并从中得到满足的人。因此，在教学中，罗杰斯强调以学生为中心。教师的任务主要是帮助学生增强对变化的环境和对自我的理解，而不应该像行为主义学习理论所主张的那样，用安排好的各种强化去控制或塑造学生的行为。罗杰斯还认为学习过程对于学习者来说应该是一个愉快的过程，在教学中不应把惩罚、强迫和种种要求或约束作为促进学生学习的方法。

（三）学习内容应该是对学习者有用、有价值的经验

在学习的内容上，罗杰斯强调学生学习的内容应该是学习者认为有价值、有意义的知识或经验。罗杰斯认为，只有当学生正确地了解到所学内容的用处时，学习才成为最好的、

最有效的学习。一般说来，学生感兴趣并认为有用、有价值的经验或技能比较容易学习和保持；而那些学习者认为价值很小或效用不大的经验或技能往往学习起来很困难，也容易遗忘。如果某些学习内容需要学习者改变自己的兴趣或自我结构，那么这些学习就可能受到学生的抵制。罗杰斯这一学习观点提示教师要尊重学生的学习兴趣和爱好，尊重学生自我实现的需要。在课程内容的安排和设置上要给学生以充分的自由，允许学生根据自己的兴趣和爱好以及自我理想来选择有关学习内容，而不应该把一些学生不喜欢的东西强行地灌输给学生。

（四）最有用的学习是学会如何进行学习

罗杰斯特别强调学习方法的学习和掌握，强调在学习过程中获得知识和经验。罗杰斯在《学习的自由》一书中明确指出："只有学会如何学习和学会如何适应变化的人，只有意识到没有任何可靠的知识、唯有寻求知识的过程才是可靠的人，才是有教养的人。"现代世界中，变化是唯一可以作为确立教育目标的依据，这种变化取决于过程而不取决于静止的知识。罗杰斯认为，很多有意义的知识或经验不是从现成的知识中学到的，而是在做的过程中获得的。学生通过实际参加学习活动，进行自我发现、自我评价和自我创造，从而获得有价值的、有意义的经验，这是最宝贵的知识。罗杰斯还强调，在学习过程中获得的不仅仅是知识，更重要的是获得如何进行学习的方法或经验。这些方法和经验可以运用到以后的学习中去。所以，最有用的学习是学会学习，它导致对各种经验的不断感受以及对变化的耐受性。罗杰斯的上述思想被称为"学习是形成"的观点。所谓"学习是形成"，就是在"做"中学，在学习过程中学会如何进行学习。

对待人本主义学习理论，我们应该批判地吸收，既要看到它积极、合理的一面，又要看到它消极、片面的一面。

罗杰斯强调人的学习具有主动性和自觉性，尊重学生学习自由，在"做"中学和在学习过程中学习如何学习的观点是可取的，对于我们今天的教育教学改革具有一定的借鉴意义。但人本主义心理学从哲学思想上来看，主要思想倾向是唯心主义的观点。它脱离了社会和社会关系来强调所谓人的本性，背离了辩证唯物主义对人本性的看法，人本主义的学习观过分强调人的学习本能，忽视环境和教育的作用，强调学习的绝对自由等，这些观点都是错误的。

复习思考题

1. 桑代克的尝试—错误说的主要观点有哪些？
2. 巴甫洛夫的经典条件反射的基本规律是什么？
3. 建构主义学习理论的主要观点有哪些？对实际教学有何指导作用？
4. 人本主义学习理论对我国教育改革有何启示与影响？

第十一章 学习心理

本章学习目标
理解学习的含义,掌握学生学习的特点及学习的分类;
理解知识的含义,掌握知识的分类与知识学习的类型;
理解技能的含义和种类,掌握技能的形成阶段,了解技能形成的指导;
理解学习动机的含义,掌握学习动机的分类及学习动机的培养与激发;
理解学习迁移的含义和种类,掌握促进学生学习迁移的策略;
理解学习策略的含义,掌握学习策略的分类。

核心概念
学习、知识、技能、学习迁移、学习动机、学习策略

第一节 学习概述

一、什么是学习

学习是在人和动物中普遍存在的一种现象。人类对学习的科学研究始于艾宾浩斯的记忆研究。以后,新的研究不断涌现,同时也带来了派别之争。

具有行为主义倾向的心理学家一般把学习定义为"由练习或经验引起的相对持久的行为变化"。这种对学习的定义使学习成为可以观测的概念。例如,两组儿童学习数学,一组进行题海式训练,另一组进行解题方法训练。假定经过测验,前一组儿童训练前后的成绩并未出现显著变化,而后一组儿童训练前后的成绩出现了明显变化。从学习的定义来看,前一组有训练,但无学习;后一组儿童的训练产生了学习。可见,训练、练习、读书等活动与学习不是等同的概念。从科学的观点看,必须观察和测量到练习、训练或读书活动之后,学习者身上出现了行为变化,才能认为其中产生了学习。

学习的行为定义有利于我们观察和测量,这是它的优点。但是学习的本质是否就是外

部行为的变化呢？一些思想深处的变化有时很难从具体的行为变化看出来，而这恰恰是比具体的行为更重要和更本质的学习。因此，心理学家对学习的行为定义作了修改。

加涅把学习定义为："学习是人的倾向或能力的变化，这种变化能保持且不能单纯归因于生长过程。"加涅实际上是用人的内部的变化来定义学习。不过，加涅认为，内部的变化不能观察，必须通过外部的行为，通过行为表现的变化来做出学习是否发生的推论。

综合分析以上观点，我们可以把学习定义为：学习是指学习者因经验而引起的行为、能力和心理倾向的比较持久的变化。这一定义表明学习包含三个特点。

首先，学习是以行为、能力和心理倾向的变化为特征的。有机体经过学习，能学会做一些以前不会做的事情。这种变化可以是知识、技能、能力的获得，也可以是兴趣、信念、价值观的形成，还可以是情感、态度、人格的养成。

其次，这种变化具有相对的稳定性。有些变化如适应、疲劳，不能称为学习，因为这些变化是暂时的，条件变化或经适当休息，这些暂时性变化就会消失。

再次，有机体的这种变化是以获得经验为依据的。刚学走路的儿童抚摸到发烫的火炉时，立即把手缩回，由此获得了不能去摸火炉的经验，以后不再走进火炉旁，也不敢伸手抚摸。有机体就是在活动中获得经验，由经验引起行为的不断变化。

二、学生学习的特点

学生学习指的是学生在学校中的学习。学生的学习既不同于人类历史经验的形成过程，也不同于在一般条件下人们所进行的学习，它是一种特殊形式的学习。

（一）学生的学习是以掌握间接经验为主的过程

学生是在一定的时间内，通过掌握前人所积累的知识经验，间接认识客观世界，为进一步认识世界和改造世界打好基础。学习的内容决定了学生采取间接的学习形式，不需要也不可能事事都通过亲身实践来获得直接经验，因而与劳动者和创造者直接探究事实和规律的认识活动不同。虽然学习过程中也要求学生参加一些实践活动，以获得一些感性知识和直接经验，但这种实践完全服从于一定的教学要求和目的，并且多半是验证性的、练习性的，它在任务、性质和要求上与成年人参加的实践活动也不相同。

（二）学生的学习是在教师的指导下进行的

教师在学生的学习过程中起着主导作用，在社会历史发展上处于承前启后的地位。在我国，教师一般都受过专业的教育训练，他们需要按照社会的教育要求，遵循学科的内在结构和知识学习的规律，掌握学生身心发展的特点，有目的、有系统、有组织地进行教育和教学工作，使学生掌握知识和技能、发展智力、形成道德品质。教师的传授和指导，使学生能"快速而高效"地学习，在有限的时间内获得大量的文化科学知识，达到当代社会的知识水平。

（三）学生的学习主要是为未来的生活实践做准备

学生的学习主要是掌握人类社会已积累起来的间接经验，以此来武装自己。虽然在学习中教师也要求学生把所学的知识应用到实践中去，但是这种应用主要是为了更好的理解、巩固所学的知识，为未来的实践做准备。而成人的学习则不同，他们在生活实践中遇到了各种各样的问题，就需要向他人请教，向书本学习。这样，实践的需要就成了个人学习的直接推动力。学生的学习是为了未来的实践做准备，因此，他们对学习的重要性和紧迫性往往认识不足，缺乏足够的学习动力。

（四）学生的学习是系统的全面的学习

在通常的情况下，成人的特点是干什么学什么，缺什么补什么，而不是系统的全面的学习。因为成人都有自己的本职工作，他们不可能拿出大量的时间进行全面系统的学习。而学生的学习则不同，儿童入学后就开始学习比较系统的知识，并遵循由易到难、由简到繁的学习原则。在教材编排、课程设计和讲授当中，教师充分考虑到知识的内在联系和学生的接受程度，加强基本知识和基本技能的教学，这不仅有利于学生形成良好的认知结构，也有利于学生继续学习系统的科学知识。

学生的学习还有全面性的特点，即学生通过学习不仅要掌握科学知识，形成技能，发展能力，还要逐步形成科学的世界观和良好的道德品质。这是因为人的学习实际上是一种社会化的过程，而学生的学习则是人的社会化的重要阶段。中学时代是人生的黄金时代，全面系统的学习将为学生以后的发展奠定坚实的基础。

三、学习的分类

学习的分类多种多样，为了对学生进行有效的学习指导，心理学家们根据不同的标准对学习进行了分类。

（一）依据学习内容分类

我国教育心理学家冯忠良依据教育系统中传递的经验内容不同，将学生的学习分为三类。

1. 知识学习

知识学习包括知识的领会、巩固和应用三个环节，要解决的是知与不知、知之深浅的问题。

2. 技能学习

技能学习分为心智技能和操作技能两种，要解决的是会与不会的问题。

3. 社会规范的学习

社会规范的学习又称为行为规范的学习或接受，是把外在于主体的行为要求转化为主体内在的行为需要的内化过程。社会规范的学习既包括社会规范的认识问题，又包括规范执行及情感体验的问题，因此比知识技能的学习更为复杂。

这一分类符合我国教育理论的习惯分法，如由潘菽主编的中华人民共和国成立以后出版的第一本《教育心理学》（1980）把学习分为知识学习、动作技能学习、智慧技能学习和社会行为规范学习。冯忠良的学习分类与潘菽的学习分类无实质上的差异，这个学习分类系统为我国教育行政人员和广大教师所熟悉。

（二）依据学习目标分类

美国著名教育心理学家布鲁姆认为，教育目标即学生的学习结果，应该包括认知学习、情感学习和动作技能学习三大领域。其中，认知学习由低到高分为六级。

（1）知识，是指学习具体的知识，能记住先前学过的知识。
（2）领会，是指对所学习的内容的最低水平的理解。
（3）应用，是指在特殊和实际情况下应用概念和原理。应用反映了较高水平的理解。
（4）分析，是指对事物的内部结构进行区别，并能了解它们之间的关系。
（5）综合，是指能把已有经验中的各部分或各要素组合成新的整体。
（6）评价，是指对所学的材料能根据内在标准和外部证据做出判断。

（三）依据学习方式分类

奥苏贝尔认为，根据学习的方式的不同，可以将学习分为接受学习和发现学习。
（1）接受学习，是指学生通过教师的讲授获得现成的结论、概念、原理等。
（2）发现学习，是指学生独立地通过自己的探索寻找，从而获得问题的答案。
根据学习材料与学习者的原有知识的关系，又可将学习分为机械学习和意义学习。
（1）机械学习，是指学习者没有理解材料的意义，只是死记硬背。
（2）意义学习，是通过理解学习材料的意义进而掌握学习的内容。
将以上这两个维度相结合，可以将学习分为机械的接受学习、机械的发现学习、有意义的发现学习与有意义的接受学习。

（四）依据学习的结果分类

加涅认为，学习所得到的结果或形成的能力可以分为五类。

1. 言语信息

言语信息，即我们通常所称的"知识"。学习理解言语信息的能力，帮助学生解决"是什么"的问题。

2. 智慧技能

智慧技能，即能力，指能使学生运用概念和规则办事的能力，是学习解决"怎么做"的问题，例如运用运算规则解答习题等。

3. 认知策略

认知策略，即学会如何学习，是学生在学习过程中调节和支配自己的注意、记忆和思维的内在组织的技能，是学习者用以"管理"自己的学习过程的方式。

4. 态度

态度，即品行，是习得影响个人行为选择的内部状态或倾向。

5. 动作技能

动作技能，即技能，是获得平稳、精确、灵活而适时的操作能力。

第二节 知识学习

一、知识的含义

知识到底是什么，目前仍然有争议。我国对知识的定义一般是从哲学角度做出的，如在《中国大百科全书·教育》中"知识"条目是这样表述的："所谓知识，就它反映的内容而言，是客观事物的属性与联系的反映，是客观世界在人脑中的主观映象。就它的反映活动形式而言，有时表现为主体对事物的感性知觉或表象，属于感性知识，有时表现为关于事物的概念或规律，属于理性知识。"从这一定义中我们可以看出，知识是主客体相互统一的产物。它来源于外部世界，所以知识是客观的；但是知识本身并不是客观现实，而是事物的特征与联系在人脑中的反映，是客观事物的一种主观表征，知识是在主客体相互作用的基础上，通过人脑的反映活动而产生的。

根据现代认知心理学的观点，知识是个体通过与环境相互作用后获得的信息及其组织，其实质是人脑对客观事物的特征与联系的反映，是客观事物的主观表征，是人类经验、思想、智慧赖以存在的形式。

二、知识的分类

（一）感性知识与理性知识

根据知识的概括水平及认识深度的不同，可以把知识分为感性知识和理性知识。

1. 感性知识

所谓感性知识是对活动的外表特征和外部联系的反映，是对具有感性特征的具体而有形的信息的言语概括，感性知识可分为感知和表象两种。感知是人脑对当前正在进行的活动的对象的反映，属于直观形象。例如，教师为了教学需要给学生观看实物、录像等。表象是人脑对从前感知过但现在不在眼前的活动或者对象的反映，属于抽象形象。例如，老师讲机械运动,脑中浮现出从前看到过的钟摆摆动的形象。

2. 理性知识

理性知识是指对活动的本质特征与内在联系的反映,一般包括概念和命题两种形式。从哲学的角度看,概念是事物本质特征在头脑中的反映;从逻辑的角度来看,概念是一种反映对象或者其属性的思维形式,具有一定的内涵和外延。命题则是指规则、原理、原则等,它表示的是概念之间的关系,反映不同事物之间的本质联系和内在规律。

单项选择题

11.1 所谓理性知识,反映的是活动的本质特征与内在联系,包括概念和(　　)两种形式。

A. 感知　　　　B. 表象　　　　C. 命题　　　　D. 判断

(二)陈述性知识和程序性知识

根据知识的不同表述形式,可以把知识分为陈述性知识和程序性知识。

1. 陈述性知识

陈述性知识也叫描述性知识,是个人能用言语进行直接陈述的知识。这类知识主要用来回答事物是什么、为什么和怎么样等问题,可用来区别和辨别事物。目前学校教学传授的主要是这类知识。

2. 程序性知识

程序性知识也叫操作性知识,是个体难以陈述清楚、只能借助于某种方法间接推测其存在的知识。这类知识主要用来解决做什么和怎么做的问题。

(三)具体知识与抽象知识

根据知识的概括水平,可以把知识分为具体知识和抽象知识。

1. 具体知识

具体知识是指一些具有感性特征的、具体而有形的知识,如有关日期、地点、事件、人物等方面的知识。这类知识主要反映外部特征和外部联系,常以感觉、知觉、表象等直观形式存在,标示着较低的概括水平。

2. 抽象知识

抽象知识是指一些普遍的、抽象的概念或命题,它反映事物的本质特征和内部联系,常以概念、判断、推理等思维形式存在,标示着较高的概括水平。

（四）显性知识与隐性知识

英国波兰尼根据知识能否清晰地表述和有效地转移，把知识分为显性知识和隐性知识。

1. 显性知识

显性知识是指用"书面文字、图表和数学表述的知识"，通常是用言语等人为方式，通过表述来实现的知识，所以又称为"言明的知识"。

2. 隐性知识

隐性知识是指尚未被言语或其他形式表述的知识，是"尚未言明"的或者"难以言传"的知识。波兰尼有一个经典的比喻证明了隐性知识的存在，他说："我们能够从成千上万甚至上百万张脸中认出某一个人的脸，但是在通常情况下，我们却说不出我们是怎么认出这张脸的。"

单项选择题

11.2 波兰尼曾经说过："我们知晓的比我们能说出的多。"这句话表达的是（　　）的存在。

　　A. 陈述性知识　　　B. 条件性知识　　　C. 隐性知识　　　D. 显性知识

三、知识的表征

知识的表征是指知识在头脑中的表示形式和组织结构。知识是通过个体与信息甚至是整个情境相互作用而获得的，个体一旦获得知识，就会在头脑中用某种形式和方式来代表意义，把它储存起来。陈述性知识以命题和命题网络、图式表征，而程序性知识主要以产生式和产生式系统进行表征。

（一）陈述性知识的主要表征形式

1. 命题和命题网络

一个命题就相当于一个观念，它是我们能够评价是非对错的最小的意义单元。两个或多个命题常常因为有某个共同的成分而相互联系在一起，从而构成了命题网络，或称为语义网络。

2. 图式

现代认知心理学中，图式是指关于一类事物的有组织的大的知识单元或信息模块。图式是认知结构的起点和核心，是将相互联系的概念、命题和表象组织起来而形成的有组织的认知单元。

（二）程序性知识的主要表征形式

程序性知识的主要表征形式是产生式。产生式是条件与动作的联结，即在某一条件下会产生某一动作的规则，它由条件项"如果"和动作项"那么"构成，即在满足某个条件的时候，我们做出某个行动。众多的产生式联系在一起就构成了复杂的产生式系统，表征复杂技能的完成过程。

四、知识学习的类型

（一）符号学习、概念学习和命题学习

根据知识本身的存在形式和复杂程度，知识学习可以分为符号学习、概念学习和命题学习三种。

1. 符号学习

符号学习指学习单个符号或一组符号的意义，或者说学习符号本身代表什么。符号学习的主要内容是认字及词汇学习。例如，儿童经过反复学习，当看到或听到"杯子"一词时，知道它的读音或者懂得拿起杯子这种实物，这就是符号学习的结果。但是符号学习不局限于语言符号的学习，也包括非语言符号（如实物、图像、图表、图形等）的学习。另外，符号学习还包括事实性知识的学习，例如历史课中对历史事件和历史人物的学习，地理课中对地形地貌和地理位置的学习。

2. 概念学习

概念学习就是要理解某类事物区别于其他事物的共同关键特征。一般来说，概念学习有概念形成和概念同化两种主要方式。

概念形成是指学习者可以对同类事物的各种实例进行分析，对比它们与其他事物的区别，从而发现这类事物的共同关键特征。如儿童掌握球的概念，就是他获得了球"一般是圆形，用于游戏和运动"的关键特征。"圆形"可以被观察到，"用于游戏和运动"则是在使用中才显现出来的功能。

概念同化是指学习者利用原有概念来理解一个新的概念，从而明确一类事物的共同关键特征。例如在一般课堂学习中，教学生掌握"平行四边形"的概念时，常常是通过概念同化的形式学习的。教师先确认学生学习这个新概念的条件已经具备，因此，直接把定义告诉学生："平行四边形是两对边平行且相等的四边形。"概念同化是学生学习概念的主要方式。

单项选择题

11.3 以掌握同类事物的关键特征和本质属性为主的学习属于（　　）。
A. 命题学习　　　　B. 符号学习　　　　C. 上位学习　　　　D. 概念学习

3. 命题学习

命题学习，就是学习句子中由若干概念所构成的复合意义，即学习若干概念之间的关系。学习命题必须先获得组成命题的有关概念的意义。例如，学习欧姆定律时，在没有了解电流、电压、电阻正比和反比这些概念的意义的情况下便不能获得欧姆定律这个命题的意义。可见，命题学习要以概念学习为前提，以符号学习为基础，是一种更加复杂的学习。

（二）下位学习、上位学习和并列结合学习

奥苏贝尔根据新知识与原有知识结构的关系，将知识学习分为下位学习、上位学习和并列结合学习。

1. 下位学习

当认知结构中的原有观念的抽象、概括和包摄性高于新知识，新旧知识建立下位联系，新知识类属于旧知识时，产生下位学习或类属学习。

下位学习包括派生类属学习和相关类属学习两种形式。派生类属，指新观念是认知结构中原有观念的特例或例证，新知识只是旧知识的派生物，即新的学习内容仅仅是学生已有的、包括面较广的命题的一个例证或是能从已有命题中直接派生出来的。派生类属学习不仅可使新概念或命题获得意义，还可使原有概念或命题得到充实或证实，例如，如果学生已有了"文具"的概念，现在来学习"铅笔"这个词汇时，就可通过派生类属学习来实现。相关类属，即新内容纳入可以扩展、修饰或限定学生已有概念、命题，并使其精确化。

2. 上位学习（总括学习）

当新知识的抽象、概括和包摄性高于旧知识，新旧知识建立上位联系时，这种学习称为上位学习。上位学习也叫总括学习，是在已经形成的某些观念的基础上，学习一个概括和包容程度更高的概念或命题，即通过综合归纳获得意义的学习。

3. 并列结合学习（并列组合学习）

新知识与原有观念既无上位，也无下位的特殊联系，这种学习便是并列结合学习，这个新学习的关系虽不能归属于原有的关系之中，也不能概括原有的关系，但它们之间仍然具有某些共同的关键特征，根据这种共同特征，新关系与已知关系并列结合，新关系就具有了意义。这种同化过程称为并列结合性同化。例如，学习遗传结构与变异、质量与能量、热与体积、需求与价格等概念之间的关系就属于并列结合学习。

五、知识学习的过程

知识学习主要是学生对知识的内在加工过程。这一过程包括知识获得、知识保持和知识提取三个阶段。

（一）知识的获得阶段

在知识的获得阶段，信息进入短时记忆，与来自长时记忆系统的原有知识建立一定的联系，并纳入原有认知结构，从而获得对新信息意义的理解。而个体要理解新信息的意义，首先必须获得充分的感性经验，其次必须对所获得的感性经验进行充分的思维加工，这是通过直观和概括两个环节来实现的。

（二）知识的保持阶段

知识的保持又称知识的巩固，是指对新建构意义的持久记忆。在知识的保持阶段，新建构的意义储存于长时记忆中，如果没有复习或新的学习，这些意义会随着时间的流逝而出现遗忘现象。

（三）知识的提取阶段

在知识的提取阶段，个体运用所获得的知识回答"是什么"和"为什么"的问题，并应用这些知识来解决实际问题，使所学知识产生广泛迁移。这一阶段解决的主要心理问题是知识的应用。知识的应用是指把学到的知识应用于作业和解决有关问题的过程，是抽象知识具体化的过程。具体化过程虽因课题的性质、知识的领会水平与解题技能的掌握等的不同而有所不同，但就其涉及的智力活动而言，主要包括审题、联想、解析和类化四个彼此相连而又有相对独立意义的基本成分。

第三节 技能学习

一、什么是技能

技能是指通过练习而巩固的、接近于自动化了的活动方式。学生上课记笔记时，专心注意的只是记笔记的内容，而对写字这个过程本身却很少考虑。但是学生初学写字时情况却不同，那时要注意一笔一画地照着写，而且写起来十分吃力，写得又慢又经常出错。以后，由于不断地反复练习，写字的动作越来越熟练，最后达到近乎自动化的程度，这就是掌握了写字的技能。

技能的水平有高低之别。初步学会的技能是技能的初级水平阶段，掌握了熟练技巧时，即达到了技能的高级水平阶段。这里所说的技能，主要是指后者。就教学的目的要求来看，所谓培养技能，实际上也是要使学生形成一定的熟练技巧。

二、技能的种类

根据技能的性质和特点，一般把技能分为动作技能和智力技能两类。

（一）动作技能

动作技能也叫运动技能或操作技能，它是指由一系列外部的实际动作，以合理、完善的程序构成的操作活动的方式。例如，日常生活中的行走、骑自行车、写字、弹琴等都属于动作技能。它是以肌肉的动作与动觉分析器的协调为特征，在意识控制下以反馈信息为依据来调节的。它的生理基础是在大脑皮层上形成的动力定型。

（二）智力技能

智力技能也叫心智技能或认知技能，是指借助于内部言语在头脑中进行的认知活动方式。它包括感知、记忆、想象和思维等认知因素，其中以抽象思维为主要成分。例如默读、心算、构思等都属于智力技能。

动作技能与智力技能既有区别又有联系。由感知、记忆、想象和思维构成的智力技能和由骨骼、肌肉运动等动作因素构成的动作技能，是一个整体，是形成技能系统的两个子系统。动作技能是智力技能形成的最初依据和体现，智力技能对动作技能又起调节和控制作用。在完成比较复杂的实际活动中，既需要智力技能，也需要动作技能。

三、技能的形成阶段

（一）动作技能的形成阶段

动作技能形成过程可以划分为4个阶段。

1. 动作的认知定向阶段

所谓认知定向是指将组成动作技能的活动方式反映到练习者的头脑里去而形成动作映象，以便对所学的动作进行定向。这一阶段的主要任务是组织学生认真观察教师的示范动作，了解所学动作技能的结构特点，以及各个组成部分之间的关系，对整个动作系统有个初步的认识，在头脑中形成动作表象。

认知定向在动作技能形成中起着重要作用。认知定向的重要性在于，它能够把通过学习获得的动作要领形象化并保持在头脑中，并以此为依据，来调节和控制动作方式。这样，学生不仅知道"做什么"，还知道"怎样做"，也只有在这种情况下，学生才能进行这样或那样的活动，也才能迅速而有效地完成所需要完成的动作。

2. 掌握局部动作阶段

一种技能通常都由一系列局部动作组成。因此，在认知定向的基础上，掌握动作技能的各个局部动作是动作技能形成过程的第二阶段的主要任务。根据教师的示范，学生通过模仿分步练习，掌握各个局部动作。这一阶段的主要特点有如下几项：精神紧张，注意范围小；动作忙乱，不够准确，不够协调，而且伴有多余动作；动作主要受视觉控制，注意难以分配。

3. 初步掌握完整动作阶段

这是技能学习从认知定向到自动化动作的过渡阶段。学习者经过反复的练习，使单个的局部动作联系起来，初步掌握完整的动作。在这一阶段，学习者的精神紧张程度不断降低，注意范围不断扩大，动作的相互矛盾和干扰不断减少，多余动作趋向消失，动作的反应时间逐渐缩短，学习者发现自己动作错误的能力也大有增强。但这时学习者的技能动作尚不能完全达到协调完善的水平。

4. 动作的协调和完善阶段

这是动作技能形成的高级阶段。此时，各个动作联合成为一个有机的统一系统。各个动作相互协调，并能按照一定的程序自动地进行连锁反应。在本阶段，意识的调节作用大大降低，精神紧张状态根本消除，多余动作完全消失。注意范围扩大，分配能力增强，可根据情境变化，适当调整动作。本阶段动觉控制占据主导地位，视觉对动作的控制进一步减弱。本阶段加强动觉控制的训练是非常必要的。

（二）智力技能的形成阶段

关于智力技能的形成过程，一般用苏联心理学家加里培林提出的智力活动按阶段形成理论的假说来解释。加里培林把智力活动也就是智力技能的形成过程区分为5个阶段。

1. 活动的定向阶段

活动的定向阶段即活动的准备阶段。所谓定向，是指要求学生在头脑里形成关于认知活动方式及其活动结果的表象，以使他们对活动本身及其结果进行有效的控制。具体地说，就是让学生熟悉了解所要形成的智力活动方式，使他们知道做什么和怎么做，并把这些东西反映到头脑中去，从而建立起活动的定向映象。在这一阶段，不仅应该向学生呈现活动的原样（模式），说明活动的目的、客体和方式，同时还要指出正确进行活动的关键点，并使活动具有概括的形式。

2. 物质活动或物质化活动阶段

活动的最初形式可以是物质的，也可以是物质化的。所谓物质活动是指对具体的实物的运用；所谓物质化活动则是指运用实物的替代物，如模像、图片、言语、模型示意图等进行活动而言。在这一阶段，学生通过物质或物质化活动促进认识活动的发展。教师既要帮助学生理解学习内容，又要保证形成新的智力活动方式。而且，本阶段一开始，就必须使物质活动或物质化活动与言语活动相结合，也就是要求学生边做边说，以便为智力活动向下一阶段转移做准备。

3. 有声言语活动阶段

由物质或物质化活动阶段过渡到有声言语阶段，是智力技能形成中转入认知活动形式的开端。学生这时能摆脱实物的演示而借助于出声的言语进行智力活动，对动作的程序做正确的陈述，在表象的基础上实现分析和综合，进行比较，这是智力活动形式的一次质的飞跃。

4. 无声的外部言语活动阶段

无声的外部言语活动阶段同前一阶段的不同之点，主要在于活动的完成是以不出声的外部言语形式来实现的。不出声的外部言语形式的活动的形成是活动向智力水平的活动转化的开始。对于主体来说，不出声的外部言语在实际内容上与出声的外部言语相比，是没有任何区别的，所以，一旦学生掌握了这种不出声的外部言语的发音方式，以前各阶段的全部成就便可以直接转移到这种形式上来，因而，这一阶段在教学上可以比较迅速地完成。

5. 内部言语活动阶段

内部言语活动阶段是智力技能形成的最后阶段，也就是智力技能真正形成的阶段。这个阶段具有高度的压缩、简化和自动化的特点。换句话说，智力技能一经形成，活动已完全转化为内部，即不需要多少意识参加就能在头脑里自动地进行。

加里培林对智力活动过程的研究，对于了解智力技能活动的真实情况是有一定启示的。根据这个研究所揭示的智力技能发生的条件和结果之间的关系，对智力活动进行有计划的培养和指导，在一定程度上可以发挥教师的主导作用。但是，智力技能形成的机制是十分复杂的，加里培林从活动的心理观点出发提出的智力活动的五个阶段是否具有普遍意义，按照阶段培养儿童的智力活动是否会限制儿童的创造性的发展等问题，有待于进一步的实验和研究。

四、技能形成的指导

（一）动作技能形成的指导

1. 指导学生正确定向

动作定向在动作技能中起着重要的作用，它能使动作要领形象化保存下来，并调节和控制动作方式。学生对动作的认知定向，是在教师对动作方式进行示范及其讲解的过程中实现的。教师的示范是学生形成动作映象的重要来源，也是模仿的范例。教师的示范动作一定要正确，同时动作速度要放慢，让学生看清楚。

学生动作技能形成的认知与定向阶段，仅有动作示范还不够。学生在了解动作系统的动作程序、方向、幅度、力量等特征的同时，还必须掌握动作的原理、原则或法则等一般性操作知识。

此外，教师的示范和讲解应采取不同的结合方式。若以使学生了解动作系统的结构为主，则讲解要配合示范进行，主要讲清动作系统的结构、各动作方式之间的联系、动作要领等，同时提示学生观察示范动作的要点；若以使学生提高对动作的认识水平，了解动作原理法则为主，示范配合讲解，一般先讲解后示范，以示范来引证讲解中提出的原理法则等。

2. 指导学生练习

练习是动作技能形成的基本条件，但并不是任何练习都能使学生形成技能。为提高学生的练习效果，指导学生进行有效的练习是非常必要的。教师指导学生练习的要求有以下几点。

（1）明确练习的目的和要求。教师要教育学生明确练习的目的和要求，也就是要使他们认识到为什么要进行练习，练习应当符合什么样的条件，以及练习要达到什么样的结果。只有这样才能提高学生练习的主动性和积极性；否则，学生就只能被动地进行练习，被动的练习会使学生感到枯燥乏味。而积极主动的练习会使学生兴致勃勃，在遇到困难的情况下，能发挥意志的作用，排除干扰，克服困难，想方设法提高练习效果。

（2）掌握正确的练习方法。方法是达到目的的手段，练习的效果如何取决于正确方法的应用。掌握正确的练习方法，可以避免盲目尝试，提高练习效果。为了掌握正确的练习方法，在练习过程中，教师应进行科学的指导与示范，特别是在练习之初，由于练习者自己不易觉察自身的缺点和错误，教师的指导、监督与检查更为重要。否则，一旦形成错误的动力定型，纠正起来就十分困难。

（3）合理分配练习时间。练习某种技能时，由于练习的时间分配不同，会产生不同的练习效果。练习按时间分配，可分为分散练习和集中练习。分散练习是指各次练习之间间隔一定时间而进行的练习，各次练习之间安排休息时间。集中练习是指长时间连续进行练习，各次练习间不安排休息。许多心理学实验表明分散练习的效果优于集中练习。总之，应从练习的实际出发，根据练习内容的难易、长短以及练习者的个别差异灵活掌握与分配练习时间。

（4）遵循循序渐进的练习原则。练习的动作应先简后繁、先易后难，练习的速度应先慢后快，这是提高练习效果的重要条件。这样练习有助于动作的准确性，有助于及时发现错误，有助于打好基础。当然，长期停留在慢速上、重复在简易动作上也不利于把个别动作联合为整体，是不利于技能的迅速形成的。因此，在循序渐进的基础上，学习者应适当地加快速度，增加难度、深度，适时地过渡到同实际活动所要求相近的水平。

（5）利用练习中反馈的强化作用。反馈就是让学生知道自己的练习结果。反馈对继续练习有极大的影响。学生在练习过程中只有通过动作的反馈，才能知道自己的动作是否合乎规范。及时而有效的反馈，使学生辨别出自己动作的正误，有意地去强化合乎规范的动作，矫正非规范性动作。

（二）智力技能形成的指导

智力技能和动作技能一样，不是人脑中所固有的，而是个体在学习和生活过程中形成和发展起来的。教师在教学中应充分考虑智力技能形成的阶段性，采取多种教学措施有意识地进行培养。

1. 提供良好的实践模式，使学生形成完备的定向基础

在学生智力技能形成过程中，活动的定向是第一个阶段，同时也是对智力技能形成有决定性影响的阶段。因而，在培养学生智力技能时，教师必须给学生提供良好的实践模式，帮助学生建立完备的定向基础。这就要求教师在教学中应使学生正确、完整地了解一类课题智力活动的全过程，并对智力活动方式有概括的了解，即这种活动方式既适用于一个课

题解决的某种特殊情形，又适用于一类课题解决的全部情形。

2. 提供开展分步练习的条件，促使学生智力技能的形成

智力技能的真正形成必须经过练习。根据智力技能形成过程的阶段性原理，在教学中，教师应给学生提供这种展开形式的分步练习的条件，使学生在练习中能按实践模式将智力活动的程序展现出来，并从外部向内部逐渐概括，成为熟练的自动化的活动，从而促使学生切实形成智力技能。

3. 重视思维训练，促进学生智力技能的灵活、敏捷

首先，培养学生独立思考的习惯。教师在教学中应要求学生通过独立思考来完成各项学习任务，积极引导学生克服思维懒惰、粗心大意等不良习惯。教师在课堂中要自觉运用启发式教学法，激发学生进行积极的思维活动，灵活运用所学知识解决各种问题，以促进学生独立思考的习惯的形成。其次，训练学生掌握各种思维方法。分析、综合、抽象、概括、分类、比较、系统化乃至各种推理方法等思维活动方式，教师要在思维训练中分别进行有目的、有计划、有系统的科学指导。最后，培养学生具有良好的思维品质。教师不仅要在教学中正面培养学生具有诸如思维的敏捷性、深刻性、广阔性、灵活性、批判性等优良的思维品质，还要运用恰当的教学措施对学生思维品质中的消极因素予以克服或消除。

4. 创造应用智力技能解决实际问题的机会，促使学生智力技能熟练技巧的发展

学生的智力技能虽然主要是在练习性课题解答活动和思维训练中形成和发展的，但是，组织学生解决一些实际生活中的问题，对于智力技能的形成和发展也具有一定的意义。首先，组织学生解决实际生活中的问题，实际是向学生提供培养智力技能的有效练习，因而有利于原有智力技能的巩固和提高。其次，在不同的智力活动中，一种智力技能便有可能在不同情境的应用中，通过技能的迁移作用，对某些新的智力技能的形成和发展产生积极的影响。最后，多种专门智力技能的广泛应用，还可能通过心理的概括，对一般智力技能的形成和发展产生积极的影响。因此，教师一定要注意为学生创造应用智力技能解决问题的机会，以促进他们智力技能熟练技巧的发展。

第四节 学习动机

一、学习动机的含义及功能

（一）学习动机的含义

在心理学中，动机是指驱动人或动物产生各种行为的原因。个体的各种行为和活动都是由动机所引起的。学习动机是激发个体进行学习活动，维持已引起的学习活动，并使学习行为朝向一定目标的一种内在过程或内部心理状态。学习动机一旦形成，就会自始至终

贯穿于某一学习活动的全过程。

(二) 学习动机的功能

学习动机的功能是指在学习活动的开始、进行和完成的全过程中，与学习动机有关的各因素的作用及其相互关系，学习效果对学习动机、学习活动的反馈作用。具体而言，学习动机一般有以下三种功能。

1. 激发功能

学习动机能激发个体产生某一学习行为。学习动机是引起某种学习行为的原动力，对学习行为起着始动作用。例如，一位学生知道自己的外语听力比较差，产生要训练听力的动机，他便会在这一动机的驱动下，出现相应的行为，如收看电视中播放的国外原版片、听英语故事等。

2. 指向功能

学习动机能使个体的学习行为指向某一具体目标。学习动机是引导某种学习行为的指示器，对学习行为起着导向作用。在上例中，那位学生在要训练听力的动机引导下，将收听英语资料的行为明确指向训练听力这一目标，把注意力集中于外国原版片的人物对话上。

3. 维持和调节功能

学习动机能调节个体学习行为的强度、时间和方向。学习动机是调节某种学习行为的控制器，对学习行为起着调控作用。在上例中，那位学生在收听英语资料时把注意集中于人物对话这一行为的强度、维持时间的长短，都受到该学习动机的制约。如果这一行为活动未达到训练听力的预定目标，该学习动机还会驱使他转换行为活动方向，比如放弃看外国原版片，而选择听外语录音训练磁带，以达到既定目标。

二、动机的分类

(一) 生理性动机和社会性动机

根据动机的起源，可以把动机分为生理性动机和社会性动机。生理性动机是以个体生理需要为基础的动机。例如，个体为满足进食、喝水、呼吸、性欲等生理需要，或者为回避危害、消除疼痛等而产生的动机都属于生理性动机。这些生理需要引发的动机具有强大的动力作用。社会性动机是以人的社会性需要为基础的动机。例如，交往动机、成就动机、权力动机、工作动机等都属于社会性动机，这类动机也具有较大的动力作用。

(二) 内部动机和外部动机

根据引起动机的原因，可以将动机分为内部动机和外部动机。内部动机是由内部因素引起的动机,外部动机则是由外界刺激的作用而引起的。例如,有的学生刻苦学习是因为他们在学习方面有强烈的好奇心、求知欲、兴趣、责任心、上进心等,这种学习动机就是内部动机;有的学生努力学习只是为了得到父母和教师的表扬和奖励,避免受到批评和惩罚,这种学习动机就是外部动机。相对而言,内部动机比较稳定,会随着目标的实现而增强;而外部动机则是不稳定的,往往会因目标的实现而减弱。

(三)近景性动机和远景性动机

根据动机引起的行为与目标之间的远近关系,可以将动机分为近景性动机和远景性动机。近景性动机是指与近期目标相联系的动机。例如,有的学生仅仅为了考试得高分数或应付老师的提问而努力学习,这种动机是短暂的、具体的,属于近景性动机。远景性动机是与较长远的目标相联系的动机。例如,有的学生学习外语是为了将来能很好地使用外语这个工具,学习国外的先进经验,这种动机是长久的,属于远景性动机。

(四)高尚动机和低级动机

根据动机的社会性质划分,可以把动机分为高尚动机和低级动机。高尚动机是符合某种社会要求或道德准则的动机。例如,推动人们在各种活动中表现出的利他行为的动力,就是高尚动机。低级动机是违背了某种社会要求或道德准则的动机。例如,有意识地进行损人利己的行为的内在推动力,就是低级动机。

(五)主导性动机和非主导性动机

根据动机对行为作用的大小和地位,可以将动机分为主导性动机和非主导性动机。主导性动机是个体最重要、最强烈的,是对行为影响最大的动机。非主导性动机是强度相对弱、处于相对次要地位的动机。人的行为实际上是由重要性不同的动机构成的动机系统决定的。在这个动机系统中,主导性动机可以抑制那些与其目标不一致的动机,对个体的行为起决定性作用,非主导性动机则起辅助作用。

(六)奥苏贝尔成就动机的分类

奥苏贝尔认为,学校情境中的成就动机主要由以下三个方面的内驱力组成,即认知内驱力、自我提高内驱力和附属内驱力。

1. 认知内驱力

认知内驱力是一种要求理解事物、掌握知识、系统地阐述并解决问题的需要。它以求知作为目标,从知识的获得中得到满足,是学习的内部动机。

2. 自我提高内驱力

自我提高内驱力是指个体由自己的学业成就而获得相应的地位和威望的需要。它不直接指向知识和学习任务本身,而是把学业成就看作赢得地位和自尊的根源。

3. 附属内驱力

附属内驱力是指个体为了获得长者（如教师、家长等）的赞许和同伴的接纳而表现出来的把工作、学习搞好的一种需要。它既不直接指向学习任务本身，也不把学业成就看作赢得地位的手段，而是为了从长者或同伴那里获得赞许和接纳。自我提高和交往的内驱力都是一种间接的学习需要，属于外部动机。

应该说明的是，认知内驱力、自我提高内驱力和附属内驱力在动机结构中所占的比重并非一成不变，通常是随着年龄、性别、个性特征、社会地位和文化背景等因素的变化而变化。在儿童早期，附属内驱力最为突出，他们努力获得学业成就，主要是为了实现家长的期待，并得到家长的赞许。到了儿童后期和少年期，附属内驱力的强度有所减弱，来自集体的赞许和认可逐渐替代了对长者的依附，在这期间，赢得同伴的赞许就成为一个强有力的动机因素。而到了青年期，认知内驱力和自我提高内驱力成为学生学习的主要动机，学生学习的主要目的在于满足自己的求知需要，并从中获得相应的地位和威望。

三、学习动机理论

（一）强化理论

强化是指个体在学习过程中增强某种反应重复出现可能性的力量。学习动机的强化理论是由行为主义学习理论家提出来的，主要代表人物是巴甫洛夫和斯金纳。他们不仅用强化来解释学习的发生，而且用来解释动机的产生。按照他们的观点，任何学习行为都是为了获得某种报偿。因此，在学习活动中，采取各种外部手段，如奖赏、赞扬、评分、等级、竞赛等都可以激发学生的学习动机，引起相应的学习行为。

一般说来，强化起着增进学习动机的作用，惩罚则一般起着削弱学习动机的作用，但有时也可以使一个人在失败中重新振作起来。当然，强化动机理论就其主要倾向来说，是行为派的学习动机理论。由于行为派的强化理论过分强调引起学习行为的外部力量（外部强化），忽视甚至否定了人的自觉性与主动性（自我强化），因而这一学习动机理论有较大的局限性。

（二）需要层次理论

需要层次理论是人本主义心理学理论在动机领域中的体现，美国心理学家马斯洛是这一理论的提出者和代表人物。马斯洛认为人的基本需要有 7 种，它们由低到高依次排列成一定的层次，即生理的需要、安全的需要、归属和爱的需要、尊重的需要、认识和理解的需要、审美的需要和自我实现的需要。他认为，人较低级的需要至少必须部分满足之后才会出现对较高级需要的追求。

需要层次理论说明，在某种程度上，学生缺乏学习动机可能是由于某种缺失性需要没有得到充分满足而引起的。例如，家境清贫使得温饱得不到满足；父母离异使得归属与爱的需要得不到满足；教师过于严厉和苛刻，动辄训斥和批评学生，使得安全需要和尊重需要得不到满足等。而正是这些因素，会成为学生学习和自我实现的主要障碍。所以教师不仅要关心学生的学习，也应该关心学生的生活和情感，以排除影响学习的一切干扰因素，激发其学习动机。

（三）成就动机理论

成就动机是在人的成就需要的基础上产生的，它是激励个体乐于从事自己认为重要的或有价值的工作，并力求获得成功的一种内在驱动力。这种动机是人类所独有的，是后天获得的具有社会意义的动机。

成就动机理论的主要代表人物是阿特金森。他认为，个体的成就动机存在两种倾向：一种是追求成功和由成功带来的积极情感的倾向性，即力求成功的动机；一种是避免失败和由失败带来的消极情感的倾向性，即避免失败的动机。力求成功者的目的是获取成就，他们通常会选择成功概率为50%的任务，因为这种任务能给他们提供最大的现实挑战，有助于他们通过努力来提高自尊心和获得心理上的满足。当他们面对完全不可能成功或稳操胜券的任务时，动机水平反而会下降。相反，避免失败者则倾向于选择非常容易或非常困难的任务，如果成功概率大约是50%时，他们会回避这项任务，以防止自尊心受损和产生心理烦恼。因为选择容易的任务可以保证成功，使自己免遭失败；而选择极其困难的任务，即使失败，也可以找到适当的借口，得到自己和他人的原谅，从而减少失败感。

（四）成败归因理论

1. 韦纳的归因理论

美国心理学家韦纳提出，可以根据三个维度对成败的原因分类。这三个维度分别是内外维度、稳定性维度、可控制维度。

（1）内外维度。据此可把导致成败的原因分为内部原因和外部原因。内部原因即个人自身的原因，如个人的能力、努力等；外部原因即个人自身之外的原因，如任务难度、运气等。

（2）稳定性维度。据此可把内部和外部原因再分为稳定的原因和不稳定的原因。

（3）可控制维度。据此可把稳定和不稳定的原因再分为个人自身可控原因和个人自身不可控原因。

表 11-1　韦纳成败归因理论中的六因素与三维度

维度 因素	成败归因维度					
	稳定性		因素来源（控制点）		可控制性	
	稳定	不稳定	内在	外在	可控	不可控
能力	√		√			√
努力程度		√	√		√	
任务难度	√			√		√
运气		√		√		√
身心状况		√	√			√
外界环境		√		√		√

不同的归因过程和结果会极大地影响个体情绪和下一步行动。把成功归因于内部的稳定因素（如能力），会使学生感到自豪；相反，把成功归因于外部不稳定因素，如运气等，学生就会对以后类似活动能否成功产生担心的情绪。而把自己的失败归于内部的稳定因素，会使学生产生羞耻感，引起忧郁情绪。

2. 习得性无助

习得性无助是指由于连续的失败体验而导致个体产生的对行为结果感到无法控制、无能为力的心理状态。这是美国心理学家塞利格曼提出的。他认为一个总是把失败归于内部的、稳定的和不可控制的因素（即能力低）的学生会形成一种习得性无助的自我感觉。

辨析题

11.4 习得性无力感与人们对失败的归因无关。（　　）

（五）成就目标理论

成就目标理论是以成就动机理论和成败归因理论为基础，在德韦克能力理论的基础上发展起来的一种学习动机理论。德韦克认为，人们对能力持有两种不同的内隐观念，即能力增长观和能力实体观。持能力增长观的个体认为，能力是可改变的，随着学习的进行是可以提高的；持能力实体观的个体则认为，能力是固定的，是不会随学习而改变的。研究表明，虽然这两类成就目标都可促进个体主动而有效地从事挑战性任务，但它们在更多的方面是不同的，具有不同的学习效果。

（六）自我效能感理论

自我效能感指人们对自己是否能够成功地从事某一成就行为的主观判断。这一概念由美国心理学家班杜拉最早提出。20世纪80年代以来，自我效能感理论得到了丰富和发展，也得到了大量实证研究的支持。

班杜拉在他的动机理论中指出，人的行为受行为的结果因素与先行因素的影响。行为的结果因素就是通常所说的强化，并把强化分为三种：一是直接强化，即通过外部因素对学习行为予以强化，如奖励与惩罚便是学习中常用的两种强化形式；二是替代性强化，即通过一定的榜样来强化相应的学习行为或学习行为倾向；三是自我强化，即学习者根据一定的评价标准进行自我评价和自我监督，来强化相应的学习行为。但是，他认为行为的出现不是由于随后的强化，而是由于人认识了行为与强化之间的依赖关系后，形成了对下一个强化的期待。所谓期待，包括结果期待和效能期待。结果期待指的是个体对自己的某种行为会导致某一结果的推测。如果个体预测到某一特定行为会导致某一特定的结果，那么这一行为就可能被激活和被选择。教师认为只要教学认真，就能取得优异的教学成绩，这是结果期待高。效能期待则指个体对自己能否实施某种成就行为的能力的判断，即人对自己行为能力的推测。教师认为即使自己认真教学，也没有能力达到期待目标，这是效能期待低。在班杜拉看来，人们知道行为可能带来良好的结果后，也并不一定去从事某种活动。所以，当有了相应的知识、技能和目标后，自我效能感就会成为行为的决定因素。

班杜拉指出，影响自我效能感形成的最主要因素是个体成败的经验。一般说来，成功的经验会提高自我效能感，反复的失败则会降低效能期待。同时，归因方式也直接影响自我效能感的形成。如果个体把成功的经验归因于外部的不可控因素（如运气、任务难度等），就不会增强自我效能感；如果个体把失败归因于内部的可控因素（如努力），也不一定会降低自我效能感。

四、学习动机与学习效果的关系

一般情况下，学习动机水平增加，学习效果也会提高。但是，动机水平并不是越高越好。动机水平超过一定限度，学习效果反而更差。美国心理学家耶克斯和多德森认为，中等程度的动机激起水平最有利于学习效果的提高。同时，他们还发现，最佳的动机激起水平与任务难度密切相关：任务越容易，最佳动机激起水平越高；任务难度中等，最佳动机激起水平也适中；任务越困难，最佳动机激起水平越低。这便是有名的耶克斯-多德森定律（简称倒U曲线）。

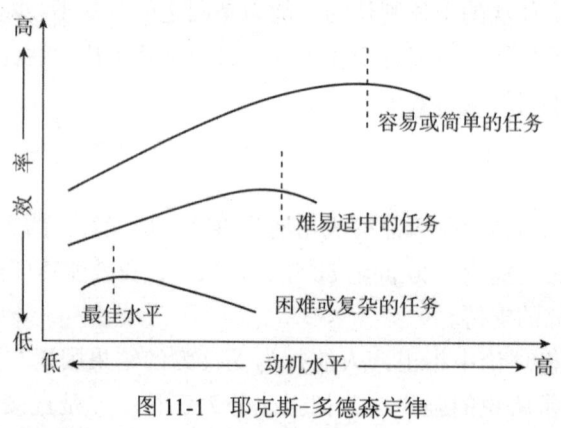

图 11-1 耶克斯-多德森定律

五、学习动机的培养与激发

（一）帮助学生树立恰当的学习目标

学习目标是指学习预期达到的客观标准。当学生准备学习时，常常怀着一种期待的心理，期待着能如愿以偿，实现预期目标。学习目标一般可分为两种：一种是远的总的目标，另一种是特定的目标，如在一定时间内必须做完多少练习题等。

在一定意义上可以说，学习需要是学习积极性的源泉。但是仅仅有某种学习需要而无明确的学习目标，这种学习需要只是一种潜在的需要状态，还不能成为推动学习活动的动机。

帮助学生树立学习目标，最好的方法是让他们的活动有明确的目的和任务。教师在开学时就把学生所学的课程分成若干单元，并把每个单元的目的任务告诉学生。只要确定的目标恰当，并采取相应的措施保证目标实现，即使是学习成绩较差的学生，也能产生努力学习的愿望，增强信心，形成较强的学习动机。

（二）创设问题情境，实施启发式教学

在教学中能否使学生受到启发，积极思考，关键在于创设问题情境。问题情境是一种有一定困难，需要学生努力克服（寻找达到目的的途径）而又力所能及的学习情境（学习任务）。

问题情境有的是在学习过程中自然形成的，有的是人为创设的。只有当学生感到是问题，而且必须积极思考或有他人的帮助才能使问题得到解决，这种学习情境才是问题情境。这就要求教师首先要充分了解学生。教材中的问题能否使学生产生问题情境，在很大程度上取决于学生已有的知识经验和智力水平。不仅不同年级中学生的知识水平和智力活动方式大不一样，即使在同一个教学班中，学生的知识经验和智力水平也是有很大差异的，教师不了解这些差异，就难以使不同发展水平的学生产生问题情境。

创设问题情境还要求教师熟悉教材，掌握教材的结构及知识的内在联系。教师熟悉教材的标志不在于熟记教材的内容，而在于掌握教材的结构和知识的内在联系。只有做到这一点，才能驾驭教材，为学生创设问题情境。教材要靠教师加工处理，才能使学生产生问题情境。如果教材结构处理得好，对学生有巨大的吸引力，则有助于激发学生的学习动机和兴趣。

创设问题情境可以采用多种多样的方式。教师可以向学生提出富有启发性的问题，其目的在于引起学生积极思维，激发学生求知欲，使其掌握知识、发展智力。

（三）适当地开展学习竞赛

学习竞赛对激发学习动机、鼓舞斗志、克服困难，具有一定的积极作用。因此，学习竞赛是调动学习积极性的一种有效手段。

关于学习竞赛的作用问题，国外许多心理学家进行了实验研究。例如，查普曼（J. C. Chapman）和费得（R. B. Feder）对五年级两个班级的学生进行10天（每天10分钟）的加法练习对比的实验。

一组是竞赛组，另一组是无竞赛组。无竞赛组是由于兴趣和严肃的学校工作条件而完成作业，竞赛组除这个条件外，还有一个"为了每天统计表上登记分数和红星"的诱因。实验结果表明，竞赛组的成绩优于无竞赛组（见图11-2）。

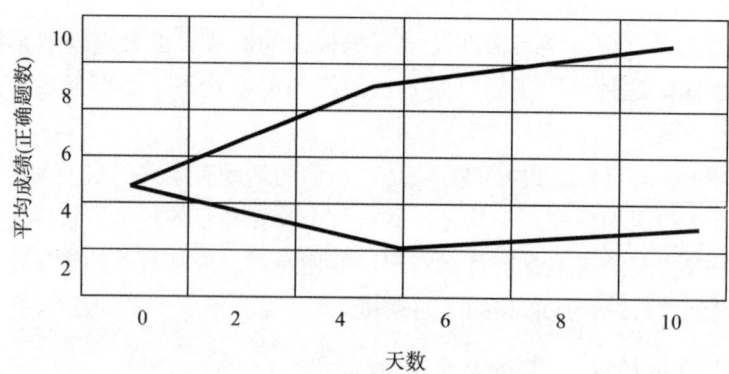

图 11-2 加法练习竞赛成绩比较

马荣（J. B. Maen）还对团体竞赛和个人竞赛进行了对比研究。研究结果表明，竞赛组（包括团体竞赛和个人竞赛）的成绩均优于无竞赛组，个人竞赛的成绩优于团体竞赛的成绩。

从以上实验结果来看，开展学习竞赛对激发学习动机和提高学习成绩可以起到一定的积极作用。但是，竞赛也可能产生某些消极影响。因为，既然是竞赛，就必然会产生某种竞争心理，以超过对方为目的，这样就会影响学生之间的合作与互相帮助，甚至会滋长个人名利思想；竞争中所取得的优秀成绩往往是以高度的紧张为前提的，心理过度紧张容易影响身心健康发展；竞赛的结果总是少数人得名次，多数人为陪衬，一定数量的人为落伍者，获胜者受到鼓励，失败者会焦虑不安，忍受一定的心理压力。

竞赛虽然有可能产生这些消极作用，但是这些消极影响并不是不可避免的。为了充分发挥学习竞赛的积极作用，预防其消极影响，在学习竞赛中教师应加强引导与教育。教育学生正确对待学习竞赛，把竞赛变成激励学生进步的手段。竞赛要尽可能增加获胜的机会。频繁竞赛不但会失去激发学习动机的作用，还容易增加学生精神负担。因此，学校及班级应适当组织竞赛。组织学习竞赛时，可按学生能力水平设高、中、低组，或单项竞赛，使不同能力水平的学生都有获胜的机会以增强信心。

（四）充分利用学习的反馈信息，认真进行检查和评定

学生运用所学的知识解决问题的成效、作业的正误、考试成绩的优劣以及学习态度认真与否等，均属于学习的反馈信息。许多实验研究表明，来自学习结果的反馈信息，不仅对学生的学习活动方式的改进具有调节功能，还对学生的学习动机具有激励的作用。

因此，教学中应充分利用学习结果的反馈信息。当然，对这种信息的加工处理不同，对学生学习的促进作用也会有差异。为了充分利用学习结果的反馈作用，以下几点是特别值得注意的：①要使学生对学习评定和评价有正确的态度。在评分的问题上，必须使学生认识到，分数是学习成绩的重要指标，但不是唯一的指标，对分数有了正确的认识，成绩评定方能起激发动机的作用。②学习结果的评价必须实事求是，做到客观、公正和及时。否则，评价不仅不能起激发动机的作用，还会产生相反的结果。③要考虑到学生的心理发展水平和个性特点。对学生的评价应以鼓励为主，适当批评和表扬。对于一些成绩虽好，

但有骄傲情绪的学生，评价时要指出其不足和努力方向；对于那些学习很努力而成绩较低的学生，评价时要积极引导，以鼓舞其斗志为主。

（五）正确指导结果归因，促使学生继续努力

研究表明，学生对学习结果的归因对以后的学习行为会产生影响。就稳定性维度而言，如果学习者把成功或失败归因于稳定因素（如能力、任务难度），则学习者对未来的学习结果也会抱成功或失败的预期，并会增强他们的自豪感、自信心或产生羞耻感、自卑感；相反，如果学习者把成功或失败归因于不稳定因素（如努力、运气、身心状态，外界环境），则不会影响他们对未来成功或失败的期望，其成败体验也不会影响到将来的学习行为。就内在维度而言，如果学习者将成功或失败归因于自身内在的因素（如能力、努力、身心状态），学习者会产生积极的自我价值感，进而更投入到未来的学习活动中去，或形成消极的自我意象，结果就会越来越避免参与成就性任务；相反，如果学习者将成功或失败归因于外在因素（如任务难度、运气、外界环境），学习结果就不会对其自我意象产生太大影响。就可控性维度而言，如果学习者把成功或失败归因于可控因素（如努力），学习者会对自己充满信心或产生一种犯罪感；反之，如果学习者把成功或失败归因于不可控因素（如能力、任务难度、运气、身心状态、外界环境），则会产生感激或仇视报复的情绪。既然不同的归因方式会影响到主体今后的行为，也就可以通过改变主体的归因方式来改变主体今后的行为。这对于学校教育工作是有实际意义的。在学生完成某一学习任务后，教师应指导学生进行成败归因。一方面，要引导学生找出成功或失败的真正原因；另一方面，教师也应根据每个学生过去一贯的成绩的优劣差异，从有利于今后学习的角度进行归因，哪怕这时的归因并不真实。一般而言，无论是对学优生还是学困生，归因于主观努力的方面均是有利的。因为归因于努力，可使学优生不至于过分自傲，能继续努力，以便今后能继续成功；使学困生不过分自卑，也能进一步努力学习，以争取今后的成功。

第五节　学习迁移

一、什么是学习迁移

一般认为，学习迁移是一种学习对另一种学习的影响。日常生活中我们可以观察到，学会骑自行车有助于学习驾驶摩托车；学会一种外文有助于掌握另一种外文；儿童在做语文练习时养成爱整洁的书写习惯，有助于他们在完成其他作业时形成爱整洁的习惯。这些都是我们常见的学习迁移现象。由此可见，迁移是极其广泛的现象，它存在于人的各种学习、工作和生活活动之中。凡是经过学习获得的经验，包括知识、技能、态度、行为方式等都可以在一定条件下产生迁移。

学习迁移不仅能给学习者带来事半功倍的效率,也能够充分发挥教学的有效作用。教师在教学中如果较好地利用迁移条件,选择内容、改进教法,就能大大提高课堂教学效果。学习迁移对学校整个教学活动都具有指导意义。在全部教学过程中,教学的进度、教学活动的合理安排,教材的编排与选择等都应遵循迁移规律,才能使整个教学工作收到成效。

二、学习迁移的种类

迁移的表现形式多种多样,根据不同的标准可以对迁移进行多种分类。

(一)根据迁移作用的性质,可分为正迁移和负迁移

正迁移是指一种学习对另一种学习产生了积极的影响。例如掌握了素描,学习油画就比较容易;会打棒球的人也容易学习打高尔夫球等。负迁移则是指一种学习对另一种学习产生了消极影响。例如汉语拼音对英语音标的学习便是负迁移。

(二)根据迁移影响的方向,可分为顺向迁移和逆向迁移

顺向迁移是指先前的学习对后继学习的影响。逆向迁移是指后继学习对先前学习的影响。例如先学习汉语拼音能对后学习英文字母产生顺向迁移,后学习英文字母对先学习的汉语拼音产生逆向迁移。

单项选择题
11.5 学生小辉由于会打羽毛球,很快就学会了打网球。这种现象属于(　　)。
A. 顺向、正迁移　　　　　　B. 逆向、正迁移
C. 顺向、负迁移　　　　　　D. 逆向、负迁移

(三)根据迁移发生的水平,可分为横向迁移和纵向迁移

横向迁移是指难度和复杂性在相同水平上的知识或技能的迁移。例如婴儿学会称呼邻居家的男性为"叔叔"后,他可能会对所遇到的任何男性均称呼为"叔叔"。纵向迁移是指低水平的知识、技能的掌握向高水平的知识、技能学习的迁移。例如运用三角形的面积公式来推导梯形的面积公式;小学生掌握了算术运算中的加、减、乘法,使得他能够较为顺利地学习和掌握除法。

(四)根据迁移的范围大小,可分为一般迁移与特殊迁移

一般迁移是指概念或态度的迁移,其迁移范围大。特殊迁移是指某一具体的、特定的

知识经验的掌握对另一具体的、特定的知识经验学习的影响。

以上各种迁移,都包含有正迁移和负迁移。平时我们讲的"迁移"指的是正迁移,促进学生迁移的发生,就是要促进正迁移的大量产生。

三、学习迁移的基本理论

(一)形式训练说

形式训练说是以官能心理学为基础的最古老的迁移理论。官能心理学认为,人的心是由"意志""记忆""思维"和"推理"等功能组成的。心的各种成分(官能)是各自分开的实体,分别从事不同的活动,如利用记忆官能进行记忆和回忆,利用思维官能从事思维活动。各种官能可以像肌肉一样,通过练习增强力量(能力)。这些能力在各种活动中都能发挥效用。比方说,记忆官能增强以后,可以更好地学会和记住各种东西。不仅如此,由于心是由各种成分组成的整体,一种成分的改进,也在无形中加强了其他所有官能。可见,从形式训练的观点来看,迁移是通过对组成心的各种官能的训练,以提高各种能力如注意力、记忆力、推理力、想象力等而实现的,而且迁移的产生将是自动的。

形式训练说把训练和改进心的各种官能作为教学的重要目标。它认为,学习的内容不甚重要,重要的是学习的东西的难度和训练价值,学习要收到最大的迁移效果,就应该经历一个"痛苦"的过程。于是,难记的古典语言、数学和自然科学中的难题,被视为训练心的最好材料,在这样的训练中,"学生学会观察、分析、比较、分类、想象、记忆、推理、判断,甚至创造……有了这样的造诣,足以使学生在日后的学习和工作中受益无穷"。反之,学生如果仅记住一些具体事实,其使用价值十分有限。

形式训练说在欧洲和北美盛行了约 200 年,至今在国外和我国仍有一定的影响。但是,心的各种官能能不能分别加以训练,使之提高,从而自动迁移到一切活动中去呢?教学的主要目标是不是训练心的各种官能呢?形式训练说对这些问题的回答虽然十分肯定,但它的鼓吹者和信奉者并没有拿出经得起科学检验的证据。

(二)相同要素说

共同要素说是桑代克等人在对形式训练说的检验过程中提出来的。桑代克通过实验发现,只有当学习情境与迁移情境具有共同成分时,一种学习才能对另一种学习产生影响。实验结果使他否定了形式训练说,提出了相同要素说,后经伍德沃斯将其修改为共同要素说。所谓的相同要素或共同成分,即相同的刺激与反应的联结,相同的联结越多,迁移越大。共同要素说解释了迁移现象中的一些事实,对当时的教育发展起到了积极作用。但这种观点具有一定的片面性和机械性,在某种程度上否认了迁移过程中的复杂的认知活动。

(三)概括化理论

概括化理论又称经验类化理论,是贾德首先提出的。这个理论认为,一个人只要对他的经验进行了概括,就可以完成从一个情境到另一个情境的迁移。

贾德通过水下打靶实验来验证其理论,认为先前的学习之所以能迁移到后来的学习中,是因为在先前的学习中获得了一般原理,这种一般原理可以部分或全部应用于前后两种学习中。至于两种学习活动中所存在的共同成分,仅是迁移产生的必要前提,而学习者所概括出来的两种活动所具有的共同的原理或概括化的经验才是迁移产生的关键。经验类化理论强调概括化的经验在迁移中的作用,强调对原理的理解,实际上是对桑代克共同要素说的补充,他强调要将共同要素上升到更为抽象的原理水平,这一点比共同要素说有所进步。但概括化的经验仅是影响迁移成功与否的条件之一,并不是迁移的全部。

(四)关系转换理论

关系转换理论是由格式塔心理学家柯勒提出的一种学习迁移理论,其主要观点是习得经验能否迁移取决于对情境中各种关系的理解或顿悟。柯勒所做的"小鸡啄米实验"就是支持关系转换理论的经典实验。

关系转换理论强调个体的作用,认为学习者必须发现两个事件之间的关系,迁移才能产生,但关系的转换是复杂的,转换的实现受到一些因素,如原先学习课题的掌握程度、诱因大小以及练习量的影响。研究表明,原先学习的课题掌握得好、诱因大和练习量增加,转换现象较易发生;若训练时的刺激与现实的刺激差别较大,转换则不容易发生。此外,智力年龄较高的学生在转换方面要超过那些智力年龄较低的学生。

(五)认知结构迁移理论(现代的迁移理论)

当代认知心理学家都十分重视认知结构在迁移中的重要作用。其中奥苏贝尔的认知结构迁移理论代表了从认知观点来解释迁移的一种主流倾向。

奥苏贝尔认为,任何有意义的学习都是在原有学习的基础之上进行的,不受学习者原有认知结构影响的有意义学习是不存在的。有意义的学习中一定有迁移。学生原有的认知结构是实现学习迁移的最关键因素。原有认知结构的清晰性、稳定性、概括性、包容性、连贯性和可辨别性等特性始终影响着新的学习的获得与保持。学生已有的认知结构对新知识学习发生影响,这就是迁移。

继奥苏贝尔之后,研究者对迁移进行了更为深入的探讨,具体表现在以下两种观点中:第一种观点强调认知结构在迁移中的作用,认为认知结构中的某些成分是决定迁移能否发生的根本条件;第二种观点强调外界环境与主体的相互作用对迁移的影响,认为迁移的产生是由外界物理环境、社会环境与主体因素共同决定的。该理论强调通过社会交互作用与合作学习,可以促进迁移的产生。

四、促进学生学习迁移的策略

（一）帮助学生建立合理的认知结构

所谓认知结构就是指学生在某科学习中，先前获得的知识在内容、组织和接受信息的方式等方面的特征，在头脑中形成一定的结构系统。学生具有良好的认知结构，知识之间的相互概括就易于进行，否则就难以实现，甚至知识间会产生干扰。可见，认知结构是实现迁移的关键。

学生认知结构的内容和组织方面的特征，是由知识结构内化而形成的。所以教学中必须精心安排教材，给予学生科学合理的知识结构。首先，加强基本概念、基本原理的教学。教师在教学过程中应加强基本概念和基本原理的教学。因为基本概念、基本原理中存在着其他知识也具有的"共同要素"，是迁移价值高的知识。学生掌握这种知识，就能以不变应万变，产生广泛的迁移。其次，重视教材组织结构的完善。教材是学生学习的基本材料，好的教材是实现迁移的关键。因为学生的认知结构不是凭空产生的，而是由教材的知识转化而来的。一本好的教材，其内容的组织不是概念的排列和堆积，而是以合乎逻辑的方式组成的。好的教材结构，可以简化知识，给学生提供便于获得知识的途径，也有利于产生学习的迁移和知识的应用。

（二）重视对学生的学习指导

传统教学大多重视学生是否"学会"知识，从使学生接受良好的知识结构的意义上来说，"学会"是必要的，但从学习迁移的深远意义上说，指导学生"会学"，即掌握良好的学习方法更为重要。学生掌握了良好的学习方法就会自觉地改造自己认知结构中不合理的成分，就能主动地接受新信息、获取新知识，就能创造性地学习和解决问题，迅速提高智力水平。

（三）学生广开思路，克服消极定势的影响

定势又叫心向，它是指由先前心理活动所形成的一种准备状态，它从两方面影响迁移的实现：一是态度定势，对有关学习材料产生积极或消极倾向；二是思维定势，即以习惯了的思维模式解决问题。定势在解决条件相同，要求做出相同反应的同类课题时，能减轻神经活动的负担，提高活动中的效率，促进学习的迁移的发生；定势在解决条件相同或相似，要求做出不同反应的形同意不同的课题时，则会产生消极反应。这种消极反应在于它限制了学生的思路，使学生不能灵活地思维，阻碍学生用新方法解决问题，干扰学生的学习，产生负迁移。因此，教师在教学中一定要指导学生克服消极定势的影响。

（四）为学生提供和创设与应用情境相似的学习情境

在教学中，学习情境与学生所学知识内容的实际情境的相似性，将有助于学生受到启

发而增加迁移的机会。因此，教师创设各种特定的情境，使学生学会在实际情境中解决问题，便于日后学生能将其活动应用于类似的实际生活。

第六节 学习策略

一、学习策略的概念

在有关学习策略的研究中，学习策略的界定始终是一个基本的问题。对于什么是学习策略，学者从不同的研究角度和使用不同的研究方法，提出了各自不同的看法，至今仍然没有达成一个统一的认识。有的学者认为学习策略指具体的学习技能，诸如复述、想象和列提纲等；有的学者认为学习策略指较为一般的自我管理活动，诸如计划、领会、监控等；有的学者认为学习策略指组合几种具体技术的复杂计划。甚至有的学习策略的界定与元认知、认知策略、自我调节的学习等术语相互重叠。概括起来，对学习策略的界定，大致可以分为三种。第一种把学习策略视作学习活动或步骤。它不是简单的事件，而是用于提高学习效率，对信息进行编码、分析和提取的智力活动，是选择、整合应用学习技巧的一套操作过程。第二种把学习策略视作学习的规则、能力或技能。第三种把学习策略视作学习计划，是学习者为了完成学习目标而制订的复杂计划。

综合这些不同的看法，可以认为所谓学习策略，就是学习者为了提高学习的效果和效率，有目的、有意识地制定的有关学习过程的复杂方案。

二、学习策略的特征

（一）操作性和监控性的有机统一

操作性和监控性是学习策略的基本特性。学习策略的操作性体现在学生认知过程的各阶段，监控性则体现在内隐的认知操作之中。

（二）外显性和内隐性的有机统一

在学习中使用的一些学习操作可以直接观察到，足见其外显性的特点；而学习策略又是在头脑中借助内部语言进行的内部意向活动，因此又具有内隐性的特点。

（三）主动性和迁移性的有机统一

学习策略的主动性是指学习策略可以根据学习材料和学习情境的特点以及学习的变化，进行自我调整。迁移性则是指从某种学习情境中获得的学习策略，能够有效地迁移到类似或不同的学习情境中去。

(四) 生成性和指向性的有机统一

生成性指大多数学习策略是在学习活动中由学习者从盲目到有目的的过程中逐步发现、体验而生成的，是一种渐进的、累积的、由量变到质变的过程，具有很大的个别差异。指向性指任何学习策略都指向于一定问题的解决，它决定了学习者在一定目的引导下去寻求达到目的的途径、方法和手段，也决定了学习策略运用中的有效性和经济性。有效性指能否达到目的，经济性指能否以最小的代价达到目的。

三、学习策略的分类

许多学者对于学习策略的分类都提出了自己的看法。当代较有代表性的分类是迈克尔等人于1990年做出的。他们认为，学习策略可分为认知策略、元认知策略和资源管理策略三个方面，如图11-3所示。

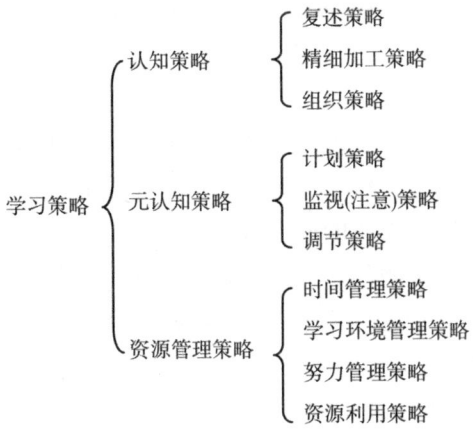

图11-3 迈克尔等人对学习策略的分类

(一) 认知策略

认知策略是加工信息的一些方法和技术，有助于有效地从记忆中提取信息，主要包括复述策略、精细加工策略和组织策略。

1. 复述策略

复述策略是在工作记忆中为了保持信息，运用内部语言在大脑中重现学习材料或刺激，以便将注意力维持在学习材料上的方法。常用的复述策略有以下几种。

(1) 利用无意识记和有意识记。无意识记是指没有预定目的、不需经过努力的识记。这种识记也是有条件的，凡是对人有重大意义的、与人的需要和兴趣密切相关的、给人以强烈情绪反应的或形象生动鲜明的人或事，就容易识记。在学习中，要尽量地运用这些条件，如培养学生对某门学科的兴趣，来加强无意识记。有意识记是指有目的、有意识的识记。要想记住某一信息,就需要有意识地、用心地去记它,尝试着自己复述一遍,看看自己能否重复出来。

(2)排除相互干扰。一般来说,前后所学的信息之间存在相互干扰。先前所学的信息对后面所学信息的干扰叫做前摄抑制;后面所学的信息对前面所学信息的干扰叫做倒摄抑制。在安排复习时,要尽量考虑预防两种抑制的影响,要尽量错开学习两种容易混淆的内容。如英语和拼音,避免相互干扰。心理学家还发现,当人学完一系列词汇后,马上进行测验,开始和结尾的几个词一般要比中间的词记得牢。这就是所谓的首因效应和近因效应。因此,要把最重要的新概念放在复习的开头,在最后对它们进行总结。不要把收尾时间花在处理课堂纪律问题、整理材料、削铅笔之类的事上。

(3)整体识记和分段识记。对于篇幅短小或者内在联系密切的材料,适于采用整体识记,即整篇阅读,直到记牢为止。对于篇幅较长或者较难、内在联系不强的材料,适于采用分段识记,即将整篇材料分成若干段,先一段一段地记牢,然后合成整篇识记。至于段的长短,要根据自己对材料的熟悉程度而定。

(4)多种感官参与。在进行识记时,要学会同时运用多种感官,如用眼睛看、用耳朵听、用嘴巴说以及用手写等。

(5)复习形式多样化。根据德国心理学家艾宾浩斯的实验,遗忘具有先快后慢的规律,这就要求在学习结束后及时复习。另外,在学习程度相等的情况下,一次学习的材料越多,遗忘越快;反之,则越慢。因此,在复习时要做到分散复习。

(6)画线。画线是阅读时常用的一种复述策略。在教学生画线时,首先,解释在一个段落中什么是重要的,如主题句等;其次,教学生谨慎地画线,也许只画一到两个句子;最后,教学生复习和用自己的话解释这些画线部分。

此外,教师可教学生一些圈点批注的方法,与画线策略一起使用。圈出不知道的词;标明定义和例子;列出观点原因或事件序号;在重要的段落前面加上星号;在混乱的章节前画上问号;做出注释,如检查上文中的定义;标出可能的测验项目;画箭头表明关系;注上评论,记下不同点和相似点;标出总结性的陈述。

单项选择题

11.6 林琳在听课时,经常将学习内容要点以画线的方式在书上做出标记,这种学习策略属于( )。

A. 复述策略   B. 调节策略   C. 监控策略   D. 计划策略

2. 精细加工策略

精细加工策略是一种将新学材料与头脑中已有知识联系起来从而增加新信息意义的深加工策略。精细加工策略是一种理解性的记忆策略,与复述策略结合使用可显著提高记忆效果。常用的精细加工策略有以下几种。

（1）记忆术。记忆术主要包括位置记忆、缩减材料编歌诀、谐音联想、关键词、视觉联想等方法。

① 位置记忆法。位置记忆法是一种传统的记忆术，即学习者在头脑中创建一幅熟悉的场景，在这个场景中确定一条明确的路线，在这条路线上确定一些特定的点。然后将所要记的项目全都视觉化，并按顺序和这条路线上的各个点联系起来。回忆时，按这条路线上的各个点提取所记的项目。

② 缩简材料编歌诀。缩简就是将识记材料的每条内容简化成一个关键性的字，然后变成自己所熟悉的事物，从而将材料与过去经验联系起来。如《二十四节气歌》："春雨惊春清谷天，夏满芒夏暑相连，秋处露秋寒霜降，冬雪雪冬小大寒。"在缩简材料编成歌诀时，最好靠自己动脑筋，因为自己创造的东西印象深刻。歌诀力求精练准确，富有韵律。当然，也可以利用现成的歌诀，但要仔细分析，弄清歌诀的真实含义，把它变成自己的东西。

③ 谐音联想法。学习一种新材料时运用联想，假借意义，对记忆亦很有帮助，这种方法被称为谐音联想法。在记忆历史年代和常数时，这种方法行之有效。如有人记忆马克思的生日1818年5月5日时，联想为"马克思一巴掌一巴掌打得资产阶级呜呜地哭"。

④ 关键词法。关键词法就是将新词或概念与相似的声音线索词，通过想象联系起来。如英文单词"tiger"可以联想成"泰山上一只虎"。这种方法在教外语词时非常有用。有研究表明，这种记忆术也同样适用于其他信息的学习，如省会名、地理信息等。

⑤ 视觉联想法。视觉联想法就是要通过心理想象来帮助人们记忆，其核心是通过人为联想，使无意义的难记的材料与头脑中的奇特的形象相结合来提高记忆效果。联想时，想象越奇特而又合理，记忆就越牢。如可以将"飞机——箱子"想象为"飞机穿过箱子"等。

（2）做笔记。从信息加工的角度看，做笔记有助于对材料进行编码，同时还具有外部存储功能。做笔记包括摘抄、评注、加标题、写段落概括语以及结构提纲等。研究表明，学生不但可以借助做笔记来控制自己的注意和信息加工过程，而且做笔记有助于发现新旧知识的内在联系。

教师在课堂上要促进学生做笔记和复习笔记的主要策略有以下几种：①讲演慢一点；②重复复杂的主题材料；③呈现做笔记的线索；④在黑板上写出重要的信息；⑤给学生提供结构式的辅助手段，如提纲或二维表格等。教师还要传授给学生记笔记的一些技巧，如笔记本上不要写得密密麻麻的，可以在笔记本的右边留出3~6厘米宽的空白，除了笔记正文外，还要随时记下老师讲的关键词、例子、证据以及自己的疑问和感想。学生不仅要做好笔记，还应复习，积极地思考笔记中的观点，并与其他所学的信息进行联系。

（3）提问。无论是阅读还是听讲，学生要经常评估自己的理解状况，思考这样一些问题：这一新信息意味着什么，与课文中的其他信息以及以前所学的信息有什么联系，或者还可能用哪个例子来说明这种新知识。如果学生在阅读时教学生提一些"谁""什么""哪儿"和"如何"的问题，他们能领会得更好。

（4）生成性学习。生成性学习就是要训练学生对他们所阅读的东西产生一个类比或表象，如图形、图像、表格和图解等，以加强其深层理解。

(5) 利用背景知识，联系实际。精细加工强调在新学信息和已有知识之间建立联系，背景知识的多少在学习中是非常重要的。教师一定要把新的学习和学生已有的背景知识联系起来，并要能联系实际生活，不仅帮助他们理解这些信息的意义，还要帮助他们感觉到这些信息有用。

单项选择题

11.7 小丽在学习时为了记住数字、年代等枯燥无味的知识，常对其赋予意义，使记忆过程生动有趣。小丽使用的学习策略是（　　）。

A. 复述策略　　　　B. 精细加工策略　　　　C. 组织策略　　　　D. 元认知策略

3. 组织策略

组织策略是整合所学新知识之间、新旧知识之间的内在联系，形成新的知识结构。常用的组织策略有以下几种。

(1) 列提纲。列提纲时，先对材料进行系统的分析、归纳和总结，然后，用简要的语词，按材料中的逻辑关系，写下主要和次要观点。所列出的提纲要具有概括性和条理性，但其效果取决于学习者是如何使用它的。一种有效的方法是让学生每读完一段后用一句话概括；另一种方法是让学生准备一个提要来帮助别人学习材料，这样做的部分原因是学习者不得不认真考虑什么重要、什么不重要。

(2) 利用图形。这里所讲的图形包括系统结构图、流程图、模式或模型图、网络关系图等。

① 利用系统结构图。学完一科知识，对学习材料进行归类整理，将主要信息归纳成不同水平或不同部分，然后形成一个系统结构图。复杂的信息一旦被整理成一个金字塔式的层次结构，就容易理解和记忆。在金字塔结构里，较具体的概念要放在较抽象概念之下。

② 利用流程图。流程图可用来表现步骤、事件和阶段的顺序。流程图一般是从左向右展开，用箭头连接各步。

③ 利用模式或模型图。模式图就是利用图解的方式来说明在某个过程中各要素之间是如何相互联系的。模型图就是用简图表示事物的位置（静态关系），以及各部分的操作过程（动态关系）。

④ 利用网络关系图。目前，网络关系图越来越受重视，人们将它称为概念图，在学习、教学和测评中加以广泛利用。利用关系图可以图解各种观点是如何相互联系的。绘制关系图时，首先找出课中的主要观点；然后找出次要的观点或支持主要观点的部分；接着标出这些部分，并将次要的观点和主要的观点联系起来。在关系图中，主要观点位于正中，支持性的观点位于主要观点的周围。

(3) 利用表格（包括一览表和双向表）。

① 利用一览表。编制一览表时，首先对材料进行全面的综合分析，然后抽取主要信息，并从某一角度出发，将这些信息全部陈列出来，力求反映材料的整体面貌。如学习中国历史时，可以时间为轴，将朝代、主要历史人物、历史事件全部展现出来，制成一幅中国历

史发展一览表。

②利用双向表。双向表是从纵横两个维度罗列材料中的主要信息。层次结构图和流程图都可以衍变成双向表。

（二）元认知策略

元认知是对认知的认知，是个体关于自己的认知过程的认识和调节这些过程的能力。元认知包括对个人作为学习者的认识、对任务的认识、对有关学习策略及其使用方面的认识。元认知策略分为以下三种。

1. 计划策略

元认知计划是根据认知活动的特定目标，在一项认知活动之前计划各种活动，预计结果、选择策略、想出各种解决问题的方法，并预估其有效性。一个完整的计划策略大致包括预测结果、确立目标、决策分析、有效分配时间、评估有效性、拟定细则等环节。

2. 监控策略

元认知监控是在认知活动进行的实际过程中，根据认知目标及时评价、反馈认知活动的结果与不足，正确估计自己达到认知目标的程度、水平，并且根据有效性标准评价各种认知行动、策略的效果。元认知监控策略包括阅读时对注意加以跟踪、对材料进行自我提问、考试时监视自己的速度和时间。

3. 调节策略

元认知调节是根据对认知活动结果的检查，如发现问题，则采取相应的补救措施，根据对认知策略的效果的检查，及时修正、调整认知策略。元认知调节策略与监控策略有关。如当学习者意识到他不理解课文的某一部分时，就会退回阅读困难的段落，在阅读困难或不熟的材料时放慢速度，复习他们不懂的课程材料；测验时跳过某个难题，先做简单的题目等。调节策略能帮助学生矫正他们的学习行为，使他们补救理解上的不足。

单项选择题

11.8 丁力有意识地对自己的学习活动进行检查与监控，他所运用的学习策略属于（　）。

A. 复述策略　　　B. 精细加工策略　　　C. 组织策略　　　D. 元认知策略

（三）资源管理策略

资源管理策略就是帮助学生有效地管理和利用资源，以提高学习效率和质量的策略。常用的资源管理策略主要有以下几种。

1. 时间管理策略

（1）统筹安排学习时间。每个人都应当根据自己的总体目标，对时间做出总体安排，并通过阶段性的时间表来落实。对每一天的活动，都要列出一张活动优先表来。在制订学习计划时，要注意将学习计划落实在学习成果上。在执行学习计划时，要有效防止拖拉作风。

（2）高效利用最佳时间。在不同的时间里，人的体力、情绪和智力状态是不一样的，也就是说，各个学习时间的质量可能是不一样的。首先，要根据自己的生物钟安排学习活动；其次，要根据一周内学习效率的变化安排学习活动；再次，要根据一天内学习效率的变化来安排学习活动；最后，要根据自己的工作曲线安排学习活动。学习时，随着学习的进行，人的精神状态和注意力会发生变化。一般来说，存在三种变化模式：先高后低、中间高两头低、先低后高。每个人要根据自己的模式，安排学习内容，确保状态最佳时学习最重要的内容。

（3）灵活利用零碎时间。首先，可以利用零碎时间处理学习上的杂事；其次，读短篇或看报刊，拓宽自己的知识面，或者背诵诗词和外文单词；此外，可以进行讨论和通信，与他人进行交流，在轻松的气氛里与人交流，有助于启发创造性思维。

2. 环境管理策略

学习环境可影响学生学习时的心境，从而影响学习的效率，因此，为学习创设适宜的环境很重要。首先，要注意调节自然条件，如流通的空气、适宜的温度、明亮的光线以及和谐的色彩等；其次，要设计好学习的空间，如空间范围、室内布置、用具摆放等因素。

3. 努力管理策略

为了使学生维持自己的意志努力，需要不断地鼓励学生进行自我激励。这包括以下几种方法：激发内在动机；树立为了掌握而学习的信念；选择有挑战性的任务；调节成败的标准；正确认识成败的原因；自我奖励。

4. 资源利用策略

资源利用策略主要包括两方面：一是学习工具的利用，具体指的是善于利用参考资料、工具书、图书馆、广播电视以及电脑与网络等；二是社会性人力资源的利用，具体指的是善于利用老师的帮助以及通过同学间的合作与讨论来加深对内容的理解。

复习思考题

1. 什么是学习？学生的学习有哪些特点？
2. 知识学习的类型有哪些？
3. 什么是技能？如何对技能进行分类？
4. 怎样对学生的动作技能和智力技能的形成进行指导？
5. 什么是学习动机？如何培养与激发学生的学习动机？
6. 什么是学习迁移？应怎样对学习迁移进行分类？
7. 试述促进学习迁移的策略。
8. 学习策略的特点有哪些？如何对学习策略进行分类？

第十二章 教学心理

本章学习目标

理解教学设计的含义,了解教学目标的表述及教学内容的组织;

理解教学策略的含义及类型;

理解课堂心理气氛的含义和类型,掌握课堂心理气氛的创设及问题行为的控制;

掌握教学测量与评定的含义,了解教学测量与评定的技术。

核心概念

教学设计、教学策略、课堂心理气氛、教学评定

教学心理是教育心理学的重要组成部分。它的主要任务是揭示教师教学方面的种种心理现象和规律,并使之为教学实践服务。教师在教学中涉及的心理现象和规律很多,包括教学目标的确定、教学内容的组织、分析教学对象、教学中问题行为的处理及教师心理素质等诸多方面。教学心理则能对这些方面提供正确认识和恰当处理的知识和技能。

第一节 教学设计

一、什么是教学设计

所谓教学设计,就是为了达到一定的教学目的,对教什么(课程、内容等)和怎么教(组织、方法、传媒的使用等)进行设计。教什么又叫课程决策,怎么教又叫教学决策。

教学设计可由教学设计专业工作者或教学专家来进行,如为教学系统编制成套教学材料的人,他们又被称为课程开发者;也可由从事教学一线工作的教师来承担,他们往往把教学设计作为自己备课和授课工作的一个有机组成部分。

教学设计具有非常重要的意义,它与教学最优化有着密切的联系。从某种意义来说,教学设计的意义主要就是体现在能够实现教学最优化这一教学理想的追求上。最优化这一

术语最初用于工程技术领域,意为以最小的代价(资源、时间等投入)得到最令人满意的效益(产量、质量等产出)。这种最优化的思想,多年来也一直是从事教学的理论研究者和实际工作者孜孜以求的一种理想境界。教学最优化与教学设计有着极其密切的关系。要达到教学最优化的目的就必须分析学生状况和教学任务,明确教学内容,选择教学模式,拟定教学进度,对教学结果加以测定和分析,等等。这些教学活动诸环节的组织和实施,无一不与教学设计有关。可以这样说,没有教学设计就不可能有教学最优化,教学设计是教学迈向最优化理想境界必不可少的关键一步。

二、确定教学目标

确定教学目标是教学设计的重要环节,它要求从心理学角度对教学目标予以分析与表述。

(一)教学目标的分析

这种分析是按一定的心理意义把教学的任务具体化地变为教学要达到的目标或要得到的结果,布鲁姆和加涅是这方面的代表人物。

1. 布鲁姆的教学目标分类

布鲁姆曾领导一个委员会对教学目标进行了系统的分类研究,并指出教学目标有认知的、情感的和动作技能的三类。他对认知领域的教学目标的分析为教学设计提供了某种重要的参照框架,布鲁姆把认知领域的教学目标划分为 6 个等级,如表 12-1 所示。

表 12-1 认知领域教学目标分类表

等级	目标	心理意义	具体表现
1	知识——对已学过的材料的保持	记忆是最低水平的认知学习	能回忆具体事实、过程、方法、理论等
2	领会——把握所学材料的意义	超越了记忆,但仍然是较低水平的理解	能解释,即能够概述和说明所学的材料;能转换,即能够用自己的话或方式表达已学的内容;能推断,即能够估计预期的后果
3	运用——将学习所得应用于新的情境	已经达到较高水平的理解	能应用概念、方法、规则、规律、观点、理论
4	分析——既理解材料内容,又理解材料结构	是一种比运用更高的智力水平	能从整体出发把握材料的组成要素及其彼此联系
5	综合——能将先前所学的材料或所得的经验组合成新的整体	产生新的认知结构,故特别需要有一定的创造能力	能制订一项操作计划,能概括一些抽象关系,能(口头或用文字)表明新的见解
6	评价——评定所学材料的合理性(如材料本身组织是否合乎逻辑)和意义(如材料对社会的价值)	最高水平的认知学习	能对有关材料,如记叙文、小说、诗歌、报告等做出价值判断

这一认知目标分类其实是一个层级系统，后一等级的认知教学目标必须以前面的等级为基础。按布鲁姆的这一分类，教学设计中就应把教学任务具体落实到某一等级上，并以此作为具体的教学目标，而落实的前提则是对前一等级的目标是否达到加以分析。必须指出的是，通常并不是每节课的教学都能达到上述所有目标，基于学科特点和学生年龄特征，有时教学只要求达到其中的某一层次，真要达到这六级水平就必须精心组织一系列的课堂教学。

2. 加涅对教学结果的分析

加涅认为，从心理学角度出发可把学生的学习结果分为五类，即言语信息、智慧技能、认知策略、态度和动作技能。其实，它们也是学校教育、教学的结果，其中前三种是通过教学使学生在认知方面发生的变化，从某种意义上看，对它们进行分析也就是对教学目标进行了分析。下面对这三种教学结果（即目标）一一介绍。

（1）言语信息。言语信息即学生能以命题或句子的形式来表达学习后记忆中所获得的事实性知识，大量的有组织的信息则被称为知识，这是公认的教学目标之一。

（2）智慧技能。智慧技能是指具有运用符号组织和操纵环境的能力。例如，能使用语词和数字这两种基本符号进行读、写、算。如果言语信息是掌握知识、与知道"什么"有关，那么智慧技能则是掌握知识的规律、与知道"怎么"有关。按智慧技能的复杂程度，它有 5 个层次：第一，辨别。能区分刺激物的特征，如区别"未"字与"末"字。第二，具体概念。能列举事物的名称，如从各种图形中找出三角形。第三，定义概念。能理解以命题或公式表达的事物的本质属性，如懂得 $v=s/t$ 的意义。第四，规则。能按规则进行操作、做出正确的反应，如造句、平衡化学方程式、用 $r=C/2\pi$ 计算圆的半径等。第五，高级规则。能运用简单规则解决较为复杂的问题，如运用 $V=IR$ 的公式来对串联、并联电路的 V、I 或 R 求解。

（3）认知策略。认知策略指能学会对自己的认知学习过程，如认知时的感知、注意、记忆、思维等加以控制和管理，即学会了如何学习。

上述这些学习的认知结果（即目标）也是一个层级结构，即只有掌握了言语信息，才能进行智慧技能的教和学；只有掌握了言语信息和智慧技能，才能进行认知策略的教和学。智慧技能中的 5 个层次也有类似的关系，按加涅的分析，教学设计时就应以其中的某一认知结果作为教学的具体目标来进行教学任务的分析。

需要指出，除上述认知方面的之外，教学目标分析还有情感方面和动作技能方面的分析。迄今，教学设计在确定教学目标方面的大量研究主要还是针对认知方面，但情感和动作技能方面的重要性正日益受到重视并展开了较深入的研究，我们必须注意三者之间的相互渗透和相互作用。

（二）教学目标的表述

分析教学目标之后，如何予以表述就成了明确教学目标的一项必不可少的技术问题。在多年研究的基础上，这方面大体形成了以行为观、认知观和结合观三种不同观点为基础的表述技术。行为观的表述强调以可观察、可测量的行为来描述教学目标；认知观的表述强调以内部心理过程来描述教学目标；结合观的表述强调综合考虑外显行为与内部过程两者的结合来表述教学目标。不过，三种观点中行为观和结合观的影响较大，下面分别加以论述。

1. 行为观的教学目标表述

马杰（R. Mager）是这一观点的代表人物，他系统地提出要用行为术语来表述教学目标，主张教学目标的表述应该指明"学生能做什么以证明他的成绩，教师能怎样知道学生能做什么"。据此，他指出应从以下三个方面来表述教学目标。

（1）行为的表述。它要求以可观察和测量的具体行为来描述教学目标，使教师了解学生是否已经达到并在多大程度上达到了所要求的目标。同时，它要求尽量避免使用"知道""理解""掌握""赞赏"之类描述内部心理过程的语词。行为表述的通常做法是使用动宾结构的短语，行为动词表明学习的类型，宾语指出了学习的内容。例如，能操作计算机，能按语法结构指出句子的各成分，能比较人的学习与动物学习的异同。

（2）条件的表述。它要求指出学习者在什么情况下表现出所要求的行为，即明确应该在何种情况下去评定学习者是否达到了教学目标。所表述的条件一般有以下因素：①环境因素，包括空间、室内外、安静程度等；②人的因素，包括独立进行、小组进行、在教师指导下进行等；③设备因素，包括工具、仪器、计算器、说明书等；④信息因素，包括笔记、词典、资料、教科书等；⑤时间因素，包括时间长短、速度快慢等；⑥问题明确性因素，即使用什么刺激来引发学习者的反应。

（3）标准的表述。它是指确定通过测验对结果可以接受的一个标准，用它来衡量作为学习结果的行为是否达到了最低要求。标准的表述一般含有"正确到何种程度""在多少时间内完成""精确度如何"之类的意思，它能衡量教学目标具有可测性的特点，例如"检查实验装置，排除问题故障正确率达80%""在30秒钟内引体向上10次""加工助动车飞轮误差在2毫米之内"。举个例子，如果要求我们表述培养学生"阅读分析能力"，那么按马杰这三个方面的表述可转化为表12-2所示的说明。

表12-2 马杰的三部分系统

部分	中心问题	例子
学生的行为	做什么	用字母F标出陈述文字中的事实，用字母O标出其中的观点
行为条件	在什么条件下	提供一篇报纸中的文字
行为标准	有多好	标对了陈述中的75%

行为观的表述能使教学目标变得具体、明确，便于落实和评定。但需要指出的是，这三个方面的表述中，行为表述最为基本，不可或缺，而其他两个方面的表述有时可按教学对象和教学内容所需予以省略。同时还应注意，目标的行为表述不可过于琐细，以免使教学变得机械刻板。

2. 结合观的教学目标表述

格伦兰德（N. E. Gronland）是这一观点的代表。鉴于行为观的表述容易导致教学目标描述的机械化倾向，有使教学陷入某种具体行为训练的危险，以及许多心理过程无法行为化而不得不使用描述内部心理过程的术语等情况，格伦兰德提出可以先用描述内部心理过程的术语（如理解、赞赏等）来表述基本的教学目标，然后用一些可观察的样例行为来使这一目标进一步明确和具体。这样的样例行为可用来作为判断学生是否达到基本教学目标的依据。例如，"领会心理学术语感受性的含义"即是基本教学目标的表述。这里，"领会"属于学习者的内部心理过程，很难予以直接观察和测量，且各人的评定标准不一。对此，可要求学习者列举一些样例行为来证明其在"领会"方面所达到的水平，如"用自己的话来表述感受性的定义""就感受性举两个例子来说明""能区分感受性与感觉阈限的异同"。表 12-3 是格伦兰德结合观的教学目标表述系统。他认为，这里真正的目标是理解，教师不宜让学生停留在定义、识别和区分各种具体的样例行为层次上。不过，教师可以根据学生在这些样例行为上的反应来判定是否已经达到了或在多大程度上达到了基本的教学目标。

表 12-3 格伦兰德结合观的教学目标表述系统

部分	例子
一般的目标	理解元认知的一些术语
子目标 A	用自己的话定义这些术语
子目标 B	在上下文背景中识别这些术语的意义
子目标 C	区分那些在意义上相似的术语

格伦兰德的结合观既避免了用心理过程表述教学目标会造成的笼统性和含糊性，又防止了行为取向的教学目标表述可能造成的机械性和局限性，所以其对教学目标表述的观点和技术获得了许多心理学家的支持。

三、组织教学内容

如何组织教学内容是教学设计的又一重要环节。教学心理学对这方面的研究和阐述集中在教材的组织呈现和针对不同知识类型、不同课程类型组织教学内容等方面。

（一）教材的组织呈现

有关教材组织呈现方面的研究和阐述有三种代表性的观点及各自提倡的相应做法。

1. 布鲁纳的"螺旋"式组织

布鲁纳曾领导美国 20 世纪 60 年代初的课程改革，对教材的组织有独到的见解。他认为，教学不只是为了学生目前的学习，还应该使学生能够主动地选择知识、记住知识和改造知识，从而促进今后的学习。为此，教材应该把反映该学科发展水平的基本概念和原理作为主体。概念和原理越是基本，它们对于解决新问题、掌握新内容的适用性也就越大。如果学生掌握了作为该学科知识结构核心的基本概念和原理，在学习其他知识内容时就能收到事半功倍的效果。他进一步认为，学习的早期教学就应该使用这样的教材。同时，布鲁纳指出，这样的教材的组织呈现只有与儿童的智慧发展相匹配，才能使基本概念和原理的教学顺利进行。儿童的智慧发展有三种水平或三个阶段，它们是表演式再现表象阶段、映象式再现表象阶段和象征式再现表象阶段。表演式再现表象阶段，指运用适当的动作反应去体现过去的经验，具有操作性特点；映象式再现表象阶段，指以表象或图解来反映或表示个体的认识；象征式再现表象阶段，指以抽象的符号（最基本的是语言）来反映经验内容。学科的基本概念和原理，均可分别从动作的、表象的、符号的三种不同智慧发展水平出发，加以编撰和组织。年龄不同的儿童，其智慧发展阶段也不同，对他们就应使用不同水平的教材。随着年龄的增长，教学涉及的基本概念和原理可能相同，但教材的具体直观程度逐渐降低，而抽象程度不断提高，从而体现了教材的"螺旋"式上升的特点，使学生进一步地在较高的认知层次上掌握教学的内容。

2. 加涅的"层级"组织

加涅是当代美国的一位著名教育心理学家，他认为个体的种种学习活动可概括为以下八类。

（1）信号学习。这就是巴甫洛夫的经典性条件作用，被试学习对信号做出反应。

（2）刺激—反应学习。被试学习分化了的刺激，并对它做出准确的反应。

（3）连锁学习。把两个或更多个刺激—反应联结组合成系列，被试通过这样的系列可完成复杂的任务。

（4）言语联结学习。把两个或更多刺激—反应联结组合成系列，只是由言语组成连锁，个体先前习得的言语联结则更容易转换成新的连锁。

（5）多重辨别学习。被试学习分化了的刺激，并对它做出准确的反应，但同时他要面对许多不同的刺激，学会有鉴别地做出各种不同的反应。当这样的刺激彼此极为相似而干扰保持时，就更要求被试能做出良好的辨别。

（6）概念学习。在某种意义上是与第5点相反的学习，学习者学会对一类刺激做出共同的反应，这类刺激的表现形式可能相去甚远，但因具有某个共同属性而属于一类。

（7）原理的学习。原理是由两个或更多个概念组成的连锁，学习者要掌握其中彼此独立的概念之间的关系。

（8）问题解决的学习。联合先前学到的两条或更多原理来说明因果关系，在头脑内部对原理加以组合、进行操作。这也就是通常说的思维。

这八类学习依次按"简单—复杂"这一维度组成一个"层级"系统，该"层级"中较高层次的学习必须以较低层次的学习为基础。这样，组织教学内容时，我们就应该对教材做具体分析，考查个体掌握这样的教材内容是属于哪一层次的学习，同时考虑"层级"中相应的子层次的学习内容。教材的组织安排，应是先完成"层级"中较低层次的教学，然后在此基础上进行相应的高一层次的学习。这种对教材内容的分析和组织，加涅称之为"任务分析"，并认为这是教学获得良好效果的重要前提。

3. 奥苏贝尔的"先行组织者"组织

奥苏贝尔的同化理论是当代教学心理学的一个重要流派，其重要观点之一是，让学生进行有意义或有心理意义的学习应该是教学的首要任务。因为只有有意义的学习，才能使教学所涉及的新知识、新观念与学习者头脑中已有的知识经验建立起实质性的、非人为的联系。

有意义学习的提出与奥苏贝尔对学习分类的见解有关。他按"意义—机械"与"发现—接受"这两个彼此独立的维度，对学习类型做了独到的分析。他指出，发现学习未必是有意义学习，接受学习也不等同于机械学习，因此在教学中，教师所追求的应该是一种有意义的接受学习。

有意义学习需要一定的主客观条件。客观条件是教学材料本身具有逻辑意义；主观条件是学习者处于进行有意义学习的心理准备状态，同时其认知结构中有与新的教学内容相联系的观念。如果教学材料本身是有逻辑的，学习者认知结构中又具备了与之联系的相应观念，那么这样的教材对学生就是一种具有潜在意义的材料。据此，教学设计中就必须使教材的组织呈现对学生来说是具有潜在意义的。奥苏贝尔认为，对教材进行"组织者"或"先行组织者"的组织呈现才能使学习对学生来说具有潜在意义。

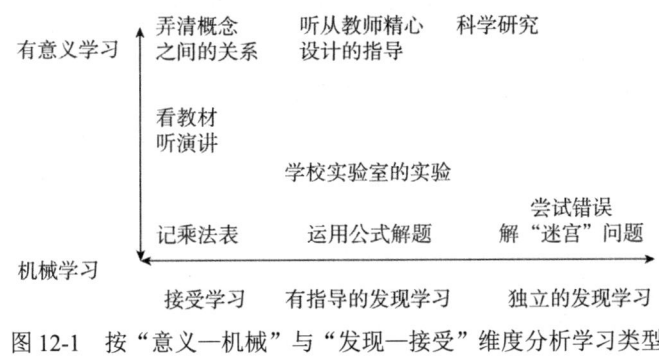

图 12-1 按"意义—机械"与"发现—接受"维度分析学习类型

这种"组织者"组织呈现的技术，就是在新材料教学之前，先向学习者呈现某种能起引导性作用的材料。这种引导性材料具有较高的概括性和包容性，会使教材有更好的组织和结构，但呈现时则以学习者可接受和能理解的语言、方式来表达，这种先于正式教学材料呈现的引导性材料，就是"先行组织者"或"组织者"的材料。

"组织者"材料既与将要教学的新材料，又与认知结构中已有观念有着明确而清晰的联系。它为原有的认知结构接纳新观念提供了"锚位"，又称"固定点"或"观念支架"。这也就把要教学的新观念与已有的旧观念联系组织起来，从而丰富、扩展或改变学习者的认知结构。

奥苏贝尔为使教学成为对学生的学习来说是件有意义的事，主张以"先行组织者"来组织呈现教材，这一点在教学设计方面已被公认为是极有指导意义的。

（二）关于不同知识类型

现代认知心理学提出的知识分类说把知识分为陈述性、程序性、策略性三类。

1. 陈述性知识

陈述性知识是指学习者具有关于世界"是什么"的知识。如回答"中国的首都在哪里""第二次世界大战的原因是什么"等问题，都需要陈述性知识。

陈述性知识的教学组织，第一，应明确学生能否回答"是什么"的问题，这是判定其教学效果的依据；第二，组织教学时既要确保用于同化新知识的原有知识的巩固，又要找准新旧知识的联系点，还要考虑寻求新知识的生长点；第三，要注意传媒选择，及时反馈。

2. 程序性知识

程序性知识是关于"怎么办"的知识，如回答"一件衣服原价85元，8折出售，问买这件衣服需要多少钱"等这类问题，就要求学生具有程序性知识。

程序性知识的教学组织，第一，应明确判定教学效果的标志是看学生能否运用概念/规则去解决问题；第二，应把作为教学内容的概念/规则安排到相应的知识网络中进行讲解和练习；第三，概念的教学组织要重视运用正例和反例，用正例有助于概括和迁移，但要避免不当的泛化，用反例有助于辨别并更准确地把握概念；第四，规则的教学组织要重视把它们运用于各种新情境，做到面对适当条件就能立即做出反应；第五，如果是较长的程序性知识，组织教学时就应注意把握分散与集中、局部与整体的关系。

3. 策略性知识

策略性知识是关于"如何学习"的知识，如复习有机化学可用哪些方法、如何记忆中国近代史的重大事件。如果说程序性知识涉及的对象是客观事物，那么策略性知识处理的是学习者自身的认知活动。

策略性知识的教学组织，第一，应明确其效果是看"学生会学习"的情况，传统教学常对此未予重视甚至忽视；第二，既可专门组织学习方法的教学，教学生如何复习、记笔记、进行反思等，又要把思维方法渗透到另两种知识的教学组织中；最后，教师要善于将自己内隐的思维活动的监控和调节的过程展示给学生，使学生加以仿效。

（三）不同课型的教学组织

教学中有多种课型，其中，新授课、讨论课、复习课是主要的三类。

1. 新授课

新授课是教学中传授新知识的一种重要课型，其教学组织应抓住以下主要环节：①让学生明确本次课的教学目标、形成相应的心理定势、激发学生学习动机和产生学习的需要；

②回顾先前学过的有关内容，形成从已有知识到新授内容的适当学习坡度，自然而贴切地引出新的教学内容；③揭示新的教学内容的关键所在，并抓住重点、突出难点、解决疑点；④安排新学内容的应用，对此应做循序渐进的练习安排，即先易后难、先具体后抽象、先单项后综合；⑤教学过程中对学生及时给予反馈和应有的评价。

2. 讨论课

讨论课是组织学生就某一教学内容发表看法、展开讨论的一种课型。此课型的教学组织一般有课堂讨论的准备、展开和总结三个阶段。在讨论准备阶段，组织的讨论应针对教学内容中的重点、难点，或具有不确定性、不一致性的论题，同时应把握讨论内容的量和难度，一般每次确定一两个论题即可，难易则应适度，顾及多数学生的状况，避免过易或过难。在讨论展开阶段，教师要发扬民主，鼓励发言，给讨论的展开提供各种必要的支持，使讨论紧紧围绕论题中心，避免纠缠于细枝末节，还要注意讨论中出现的具有普遍性的典型看法，善于发现讨论中出现的争论焦点，善于引导讨论，使问题得以明朗。在讨论结束阶段，教师应对讨论涉及的诸多方面做出明确的结论或做出明确的表态。

3. 复习课

复习课是巩固所教内容的一种重要课型。复习时的查缺补漏还可加深对所教内容的理解，为后继学习打下坚实基础。复习课的教学组织应力求"旧中有新、新中有旧"。这种"新"是指有新意。为此应注意，复习时同一内容应以不同形式呈现，以不同事例作佐证；复习时应抓准重点、难点和问题症结，力求复习有针对性；复习时应把已教内容做系统的梳理，帮助学生形成知识网络，加深对所学内容的理解和把握，提高复习后应用所学知识的能力和迁移水平。

四、分析教学对象

学习者作为教学对象始终是教学过程中的重要角色，因此对学习者的若干重要情况予以分析也是教学设计的一个必要环节。这种分析包括学习者的学习态度、起始能力、背景知识。

（一）分析学习者的学习态度

态度是个体对特定对象所持的较为持久的有组织的内在反应倾向。它由认知、情感和行为倾向三种主要成分构成，能解释和预测个体的各种行为反应，如拥护或反对、接近或回避、主动或被动等。学习者的学习态度也有认知、情感和行为倾向三种成分。它们既是其先前学习活动的某种结果，又是其后继学习活动的某种条件或原因。所以，在教学设计中分析教学对象时，这是一个必须予以关注的重要因素。

1. 学习态度的认知成分

学习态度的认知成分是学习者对教学活动的认识和理解，并由此会产生一定的评价。这种认识和评价通常表现为领悟到某门学科、某个教学内容、某种教学方法、某类课题作业等对个人和社会所具有的价值。

2. 学习态度的情感成分

学习态度的情感成分是学习者对教学内容、教学方法、教学要求等的内心体验，并相应表现出来的喜爱或厌恶、热烈或冷淡等的情绪反应。

3. 学习态度的行为倾向成分

学习态度的行为倾向成分是学习者的态度与其行动相联系的部分。它是个体学习行为的一种准备状态，即学习者产生了对教学活动做出操作反应的意向和抉择，如乐意去听某老师的讲座、踊跃参加某项课外活动、主动选择和阅读某类课外读物、积极收集和整理有关资料信息，等等。

教学设计中了解学习者的学习态度十分重要。这种了解一般有以下几种途径：通过查阅有关文献资料或凭借所积累的教育教学经验对学习者的一般特点或可能具有的学习态度做出基本或大概的判断；召开座谈会，听取有关人员主要是教师对学习者有关情况的介绍，据此对学习者的态度做出分析和了解；运用问卷调查法，了解学习者对教学设计将涉及的有关内容、目标、教材、组织、方法、传媒等的看法、喜好和选择。

（二）分析学习者的起始能力

学习者的起始能力是不同教学设计的一项重要依据。心理学家加涅关于学习结果的分类和关于教学的任务分析，为把握学习者的起始能力提供了基本思路。

加涅关于学习结果的分类在前面论及"确定教学目标"时已有介绍。这里需要指出的是，加涅的这一分类也是一个层级结构。它具有层次性、累积性、独立性的特点，即后继的学习比先前的更为复杂，后继习得的包含先前的学习内容，每一后继学习都增加了新的不同于先前内容的成分。

基于学习结果的层级结构的特点，加涅指出教学前需要进行任务分析，要求教师必须首先明确教学目标，或者说要使学生获得哪一层级的教学结果，然后确定为得到这样的结果，学生需要具备哪些次一级的构成能力，若要获得这些次一级能力，学生又该具有哪些更次一级的能力，直至把需要的各层次所有的从属能力及其关系都分析清楚。图12-2是"解一般长除法"所需主要技能的分析图示；图12-3是"根据图书资料写作论文"所需的主要技能分析图示。显然，这样的分析同时也是对学习者起始能力的分析和要求。其结果就把要达到的教学目标与应该先行具备的各项从属知识、技能及其相互关系梳理得清清楚楚，同时关于学习者的起始能力即当前教学的起点或始点也变得一目了然。

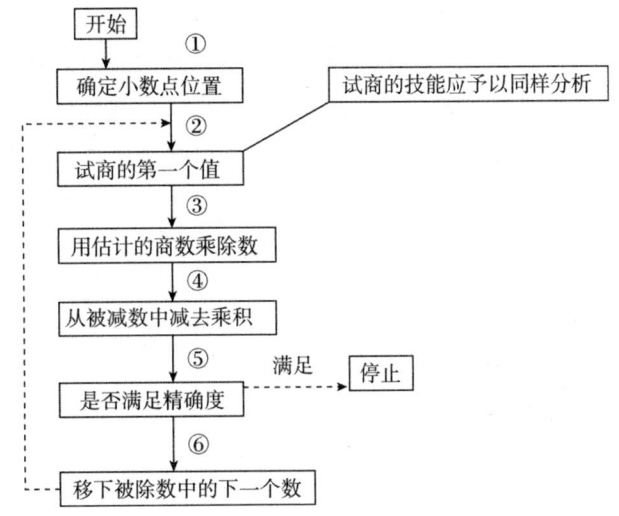

图 12-2 解一般长除法的主要技能流程

（方框右角的数字代表解题顺序）

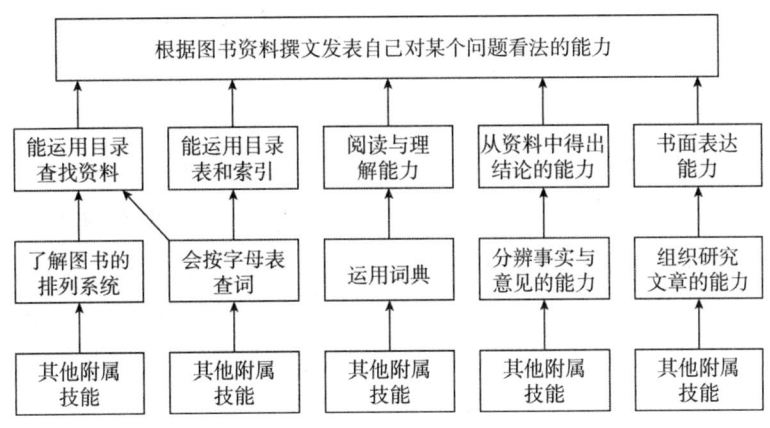

图 12-3 "根据图书资料写作论文"的能力构成

（三）分析学习者的知识背景

教学时，新授内容必然与学习者已有的知识背景发生某种联系。学习者的已有知识不管是正规途径习得的，还是非正规途径习得的，都会在接受新知识、理解新知识、重构新知识、形成新的认知结构中发生作用，因此，教学设计时必须分析学习者的知识背景。

教学设计中，人们一般对学习者已经具备的有助于获得新知识的原观念较为重视，而对那些会妨碍新知识获得的旧知识，尤其是对那些从非正规途径获得的旧知识往往不够重视和缺乏分析。所以，下面我们主要对后者做些分析，以了解其来源及应采取的有关措施。

不利于新知识学习的背景知识通常源自三个方面。

1. 非正规途径获得的错误知识

这类知识主要有三种情况：一是在新内容教学前，学习者已由某种途径获得了非科学的日常概念。例如，学生把生活中见到的线段作为"直线"、竖线作为"垂线"。二是在接受某些科学教育后，学习者头脑中仍可能保留着与科学概念不一致的日常概念。例如，尽管已经学了有理数的内容，但受"越加越多"这一日常生活经验的影响，有的学生对"$2+a>2$"这一表述仍会做出肯定的判断。三是新知识的教学没有达到预期要求，学习者重构新材料意义时把它与原有观念中某些不科学的内容建立了联系。例如，有的学生学了加法交换律，但面对"$2-3+4$"时却认为这题没法算，因为没有真正理解加法交换律与两个数的次序是无关的。

2. 正规途径获得的有关知识的遗忘

新知识的学习需以学习者具有下属知识、技能为基础，它们是学习的一个前提条件。即使有关知识、技能已通过正规的教学途径获得，但如果发生了遗忘，那么学习者肯定仍难以学习新的知识和技能。例如，先前的教学已讲授了圆的周长、面积的含义及计算，但学生忘了计算方式，那么要学习圆柱的体积和表面积的计算就会发生困难，如果要学习圆锥的体积就更困难了。

3. 正规途径获得的有关知识不清晰、未分化

现代认知心理学指出，如果个体认知结构中与新知识相联系的原有知识不清晰、不稳定，就难以同化新知识，即难以为获得、接纳新知识提供适当的联系和有力的支点、泊位，有时会使新知识与原有知识产生混淆。例如，在关于多音节形容词的比较级和最高级的教学前，虽然学习者已比较牢固地掌握了单音节形容词的比较级和最高级表达时的构词规则，如果该规则在其认知结构中不稳固和清晰，就会对在某些形容词前是用 more/most 还是在词后加 er/est 感到困惑。

基于以上分析，教学设计中应注意以下几点。

（1）需全面了解学习者哪些有关知识是通过非正规途径获得的，哪些是与科学概念相悖的，它们会对新知识的教学造成怎样不当的甚至错误的理解。这样便于教学时注意防止这些不当信息的干扰。

（2）需重视那些与新授内容紧密相关的原有观念。在新知识教学前可适当复习相关的旧观念，这样可避免原观念的不清晰、未分化带来的对同化新观念的干扰，也可以防止这些原有观念的可利用性的下降，从而排除同化新观念的障碍。

（3）重视奥苏贝尔提倡的"先行组织者"在教学中的运用，当然，运用要有针对性。如果学习材料对学习者来说是全新的、未接触过的，通常用陈述性组织者；如果新材料与学习者已有知识有某种交叉，则运用比较性组织者为宜。

五、选择教学形式、方法、策略

教学活动是在某种策略的导引下准备，以某种形式展开，并运用某种具体方法来使学习者获得新的知识和技能，所以教学设计中对教学形式、方法、策略的分析和选择也是十分重要的。

（一）关于 4 种教学形式

教学形式涉及安排怎样的情境以及怎样使学生对所组织的教学内容做出反应。这样的形式大体有 4 种（见图 12-4）。它们各有长处和短处，即各有其适用性和局限性。

1. 讲解的形式

这是一种以教师说明、解释为主来达到教学目的的教学形式，如图 12-4(a)。它能够把教学涉及的大量新信息、新内容较快地向较多的学生传输。不过，这是一种单向的教学形式，学生不能经常、及时地对教学各环节做出反应，教师也不能及时地获得了解学生的反馈信息。

2. 提问的形式

这种形式是以教师提出较多的适当的问题为主。它使教师能够及时地了解学生的种种情况，如图 12-4(b)。它要求教师预先充分准备好问题一览表和简洁扼要的讲解，还要娴熟地按学生的反应做必要的说明和进一步的提问。不过，这一形式颇受个别差异的影响，由此会降低教学的效果，如果群体稍大就更难以兼顾全体，问题提得深了学困生无法适应，难以提高，浅了又会使多数学生感到趣味索然。

3. 小组的形式

这是教学时将班级分成若干个小组，让学生在小群体内通过交谈来学习，故又叫蜂音学习，如图 12-4(c)。这种形式使小组中每个成员都卷入学习活动，会提高每个人的学习积极性，而且还有助于发展成员之间的人际关系。该教学形式的关键是分组要适当。研究表明，分组应按人际关系安排，且每组以 5～6 人、每次交谈约 6 分钟为宜。

4. 讨论的形式

讨论式教学是按有关论题来呈现教材、组织讨论、得出结论，从而使学生掌握教学内容，如图 12-4(d)。在人文和社会科学的教学中，这一教学形式能使学生彼此启迪、深化认识。不过，它不适宜于低年级的或心理发展水平尚低以及缺乏有关知识背景的学生，也不适宜于某些学科（如数学、语言等）的基础内容教学。

需要指出的是，选择教学形式时除了考虑上述各种形式的优缺点外，还应考虑学科性质、具体内容、不同课型、学生特点以及教学方法、教学策略等问题，同时还应针对具体情况和条件把上述各教学形式加以不同组织后予以运用。

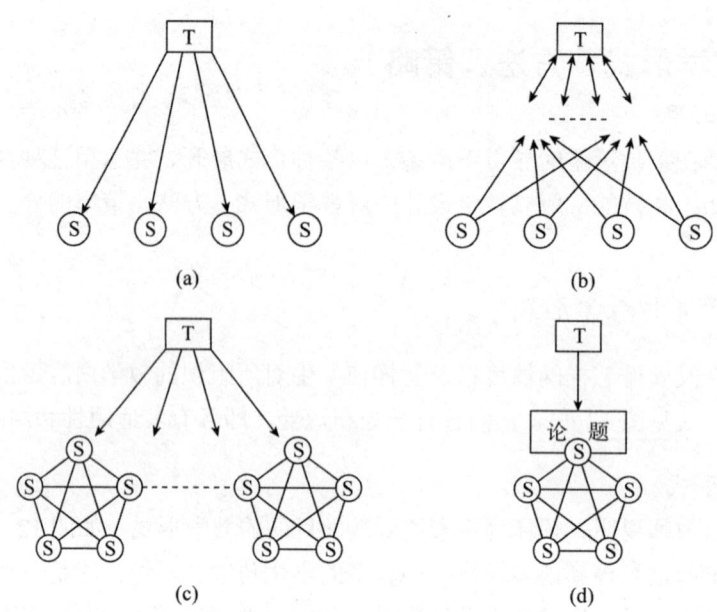

图 12-4 教学形式示意图（T 代表教师　S 代表学生）

（二）关于归纳的与演绎的教学方法

在概念、公式或原理的教学中，归纳法和演绎法是两种经常普遍使用的方法。

归纳法是按教学内容的要求先为学生提供所教的有关概念、公式或原理的具体实例，同时让学生观察或操作，在比较和分析之后，最后得出有关概念的名称和定义，以及相应的公式和原理。

演绎法则相反，教学时先按教学内容的要求对有关的概念下定义，或陈述有关的公式和原理，然后列举例证或让学生举例来加以说明。

一般认为，运用归纳法的教学，易于由浅入深，由具体到抽象，是较为符合学校学生年龄特点的教学方法。但是，归纳法所花的教学时间一般比演绎法多，且归纳的对象和现象有时很难穷尽。而且，从发展理论思维和培养创造性来考查，归纳法的教学逊于演绎法。

（三）关于指导的与发现的教学策略

除上述归纳法和演绎法之外，教学的具体方法还有不少，而种种方法和技术在某种意义上又分别属于指导的和发现的两大教学策略。指导的教学策略就是教师按教学要求事先制定教学程序，学生在教师的系统讲授和直接指导下学习。发现的教学策略就是让学生自己去观察、操作、比较有关的学习材料，自己去发现知识，获得概念、公式和原理。

为了恰当地做出选择，教师必须对这两种教学策略的特点及各自的长短之处有所分析和了解，表 12-4 是就这两种教学策略特点的比较。

表 12-4　两种教学策略特点的比较

指导的策略	发现的策略
主要通过教师的讲授、指导来实现	主要由学生自己领悟、发现来实现
要求教师是教学过程的主角	要求学生是学习过程的主角，教师只是去诱发引导
主要以教师对教学目的的理解和对教材内容的分析为基础	主要以学生原有的知识经验为基础
主要受任教人员的能力水平所制约	主要受学生的认知结构和智力水平所制约
按原定的统一的教学目标评定学习结果	比较学习结果与学生原有水平来评定
强调获得知识结果本身	强调获得学习知识的方法
强调外部动机	强调内部动机
适用于集体教学	适用于小组和个别教学

在这两种教学策略中，一种策略值得肯定的地方，往往是另一种策略的不足之处，所以，下面我们仅就发现的教学策略的优点和问题进行分析。

发现的教学策略的主要优点：①学习时学习者自己动手动脑，这样所学知识一般更为巩固，学习者也更会应用；②通过学习懂得怎样思考，怎样获取知识和解决问题，从而使学习者能掌握一定的认知策略；③教学无固定程式因而显得生动活泼，这就易于激发学生的好奇心和探究心理，使之产生更强的学习兴趣；④它不仅能使学生的逻辑思维能力得到锻炼，还能使形象的、直觉的思维能力得到锻炼，有助于发展学习者的智力；⑤它会使学生减少对教师的依赖和对书本的迷信，有助于培养学习者的独立性和创造性。

发现的教学策略也会带来某些问题：①发现的策略要随情境的千变万化而去加以灵活运用，一般教师常感到难以掌握；②实际操作中难免偶尔驾驭不当，这时就会变成"放野马"，这不仅使学习所获甚微，还会挫伤学生的学习积极性，故教学上该策略在一定程度是会失控的，是有风险的；③发现过程中，因学生的个别差异，主要是智力水平和个性特点的不同，常会发生先发现者干扰其他同学的思路的情况；④发现过程中常会因纠缠于细节问题而大大减缓了教学进度。有人指出，发现的策略较之传统方法在教学上多花 1.3～1.5 倍时间。这使学校教学失去了一个主要特点，即在最短的时间内以最快的速度使学生掌握必要的基本知识和技能。

近期，有人提出了有指导的发现法，即试图在教学中把两者结合起来。这种策略的具体步骤是，先有计划地把学生引入教学的内容，如提问或出示材料；然后有步骤、按计划地向学生提供诱发、引导性的线索，如已有的知识或相关的经验；最后强调由学生自己来得出有关的概念、公式或原理。

第二节　教学策略

一、教学策略的含义

国内外学者对教学策略有很多界定，这些界定既呈现出一些共性，又表现出一些明显的分歧，有如下三种观点：第一种认为："教学策略是指教师在课堂上为达到课程目标而采取的一套特定的方式或方法。教学策略要根据教学情境的要求和学生的需要随时发生变化。无论是在国内还是在国外的教学理论与教学实践中，绝大多数教学策略都涉及如何提炼或转化课程内容的问题。"第二种认为："所谓教学策略，就是在教学目标确定以后，根据已定的教学任务和学生的特征，有针对性地选择与组合相关的教学内容、教学组织形式、教学方法和技术，形成的具有效率意义的特定教学方案。教学策略具有综合性、可操作性和灵活性等基本特征。"第三种认为："教学策略是为了达成教学目的，完成教学任务，在对教学活动清晰认识的基础上对教学活动进行调节和控制的一系列执行过程。"尽管对教学策略的内涵存在不同的认识，但在通常意义上，人们将教学策略理解为，在不同的教学条件下，为达到不同的教学结果所采用的手段和谋略。它具体体现在教与学的交互活动中。

二、教学策略的基本特征

（一）对教学行为的指向性

教学策略是为实际的教学服务的，是为了达到一定的教学目标和教学效果。目标是教学整个过程的出发点。教学策略的选择行为不是主观随意的，而是指向一定的目标。业已做出的选择行为在具体的情境中会遇到预测不到的偶然事件，为了达到特定的目标，教师个体需要对选择行为进行反省，继而再次做出选择，直到达到目标。

因此，任何教学策略都指向特定的问题情境、特定的教学内容、特定的教学目标，规定着师生的教学行为。放之四海皆准的教学策略是不存在的。只有在具体的条件下，在特定的范畴中，教学策略才能发挥它的价值。当完成了既定的任务，解决了想解决的问题，一个策略就达到了应用的目的，与其相应的手段、技巧不再继续有效，而必须探索新的策略。

（二）结构功能的整合性

教学过程是一个彼此之间相互联系、相互作用的整体，其中的任何一个子过程都会牵涉其他过程。因此，在选择和制订教学策略时，必须统观教学的全过程，综合考虑其中的各要素。在此基础上对教学进程和师生相互作用方式做出全面的安排，并能在实施过程中及时地反馈、调整。也就是说，教学策略不是某一单方面的教学谋划或措施，而是某一范畴内具体教学方式、措施等的优化组合、合理构建、和谐协同。

（三）策略制订的可操作性

任何教学策略都是针对教学目标的每一具体要求而制订的，具有与之相对应的方法、技术和实施程序，它要转化为教师与学生的具体行动，就要求教学策略必须是可操作的。没有可操作性的教学策略是没有实际价值的。任何教学策略都应该是针对教学目标中的具体要求而形成的，具备相对应的方法技巧。从这个角度来说，教学策略就是达到教学目标的具体的实施计划或实施方案，并且可以转化为教师的外部动作，最终通过外部动作来达到教学目标。

（四）应用实施的灵活性

教学策略不是万能的，不存在一个能适应任何情况的教学策略。同时，教学策略与教学问题之间的关系也不是绝对的对应关系。同一策略可以解决不同的问题，对不同的学习群体也会产生不同的教学效果。

（五）教学策略的调控性

由于教学活动元认知过程的参与，教学策略具有调控的特性。元认知表现为主体能够根据活动的要求，选择适当的解决问题的方法，监控认知活动的进程，不断取得和分析反馈信息，及时调控自己的认知过程，维持和修正解决问题的方法和手段。教学活动的元认知就是教师对自身的教学活动的自觉意识和自觉调节，教师能够根据对教学的进程及其各种要素的认识反思，及时把握教学过程中的各种信息，及时反馈和调整教学的进程及师生相互作用的方式，推进教学的展开，向教学目标迈进。

（六）策略制订的层次性

教学具有不同的层次，不同的教学层次就有不同的达到教学目的的手段和方法，也就有不同的教学策略。另外，不同层次的教学策略之间（尤其是相邻层次的教学策略之间）是相互联系的，高一层次的策略可分解为低一层次的教学策略，指导和规范低一层次的教学策略。

三、几种常用的教学策略

（一）情境教学策略

按照建构主义观点，教学应该在和真实情境相类似的环境中发生。依据作用可将情境分为动机激发和学习情境两大类：为动机激发进行的情境创设，一般用于一堂课的开始或活动的开始，例如通过多媒体计算机的视音频功能创设逼真、吸引人的情境，引起学生的兴趣和关注；为学习进行的情境创设，应根据教学的需要设计具体化的教学情境、学习情境、问题情境等，将对现实生活经过抽象和提炼的教科书知识，通过情境的设计还原知识的背景，恢复其原来的生动性和丰富性。

（二）启发式教学策略

"不愤不启，不悱不发"，适度的启发是教师发挥主导作用的重要体现。启发策略成败的关键是掌握适当的时机（何时给学生以指导）和方法（采用什么样的方法）。在应用该教学策略时应遵循以下原则。

（1）把握学生"愤"和"悱"的状态和时机，同时对学生的困惑给予高度的重视，考虑其产生的根本原因。

（2）因材施教。学生可能表现出同样的问题表征，但是不同学生的疑惑却不同，因此老师应根据不同学生的困惑，从其根本上给予有针对性的指导，体现因材施教的原则。

（3）把握启发的度。无论是启还是发，都是教师力求进一步推进学生的思考过程而对其的指导和点拨，因此，教师不能直接告诉学生问题的解决办法或答案。

（三）自主学习策略

自主学习是就教学条件下学习的内在品质而言的，相对的是"被动学习""机械学习"和"他主学习"，其核心是发挥学生学习的主动性、积极性，充分体现学生的认知主体作用。在应用时，应遵循以下原则。

（1）重视人的设计。教师要在学习过程中充分发挥学生的主动性，体现学生的"首创精神"。理想的学习环境是必要的，但毕竟是"外因"，学习者是学习的"内因"。设计的重点要放在能够促进学生实质发展上，而不是活动形式上。

（2）目标明确。在自主学习过程中，强调对知识的意义建构无疑是正确的，但对当前所学内容不加区分一概完成"意义建构"也不适当。教师应该在进行教学目标分析的基础上，选出作为当前所学知识的"主题"或"基本内容"，然后让学生围绕主题进行意义建构。避免学生缺乏明确学习任务时，学习过程松散、效率低下，一切从学习的"需要""兴趣"出发，课堂处于放任自流的状态。

（3）学习者的"自我反馈"。让学习者能够根据自身行动的反馈信息，形成对客观事物的认识和解决实际问题的方案。教师要创造多种机会，让学生在不同情境下应用他们所学的知识，即将知识外化，使学习的动力由"外部约束"转为"内部动机"，学生靠成就感推进学习深入、持久。

（4）重视教师的指导。教师是学习过程的组织者、指导者，要对学生的意义建构起促进和帮助作用。在利用各种手段促进学生主动建构知识意义、充分体现学生主体地位的同时，不能忽视教师的指导，避免出现教师在课堂上为了多给学生留出"自由"的空间，而不敢多讲一句话，不敢多提学习要求，不敢多对学生的学习做出适当评价的现象。

（四）合作学习策略

合作学习是以小组为基本组织形式，教师与学生之间、学生与学生之间，通过彼此激励、互相帮助的积极依赖，共同完成学习任务。合作学习策略是一种既适合教师主导作用发挥，又适合学生自主探索、自主发现的教学策略。常见的合作学习形式有讨论、角色扮演、竞争、协同和伙伴。

在设计合作学习以及学生合作学习过程中，要注意以下几个问题。

（1）混合编组。小组是合作学习在形式上的要素，教师在编组时不宜采用简单的"就近原则",应该混合编组,遵循"组内异质,组间同质"的原则,避免学生"强强联手、弱弱结合"现象的发生,以促进更多的学生参与到合作学习当中。教师应尽量使每个小组内的学生各具特色,能够取长补短,同时小组间的整体水平相当,保证竞争的公平性和可能性。

(2)确定小组目标。在小组合作学习中,必须要有一个或若干个被全组成员认同的目标,把个人利益和集体利益协同起来。为了达到目标,小组内的每一个成员都需要分工合作、资源共享、及时交流与反思,建立起相互依赖、密切合作的团体。

(3)处理好个人和集体的关系。在小组合作学习中,必须明确个人职责与集体团队的关系,避免一些积极努力、能力较强的成员替代了其他成员的工作,可通过保持团队的规模、角色相互依赖、责任到人、随机评价等方法明确个人职责。

(4)建立科学的评价机制。合作学习强调学生自己组织和进行评价,对小组活动过程的问题进行及时的分析和总结。教师应本着"不求人人成功,但求人人进步"的原则,尊重学生个体差异,全面动态地进行评价,使合作学习更富有成效。

(五)探究学习策略

探究学习是从学科领域或现实社会生活中选择和确定研究主题,在教学中创设一种类似于学术(科学)研究的情境,学生在教师指导下通过自主、独立地发现问题,通过实验、操作、调查、收集与处理信息、表达与交流等探索活动,获得知识、技能、情感与态度发展的学习方式和学习过程。

探究型学习设计一般包括 6 个基本过程,即确定课题、组织分工、收集信息、整理分析信息、创建答案/解决方案、结果展示交流与评价。

在设计探究学习时需要注意几点:使学生获得亲身参与研究探索的体验;培养学生发现问题和解决问题的能力;培养学生收集、分析和利用信息的能力;培养学生学会分享与合作;培养学生科学态度和科学道德;培养学生对社会的责任心和使命感。

第三节　课堂心理

一、课堂心理气氛

(一)课堂心理气氛的含义

课堂心理气氛是指在课堂里教师与学生之间、学生与学生之间彼此交往,形成的某种占优势的态度和情绪状态。通常所说的课堂上学生情绪饱满、课堂气氛活跃、师生关系融洽,或课堂气氛沉闷、拘谨刻板,等等,都是在描述课堂心理气氛。

（二）课堂心理气氛的作用

良好的课堂心理气氛对教学活动具有促进作用，可表现为以下几方面。

1. 积极、愉快的情绪状态能促进学生的学习

心理学研究表明，愉快、积极的情绪状态对人的行为具有增力作用，能够提高学生学习的效率，不论是对认知学习还是对品德学习都有巨大的作用。在积极的课堂心理气氛下，师生总是表现出积极、愉快的情绪状态，产生奋发向上的学习激情，充分地开动脑筋，想象丰富，能够高效地完成学习任务。

2. 适中的焦虑程度最有利于学生学习

焦虑是指人对当前或未来的情境中自尊心可能受到威胁时而产生的一种类似担忧的情绪状态。通常情况下，这种焦虑程度是由学生的自我评定与认知感受体现出来的。焦虑程度与学习之间关系的研究结果表明，适中的焦虑程度能发挥人的最高学习效率，而过分的焦虑不但不利于学习，而且会抑制学习的效果。

学生课堂焦虑程度的高低取决于两方面因素：一是学习者自身；二是教师的课堂心理调解是否恰当。因此在教学过程中，教师要通过提高自己的教学水平，创造一种良好的情绪氛围，提高教学中的心理适应程度。如果课堂一时出现紧张的情绪，教师就要做好调节工作，提高学生对各种情境的适应能力，进而提高学生课堂的心理水平。

3. 积极的课堂心理气氛能产生积极的从众现象

从众是指个体因感到群体压力而在行为上与多数人取得一致的现象。从众现象对于课堂管理既有积极意义，也有消极作用。由于学生会发生从众行为，因而通过倡导积极的课堂心理气氛，对学生造成一种心理压力，促使他们按照正确的课堂风气的要求改变自己的不正确态度。对于个别后进的学生，也可以把他们调入先进的班级，让他们在良好的课堂气氛下体验到群体压力，促使他们从众，转向进步。可是，如果课堂心理气氛不好，不良行为就会通过从众在班级蔓延起来，使那些意志薄弱的学生随波逐流。

4. 积极的课堂心理气氛会产生社会助长作用

社会助长作用是指群体对个人活动所起的促进作用。例如，演员在表演节目时，观众越多，气氛越热烈，表演的效果就越好。教师在课堂上讲课时，学生聚精会神、反应积极，教师就会信心倍增、头脑灵活、思路开阔。可是，有时群体会对个人的活动起抑制作用，这叫做社会干扰作用。例如，有的教师课前做了精心的准备，上课时学生却无精打采，课堂气氛压抑，使教师的讲课积极性大大降低，上课效果很不理想。

（三）课堂心理气氛的类型

课堂心理气氛是在教学活动中，通过师生相互作用而逐渐形成的。课堂心理气氛一经形成，就具有相对稳定性，会维持相当长的一段时间。不同的课堂，由于师生相互作

用的方式不同，因而所形成的课堂心理气氛的类型也不相同。课堂心理气氛主要表现为以下几种。

1. 积极的课堂心理气氛

在此种心理气氛中，师生之间的感情和谐、融洽、积极而愉快。在教学过程中，师生都全身心地投入，注意力集中，思维活跃，彼此配合默契，教学效果良好。

2. 消极的课堂心理气氛

在这种心理气氛中学生的情绪是压抑的、不愉快的，对教师的教学内容不感兴趣，无精打采，心不在焉，思维出现惰性，反应迟钝。

3. 对抗的课堂心理气氛

在对抗的心理气氛中，师生之间感情冲突、对立，教师对课堂失去了控制能力，课堂纪律混乱。

（四）积极课堂心理气氛的创设

1. 更新教学内容，改革教学方法和教学手段，激发学生的学习积极性

教师在教学过程中采用的教学内容不新颖、教学方法枯燥、教学手段单一，那么学生就会缺乏学习兴趣，无法唤起学生强烈的学习动机，学生的注意力就不能集中于课堂学习，经常分心、搞小动作，课堂秩序混乱；学生的情感就会淡漠、压抑、厌烦；学生就会不动脑筋、思维僵化。因此，要想创设积极的课堂心理气氛，教师必须注重教学内容的更新，采用生动活泼、灵活多样的教学方法，激发起学生的学习兴趣和学习动机，全身心地投入课堂学习活动中，与教师的教学积极而愉快地互动。

2. 在课堂教学中增加情感投入，建立融洽的师生情感关系

情感是联结师生关系的纽带，只有师生之间感情融洽，课堂气氛才能和谐、愉快。因此，教师在教学过程中应该注意增加感情投入，以充沛的精力、饱满的激情感染学生，激发学生的学习热情。教师要对学生充满关爱，消除师生之间的距离感，增加亲近感，与学生达到心理相容。

3. 教师对待学生要采用民主的领导方式

课堂心理气氛的形成直接受教师领导方式的影响。美国心理学家勒温（K. Lewin）等人在一项早期研究中将教师的领导方式分为强硬权威型、仁慈权威型、放任型和民主型等4种类型。不同的领导方式引起学生不同的反应，表现出不同的心理气氛特征。其中，采用民主型领导方式的课堂上，表现出良好的心理气氛：师生之间关系融洽，学生喜欢同教师在一起，学习热情高；学生间互相鼓励，而且独立承担某些责任；不论教师在与不在课堂上，学生违反纪律的行为很少；学生学习的质和量都很高。因此，教师在教学中应采用民主的领导方式对待学生。

二、课堂问题行为的控制

(一) 课堂问题行为的含义及其分类

1. 课堂问题行为的含义

所谓的课堂问题行为是指学生不能遵守公认的正常的学生行为规范和道德标准,不能正常交往和参与学习的行为。

2. 课堂问题行为的分类

国内外的心理学家都从不同角度对课堂学习行为进行了分类:一类是品行方面的问题行为;另一类是人格方面的问题行为。

品行方面的问题行为,是指那些直接指向环境和他人的不良行为,如攻击性行为、破坏性行为、不服从行为等。人格方面的问题行为,是指多少带有"神经质"的行为,即通常所说的"退缩行为",如对他人总表现出惧怕、莫名的焦虑,对人对事竭力回避,常误认为自己会处于受批评、指责、拒绝的情境等,这些都是这类问题行为较典型的表现形式。在以上两类问题行为中,品行问题方面的行为,如打骂、不服从指挥、口出怪音、高声谈笑等直接干扰课堂秩序,影响教学效果,常常会被教师高度重视;而人格方面的问题行为,如害羞、退缩、缺乏兴趣、不负责任等对正常教学一般不会产生明显影响,往往被教师所忽视。但心理学家尤其是心理卫生工作者对这种行为十分重视,因为人格方面的问题行为是心理失调或心理障碍的反映,会给学生身心发展带来严重影响,而且必须及时发现,及时采取对策,方能维护学生的心理健康。

无论是品行方面的问题行为还是人格方面的问题行为,都会对教学活动产生不同程度的影响。品行方面的问题行为的消极作用直接、明显、迅速,它既影响行为者自身的学习,又妨碍教师的教和周围同学的学,有时还会违背社会道德规范。尤其人格方面的问题行为会造成行为者在人际交往和人际关系方面的严重困难,进而使个体的社会化和人格的健康发展受到阻碍。

教师是人类灵魂的工程师,担负着"教书育人"的重要使命,不仅要向学生传授知识,更要把学生培养成为具有高水平心理素质的人才。因此,重视、控制和矫正这两类问题行为都具有十分重要的意义。

(二) 课堂问题行为的控制的措施

1. 教师对课堂问题行为要持有正确的认识与态度

首先,教师应该明确区分何种行为是真正的问题行为,何种行为不是问题行为。教师经常纠正的问题行为是学生不安静、不端坐、不服从、多反抗、爱玩耍等,而教师不认为有问题的行为有沉静、顺从、压抑、紧张等。其实,儿童天性好动,富于幻想,因此他们的天真、活泼、好奇多问、较少拘束等,正是儿童应有的行为特征。反之,过分沉默不语、面部表情呆滞、恐惧和长期焦虑不安等在心理学家看来是严重的发展问题。因此,教师应善于发现真正的问题行为,及时妥善地处理。

其次，教师在处理问题行为时要克服认知偏见。有些教师总是认为好学生犯错误事出有因，应该原谅，而差学生犯错误则是故意破坏课堂纪律，应该惩罚。结果少数差学生变成教师寻找问题的根源，然后惩罚不公的现象偶有发生。因此，教师一定要克服认知偏见，防止人与事混淆。

2. 调动学生的学习积极性

教师在安排学生的学习内容时，应从学生的实际水平出发，使学生通过努力获得成功，产生成就感。消除过度焦虑，避免产生挫折感和冲突。采用形式多样的教学方法，激发学生的学习兴趣，使学生集中精力投身于学习，排除无关干扰。

3. 安排良好的学习环境

教学应在宁静、安谧的环境中进行，避免外界干扰引起学生情绪上的不安和心理上的波动。课堂中的教学气氛和师生关系应该是民主、友好、善意的，决不能专断、冷漠、过于严肃。同时，教师要协调学生与学生之间的关系，制止学生之间的讽刺与嘲笑，并尽可能创造条件与机会使每一位学生都能表现和发挥自己的才能。

4. 对学生进行心理辅导

教师应启发、引导问题行为学生，使之改变对周围环境的偏执的认知和情绪反应，正确认识和对待周围的人和事，全面认识主观条件和客观环境，确定适当的抱负水平。

第四节　教学评价与测量

一、教学评价与测量及测验的关系

教学评价是指有系统地收集有关学生学习行为的资料，参照预定的教学目标对其进行价值判断的过程，其目的是对课程、教学方法以及学生培养方案做出决策。具体而言，教学评价是一种系统化的持续的过程，包括确定评估目标、收集有关的资料、描述并分析资料、形成价值判断以及做出决定等步骤。

测量是给事物的某种属性给定数值的过程。测验是测量一个行为样本的系统程序，即通过观察少数具有代表性的行为或现象来量化描述人的心理特征。为了减少误差，测验在编制、施测、评分以及解释方面都必须遵循一套系统的程序。测量和测验是对学习结果的客观描述，而教学评价则是对客观结果的主观判断与解释。

二、教学评价的分类

（一）总结性评价、形成性评价与诊断性评价

根据教学评价在教学过程中发挥作用的不同，一般将教学评价分为总结性评价、形成

性评价和诊断性评价。

1. 总结性评价

总结性评价一般指在课程或一个教学阶段结束后对学生学习结果的评定。这类评价的主要目的是评定学生的学业成绩，确定学生达到教育目标的程度，证明学生掌握知识、技能的程度和能力水平，为确定学生在后继教程中的学习起点，预言学生在后继教程中成功的可能性，以及制定新的教育目标提供依据。总结性评价着眼于某门课程或某个教学阶段结束后学生学业成绩的全面评定，因而评价的概括水平一般比较高，考试或测验所包括的内容范围也比较广，评价的次数不多，一般是一学期或一学年两三次。学校中常见的期中考试、期末考试或考查以及毕业会考都属于这类评价。

2. 形成性评价

形成性评价主要指在教学进行过程中为改进和完善教学活动而进行的对学生学习过程及结果的评定。形成性评价类似于教师按传统习惯使用的非正式考试和单元测验，但它更注重对学习过程的测试，注重利用测量的结果来改进教学，使教学在不断的测评、反馈、修正或改进过程中趋于完善，而不是强调评定学生的成绩。正因为形成性评价以获取反馈、改进教学为主要目的，所以这类测试的次数比较频繁，一般在单元教学或新概念、新技能的初步教学完成后进行，测试的概括水平不如总结性评价那样高，每次测试的内容范围较小，主要是单元掌握或学习进步测试。相比较而言，总结性评价侧重于对已完成的教学效果进行确定，属于"回顾式"评价；而形成性评价侧重于教学的改进和不断完善，属于"前瞻式"评价。

3. 诊断性评价

诊断性评价指为查明学生的学习准备状况及影响学习的因素而实施的评定。在教学过程中，教师要想形成一套适合每个学生特点和需要的教学方案，就必须深入了解学生已有的知识、技能的掌握程度，了解他们的学习动机状态，发现他们学习中存在的问题及原因，等等。教师获取这些情况的方法和途径是多样的，其中较常用、较有效的手段之一就是诊断性评价。诊断性评价的主要用途有三个方面：第一，检查学生的学习准备程度。在教学前如某课程或某单元开始前进行诊断性评价，可以帮助教师了解学生在教学开始时已具备的知识、技能程度和发展水平。第二，确定对学生的适当安置。通过进行诊断性评价，教师可以对学生学习上的个别差异有较深入的了解，在此基础上经过合理调整能使教学更好地适应学生的多样化学习需要。第三，辨别造成学生学习困难的原因。在教学过程中进行的诊断性评价，主要是用来确定学生学习中的困难及其成因的。

（二）常模参照评价与标准参照评价

根据评价所依据的不同标准与解释方法，教学评价可分为常模参照评价和标准参照评价。

1. 常模参照评价

常模参照评价是以个体的成绩与同一团体的平均成绩或常模相互比较，从而确定其成绩的适当等级的评价方法。这种评价方法重视个体在团体内的相对位置和名次，它所衡量的是个体的相对水平，因而这种评价又被称为"相对评价"，这种评价的评分方式被称为"相对评分"。常模参照评价以常模为参照点，常模实际上就是团体测验的平均成绩，以学生个体的成绩与常模比较，就可以确定学生在团体中的位置，知道他的成绩在团体中属于哪个层级。常模参照评价具有甄选性强的优点，因而可作为分类排队、编班和选材的依据。它的缺点是在排队选优时，对于个人的努力状况及进步的程度不加重视，尤其对于后进者的努力缺少适当评价，例如，在几次考试中，某学生学习的实际成绩在提高，但他在班级里的相对位置（名次）也许仍没变化，因而这种评价方法缺乏激励作用。

2. 标准参照评价

标准参照评价是以具体体现教学目标的标准作业为基准，确定学生是否达到标准以及达标的程度如何的一种评价方法。标准参照评价是用来衡量学生的实际水平的，它关心的是学生掌握了什么或没掌握什么，以及能做什么或不能做什么，而不是比较学生之间的相对位置。用来评定的所谓标准就是具体的教学目标，所以教师编制测试题的关键之处是必须正确反映教学目标的要求，而不是这些题目的难易和鉴别力。为准确体现教学目标的要求，客观测得学生的实际水平，必要时过难或过易的试题也应保留，不要轻易删除。评分时学生该得满分就给满分，该得零分就给零分，一切按既定的标准评分。因此，标准参照评价的评分方式又称为"绝对评分"，这种评价也被称为"绝对评价"。通过标准参照评价，教师可以具体了解学生对某单元知识、技能的掌握情况，哪些学得较好，哪些没学好需要补救。因此，标准参照测验主要用于基础知识、基本技能的测量，适用于形成性测验和诊断性测验，利用测验提供的反馈信息，可及时调整，改进教学。

（三）标准化测验评价与教师自编测验评价

根据评价工具的编制和使用情况的不同，教学评价可分为标准化测验评价和教师自编测验评价。

1. 标准化测验评价

标准化测验评价是近年来发展很快的一种评价方式，这类评价凭借专家或专业的测验发行机构编制的标准化测验而进行。由于标准化测验的试题取样范围大，题量多，覆盖面广，因而具有较高的信度和效度。另外，它的试题一般难度适中，区分度高，实施测验有严格的要求，测得的结果有可资比较的标准作对照，评分客观、准确、迅速，从命题、阅卷到计分等各个环节都减少或避免了误差，因而具有客观性、真实性、准确性较强等的优点，是目前评价学生学业成绩的重要方式之一。但由于标准化测验的编制难度较大，实施测验的要求、条件较高，建立标准化试题库更是一项艰巨的工程，因而要广泛推行这一评价方式会遇到不少困难，需不断努力，逐步推行。

2. 教师自编测验评价

教师自编测验评价是依据教师自行设计与编制的测验，根据教学需要对学生的学业情况进行检测的一种评价方式。这类评价的优势是自编测验的制作过程简易，使用灵活方便，适用范围广，可以满足不同学科、不同教学阶段的不同测试要求，因而，它是学校中应用最多和教师最愿意使用的评价方式。从试题类型来看，教师自编测验主要有客观测验和论文式测验。教师要编好测验，必须遵循一些基本的原则，例如，测验应真实反映教学目标，测验要有效、可靠，测验应依据所预期的学习结果来选择试题类型，试题内容取样要有代表性，试题的文字力求浅显简短但又不遗漏必要的条件，试题的正确答案应是没有争议的，实施测验和评分要省时，等等。在实践过程中，如能将自编测验和其他评价手段结合起来使用，则可以发挥出各类评价方式的长处，取长补短，提高评价质量。

（四）系统测验评价与日常观察评价

根据评价方式的不同，教学评价可分为系统测验评价和日常观察评价。

1. 系统测验评价

系统测验评价运用各种测验的手段对教学过程及其结果进行测量与评价，是教学实践中普遍应用的评价方式。但是，实践表明，并不是教学中的一切情况都可以通过测验的方式测出，学生的许多复杂的心理机能是目前的测验技术所难以测量的，而是教师通过日常观察得到的。

2. 日常观察评价

日常观察评价是借助于对学生日常学习活动的观察而对他们的学习行为及结果进行的评定。这种评价在课堂内外应用的机会很多，教师实际上每天都在对学生进行着观察，这种观察是在自然状态下（没有受到考试的干扰）进行的，因此它往往可以得到其他任何方式都不能得到的有价值的真实资料。

（五）正式评价和非正式评价

根据教学评价的严谨程度，教学评价有正式评价与非正式评价之分。

1. 正式评价

正式评价指学生在相同的情况下接受相同的评估，且采用的评价工具比较客观，如测验、问卷等。

2. 非正式评价

非正式评价是针对个别学生的评价，且评价的资料大多是采用非正式方式收集的，如观察、谈话等。有时，教师可以采用非正式评价作为正式评价的补充。

总之，教学评价的种类很多，从不同的角度就可以划分出不同的类型，上述只是其中的一部分，例如，从评价的对象来分，教学评价还可以分出学的评价与教的评价；从评价的内容来分，教学评价可分出智力、学业成绩、人格等的测验评价；等等。本节将各类评价逐一列举出来，目的是为了更好地研究、学习和掌握。其实，在实际的评价过程中，我们很难将这些评价类型分得清楚，例如，学校对学生进行了一次测验评价，从测验编制的角度看，它可能是一次教师自编测验评价；从评价的标准来看，它可能是一次标准参照测验；从评价的作用来看，它可能又是一次诊断性评价。所以，了解各类教学评价的关键，是要掌握这些评价方式的特点、作用和适用范围，以使它们在实际评价过程中相互配合、优势互补，发挥出应有的作用。

单项选择题

12.1 一般在教学开始前使用，用来摸清学生的现有水平及个别差异，以便安排教学的评定属于（　　）。

A. 诊断性评价　　　B. 形成性评价　　　C. 总结性评价　　　D. 非正式评价

三、教学评价的功能

（一）诊断教学问题

通过教学评价，教师可以了解自己的教学目标确定是否合理，教学方法、教学手段运用是否得当，教学的重点、难点是否讲清，也可以了解学生在知识、技能和能力等方面已经达到的水平和存在的问题，分析造成学生学习困难的原因，从而调整教学策略，改进教学措施。教学评价为教师的教学和学生的学习指明方向，便于有针对性地解决教学中存在的各种问题。

（二）提供反馈信息

教学评价的结果不仅可以为教师判定教学状况提供大量的反馈信息，还为学生了解自己学习的好坏优劣提供直接的反馈信息。对于教师而言，教学评价提供的反馈信息，可以帮助他们及时获得有关教学过程各个方面的详细情况，发现自己工作中的薄弱环节，在此基础上修正、调整和改进教学工作。对于学生而言，一般说来，肯定的评价可以进一步激发学生的学习积极性，提高学习兴趣；否定的评价则可以帮助学生看到自己与他人的差距，发现错误及其"症结"所在，以便教师"对症下药"，及时纠正。

（三）调控教学方向

在教学过程中，教学评价的内容和标准往往会成为学生学习的内容和标准，从而左右学生学习的方向、学习的重点以及学习时间的分配，教师的教学方向、教学目标、教学重点的确定，教学策略和教学方法的选择也要受到评价内容和评价标准的制约。如果教学评价的标准和内容能够全面反映教学计划和教学大纲对学生的要求，充分体现学生全面发展的方向，那么教学评价发挥的导向作用就是积极的、有益的，就会有利于学生的学习；否则，就有可能使教学活动偏离正确的方向。

（四）激励学习热情

评价的激励功能能够改善学生学习的情感、态度和价值观。从另一个角度讲，教师在评价中的充分肯定、鼓励和赞扬，还能使学生在评价中发现个人优势，从而产生向更高目标迈进的信心和热情。

（五）检验教学效果

在教学活动中，教师的教学水平和教学效果如何，学生是否掌握了必备的基础知识和基本技能，预定的教学目标是否实现，这些都必须通过教学评价加以检查和验证。对学生学习结果的评价，尤其是某一课程或某一段教程结束之后进行的总结性评价，可以作为证明学生知识掌握程度、能力发展水平的材料。同时，对学生学习结果的评价可以作为教育行政部门评价教师教学工作质量的重要依据。

四、教学评价的方法和技术

与教学目标相一致，教学评价包括认知、情感和技能三个方面。对于认知和技能领域的学业成就，常用的教学评价手段是标准化成就测验和教师自编测验；而对于情感以及道德行为表现常常采用非测验性的评价手段，如案卷分析、观察、问卷量表以及谈话等。当然，这些非测验性的评价手段也可作为学业成就评价的补充。

（一）标准化成就测验

1. 标准化成就测验的含义及特点

标准化成就测验是指由专家或学者编制的适用于大规模范围内评定个体学业成就水平的测验。该测验的命题、施测、评分和解释都有一定的标准或规定。由于测验条件的标准化，该测验的结果比较客观一致，适用的范围广、时限比较长。标准化成就测验的特点大致表现如下：该测验是由专门机构或专家学者按一定测验理论和技术，根据全国或某一地区所有学校的共同教育目标来编制的；所有受试人所做的试题、时限等施测条件相同，计分手段和分数的解释也完全相同。

2. 标准化成就测验的优越性

第一，具有客观性。在大多数情境下，标准化测验是一种比教师编制的测验更加客观的测量工具。

第二，具有计划性。专家在编制标准化测验时，已经考虑到所需的时间和经费，因此标准化测验比大部分的课堂测验更有计划性。

第三，具有可比性。标准化测验由于具有统一的参照标准，使得不同考试者的分数具有可比性。

3. 标准化测验的局限性

第一，与学校课程之间的关系很不协调。在我国，每个地区的教学状况还存在着一定的差距，一个年级或地区的教学内容可能不同于另一个地区。因此，可能不少地区学生所学到的内容与标准化样本所学的东西有差异。这就要求教师在选用标准化测验前，仔细查阅内容效度，使得测验的目标与评价的目的相匹配。

第二，测验结果的不当使用。我们通常利用标准化成就和能力测验对学生分类和贴标签，这会对学生造成不良影响。测验结果的不当使用对得低分的学生伤害尤其大。

（二）教师自编测验

1. 教师自编测验的含义与特点

教师自编测验是由教师根据具体的教学目标、教材内容和测验目的，自己编制的测验。教师自编测验是为特定的教学服务的，通常用于测量学生的学习状况，而标准化成就测验则用来判断学生与常模相比时所处的水平。

2. 教师自编测验前的计划

教师自编测验前的计划有以下几点。第一，确定测验的目的。第二，确定测验要考查的学习结果。第三，列出测验包括的课程内容。第四，写下考试计划或细目表。细目表是将考试具体化的重要工具，使得测验能够与教学的目标和内容保持一致。细目表的形式是二维表，一般纵栏表示学习结果，横栏表示课程的内容或范围，中间的栏目就是教师根据实际情况填写测验中计划测量多大比例的学习结果和课程内容。第五，针对计划测量的学习结果，选择适合的题型。自编测验包括客观题和主观题两种类型。教师使用哪一种类型的题目是由测验的目的、内容和时间决定的。一般来说，由于这两种题型各有优点和不足，最好综合使用。

3. 教师自编测验的类型

（1）客观题。客观题具有良好的结构，对学生的反应限制较多。学生的回答只有对、错之分，因此教师评分也就只可能是得分或失分。这类题目包括选择题、是非题、匹配题和填空题等。

① 选择题。选择题由题干和两个或更多的选项组成。题干可以是直接提问或者以不完整的名字形式出现，目的是设置问题情境；而选项提供可供选择的答案，包括正确答案和若干具有干扰性的错误项或迷惑项。学生的任务就是阅读题目，从一系列选项中挑选出正确的项目。教师在出题时，要综合考虑题干和选项，使整个题目清楚明了。选项的数量一般没有统一的规定，教师可以随意确定选项的个数，大多是 4 个，这样可避免学生猜测答案。所有的题目也可以安排各自不同数量的选项。一道完美的选择题，题干应该明确简单，

而选项又极具迷惑性。题干和选项经过精心设计的选择题可以测查教学目标系列中高于知识水平的任何等级。此外，选择题还有一种常用变式，选项中有一至多个正确答案，即通常被称为多选题。这种题型的难度大大高于常规的选择题（单选题），可以有效地检查高一级的学习成果，在测验中使用较广。

② 是非题。是非题与选择题有一点相似之处，就是学生需要识别、选择出正确答案。常用的形式是陈述一句话，要求学生判断对错。是非题可用于测量不同水平的教学目标。是非题形式简单，能够在一份试卷内覆盖大量的内容。教师在评判时也较客观，计分简便且省时。但是，对于是非题，学生只有两种选择——对或错，所以即使在完全猜测的情况下，他们也有50%的机会选择到正确答案。一种可行的办法是增加题目的数量。由于题量大，对题目总体的取样较全面，学生很难只凭猜测获得高分。

③ 匹配题。匹配题是另一种可提供多种选择的考试形式。通常，题目包括两列词句，一列是问题选项，一列是反应选项。学生根据题意，按照某种关系将左右的项目连接起来。匹配题形式简单，能够有效地测量学生对知识联系的掌握情况，且易于计分。但是，它只能用于测查彼此存在着简单关系的知识。

④ 填空题。填空题是呈现给学生一句或一段不完整的话，或者直接提问，要求学生简要作答。当教师的目的是考查学生对知识的回忆时，填空题十分有用，它可将学生猜测的可能性降到最小。经过精心设计，填空题也可考查学生对知识的记忆和理解以及推理和判断能力。但是，学生的答案各不相同，甚至还会有出人意料的答案，学生的答案还会受笔迹、用词等无关因素的影响。

（2）主观题。主观题要求学生自己组织材料，并采用合适的方式表达陈述出来。这类题型包括论文题及问题解决题。教师在评分时，对学生的回答需要给出不同的分值，而不仅仅是满分或零分。

① 论文题。论文题是指要求学生用文字论述方式阐述相关观点的题目，回答字数可以从几段到几页不等。主观题一般常用两种类型：有限制的问答题和开放式论文。有限制的问答题是指教师对回答的内容和长度都有规定，如平时测验中的简答题等。例如，说明戊戌政变中的重要人物、事情经过以及结果。开放式论文的作答则允许学生自由选材、自由发挥，且篇幅较长。论文题可以测验知识、理解或运用水平，也可考查学生的分析、综合、类比和评估知识的能力，还可考查学生组织信息或表达陈述某项意见的能力。教学评价使用论文题也有不妥之处。首先，学生回答论文题需要花费很多时间，因此在一份试卷里只能出现少量的题目，对课程内容的取样非常有限。通过增加小的论文题（即简答题或问答题），可以避免这个问题。其次，对于熟悉自己学生的教师，在判卷时很难做到客观，导致信度较低。在评分时，经常出现一种现象——晕轮效应，即教师对学生的总体印象会影响对论文作答的评价。

② 问题解决题。问题解决题是向学生提供一定的问题情境和目标情境，要求学生对知识进行组织、选择和运用等来解决问题。问题解决题通常有两种形式，一种是间接测验，与前面提到的几种测验形式一样，是采用纸笔测验来评价学生的学业成就或能力。学生在完

成时，通常必须写出若干步骤或过程，以展现他的思路。评分时，按照步骤计分，如果缺少某些步骤就不能得分。平时的理科考试多出这种类型试题。问题解决题的另一种形式则是直接测验。例如，为了考查学生学习本节内容的情况，让学生编制一份周长应用题的试卷。由于它考查了学生处理实际问题的能力，所以有时我们又把这种形式叫做操作评价。教师可以要求学生设想一个可以解决学校垃圾处理问题的方案（要求只写可行性措施，不超过500字），或者要求学生测量学校操场的面积。操作评价对于考查高级思维技能十分有效，但是往往费时、费钱，而且主观性较大，并且效度也经常受到质疑。

4. 有效的教师自编测验的特征

（1）具有信度。信度是指测验的可靠性，即多次测验分数的稳定、一致的程度。它既包括时间上的一致性，也包括内容和不同评分者之间的一致性。例如，采用性格量表测量学生，他们在这一个月的结果，如果大致等于6个月前和3个月前的得分，那么我们就认为测验的信度较高。

（2）具有效度。效度是指测量的准确性，即一个测验能够测量出其所要测量的东西的程度。效度是一个相对概念，任何一种测量工具只是对一定的目的来说才是有效的。效度考虑的问题有以下几种：测验测量什么？测验对测量目标的测量精确性和真实性有多大？效度的重要性大于信度，因为一个低效度的测验，即使具有很好的信度，也不能获得有用的资料。例如，用磅秤称量体重，连续多次都会得到相同的值，而且准确地反映了个体的重量，那么信度和效度都很高；但是如果使用它来测量身高，虽然测量值之间总是保持一致性，即信度很好，但是并没有说明个体的高度，因而不是适宜的测量身高的工具。

（3）具有区分度。区分度是指测验项目对所测量属性或品质的区分程度或鉴别能力。它是根据学生对测验项目的反应与某种参照标准之间的关系来估计的。例如，可用年级或教师评定的等级作为标准，检查测验的项目能否把不同年级或不同水平的学生区分开来。

5. 教师自编测验的常见错误

教师自编测验有以下几个常见错误：第一，教师过于相信自己的主观判断而忽视测验的信度和效度指标；第二，许多教师对测验准备的重要性缺乏足够的认识，对测验准备不够充分，甚至没有准备；第三，许多教师编制的测验太简单，题量太小。总之，相信主观判断、准备不充分、题量小，都会导致过分强调无关的细节，从而忽略本章提到的那些重要原则或注意事项。

（三）非测验的评价技术

在实际教育中，前述纸笔测验并不是收集资料的唯一途径，教师还可使用许多非测验的评价技术，尤其是情感领域的教学评价更需要采用非纸笔测验。情感教学不属于任何一个学科，其效果可能产生在任何一种认知学科的教学过程中。

1. 案卷分析

案卷分析是一种常用的评价策略，其内容主要是按照一定标准收集起来的学生认知活动的成果。例如,学生的家庭作业或课堂练习、论文、日记、手工制作的模型、绘画等各种作品。对学生的作品进行考查分析并形成某种判断和决策的过程,就是案卷分析。

2. 观察

通过教学过程中的非正式观察,教师也能够收集到大量的关于学生学业成就的信息。这种观察不只限于智能的发展,还包括学生生理、社会和情绪的发展。为了确保观察的有效性,教师应注意自然地对学生进行全面系统的观察,然后客观、详细地记录下观察信息。记录观察信息的工具有以下几种。

(1) 行为检查单。教师可以使用行为检查单来记录其在教学中的观察结果。行为检查单一般包括一系列教师认为重要的目标行为,通常采用有/无的方式记录,但有时也记录次数。行为检查单使用简便易行,对于教师非常有用,尤其在课堂上,教师可以利用检查单及时记下所观察到的行为,便于指导和帮助学生。如果某种行为属于某一个好与坏连续体上的某一点,那么更适宜的方式是等级评价量表。当观察目标是具体的、特定的、经过了明确界定的行为时,检查单非常有效。

(2) 轶事记录。轶事记录就是描述所观察的事件。与行为检查单相比,轶事记录可提供比较详细的信息,这些记录一般是按照发生时间排列的。教师可以事先有明确的观察目标,就某一方面的行为进行记录;也可以没有明确目的,事后再专门分析或考查某一件事,但此时教师就需要记下很多资料,甚至记录一些无关信息。轶事记录要求教师客观记载所观察到的内容,而不要掺杂个人的意见或观点。许多教师的教案或工作日记都有轶事记录。但是,轶事记录比较费时,而且也很难排除主观偏见。

(3) 等级评价量表。等级评价量表对于连续性的行为更为有效。它可用于判断某种行为的发生频率,以及某种操作或活动的质量,使得观察信息被量化。评价量表是一种间接的观察技术,通过量化所观察的信息,可以迅速简便地获得概括化的信息。评价量表和行为检查单有一定关系,两者都要求教师对学生的行为进行判断,都是在观察过程中或结束后使用。但是它们的评价标准不同,检查单只需要做定性的判断,而等级评价量表需要做定量的判断。

3. 情感评价

许多时候,教师有必要针对学生的情绪、学习动机、个人观点等进行评价。固然,我们可以借助已有的量表,但学校也鼓励教师自己编制评价量表。为了获得情感方面的信息,教师可以自行编写开放式问题、问卷等。在对结果的评价时,教师也需要写一份详细的报告,形式类似观察报告。

五、教学评价结果的处理与报告

(一) 评分

教学评价可采用评分的方式,并以一定的比较标准为依据。评分的标准可分为绝对标准和相对标准两种。绝对标准是以学生所学的课程内容为依据，学生的分数和其他同学的回答情况没有关系。绝对标准强调不同学生的学习起点和背景情况的差异，所以他们的学习结果也是不可比较的。绝对标准对应的评价方式是标准参照评价。相对标准是以其他学生的成绩为依据，其对应常模参照评价。相对标准的评价不仅与学生自己的成绩有关，还与其他同学的成绩有关。在评分过程中，常常存在计分主观性问题，教师往往会受一些无关因素的影响，使得评分的信度较低。因此，评分标准一定要与测验的编制计划和实际的编制工作保持连续，确保整个评价活动是根据统一的标准进行的。这样，评价结果才可能是教师所预期的信息，具有较高的信度，能够对教学活动发挥积极作用。

合理的评分过程应包括如下步骤：第一，收集有关学生的信息，信息可以来源于不同类型、性质的测验，甚至观察的评价方式。例如，教师对学生期末学习成绩的评价，通常是期末考试成绩占70%，平时作业和考试成绩占20%，课堂表现占10%。第二，系统地记录下评价的结果，并随时保持最新的结果。第三，尽量将收集的资料量化，用数据来表示学生的学习情况。第四，为了把评价的重点放在最终的学习成就，教师需要加大最后测验得分的权重。第五，评价应该以成就为依据，而其他特征的评价，不要和成就的评价混杂起来。

（二）合格与不合格

有些课程采用合格与不合格来评价学生的成就。教师可以根据学生是否完成了每次作业来评价，也有可能根据学生的几次作业情况评分，甚至评分的标准可以是学生的出勤情况。

（三）其他报告方式

除了常用的评价方法，教师还可以使用其他方式来报告评价结果。例如，教师写学生的个人鉴定或定期的综合评价，提供给家长和学生；观察报告也是一种报告评价结果的形式；通过与家长面谈，也可以交流关于学生的学习、行为和态度等方面的信息。

复习思考题

1. 什么是教学设计？教学设计中对作为教学对象的学习者应做哪些分析？
2. 什么是教学策略？常用的教学策略有哪些？
3. 什么是课堂心理气氛？如何创设积极的课题心理气氛？
4. 什么是教学评价？如何对教学评价进行分类？

第十三章 品德心理

本章学习目标
理解品德的含义、了解品德的结构；
了解中学生品德发展的基本特征和品德发展的阶段理论；
掌握影响中学生品德的形成原因，理解品德形成的一般过程；
掌握学生不良品德的矫正方法。

核心概念
品德、道德认识、道德情感、道德意志、品德不良

第一节 品德概述

一、什么是品德

要了解什么是品德，首先要对道德的概念有所理解；继而弄清品德与道德的关系。

道德是一种社会现象，是一种社会意识形态，是靠社会舆论和良心支持的、人们必须遵守的行为准则。在社会生活中，人们为了维护共同利益和彼此之间的关系，就产生了调节和评价行为的准则，以此来协调个人与个人、个人与集体、个人与社会的关系；以此为标准去评价别人、约束自己；以此为尺度，去分辨善与恶、美与丑，是与非。道德为人类所特有，它是由一定的社会经济政治制度所决定的，它随着社会的发展而发展。在阶级社会里，道德具有阶级性。

道德表现在个人身上就成为一个人的品德，也叫道德品质。品德是个体现象，是社会道德在个体身上的体现，是指个体按照一定的道德准则行动时所表现出来的某些稳固的特性和倾向。品德是一定社会的道德准则和规范在一个人的思想和行为上的表现。良好的品德就是指个人按社会道德准则和规范行动时所表现出来的稳定的特性和倾向。比如，勤奋学习、遵守纪律、热爱劳动、文明礼貌、助人为乐、进取创新等都是每个公民应具备的品德。

品德是由个人的道德行为表现出来的,但是偶尔的或一时的道德行为并不足以说明一个人具备了某种品德。只有一个人具有某种稳定的道德观念,恒定地表现出一系列有关的行为,才可以说他具备了某一品德。

单项选择题

13.1 品德是道德品质的简称,它是一种( )。

A. 社会现象　　　　B. 集体现象　　　　C. 个体现象　　　　D. 文化现象

二、品德的结构

(一) 品德的基本心理成分

品德的心理结构是指品德的心理成分及其相互关系。品德心理结构极为复杂,研究者们也有许多不同的看法,但一般认为,道德认识、道德情感、道德意志和道德行为是构成品德的基本心理成分。

1. 道德认识

道德认识也叫道德观念,指的是人们对道德行为准则及其执行意义的了解和掌握,其中包括道德概念与道德信念的形成以及运用这些观念去分析道德行为,对人或事做出符合自己认识水平的道德评价。

2. 道德情感

道德情感是伴随道德认识所产生的一种内心体验。人们在形成道德认识的同时,能够对自己或他人的行为、现实中发生的事件产生喜爱或厌恶、敬仰或憎恨、愉快或悲伤等不同的情绪体验,这种情绪体验就是道德情感。一般地说,在现实生活中的各种事件或他人、个人的行为,凡是符合自己的认识或自己所维护的道德观念时,就会产生积极的情绪体验,否则就会产生消极的情绪体验。由此可见,道德情感就是人们的道德需要是否得到满足而引起的内心体验。

3. 道德意志

道德意志是人们自觉地确定道德目标,积极调节自己的行动,克服各种困难,以实现既定的道德目标的心理过程。道德意志也受着道德认识的支配,是人们利用自己意识的控制和理智的调节作用去解决道德生活中的各种矛盾,克服各种困难与支配行为的积极力量。道德意志通常表现为一个人的信心、决心和恒心。

4. 道德行为

道德行为是指一个人遵照一定的社会道德规范所采取的言论和行动。它是实现道德动机的手段,是道德认识和道德情感的外部表现,也是衡量一个人道德品质的重要标志。道德行为的培养主要是通过道德行为方式的训练和道德行为习惯的养成等途径来实现的。只有学生具有了良好的道德行为习惯，才使学校的品德教育具有社会价值。

以上 4 种基本心理成分是彼此联系、相互制约、相互促进的。道德认识是道德情感、道德意志和道德行为赖以产生的基础；道德情感和道德意志是品德形成的不可缺少的中间环节，它们不仅影响着道德认识的倾向，而且对道德行为起到一种激励和定向的作用；道德行为是在道德认识的指导下，在道德情感和道德意志的推动下，通过训练形成的，同时它又对巩固和发展道德认识、丰富和激发道德情感起促进作用。

单项选择题

13.2 衡量道德品质的重要标志是（　　）。
A. 道德认识　　　B. 道德情感　　　C. 道德意志　　　D. 道德行为

（二）品德心理结构的特点

1. 品德心理结构的统一性

一个人的思想品德是知、情、意、行各种基本心理成分的有机统一。4 种心理成分既各有其重要地位和作用，又相互联系、相互影响，构成品德的完整面貌。学生品德的形成有赖于 4 种心理成分的协调发展。如果 4 种心理成分的发展严重失调，造成知情分离或知行脱节，就会出现品德结构上的缺陷，阻碍品德结构的和谐发展。这是我们德育工作应该"晓之以理、动之以情、导之以行"的心理依据。

2. 品德心理结构的复杂性

品德心理结构的复杂性不仅表现在其心理成分方面，还表现在各种成分之间的关系方面。品德结构除了上述 4 种基本心理成分外，还包含其他心理成分，如态度、理想、世界观等；在 4 种基本心理成分中，又各自包括若干成分，如道德认识可分为道德表象、道德概念、道德信念、道德评价等几种成分；而这 4 种成分的结合又会产生新的成分，例如，当道德认识与相应的道德情感相结合时就会产生道德动机。各种心理成分之间的关系非常复杂，就道德动机与道德行为之间的关系而言，它们之间不是简单的一对一的关系，一种动机可以表现为多种行为，一种行为也可由多种动机引起。动机和行为都是多层次的，不同的动机之间，动机与行为之间既有统一性又有矛盾性。因此，品德结构的说法不一，与它的复杂性有很大关系。

3. 品德心理结构发展的差异性

品德心理结构的 4 种心理成分具有统一性，但其发展过程中也存在着差异。例如，不同的人认识、情感、意志、行为的发展水平各有其特点；知情之间、知行之间可能脱节；由于受个体心理发展水平和主观选择等因素的影响，不同年龄阶段的学生和同一年龄阶段的不同学生的品德发展存在着明显的差异，即品德结构的发展存在着年龄差异和个性差异。教育者应该依据品德结构的这一特点，针对学生的具体情况，确定教育重点，促使学生品德结构各个成分全面和谐地发展。

4. 品德心理结构形成的多端性

一般情况下，品德的形成和培养需要从提高道德认识入手；而道德认识是在道德实践中产生和不断深化的，对于年龄较小或者知行脱节的学生，往往需要从道德行为的训练入手；而当学生产生情感障碍时，就需要从道德情感的激发入手；有的学生缺乏意志力，对其品德的形成和培养就可以从锻炼道德意志开始。

总之，品德结构的形成是统一而又具有多端性的。因人因时而异，品德的形成和培养既可先晓之以理，也可先动之以情，既可先导之以行，也可先炼之以意，只要最后达到知、情、意、行的和谐统一发展，都可以形成良好的道德品质。教育者应灵活运用多种开端，增强德育的针对性和实效性。

第二节　中学生品德发展的基本特征

一、伦理道德发展具有自律性

在整个中学阶段，学生的品德迅速发展，处于伦理形成时期。伦理是人与人之间的关系以及必须遵守的行为准则，它是道德关系的概括，伦理道德是道德发展的最高阶段。

（一）形成道德信念与道德理想

中学阶段是道德信念和道德理想形成并以此指导行动的时期。中学生逐渐掌握伦理道德并服从它，表现为独立、自觉地依据道德信念、价值标准等去行动，使学生的道德行为更有原则性和自觉性。

（二）自我意识增强

在品德发展的过程中，中学生更加关注自我道德修养，并努力加以提高。可以说，中学生对自我道德修养的反省性和监控性有明显的提高，这为产生自觉的道德行为提供了有效的前提。

（三）道德行为习惯逐步巩固

由于不断地实践、练习，加之较为稳定的道德信念的指导，中学生逐渐形成与道德伦理相一致的、较为稳定的道德行为习惯。

（四）品德结构更为完善

中学生的道德认识、道德情感与道德行为三者相互协调，形成一个较为完善的动态结构，这使他们不仅按照自己的道德准则去行动，也使这种品德逐渐成为其稳定的个性心理结构。

二、品德发展由动荡向成熟过渡

（一）初中阶段品德发展具有动荡性

初中阶段即少年期的品德虽然具有伦理道德的特性，但仍旧不成熟、不稳定，具有动荡性。初中生道德观念的原则性、概括性不断增强，但还带有一定程度的具体经验特点；道德情感表现丰富、强烈，但又好冲动；道德行为有一定的目的性，渴望独立自主行动，但愿望与行动经常有距离。少年期既是人生观开始形成的时期，又是容易发生品德的两极分化的时期。品德不良、违法犯罪多发生在这个时期。根据研究，八年级是中学生品德发展的关键期。初中阶段，学生的品德发展主要表现在以下几点：第一，道德认识快速提升。个体表现出明显的积极性、主动性和独立性。开始意识到个人对他人、对集体和社会的责任，主动了解自己的精神世界和他人的思想品质，并自觉地进行评价。不过这种评价是模仿他人的评价尺度，缺乏一定的客观性。第二，自我意识提高，自律性加强。他们开始关注自身生理、心理的变化，关注自身道德修养的提高，对道德修养的反省性和监控性增强，这为产生自觉的道德行为提供了有效的前提。第三，道德理想、道德信念开始形成。这一时期，他们常以具体的道德形象作为自己追求的目标，努力模仿崇拜的人物或道德行为，有时带有主观性和片面性，还没有完全摆脱情感冲动的特点。

（二）高中阶段品德发展趋向成熟

高中阶段即青年初期的品德发展进入了以自律为主要形式、应用道德信念来调节道德行为的成熟时期，表现在能自觉地应用一定的道德观念、信念来调节行为，并初步形成人生观和世界观。

总体来看，初中生的伦理道德已开始形成，但具有两极分化的特点；高中生伦理道德的发展具有成熟性，可以比较自觉地运用一定的道德观念、原则、信念来调节自己的行为。

第三节　品德发展的阶段理论

一、皮亚杰的道德发展阶段论

瑞士著名心理学家皮亚杰早在20世纪30年代就对儿童的道德判断的发展进行了系统研究，提出儿童的道德判断是一个从他律到自律的发展过程，具体可分为4个阶段。

（一）自我中心阶段（2~5岁）

这一阶段的儿童开始接受外界的准则，但不顾准则的规定，按照自己的想象在执行规则，他们还不能把自己和他人外界的环境区别开来，常把成人说的混同于自己想的，把外界环境看成自身的延伸。规则对他们来说，还不具有约束力。他们的游戏活动只是个人独立活动的任意行为，与成人、同伴之间还没有形成合作关系。

（二）权威阶段（5~8岁）

权威阶段又称他律阶段，这一阶段的儿童的一个表现是对外在权威的绝对尊敬和顺从，他们认为服从、听话就是好孩子，否则行为就是错的，是坏孩子；另一个表现则是对规则本身的尊敬和顺从，即把成人规定的准则看成固定不变的。这个阶段的儿童对行为的判断是根据客观的效果，而不是考虑主观动机。比如，他们认为听父母或大人的话就是好孩子；无意中打碎5个杯子比有意打碎1个杯子的后果更严重，更应进行严厉的批判。

（三）可逆性阶段（8~10岁）

可逆性阶段又称自律阶段，这一阶段的儿童已经不把规则看成不可改变的，而把它看成同伴间的共同约定，是可以改变的。他们已经认识到同伴间的社会关系，认识到应尊重共同约定的规则。对他们来说，此时这种共同约定的规则具有相互取舍的可逆特征。同伴间可逆关系的出现表明儿童的思维已从自我中心解脱出来，认识到规则只是维护自己与他人的关系，倾向于自觉地遵守，因而导致一定程度的自律。这标志着儿童道德认识开始形成。

（四）公正阶段（10~12岁）

儿童的公正观念或正义感是在可逆的道德观念上发展起来的。10岁以后，儿童在人与人的关系上，从权威性过渡到平等性。在这一阶段，儿童的道德观念倾向于主持公道、平等。在皮亚杰看来，从可逆性关系转变到公正关系主要原因是利他主义因素增长的结果。只有当儿童的道德判断达到了自律水平时，才称得上是真正的道德。

皮亚杰认为，儿童品德发展阶段的顺序是固定不变的，这些阶段不是绝对孤立的，而是一个连续发展的统一体。在从他律到自律的发展过程中，个体的认知能力和社会关系是两个重要的影响因素。根据皮亚杰的看法，道德教育的目标就是使儿童达到自律，使他们认识到道德规范是在相互尊重和合作的基础上制定的，而要达到这一教育目标就必须注意培养同伴之间的合作，注意成人与儿童的关系不应是权威和服从的关系；在儿童犯错误时，要使他了解为什么这样做不好，以发展儿童的道德认识。

单项选择题

13.3 晓霞能根据他人的具体情况，以平等为标准，在同情、关心的基础上对学习和生活中的道德事件进行判断。根据皮亚杰的理论，晓霞的道德发展处于（　　）。

A. 自我中心阶段　　　B. 权威阶段　　　C. 可逆阶段　　　D. 公正阶段

二、科尔伯格的道德发展阶段理论

科尔伯格是美国心理学家,他继皮亚杰之后对儿童品德发展问题进行了大量的、卓有成效的研究,提出了系统的道德发展阶段理论。

科尔伯格对皮亚杰的研究方法进行了改进,应用道德两难论的方法研究道德发展问题。这种方法也称两难故事法,代表性的两难故事是"海因茨偷药的故事"。这个故事的大意是:欧洲有一位妇女患了癌症,生命危在旦夕。医生告诉她的丈夫海因茨,只有本城的一个药剂师最近发明的一种药可以救他的妻子,但该药价钱十分昂贵,要卖到成本价的 10 倍。海因茨四处求人、竭尽全力也只借到了购药所需一半的钱数。万般无奈之下,海因茨只得请求药剂师便宜一点卖给他,或允许他赊账。但药剂师坚决不答应他的请求,并说他发明这种药就是为了赚钱。海因茨在走投无路的情况下,为了挽救妻子的生命,在夜间闯入药店偷了药,治好了妻子的病,但海因茨因此被警察抓了起来。

科尔伯格围绕这个故事提出了一系列问题,让被试参加讨论,如海因茨该不该偷药?为什么?海因茨犯了法,从道义上看,这种行为好不好?为什么?通过大量的研究,科尔伯格提出了三水平六阶段理论。三水平是指前习俗水平、习俗水平及后习俗水平;六阶段是指每个水平又划分为两个不同的阶段。

(一)前习俗水平(0~9 岁)

处在这一水平的儿童,其道德观念的特点是纯外在的。他们为了免受惩罚或获得奖励而顺从权威人物规定的行为准则,根据行为的直接后果和自身的利害关系判断好坏是非。这一水平包括两个阶段。

1. 第一阶段,惩罚与服从定向阶段

在这一阶段,儿童根据行为的后果来判断行为好坏及严重程度,他们服从权威或规则只是为了避免惩罚,认为受赞扬的行为就是好的,受惩罚的行为就是坏的。他们还没有真正的道德概念。处在这一阶段的儿童对海因茨偷药的故事可能会作出这样两种不同的反应:赞成者认为,他可以偷药,因为他先提出请求,又不偷大的东西,不该受罚;反对者则会说,偷药会受到惩罚。

2. 第二阶段,相对功利定向阶段

这一阶段的儿童道德价值来自对自己需要的满足,他们不再把规则看成绝对的、固定不变的,评定行为的好坏主要看是否符合自己的利益。如他们对海因茨偷药的故事可能会有这样的说法:赞成者会说,他的妻子需要这种药,他需要同他的妻子共同生活;反对者则会说,他的妻子在他出狱前可能会死,因而对他没有好处。科尔伯格认为,大多数 9 岁以下的儿童和许多犯罪的青少年在道德认识上都处于前习俗水平。

（二）习俗水平（9～15岁）

处在这一水平的儿童能够着眼于社会的期望与要求，并以社会成员的角度思考道德问题。他们已经开始意识到个体的行为必须符合社会的准则，能够了解社会规范，并遵守和执行社会规范。他们认为规则已被内化，按规则行动就是正确的。习俗水平包括两个阶段。

1. 第三阶段，寻求认可定向阶段

寻求认可定向阶段，也称"好孩子"定向阶段。处在该阶段的儿童，个体的道德价值以人际关系的和谐为导向，顺从传统的要求，符合大家的意见，谋求大家的赞赏和认可，总是考虑到他人和社会对"好孩子"的要求，并总是尽量按这种要求去思考。他们认为好的行为是使人喜欢或被人赞赏的行为。这一阶段的儿童听了海因茨偷药的故事，赞成者会说，他做的是好丈夫应做的事；反对者则说，他这样做会给家庭带来苦恼和丧失名誉。

2. 第四阶段，维护权威或秩序定向阶段

处于该阶段的儿童其道德价值以服从权威为导向，他们服从社会规范，遵守公共秩序，尊重法律的权威，以法制观念判断是非，知法懂法，认为准则和法律是维护社会秩序的。因此，他们会遵循权威和有关规范去行动。该阶段的儿童听了海因茨偷药的故事，赞成者会说，不这么做，他要为妻子的死负责；反对者会说，他要救妻子的命是应该的，但偷东西犯法。科尔伯格认为大多数青少年和成人的道德认识处于习俗水平。

（三）后习俗水平（15岁以后）

这一水平又称原则水平，达到这一道德水平的人，其道德判断已超出世俗的法律与权威的标准，而是有了更普遍的认识，想到的是人类的正义和个人的尊严，并已将此内化为自己内部的道德命令。后习俗水平包括两个阶段。

1. 第五阶段，社会契约定向阶段

处于这一水平阶段的人认为，法律和规范是大家商定的，是一种社会契约。他们看重法律的效力，认为法律可以帮助人维持公正，但同时认为契约和法律的规定并不是绝对的，可以应大多数人的要求而改变。他们在强调按契约和法律的规定享受权利的同时，认识到个人应尽义务和责任的重要性。对于海因茨偷药的故事，赞成者认为，法律没有考虑到这种情况；反对者认为，不论情况多么危险，总不能采用偷的手段。

2. 第六阶段，普遍原则定向阶段

这是进行道德判断的最高阶段，表现为能以公正、平等、尊严这些一般原则为标准进行思考。在根据自己选择的原则进行某些活动时，他们认为，只要动机是好的，行为就是正确的。处于这一阶段的人认为，人类普遍的道义高于一切。对于海因茨偷药的故事，赞成者认为，尊重生命、保存生命的原则高于一切；反对者认为，别人说不定也像他妻子一样急需这药，要考虑所有人生命的价值。

单项选择题

13.4 方宇认为社会法制应符合社会大众权益,当它不符合时就应该修改。根据科尔伯格理论,他处于道德发展的( )阶段。
A. 惩罚与服从　　　B. 社会契约　　　C. 维护权威或秩序　　　D. 普遍原则

第四节　品德形成过程的心理分析

一、道德认识的形成

道德认识在学生品德形成中具有重要作用。它是道德情感、道德意志、道德行为的基础。所谓道德认识就是指人对道德行为准则及其意义的认识,也即是人对行为上的善与恶、是与非、美与丑、好与坏的理解。

学生道德认识的形成,不仅表现在对道德知识的理解,还表现在能够依据所掌握的道德知识去评价、判断自己和别人的道德行为,从而把道德行为规范作为自己行动的指南,成为自身的需要。所以,道德认识的形成包括以下三个方面。

(一) 道德知识的掌握

学生对道德知识的理解,常常是以掌握道德概念的方式表现出来的。道德概念反映道德现象的一般特征和本质特征,它是对具体的道德现象的抽象概括。掌握道德概念是形成道德认识的必要前提。

学生对道德知识的掌握同对其他知识的获得一样,也是一个由具体到抽象、从个别到一般的过程。从初期"和同学一块玩不打架是好孩子"到中期、晚期的"团结""友爱",以及是与非、好与坏、善与恶等道德概念的形成都是在大量的具体的道德现象中抽象概括而来的。

学生形成道德概念的过程同形成其他科学领域的概念一样,往往混淆事物的本质特征与非本质特征,从而导致概念的混淆。因此,学生掌握道德概念,首先有赖于教师帮助学生获得感性道德经验;其次有赖于学生理解道德行为规范的社会意义和个人意义;最后有赖于运用变式、对比的规律,剔除同类道德现象的非本质特征,突出其本质特征,帮助学生深刻理解和掌握概念的实质并发展他们抽象概括的能力。

学生在领会道德知识过程中,也会出现一些特殊的认识问题,在一些情况下,学生虽然领会了某些道德要求,但并不立刻接受,甚至完全拒绝接受,表现为"不理睬"或"对立情绪",这就是心理学上所说的"意义障碍"。所谓意义障碍是指学生在头脑中存在着某些思想或心理因素,阻碍他们对道德要求、道德意义的真正理解,从而不能把这些转化为自己的道德要求。

教师要及时了解学生产生"意义障碍"的原因,在教育过程中所提出的要求应考虑到学生的接受能力和自尊的需要,以尽量避免和减少"意义障碍"产生的消极后果。

(二)道德信念的确立

道德信念是坚信道德准则的正确性,自觉地将它作为自己的行动指南,并伴有积极的情绪体验的高层次的道德认识。道德信念是推动一个人产生道德行为的强大动力,使人的道德行为表现出坚定性、一贯性。因此,它是学生道德品质形成中的关键因素。

道德信念的确立不仅需要深刻的道德认识,还需要通过自己或集体的实践活动获得道德行动的经验和富有情感色彩的体验,证实并体会到道德要求的正确性。使学生领会某些道德要求与知识是比较容易的,但是要把这些要求与知识真正转化为自己的信念,成为经常起作用的动力,就需要使这些知识、要求被个人经验与集体经验所验证,被实践后果所引起的内心体验所丰富和加强。因此,教师除了要创造条件,使学生获得与道德要求相应的经验外,还要防止学生取得反面经验与体验,如不按道德要求办事反而得到赞赏,按要求办事反而受到批评,这样会削弱道德要求的说服力,从而阻碍有关的知识向信念转化。此外,教师要注意要求一致、言行一致。如果言行不一,言传与身教相互矛盾,就会在学生心理上留下消极影响。

(三)道德评价能力的发展

道德评价是应用所掌握的道德知识对自己或他人行为的是非、好坏、善恶进行分析和判断的过程。经常进行道德评价可以巩固和扩大学生道德行为的经验和体验,加深对道德知识的理解,从而把道德知识变成组织自己行动的自觉力量。

一个人的道德水平既同他所掌握的道德知识有关,也同他的成熟和智慧有关。学生的道德评价能力是逐步发展起来的,即从仿效别人的评价发展到独立进行评价;从注重行为效果的评价发展到逐渐重视分析动机的评价;从偏重于评价别人发展到学会自我评价;从评价的片面性发展到能够比较全面的评价。

教师应注意了解学生道德评价发展的特点,经常给学生做道德评价的示范,利用教材中和生活中的典型事例做出简明而正确的评价,有意识地培养学生道德评价的能力。

二、道德情感的丰富

(一)道德情感的表现形式

道德情感是人们根据一定的社会道德标准评价自己或别人时所产生的情感体验。任何情感都是客观事物能否满足个人的需要而产生的内心体验。人们在社会生活中,形成了各自的需要,道德情感便是人的道德需要是否得到满足时所引起的内心体验。当自己和他人的言行符合道德准则时,就会产生满意的道德体验,如愉快、欣慰、赞叹、热爱等;反之,则会产生不满意的甚至鄙视的道德体验,如憎恨、厌恶、气愤、内疚等。

道德情感与道德认识、道德行为是紧密联系的,它是构成品德的重要心理成分。缺乏道德情感的人是不会形成优良的道德品质的。道德情感的表现形式有三种。

1. 直觉性的道德情感体验

直觉性的道德情感体验是由对某种情境的感知而引起的迅速的、突然的情感体验。这种道德情感的自觉性较低,且具有迅速定向的作用。比如,学生常由于莫名其妙的不安或突如其来的荣辱感迅速制止了自己某种不当的需要与行为,或做出大胆而果断的举动。一般说来,这种道德情感体验具有由具体情境引起、外部表现明显、发生迅速突然、持续时间较短的特点。尽管它的体验自觉性较低,对道德准则的意识不明显,但它仍然与过去的道德认识、道德经验有关,并非偶然的情绪体验,它是过去道德认识、道德经验的直觉反应。

2. 形象性的道德情感体验

形象性的道德情感体验是与具体的道德形象相联系的情感体验,是通过想象或联想某些有意义的人或事物的形象而激起的较自觉、较复杂、较高级的道德情感。例如,一个人想起英雄人物的崇高形象,就会受到强烈的感染,引起情感上的共鸣,产生敬仰之情。形象性的道德情感体验的特点是持续时间较长、与想象相联系、带有自觉性。它虽然不像直觉性的情感体验那么明显,但由于道德形象的鲜明、具体、强烈的感染作用,内部作用比较深刻,常常使人铭刻在心,经久难忘。

3. 伦理性的道德情感体验

伦理性的道德情感体验是一种意识到道德伦理的更自觉的情感体验,是把道德的感性认识和理性认识结合在一起,对道德要求及其意义有较深刻认识的较为概括的情感体验。例如爱国主义情感、事业心、责任感等都属于这种情感体验。它的特点是具有清晰的意识性和明显的自觉性,具有较深刻的认识的概括性和较强的理论性,还具有很大的稳定性和持久性。因此,伦理性的道德情感体验具有强大的动力作用。

研究表明,七年级、八年级的学生易受情境的影响,直觉性情感体验强烈,自觉意识到激情后果的水平较低,不易控制自己的情感;九年级以后,直觉性的情感体验明显减少,伦理性的道德情感日渐增强。

(二)道德情感的培养

1. 丰富学生道德知识,并使这些知识与道德情感体验结合起来

一些有经验的优秀教师常常在对学生进行说理教育时,激发学生的内心体验,即"动之以情"。在学生接触道德事件、接受道德观念或进行道德实践时,教师通过言语启示激起学生的情绪、情感,使学生在理解道德要求的同时,伴有相应的体验,并利用舆论与集体气氛,使学生获得道德需要的满足或谴责。

2. 充分发挥优秀艺术作品和生动的道德榜样的感染作用,引起学生情感的共鸣

现实中优秀的艺术作品和生动的道德榜样因其形象感人,容易引起学生道德情感的共

鸣，能够增加他们道德实践的间接经验，丰富道德情感的内容。

3. 在具体情感的基础上，阐明道德要求的概念与观点，使学生的道德体验不断概括与深化

培养学生的道德既不能空讲道理，也不能单纯体验而不进行说教。为了推动学生的道德情感向深度和广度发展，教师要适时地阐明道德要求，使学生在已有的道德情感体验的基础上加以深化和概括，逐步理解道德现象的实质。

4. 激发和保持学生积极的情感，克服消极情感并促使向积极情感转化

教师对学生消极情感的克服与转化要进行耐心细致的说服教育，采取简单禁止的办法是难以奏效的。同时，教师要利用学生身上积极的情感提高他们的自控能力，努力克服消极情感并促其向积极情感转化。

三、道德意志的锻炼

（一）道德意志的特征

道德意志是在实际行动中表现出来的，与行动的联系非常密切。道德意志和行动密不可分，但并非任何行动都可称为道德意志行动，道德意志行动具有以下特征。

1. 有自觉明确的道德行为目的

那些本能的行为、不自觉的习惯动作都不属于道德意志行动。

2. 与克服困难相联系

那些没有心理困扰或不需任何意志努力、轻而易举的行为都不属于道德意志行动。

3. 以随意动作为基础

不掌握一定的随意动作，道德意志行动难以实现。熟练的随意动作是实现道德意志行动的基础。

（二）道德意志的锻炼措施

在现实生活中，学生某些不道德行为并非由于道德无知，而是与自我调节控制能力不强有密切关系。因此，道德意志在学生品德形成中具有不可忽视的作用，锻炼和培养学生的道德意志十分必要。锻炼学生的道德意志，应注意以下几点。

1. 提供道德意志锻炼的榜样，激发学生锻炼道德意志的愿望

榜样具有浓厚的情感色彩和感人的精神力量，能陶冶学生的情操，鼓舞他们的意志。教师可以向学生介绍一些英雄模范人物的事迹，给学生提供道德榜样，有计划、有目的地进行道德教育，激发他们锻炼道德意志的愿望。

2. 组织道德练习，使学生获得道德意志锻炼的直接经验

道德意志是在道德实践中，为实现既定的目的、与各种困难作斗争的过程中逐步形成和发展起来的。因此，教师要创设一些特定的情境，组织学生的道德实践活动，从中获得道德意志锻炼的直接经验。马卡连柯（A. C. Makapenko）曾做过"教育冒险"的实验，让一个曾有偷窃行为的学生，带着枪骑着马去为工学团取钱。这就是创设道德实践的机会，对学生的道德意志进行了考验与锻炼。

3. 提出严格要求，引导学生进行道德意志的自我锻炼

对学生提出严格的要求，养成良好的生活、学习和工作习惯，帮助他们分析自己的意志品质，拟订锻炼意志的计划，培养学生自我教育、自我评价、自我监督、自我控制的能力。

4. 针对学生的意志特点，采取不同的锻炼措施

学生的意志品质存在着明显的差异，有的学生沉着坚韧，有的学生果敢顽强，有的学生主动热情，但这些品质的另一方面可能表现出感情易冲动、草率、鲁莽或不能持之以恒等，因此，教师在引导他们进行道德意志锻炼时，要根据其各自的意志特点，采取不同的措施。只有因材施教，才能取得事半功倍的效果。

四、道德行为的训练

道德行为是个体遵照道德规范所采取的行动。它是实现道德动机的手段，是道德认识、道德情感的具体表现和外部标志。人的品德面貌是通过行为举止表现出来的，也是在实际行动中形成和发展起来的。因此，把学生的道德认识、道德情感转化为相应的道德行为，对学生品德的培养和形成，具有重大的现实意义，这是品德教育的基本问题。

道德行为的训练，主要包括以下三个方面。

（一）道德动机的激发

道德动机是推动人们产生和完成道德行为的内在原因。因此，训练学生的道德行为，必须从激发道德动机入手。

当学生的道德认识和道德情感成为推动一个人产生道德行为的内部动力时，便转化为产生道德行为的道德动机。教师的职责就是要帮助学生做好这个转化工作，引导学生把行动的社会意义和社会理由以及内心的情绪体验作为自己行动的道德动机。在道德行为训练中，激发由道德信念和道德理想转化而来的道德动机，对于道德品质的形成和发展具有重要的意义。因此，教师必须教育学生从小树立远大理想，树立正确的人生观。

（二）道德行为方式的掌握

一般说来，道德动机和行为效果是统一的，但有时由于儿童不善于组织自己的行为，

两者也可能不一致。即使是成人在复杂的情境中也会出现不一致的情况。

指导学生掌握道德行为方式可以采取多种途径进行。例如，讲解与练习学生守则、日常行为规范的，使学生熟知学校生活中基本的具体行为要求；阅读或讲述课文或课外读物，使学生了解某项典范人物行为方式的合理性；组织学生讨论为完成某事所应采取的行动步骤；分析和总结道德行为的成功经验与失败教训；等等，这些都是切实可行的办法。教师在指导学生掌握道德行为方式过程中，一方面要让学生掌握一些道德行动的具体要求、规则、步骤；另一方面是使他们逐渐形成独立地、主动地和创造性地选择道德行为方式的能力。

（三）道德行为习惯的养成

道德行为习惯的养成既是品德形成的重要标志，又是良好品德形成的最终环节。习惯一经养成就会转化为一种需要，它可以使人的道德行为容易出现，它的受阻则会引起消极的情绪体验。道德行为习惯会使人在新的道德情境中产生道德迁移，出现新的道德行动。

良好的道德行为习惯的养成不是一朝一夕的，它需要有意识地、有组织地长期练习。为了有效地培养学生良好的道德行为习惯，应注意以下几点。

（1）激发学生形成良好道德行为习惯的意向。向学生讲清道德行为练习的目的、意义和必要性，激发学生参与练习的主动性和积极性。

（2）创设良好的行为情境，避免重复不良行为的机会。

（3）提供良好榜样，鼓励学生进行模仿。

（4）让学生了解练习的结果及成败的原因，及时强化与反馈。

（5）与坏习惯做斗争。教师及时纠正学生中某些坏习惯，同时要让学生了解其害处，增强克服坏习惯的勇气和信心。

总之，培养学生良好的道德行为习惯需要做大量的、艰苦的、细致的工作。道德行为习惯的养成不是一日之功，在行为训练中可运用各种具体方法，如铭记警句、集体舆论、合理奖惩等方法，以巩固好习惯，抑制坏习惯。

第五节　学生不良品德的矫正

一、什么是学生不良品德

（一）学生不良品德定义

所谓学生不良品德是指学生经常违反道德准则或犯有比较严重的道德过错。这种学生虽然在整体中占极少数，但是他的影响面广，往往具有蔓延作用，给学校教育和班级工作带来较多的困难。学生品德不良通常表现为故意违犯纪律、恶作剧、好打架斗殴、没礼貌、爱撒谎、小偷小摸、损坏公物等。

（二）教师对学生不良品德的基本观点

在学校里，教师不仅需要对多数品德较好的学生进行继续培养和教育，还需要加强对少数不良品德学生的教育。在某种意义上说，这种教育更重要、更艰巨。为了更有效地教育那些具有不良品德的学生，教师应当树立起正确的基本观点，那就是应该看到那些品德不良的学生，绝不是天生的，他们也是广大青少年的组成部分，只是在成长的道路上，由于种种主客观原因造成的；要看到他们的人生观和世界观还没有最后形成，品德尚未定型，具有很大的可塑性。只要教师创造良好的环境，就可以促使他们向好的方面转化；只要教师满怀热情地关怀他们，帮助他们，而不是鄙视和冷淡他们，就可以起到一定的感化和教育作用。实践证明，对不良品德行为发现得越早，纠正得越及时，就越有利于学生品德的健全发展。

对有不良品德学生的教育是一项十分艰苦细致而又复杂的工作，既要注意根据他们的心理特点和犯错误的原因，有的放矢地进行教育和引导，又需要家庭、学校和社会紧密配合、协调一致、共同努力，对他们坚持综合教育，协同管理，才能取得理想的教育效果。

二、形成学生不良品德的原因

学生的不良品德是社会环境、学校教育及家庭的不良影响通过儿童内部心理活动产生的，是外因通过内因起作用的结果。形成学生不良品德的原因如下所述。

（一）客观原因

1. 家庭的不良教育与影响

家庭的教育和环境中的影响是造成学生品德不良的一个重要原因，其主要问题有以下几点。

（1）缺乏健全的家庭结构和生活方式，如父母离异、感情不和等。

（2）父母教育不力，管教方法不当。有的家长对孩子要求过于严厉，而教育方法简单、专制；有的家长溺爱，管教不严；有的家长双方要求不一致，时严时松等。

（3）家风不正，贻误后代。有的父母或其他家庭成员恶习成性，酗酒、赌博、偷窃、卖淫等，致使孩子受到潜移默化的不良影响，而形成不良品德。

2. 社会的不良影响

（1）社会文化中不健康因素的影响。社会上的不健康的书刊、网络、影视节目等，对青少年学生的品德发展都有不良影响。

（2）不法分子的引诱、教唆。不法分子利用青少年的无知和好奇，对学生进行引诱、欺骗和教唆。

（3）不正之风、腐败现象的感染。有的学生由于受到社会上不正之风、腐败现象的影响，学习不努力，请客、拉关系、讲排场，甚至逃课出入娱乐场所及网吧等。

3. 学校教育中的某些失误

一般认为，学校对学生的教育都是正向功能，但事实并非如此。学校领导与教师工作中的失误都可能产生负向功能，直接或间接影响学生产生过错行为或不良品德行为，主要表现有以下几点。

（1）办学思想不端正，片面追求升学率。学校忽视对学生的思想品德教育，只抓智育，只注意少数尖子生，放弃大多数学生。

（2）缺乏正确的教育观点、原则和方法。有的教师对学生不能一视同仁，对有缺点的学生不能一分为二；教育方法简单粗暴，或严惩，或放任自流，使学生失去自尊、自信。

（3）学校教育与家庭教育脱节。学校教育与家庭教育互不配合，各行其是，削弱了教育的力量。

（二）主观原因

1. 缺乏正确的道德认识

青少年正处在品德形成发展的过程中，他们的道德认识还不明确、不稳定，而且缺乏独立的道德评价能力。有些学生道德上无知，正误不分，美丑不辨；有些学生不懂法律，法纪观念淡漠；有些学生是非颠倒。因此，他们容易接受社会的不良影响，形成一些错误的道德认识，这是学生产生过错行为和不良品德的根本原因。

2. 道德意志薄弱

有的学生虽懂得道德行为规范，但是由于意志薄弱，不能用正确的认识战胜个人的不合理的欲望，不能抵抗"诱惑"因素，当"道德"和"欲望"发生冲突时不能自制，因而出现明知故犯、知行不一的情况。

3. 好奇心和盲目模仿

青少年心理发展中的某些特点也可能成为产生过错行为的一个原因，例如好奇心、模仿心理。青少年好奇心特别强烈，越是觉得神秘的东西，越想试探一下。青少年喜欢模仿，但他们分辨是非、真伪的能力又较差，因此往往盲目模仿消极的东西。有些学生的不道德行为就是由于好奇心和盲目模仿而引起的。

4. 不良的行为习惯

不良行为的发生，开始可能是偶然的，但若没能得到及时制止和矫正，这种不良的行为方式就会同个人欲望的某种满足发生联系，经过多次重复，建立起动力定型，便养成了不良的行为习惯。不良的行为习惯一旦养成，就会使学生不知不觉地采取类似的不良行为，似乎不那么做就感到不自在，甚至产生不愉快的情绪体验，于是不良的行为习惯就成为产生不良品德的内在原因。

三、学生不良品德的矫正措施

青少年的世界观尚未定型，可塑性很大，在不良的条件下容易变坏，在有利的条件下可以变好。对不良品德的学生的教育是一项艰巨、细致而又复杂的工作。但只要家庭、学校和社会紧密配合，了解学生的心理特点，分析不良品德产生的原因，采取相应的有效措施，学生的不良品德是可以得到矫正的。矫正学生的不良品德，应注意以下几点。

（一）提高道德认识，增强道德判断能力

有些学生形成不良品德的原因是是非观念不清，缺乏正确的道德认识，道德评价能力差，好坏不分，因此产生错误动机时不能知其错误而自觉加以克制，发生不良行为时不能知其羞耻而决心改正，导致一错再错。所以，矫正学生的不良品德，首先就要进行道德认识的教育，提高道德判断能力，把学生心目中颠倒的是非再颠倒过来。提高学生的道德认识就是让学生明白和掌握一定的道德和行动准则。

（二）改善人际关系，消除疑惧心理和对立情绪

品德不良的学生经常受学校和老师的批评，处于一种不良的人际关系之中，他们对老师和同学常怀有戒心和敌意。他们常把老师的善良愿望误认为"吹毛求疵"，把学校的教育看成"压制"，把老师的帮助体会为"整"他们。这种心理上的障碍不消除，教育工作就很难收到成效。要消除这种不正常的疑惧和对立情绪，教师要尊重关心品德不良的学生，诚恳地教育他们，使学生真正认识到教师和学校是保护他们的，对教师产生信赖感，扭转师生之间的不正常的关系，互相信任。只有这样，才能消除学生的疑惧和对立情绪，他们才乐于接近教师并接受教师的教育，使其不良心理和行为逐渐得到转变。

（三）保护并利用自尊心，激发集体荣誉感

有不良品德的学生多半缺乏集体荣誉感，而其中屡受批评或惩罚的学生又很自卑。一个人如果认为自己一无是处，就会自暴自弃，失去上进的动力。教师若能善于发现这些学生的长处，及时给予肯定、鼓励、赞扬，就会使他们点燃起自尊心的火种，获得改正错误的勇气和自信心。

为了防止自尊心的片面发展，教师要在培养和利用自尊心的基础上培养他们的集体荣誉感，通过各种活动使学生意识到每个人的努力与班级、学校集体的关系，促使他们为集体荣誉而努力行动，改正不符合集体要求的缺点和错误。引导学生参加集体活动是培养学生集体荣誉感的有效方法。

（四）锻炼与诱因斗争的意志力，巩固新的行为习惯

学生不良品德的错误行为一般是由两方面因素促成的：一方面是受学生自身不正确的道

德观念支配的；另一方面是受外部一些诱因的影响。因此，既要提高学生的道德认识，加强道德观念的培养，还要锻炼学生与诱因做斗争的意志力，学会自制，以养成新的道德习惯。矫正不良品德行为是一个破旧立新的过程，在矫正初期可以采取"环境调整"法，避开旧环境和不良诱因的影响，但这只是权宜之计，要想从根本上解决问题，就必须锻炼学生的意志力，加强他们与不良诱因做斗争的能力。那些严重的、稳定的过错行为在转变中常常会出现反复现象，当反复现象出现时，教师应当帮助这些学生吸取教训，循循善诱，切不可失去信心，放弃教育的责任。为了增强学生抗诱惑的能力，适当进行行为考验是必要的，并且要适当监督，使之经得住考验。好的行为得到多次重复，新的行为习惯就得到了巩固。

（五）针对学生的个别差异，采用灵活的教育措施

由于年龄、性别、个性等差异，学生所犯错误的性质、程度也不同。为了更有效地矫正品德不良行为，必须考虑各方面的差异，针对每个学生的年龄、性别、个性等特点，区别错误的性质严重程度，机智灵活地采取不同的措施，努力做到一把钥匙开一把锁。

青少年是过错行为容易发生的年龄阶段，有的心理学家把这个年龄阶段看作教育的困难期。中小学生尤其是初中生有许多不同于其他年龄阶段学生的特点，如身心发展急剧变化，独立性明显增强，但又没有成熟，属于半幼稚半成熟，有较强的成人意识等。因此，对于这个年龄阶段出现的过错行为，教师应当采用疏导、正面教育和集体讨论的方法去矫正，而不应当用压制、体罚等强制的办法。

另外，教师还应当考虑到教育者本身的特点。有时，同一个学生、同一种方法，由不同的教师来运用，会产生不同的教育效果。

复习思考题

1. 什么是品德？品德的结构包括哪些基本成分？
2. 简述道德认识的形成过程。
3. 联系实际谈谈如何培养学生的道德情感。
4. 良好的道德意志有哪些？如何培养学生的道德意志？
5. 分析学生不良品德形成的原因，并谈谈矫正学生不良品德的办法。

第十四章 中学生心理健康

本章学习目标

了解心理健康的标准，熟悉中学生常见的心理健康问题，包括考试焦虑、厌学、嫉妒、网络成瘾等；

理解心理辅导的主要方法，包括强化法、代币奖励法、行为塑造法、示范法、处罚法、消退法、自信训练、自我控制法、放松训练、系统脱敏法、理性—情绪疗法、认知疗法、来访者中心疗法。

核心概念

心理健康、心理辅导、抑郁症、恐怖症、焦虑症、强迫症、强化法、系统脱敏法

第一节 中学生心理健康概述

2019年，首部"中国国民心理健康蓝皮书"发布，关于青少年心理健康发布的大数据显示：青少年阶段（12～18岁）心理健康的指数随着年龄的增长呈下降趋势。初一学生心理健康水平最高，初二、初三学生次之，高中最低。由此可见，中学生的心理健康维护还需不断探索，学校教育工作者有责任根据学生生理、心理发展特点，运用心理学、教育学及其相关学科的理论与技术，通过心理健康教育课程、心理健康教育活动、学科渗透、心理辅导与咨询以及优化教育环境等有关心理健康教育的途径和方法，帮助学生解决成长过程中的心理问题，提高全体学生的心理素质，充分开发学生的潜能，培养学生乐观、向上的心理品质，促进学生人格健全发展。

一、心理健康概述

（一）健康的科学内涵

1948年，联合国世界卫生组织成立时，在其宪章中就对健康进行了全面、科学、系统

的定义:"健康不仅仅是没有疾病和衰弱,而是生理、心理和社会方面的完好状态和完全安宁。"1989年,世界卫生组织又一次深化了健康的概念,认为健康包括躯体健康、心理健康、社会适应良好和道德健康。科学的健康观不能缺少心理健康,对个体而言,心理和身体密不可分,心理与身体共同决定个体的健康状况。这一观点蕴含了目前临床研究中占主导地位的模式:生物—心理—社会模式。顾名思义,这一模式的基本假设是:健康与疾病均是生物、心理和社会因素相互作用的结果。这一模式更加深刻体现了健康的科学内涵。

单项选择题
14.1 1989年,世界卫生组织把健康定义为( )。
A. 生理、心理、社会适应的良好状态
B. 生理、心理和道德品质的良好状态
C. 生理健康、心理健康、社会适应良好和道德健康
D. 生理健康、心理健康和社会适应良好

(二)心理健康的内涵

心理健康是个体心理活动在自身及环境条件许可范围内所能达到的最佳功能状态。心理健康的个体能够充分发挥自己的最大潜能,妥善处理和适应人与人之间、人与社会环境之间的相互关系。心理健康可以理解为以下几种:第一,没有心理疾病;第二,心理健康是一种积极向上发展的心理状态;第三,心理健康是一种内外协调统一的、良好的心理状态;第四,社会适应良好是心理健康的重要特征。个体良好的心理健康状况是保障个体正常生活、学习、工作和交往的重要条件,然而个体心理健康与否,很难像生理健康一样通过具体、精确的外在指标得出判断,心理现象属于精神活动,难以通过固定而清晰的具体指标划定健康和不健康的界限。对心理健康的界定,是随着社会进步和经济发展,随着人们对心理健康的渐进关注和对精神活动认知的逐渐深入,而日趋完善的。

世界卫生组织在2001年将心理健康定义为:心理健康是一种良好的、持续的心理状态与过程,表现为个体具有生命的活力,积极的内心体验,良好的社会适应能力,能够有效发挥个人的身心潜力,以及作为社会一员的积极社会功能。在这种状态中,每个人认识到自己的潜力,可以应对正常的生活压力,有效地从事工作,并能为社会做出贡献。从心理健康内涵的变化中我们看到,心理健康在当代已经不再局限于没有心理障碍和疾病的范畴,而是在没有精神疾病的基础上,发展积极的心理状态,发挥身心潜能,较好地适应环境。

二、心理健康标准

（一）关于心理健康的代表性观点

对于"何为心理健康"这一问题，国内外可谓众说纷纭，对心理健康的标准也是仁者见仁，智者见智，观点很难统一，因此，本书将选择一些国内外有代表性的观点加以介绍。

1. 马斯洛和密特尔曼的心理健康标准

1951年，美国心理学家马斯洛和心理学家密特尔曼提出心理健康的10条标准，这10条标准被认为是"心理健康最经典的标准"。这10条标准是：①有充分的安全感；②能充分了解自己，并恰当评价自己的能力；③个人生活理想与生活目标切合实际；④与现实环境保持接触，没有过度幻想，有自知之明；⑤能保持人格的完整与和谐，对工作能集中注意力；⑥具有从经验中学习的能力，能适应环境的需要而改变自己；⑦有良好的人际关系。⑧能适度地表达、宣泄和控制情绪；⑨重视团体的需要，在符合团体要求的前提下，能适当地发挥个性；⑩在不违背社会规范的前提下适当地满足个人的基本需求，也不应对个人在性方面的需要与满足产生恐惧或歉疚。

2. 奥尔波特的"成熟者"模式

美国人格心理学家奥尔波特认为心理健康的人即是"成熟者"。他提出了心理健康者的7个指标：①广延的自我意识；②良好的人际关系；③具有安全感的情绪；④客观的知觉现实、接受现实；⑤具备各种才能，并能专注和胜任工作；⑥自我形象客观现实；⑦内在统一的人生观。

3. 坎布斯的"4种特质"

美国学者坎布斯认为心理健康者应有4种特质：①积极的自我观；②恰当地认同别人；③面对和接受现实；④主观经验丰富，可供取用。

4. 黄坚厚提出的衡量心理健康标准

黄坚厚于1976年提出的"衡量心理健康的标准"，因其简洁适当且具综合性意义而被学界重视。黄坚厚的心理健康标准是：①心理健康的人是乐于工作的，在工作中，能发挥自身的智慧和能力，获得成就感和满足感；②心理健康的人是有朋友的，乐于与人交往，而且常能和他人建立良好的关系；③心理健康的人对于他本身应有适当的了解，拥有悦纳自我的态度，他愿意努力发展身心潜能，对于无法补救的缺陷，也能安然接受，不作无谓的怨尤；④心理健康的人应能和现实环境有良好的接触。

5. 郑日昌提出的心理健康标准

郑日昌提出的心理健康标准：①正视自己；②了解自己；③善与人处；④情绪乐观；⑤自尊自制；⑥乐于工作。

（二）中学生心理健康的标准

1. 身体健康，智力正常

身体健康，智力正常是衡量中学生心理健康的重要标准之一，是正常生活、学习和胜任未来工作的基本条件。智力是指个体问题解决技巧和适应日常生活并从中学习的能力。智力综合地反映在人的观察力、注意力、记忆力、想象力、思维力、创造力和实践活动能力等众多方面，也包括在经验中学习或理解的能力、获得和保持知识的能力、迅速而又成功地对新情境做出反应的能力、运用推理有效地解决问题的能力等。

中学生的主要活动便是学习，身体健康、智力正常是青少年胜任学习任务、适应周围环境变化需要的身心素质的保证。青少年在学习的过程中，表现出强烈的求知欲和浓厚的探索兴趣，在认识活动中，智力各要素能协调地参与，并能正常的发挥作用，能乐于学习，并体验到成就感和满足感。

2. 情绪稳定，乐观开朗

中学阶段的学生，特别是初中生，情绪的感受和表现不再像小学时表现得那么单一，但还远不如成人的情绪体验那么稳定，其情绪发展表现出狂暴性和温和性共存、可变性和固执性共存、内向性和表现性共存。但随着自我调节和自我控制能力越来越成熟，中学生既能约束情绪爆发，又能适度合理宣泄，不过分压抑，总体上积极情绪多于消极情绪，在大多数时间里感到心情愉悦，乐观开朗，使情绪的表达既符合社会的要求，又符合自身的需要，在不同的时间和场合有恰如其分的情绪表达，这是其心理健康的表现之一。

3. 人格完整，意志健全

人格是一个人稳定的性格特征，使个体表现出持续的个性化倾向。不同的人格特质使人们表现出独特的行为特征，使个体与众不同。人格完整是指有健全统一的人格，即个人在不同情境下的所想、所说、所做是较为协调一致的。人格完整的主要标志有三点：一是人格结构的各要素完整统一；二是具有正确的自我意识，不产生同一性混乱；三是以积极进取的人生观作为人格的核心，并以此为中心把自己的需要、愿望、目标和行为统一起来。

意志是一种有意识、有目的地调节行动，并克服内外困难的心理过程。意志力经常表现在克服冲动方面，人们能独立自觉地确定目的，根据目的支配、调节自己的行动，通过克服困难实现预定目的。在这个过程中体现了意志的自觉性、果断性、坚忍性、自制力等4种品质。心理健康的青少年应该具有健全的意志品质。

4. 人际和谐，适应良好

中学生在与人交往中，能乐于交往，并能建立和谐稳定的人际关系。在人际交往中，端正交往动机，持有对交往双方的正确真实评价，不失去独立人格，能够用尊重、信任、友爱、宽容和理解的态度与人友好相处。在与异性交往中，自尊自爱，情感适度，理性自然，掌握与异性沟通的方法。

中学生应与社会保持良好接触，清晰正确地认识社会现状，思想和行为能跟得上时代发展的步伐。杜绝虚拟网络的冲击和诱惑，能有效调节心理和行为，以适应社会的要求，不逃避现实，不一意孤行。

5. 认识自我，悦纳自我

青少年处于成长的"疾风骤雨"期，特点之一是自我意识的苏醒。在中学阶段，学生开始更多地探索自我、认识自我，正确的自我意识是心理健康的基础。中学生应能恰如其分地认识自己、评价自己，既不因自己在某方面高于别人而自傲，也不因某些方面不如别人而感到过度自卑，在对自己的优点与弱点正确评价、清晰认识之上，能愉快地接纳自我。愉快地悦纳自我包括与自我有关的体态特征、个性、能力、品德、名誉、家庭背景、成长经历，个体都能认可其正面价值，接受自身的现实状况。

三、中学生心理健康教育

中学生心理健康教育，是指根据中学生生理、心理发展特点，运用有关心理健康教育方法和手段，培养学生良好的心理素质，促进学生身心全面和谐发展和素质全面提高的教育活动。

（一）中学生心理健康教育意义

1. 心理健康教育是预防心理疾病，保障学生心理健康的需要

在中学阶段，学生对自我的思考日渐增多，他们更关注自己的内心世界，表现出较强的自尊心和参与意识。他们注重自我形象，对他人的评价较为敏感，希望自己能被当作成人般对待，但又常常隐瞒自己的真实想法，心理闭锁。在这个阶段，学生在情绪表现上常不稳定，容易急躁、冲动，感情用事，情绪起伏大，容易从一个极端变化到另一个极端，不善于控制自己的情绪和情感，在遭遇挫折后更易因为心理调适不当，产生心理问题，影响心理健康。针对中学生身心发展特点，有目的地开展心理健康教育是十分必要且势在必行的。

2. 心理健康教育是提高学生心理素质，促进其人格健全发展的需要

教育部印发的《中小学心理健康教育指导纲要（2012年修订）》中指出：中小学生正处于身心发展的重要时期，随着生理、心理的发育和发展、社会阅历的扩展及思维方式的变化，特别是面对社会竞争的压力，他们在学习、生活、自我意识、情绪调适、人际交往和升学就业等方面，会遇到各种各样的心理困惑和问题。因此，学生心理健康教育是学生身心成长的需要，是全面推进素质教育的必然要求。

3. 心理健康教育是学校日常教育教学工作的配合与补充

心理健康教育与德育是教育体系中两个不同的部分，它们之间相互联系、相互作用。长期的学校德育实践表明，学生在行为上表现出来的违反道德和纪律的现象，有相当一部分并不是思想道德问题，而是由于心理素质不高和心理失衡、心理障碍引起的，所以心理健康教育可以为有效地实施道德教育提供良好的心理背景。

(二) 中学生心理健康教育的目标、任务

心理健康教育的总目标是提高全体学生的心理素质，充分开发他们的潜能，培养学生乐观向上的心理品质，促进学生人格的健全发展。

心理健康教育的具体目标有以下几个：①使学生不断正确认识自我，增强调控自我、承受挫折、适应环境的能力；②培养学生健全的人格和良好的个性品质；③提高学生的心理健康水平，增强自我教育能力；④对少数有心理困扰或心理障碍的学生，给予科学有效的心理咨询和辅导，使他们尽快摆脱障碍，调节自我。

心理健康教育的主要任务有以下几项：①全面推进素质教育，增强学校德育工作的针对性、实效性和主动性；②帮助学生树立在出现心理行为问题时的求助意识，促进学生形成健康的心理素质，维护学生的心理健康，减少和避免对他们心理健康的各种不利影响；③培养身心健康，具有创新精神和实践能力，有理想、有道德、有文化、有纪律的一代新人。

(三) 学校心理健康教育的途径

1. 开设心理健康教育的有关课程和心理辅导的活动课

心理健康教育与辅导有丰富的内容和独立的体系，需专门设置一个科目，使它像其他课程一样有固定的时间来完成艰巨的任务。从目前国内各级各类学校开展心理辅导的情况来看，这种专门开设的心理健康教育课程一般有两种形式：一是以讲授为主的有关课程；二是开设心理辅导活动课。

2. 在学科教学中渗透心理健康教育的内容

学科教学是学校教育最主要、最基本的活动形式。学生获得知识、发展能力、形成品德、掌握方法主要是在学科教学过程中实现的。同样，在学科教学中渗透心理健康有时间和空间上的优势，使心理健康教育在学校得以全方位的展开。

3. 结合班级、团队活动开展心理健康教育

结合班会活动、课外活动、团体活动来进行心理健康教育，创建良好的班集体，营造和谐的班级气氛。心理辅导同学校、班级活动的宗旨是一致的。从某种意义上说，学校心理健康教育与辅导还拓宽和加深了学校、班级的活动领域，提高了活动的科学性和有效性。

4. 个别心理辅导或咨询

个别心理辅导或咨询是辅导教师通过与学生一对一的沟通互动来实现的专业助人活动。这种辅导是对个别存在心理问题或心理障碍的学生提供针对性的辅导或矫治，能够缓解学生的心理困惑或压力，并促使学生学会自我调节，从而使个人的心理得到健康发展。

5. 团体心理辅导

团体心理辅导是指一组学生在辅导教师指导下，围绕他们面临的共同问题，通过讨论、

训练等一定的活动形式，使团体成员之间相互启发、诱导，达成共识与共同目标，进而改变团体成员的观念和行为的活动。

（四）学校心理健康教育的内容

1. 学习心理教育

中学生的主要任务是学习，学习贯穿了中学时期，几乎占据每一日大部分时间。学生对学习的态度、动机，对学习过程中出现的厌学、畏难情绪，都反映在学习过程的心理活动中。学习心理过程调节、调适得当，不仅提高学生的学习劲头，使学生保持浓厚的学习兴趣，还会调动学生自身潜能，使其产生成就感、胜任感，促进其自尊的形成与发展。通过学习心理教育，学生能够依据掌握的学习心理知识自觉调整学习活动，更好地适应中学阶段的学习环境和学习要求。在培养正确的学习观念之上，发展针对不同科目的学习能力，不断学习先进的学习方法、记忆策略，提高学习效率，开发学习潜能，积极应对考试压力，克服考试焦虑，培养创新精神和创新能力。

2. 自我意识教育

通过对中学生的自我意识教育，学生能够回答出关于"我是谁""我是一个什么样的人""我有什么样的人生理想"这一类的问题。对于初中生来说，通过自我意识教育，学生能够了解自我意识的含义、构成，可以从多角度客观地评价自己，在正确认识和客观评价的基础上，能够接纳自己的长处和短处。通过自我意识教育，学生能清楚地了解自己，更好接纳自我，包括对自己的身材、体型、肤色、牙齿，对自己的性格，对自己的人际关系等各个方面都能愉快地接纳。在初中阶段，初中生建立正确的自我意识，也有益于自觉杜绝不良交友圈子，自觉抵制不良行为。对于高中生来说，自我意识教育不仅帮助学生确立正确的自我意识，还帮助学生树立人生理想和信念，形成正确的世界观、人生观和价值观。

3. 人际交往教育

在中学阶段，朋友的影响力逐渐超过教师和家长。从小学进入中学阶段，学生的人际交往也出现了显著变化。小学生常将心事向父母倾诉，而初中生则常向朋友倾诉心事，他们愿意向朋友坦白自己内心最重要、最秘密的事情，同时对友谊的质量也有了更高要求，一旦朋友违背了共同一致的行动方针，便会受到严厉的谴责。在交友数量方面，青少年改变了小学时六七个小伙伴经常玩耍的模式，而是趋向于寻找一两个有共同志趣、性格相近、能吐露心事的亲密朋友。初中生对友谊的重视程度比其他年龄阶段更为明显，人际交往的状况对心理发展的水平、对情绪及心态均有重要影响。

目前，频繁发生的校园"霸凌"现象，应该引起教育工作者的足够重视，不仅将校园"霸凌"现象作为德育教育的内容，还可以在人际交往教育中，选择"校园霸凌"作为专题，介绍"校园霸凌"的含义、内容，对霸凌者、被霸凌者、协助者、旁观者的身份作详细介绍，并分别分析不同身份的人格特点、心理发展，使学生能分辨校园霸凌现象，并了解在此过程中自己所扮演角色的心理成因，使学生形成对校园霸凌的理性认识，懂得尊重他人，掌握保护自己的方法。

4. 情绪情感教育

对于中学生来说，由于心理能力的发展和生活经验的扩大，情绪情感体验也更趋复杂。首先，中学生情绪更具有两面性，遇到不公平或感到自尊受威胁时情绪强烈爆发，可能会"脸红脖子粗"地与人吵架，然而转过身，又会小心翼翼地喂养路边的流浪猫狗，表现出情绪温和细腻的一面；其次，中学生情绪表现不稳定，有时一日之内，情绪体验就像"过山车"一样时喜时悲，一种情绪容易被另一种情绪所取代，然而如果一种情绪经常反复出现，又很容易成为心境，较长时间不能摆脱，比如挫折后持续感到无助和抑郁，表现出情绪固执性的特点；再次，中学生情绪表现具有掩饰性，但有时又会在意他人看法，情绪表现上加上一层表演的痕迹。中学生对自己情绪发生、发展的特点不了解，势必容易受情绪牵制，陷在消极悲观情绪中不能自拔，也可能由于情绪爆发做出令自己后悔的选择。情绪情感教育使学生了解情绪、情感的含义、类型、作用等，使学生对自己的情绪有更深觉察，鼓励学生进行积极的情绪体验和表达，对自己的情绪进行有效管理，抑制冲动行为。

5. 意志品质教育

意志行动总是与克服困难密切联系着，学生如何提高承受失败和应对挫折的能力，也应纳入意志品质教育中。中学生特别是初中生，心理发展尚处于从幼稚到成熟的过渡时期，在遇到挫折情境时，该如何解释、评价发生在自己身上的挫折事件，该如何缓解挫折后的愤怒、羞愧、懊恼、焦躁、郁闷、沮丧等情绪，该如何控制自己挫折后想要暴跳如雷、破口大骂、大打出手的冲动行为？在挫折教育中应体现对上述三个问题的分析，从挫折情境、挫折认知、挫折反应的不同层面进行详细分析，这样有助于学生了解自己在挫折后的心理行为变化，使学生掌握从容应对来自学习、生活、人际交往等方面挫折的方法。人生不如意十之八九，中学生群体的年龄、心理发展特点，也使得中学阶段的个体体验到更多的失败和挫折，而通过挫折教育可以着重培养学生应对失败和挫折的能力，逐步适应生活和社会的各种变化。

6. 生涯发展教育

生涯发展教育可以通过专题讲座或课程的形式进行，至少应该包括职业生涯概念、生涯规划知识、职业种类及能力要求概况等内容。学校可以通过课程、讲座的形式，帮助中学生进行初步的人生规划与生涯设计，培养职业道德，掌握求职技巧；也可以通过职业规划大赛、建立个人职业生涯发展档案等活动，积极调动学生生涯规划积极性，主动进行职业选择的思考，参与生涯发展规划。中学生由于缺乏社会生活职业工作经验，势必对工作种类、岗位能力等缺乏感性认识，生涯发展教育还可以通过组织学生参观银行、消防、餐饮、工业、电子科技、互联网产业等不同行业领域的工作情况，了解不同职业，并对岗位所需胜任力有所认知，这样中学生才能在纷繁复杂的职业信息中，结合自身性格有所针对地确定早期职业发展目标，并在中学阶段奠定坚实基础。

7. 性心理健康教育

中学时期，随着生殖系统发育成熟，性激素分泌增多，青少年体验到本能的性冲动，对异性同学产生兴趣和向往，然而由于性心理发展不平衡，性思维和性情绪比较丰富，性意志、性理智、性道德还尚不完善，受到不良性信息影响，较容易造成性偏差及性过失。据有关资料分析，12岁至15岁，是首次犯性错误的高峰期。因此，学校有必要在心理健康教育内容中，开设性心理健康教育的专题，对学生进行必要的性科学教育和辅导，引导学生正确处理性心理冲突，促进学生形成正确的性态度，有能力抵御危及自身性生理和性心理发展的错误观念。

性心理健康教育的内容应该包括认识青春期的生理特征和心理特征、了解性心理发展特征、了解性心理异常等。通过科学的性心理健康教育，学生能以自然正常的心态接近性、了解性，认识到性和性爱是天生的自然现象，是生命延续的手段，是两性结合的方式，是文明度量的尺度，减少对性生理、性心理的误解及由此引发的害羞、好奇、紧张、不安等不良情绪。中学生还应认识到男女性别角色标准，正确引导学生在异性同学面前举止得体、谈吐优雅，找到外表美与内在美的平衡点，使人类对异性的追求成为促进个体不断追求心灵美、气质美、仪态美的原动力。

第二节 中学生常见的心理问题

一、心理问题概述

心理问题是指个体内在的心理失衡、心理障碍、心理异常等心理困境的总称。心理问题通常表现为在一定的条件下，人们的情绪、思维、行为、感觉出了偏差，继而造成自己或周围人的苦恼，并影响了正常的学习、工作和生活。

中学是人生成长的重要阶段，是心理发展的关键时期。然而，随着升学压力的日趋激烈，家长望子成龙、望女成凤的施压，青春期荷尔蒙的骤增，人际关系的困惑，不少中学生产生各种心理困扰和障碍，如考试焦虑、抑郁情绪、自我失控、心理承受能力低、自卑、难以应付挫折、校园欺凌、厌学、逃学等。

心理健康状态受损导致心理问题的出现，依照心理问题的严重程度可区分为心理正常范畴内的心理问题、心理异常范畴内的心理障碍。前者是由现实刺激所引发而产生消极情绪和行为偏离，导致社会功能受损和精神痛苦，出现不良生理与心理反应，如厌学、考试焦虑等学习方面的心理问题；自卑、人际交往困惑等人际交往方面的心理问题；抑郁、恐惧、焦虑情绪等情绪方面的心理问题；与性心理有关的问题；等等。后者表现出更为严重的各种类型的心理疾病。教育工作者应对异常心理障碍加以鉴别。

二、中学生常见心理问题分析

（一）考试焦虑

考试焦虑是在应试情境刺激下，受个人的认知、评价、个性特点等影响而产生的，以对考试成败的担忧和情绪紧张为主要特征的心理反应状态。考试焦虑的主要表现：①情绪方面，随着考试临近，心情极度紧张不安，忧心忡忡，考试后，又长时间不能松弛下来；②注意、认知及行为方面，注意力集中困难，极端敏感，对轻微刺激做出过度反应，考试时注意力不集中，知觉范围变窄，思维刻板，表现慌乱，无法发挥正常水平；③躯体症状方面，心跳加快，过度出汗等。

考试焦虑产生的原因：①升学的压力、家长对子女过高的期望、学生个人过分地争强好胜、学业上多次失败的体验等。②某些人具有容易诱发焦虑反应的人格基础，例如遇事易于紧张、胆怯，对困难情境做过高程度估计，对身体的轻微不适过分关注，在发生挫折与失败时过分自责等。

（二）厌学

厌学是由于人为因素造成的学生厌恶学习的一系列症状。厌学主要表现为对学习不感兴趣，讨厌学习。厌学的学生一提到学习就感到心烦意乱，焦躁不安。他们对教师或家长有抵触情绪，学习成绩不好，有的还兼有品德问题。厌学情绪严重或受到一定的诱因影响时，往往会发生旷课、逃学或辍学现象。

厌学现象的改变应从以下几个方面共同努力：①教师需要通过灵活多样的课堂教学活动和丰富多彩的第二课堂活动来调动学生的学习积极性；②家长需要改变自己的养育态度，采用民主式养育方式，营造和谐的家庭气氛；③纠正一些不良的社会风气，尽量降低对学生的影响；④学生自身要调整好心态，要有自信心，以坚毅的性格、乐观的态度应对学习困难，坚信付出必有收获；⑤要彻底遏制"厌学"的根源，必须将素质教育的推广落到实处。

（三）嫉妒

嫉妒是一种打击别人、抬高自己的唯我独尊心理，是在他人比自己占优势之后，试图削弱或排挤对方的一种带有攻击性的消极个性品质。中学生嫉妒心理的产生有很多来源：①在学习上，有因竞争受挫而产生的嫉妒心理；②在人际交往上，有因友谊的转移或丧失而产生的嫉妒心理；③在社会称许上，有因教师对他人的表扬或班级干部竞争失利而造成的嫉妒心理；④在生理条件上，容貌欠美、身材欠佳的学生也会对生理条件优越的同学产生嫉妒心理。这些不良心理品质同幼年时期形成的虚荣心理有很大关系。有嫉妒心理的学生往往有一定的才干，争强好胜，但却可能自卑、偏激、狭隘。嫉妒心理有碍于人际关系的和谐，也有碍于个体的身心健康，其危害不可低估。

（四）网络成瘾

网络成瘾是指学生由于过度地和不当地使用网络而导致的一种难以抗拒的再度使用网络，而影响到其正常的学习和生活的着迷状态。青少年网络成瘾者有时会采取说谎、欺瞒等手段达到上网的目的，每天会花费大量时间和精力在网上冲浪、聊天、玩网络游戏。现在智能手机连接网络可满足个体诸多需求，迷恋手机联网打游戏的学生也变得较为多见。一些学生长期沉迷网络，辍学在家上网，更有严重到分不清虚拟和现实世界，引发严重的心理行为障碍的事例。

《国际疾病分类》第十一次修订（简称 ICD-11）首次将游戏障碍列为一种成瘾性疾病，这意味着游戏成瘾将属于一种精神疾病。相关症状包括无节制沉溺于单机或网络游戏；因过度游戏而忽略其他兴趣爱好和日常活动；明知会产生负面后果，仍沉溺于游戏等。网络成瘾的原因很复杂，是成瘾个体、网络环境和外部环境多方面相互作用的结果。网络成瘾既取决于青少年自身成瘾的易感性特征，又取决于网络自身能够提供什么及网络对现实社会生活环境的影响，同时也受家庭环境的影响和同伴影响。

此外，中学生性心理问题也值得关注，包括异性交往心态、早恋的烦恼、单相思的苦闷、失恋的痛苦等心理状态。中学生性生理几近成熟，性意识萌动，性心理的发展尚未与其平衡，所以会形成许多困惑。

三、中学生异常心理障碍的鉴别

（一）神经症

1. 广泛性焦虑

焦虑是个体对即将来临的、可能会造成危险或威胁时所产生的紧张、烦躁、不安、忧虑、烦恼等不愉快的复杂情绪状态。焦虑常会有运动性不安的表现，如战战兢兢、颤抖、无法放松。当个体体验到焦虑时，常会体验到生理方面的变化，如血压升高、心率和呼吸变快或不规律、胸闷、骨骼肌紧张、手脚出汗、口干、胃肠功能异常、腹泻、小便过多等。这种焦虑情绪在日常生活中常会出现，为一次演讲比赛感到紧张焦虑，为一次考试感到担心不安，这是较为常见的心理现象。学生中常见的焦虑反应是考试焦虑。

广泛性焦虑的个体通常会在持续 6 个月或者更长时间内感到紧张不安，而且无法辨明焦虑的原因。当由于广泛性焦虑障碍而影响到学习、日常生活时，可以寻求精神卫生专业人员的帮助，接受心理治疗和药物治疗。

单项选择题

14.2 小燕近期非常苦闷，一提到学习就感到心烦意乱，焦躁不安，对老师有抵触情绪，成绩也明显下降。小燕存在的心理问题是（　　）。

A. 焦虑症　　　　B. 神经衰弱症　　　　C. 强迫症　　　　D. 抑郁症

2. 惊恐障碍

惊恐障碍的患者会体验到反复、突然出现强烈的惊恐。人们有时会在特殊的经历中体验到惊恐，如在奔跑过马路时一辆大卡车向自己直冲过来时，感到心跳加速、双手颤抖、浑身冒汗。惊恐障碍与在特殊的经历中体验到的惊恐不同，惊恐障碍的发作毫无征兆，个体感到大难临头，内心无助，觉得自己快要死了，陷入疯狂之中，或出现不可控制的行为；在生理上会出现严重心悸、极度的气促、胸口疼痛、颤抖、出汗、晕眩，这些症状给人的感觉就像心脏病发作一样。

3. 恐怖症

恐怖症又称恐惧症，是以对某个特定的物体或者场景有着不理性的、强烈的和持久的害怕为主要特征的一种焦虑障碍。患有恐怖症的个体，其恐怖情绪无法控制，且与现实并不协调。例如，由于恐蛇而足不出户，由于恐惧社交而回避交谈、聚会、演讲等。恐怖症也会带来紧张、不安、担心、害怕等焦虑情绪体验，但与广泛性焦虑障碍不同的是，患有广泛性焦虑障碍的个体无法指出焦虑的来源，而恐怖症患者则可以指出。根据恐怖的特定场所或对象，恐怖症可划分为社交恐怖症、恐高症、恐蛇症、恐狗症等不同形式。

4. 强迫症

强迫症也属于一种焦虑障碍，由于无法摆脱使自己焦虑的想法（强迫观念），个体被迫重复做出某些仪式化的行为（强迫行为），以阻止或者促进某种情况的发生。在个体出现强迫观念和行为时，明知没有必要却控制不了自己的想法与行为。强迫症个体会在头脑中反复出现质疑的想法，明知想法没有必要，却又无法摆脱，控制不住，例如，一个强迫洗手、洗衣服的学生，头脑中会反复思考手有没有碰到脏东西；自己到底路没路过垃圾堆；脚上踩没踩到狗屎，这些想法始终在头脑中萦绕，内心无法确定，感到非常不安。比较常见的强迫行为包括反复检查、反复计数，这些行为的频率在他人看来是过度的，有的行为每天可能重复数百次。强迫症首次发作常出现在青少年晚期或成年早期。

单项选择题

14.3　孙斌经常想"人为什么有两条腿"，一天想好几次，明知没有必要却又无法控制，以致影响学习和生活，他的心理问题属于（　　）。

A. 强迫症　　　　B. 焦虑症　　　　C. 抑郁症　　　　D. 恐怖症

（二）心境障碍

1. 抑郁症

抑郁症是一种常见的心境障碍，是个体在生活中受到持续的心境低落折磨的心境障碍。美国精神医学会出版的《精神疾病诊断与统计手册（第5版）》（简称DSM-V）中介绍了抑郁症的9项症状（其中至少5项症状需持续超过两周才能被诊断患有抑郁症）：①一天中的大部分时间都心情沮丧；②对所有（或大部分）活动的兴趣和愉快感下降；③明显的体重变化，食欲大增或大减；④睡眠困难或睡眠过多；⑤思维激越或迟钝；⑥感到疲惫或没有精力；⑦过度或不合适地感到没有价值或愧疚；⑧思维、注意力集中或决策等方面出现问题；⑨不断产生死亡或自杀的想法。

抑郁症根据个体患病的严重程度还可以区分为心境恶劣障碍和重度抑郁症。心境恶劣障碍是更为慢性而症状较轻的抑郁症，成年个体表现为持续两年到两年以上（儿童、青少年心境恶劣障碍的症状至少持续一年）感到情绪低落，缺乏生活乐趣，在生活中也更具有焦虑、紧张、易怒倾向，对各种刺激反应过于强烈等；儿童、青少年和成人的心境恶劣障碍的症状具有不间断持续存在的特点，如果在持续存在的一年或两年中，有两个月恢复正常情绪和心境状态，则应考虑排除心境恶劣障碍。心境恶劣障碍的个体也更容易食欲减退或暴饮暴食，出现睡眠问题，感到疲惫或没有能量，注意力或决策出现困难，存在无助感。重度抑郁症是以严重抑郁和精力减退、绝望感等抑郁特征为主要症状的心境障碍，症状至少持续两个星期。世界卫生组织预测，抑郁症将会成为发展中国家最严重的疾病负担。患有抑郁症的个体，特别是重度抑郁症，将会导致个人能力丧失，日常生活能力受到严重影响，而抑郁个体的亲朋好友有时会不经意轻视抑郁症带来的严重危害，认为患病的亲友仍能够振作起来，因此疏于照顾，最终可能会酿成抑郁症患者的自杀惨剧。

单项选择题

14.4 以持续性心境低落为特征的属于（　　）。
A. 焦虑症　　　B. 抑郁症　　　C. 强迫症　　　D. 恐怖症

2. 双相情感障碍

双相情感障碍是一种心境障碍，主要表现为情绪高涨与情绪低落交错发作，通常情绪高涨时期包括了一种或多种躁狂发作。个体在双向情感障碍的躁狂发作期表现出极度兴奋，不切实际的乐观，精力旺盛，不需要很多的睡眠，容易产生冲动行为。在躁狂发作结束后，个体会感到惊恐，随后陷入抑郁当中。抑郁发作的特点主要有情绪低落、思维缓慢、语言动作减少和迟缓。根据DSM-V的介绍，躁狂发作的状态必须持续1周，平均持续8~16周。

（三）适应障碍

适应障碍是指在日常生活中的应激事件的影响下，由于易感个性、适应能力不良，个体对应激源出现超出常态的反应性情绪障碍或适应不良行为，导致正常学习和人际交往受损。引起适应障碍的常见应激事件包括转学、升学、迁居、重病、失恋、父母离异、家庭经济危机等。适应障碍多出现在应激事件发生后的1~3个月内，持续时间一般不超过6个月，随着应激事件的消除和应对能力的改善而恢复，个别人由于得不到矫治而转入严重的心理疾患。适应障碍的症状表现为抑郁，如情绪低落、兴趣减退、无助无望、容易激惹、失眠健忘等；也表现为焦虑，如紧张不安、担心害怕、注意分散、人际回避等；青少年的适应障碍表现为适应不良的品行障碍，如沉迷网络、说谎逃学、盗窃斗殴、离家出走，自杀伤人等。

（四）进食障碍

1. 神经性厌食症

神经性厌食症是一类在青少年及成人时期罹患的以刻意减少食量、明显消瘦且伴有心理、行为异常为特征的精神疾病。患者常暴食或暴食后呕吐，导致体重持续偏低，其他一些伴随症状包括体象障碍，对过低体重的不切实际的向往及对肥胖的极度恐惧。该病存在患病的性别差异，女性患病率更高，为0.3%~1%，男性为0.03%~0.1%。该病的诊断依据是体重低于同年龄人群平均水平的85%以下、女性闭经时间大于3个月。

神经性厌食症患者常常过分追求"以瘦为美"，恐惧肥胖和体重增加，有些患者采取催吐或使用泻药及利尿剂等方式达到避免"发胖"的目的；有些患者采取过度运动、极端方式节食来控制体重，往往在节食一段时间后，食欲大增，不可控制的出现暴饮暴食，之后又由于罪恶感、愧疚感，转而对自己实行更加严苛的减肥计划，导致饮食习惯紊乱，变得极度消瘦，营养不良，内分泌紊乱，皮下脂肪减少，血压、体温过低，严重者危及生命，也有部分患者因严重抑郁而自杀。

2. 神经性贪食症

神经性贪食症是进食障碍的一种，主要特点包括周期性的强迫进食，一次性无法控制地进食大量食物；进食后常采取催吐、导泻、过度运动等不良消除行为，以消除暴食引发的体重增加。该症并非神经系统的器质性病变的暴食，也不是癫痫、精神分裂等精神障碍激发的暴食，这是它与暴食症的不同之处。现代医学研究指出，神经性贪食症属于心理疾病，神经性贪食症在很大程度上是由于生活中压力或焦虑造成的，当个体感到冲突、焦虑、痛苦和忧郁的时候，就采取了一种看起来非常正常的行为——"吃东西"来排解自己的消极情绪，渐渐地"吃东西"的冲动变得越来越强烈，变得不可抗拒。因为神经性贪食症发作的时候，个体常吃下正常人数倍的食物，体重增长后，又采取不恰当的方式节食，形成了"暴食—节食—暴食"的恶性循环。

（五）睡眠障碍

睡眠障碍包括失眠症、嗜睡症、睡眠—觉醒节律障碍、睡行症、夜惊、梦魇等。睡眠障碍中比例较高的是失眠症状。《国际疾病分类》第十次修订（简称 ICD-10）将失眠定义为一种睡眠的质和（或）量令人不满意的情况，且持续相当长一段时间。数据显示，世界上有 30%的人有失眠症状，6%~10%符合失眠症的诊断标准：夜晚产生睡意后 30 分钟内不能入睡，睡眠过程中觉醒时间超过 30 分钟，或在无特殊缘由情况下觉醒时间比原来的觉醒时间提前了 1~3 个小时，出现上述情况一项，则为失眠。

第三节 中学生心理辅导方法

一、心理辅导原则

（一）坚持科学性与时效性相结合的原则

中学生心理健康教育、心理辅导应遵循科学性与时效性相结合的原则，在了解、掌握不同年龄阶段学生的身心发展规律的基础上，遵循心理发展的特点，有效开展科学辅导。在多途径、多方法的心理辅导中，体现心理辅导的科学性，遵循心理学原理，将适合学生特点的心理健康教育内容有机渗透到日常教育教学活动中；利用地方课程或学校课程开设心理健康教育课；利用校内心理辅导室开展个别辅导和团体辅导；密切联系家长，共同实施心理健康教育；充分利用校外教育资源开展心理健康教育。

采取心理健康教育的有效方法进行心理辅导时，还应注意心理辅导的时效性，学生遭遇挫折或产生内心冲突后，其情绪与心理变化会随着时间发展呈现不同的特点及变化趋势。当生活中的现实事件发生后，如考试成绩下降、与同伴闹别扭、被同学排斥、搬家、升学、父母离异、亲人离世等，往往使个体产生情绪困扰、内心冲突，心理辅导介入的时间越晚，其情绪困扰对个体的影响越大，造成专注力下降、学习效率低、记忆力变差，严重的还会产生失眠、焦躁不安，甚至有精神疾病的表现。所以，科学开展心理健康教育，应特别关注学生生活中的现实困扰，注重实践与时效的统一，切实提高学生心理素质和心理健康水平。

（二）坚持发展、预防和危机干预相结合

发展性原则一方面要体现在心理辅导的关注范围上，即逐渐转变传统心理辅导解决不良心理行为的工作视域，扩大关注范围，将促进学生的潜能发挥、养成积极心理品质、塑造健康人格纳入心理辅导的工作范畴；发展性原则另一方面要体现在心理健康工作应以发展的眼光看待学生的心理状况上，学生从小学到初中，再到高中，心理发展会呈现较为明

显的特殊的年龄阶段特点，如果以固定不变的眼光看待学生，势必会造成用与小学生沟通的方式跟中学生打交道，这也是许多师生冲突的根源。

心理健康教育还要注重预防和解决发展过程中的心理行为问题，为求通过对心理健康知识的宣传，使学生能够准确识别不同情绪的特点，识别不同心理问题的特定行为表现，促进学生对自己认识过程、情绪情感过程、意志过程的了解，促进自我觉察，使学生能够在觉察不合理认知、消极情绪、冲动行为等的基础上，进行有效调节，建立寻求专业心理援助的自觉意识，预防心理行为问题的产生。

开展心理健康教育时，还要对应急和突发事件中及时进行危机干预。当青少年遭遇危机性事件时，如升学毕业、恐怖袭击、绑架、强奸、森林火灾、山体滑坡、洪灾、地震、流行病爆发、战争、经济萧条等，通常危机的时程是有限的，一般为6～8个星期，在危机结束之后，一些个体受到危机的影响，成为创伤后应激障碍的患者，而大多数人可能会在危机后感到主观的不适逐渐消失，甚至相信自己的问题已经得到了解决，然而这里存在一个不容忽视的问题，即危机以被压抑在意识阈以下的形式存在着，并转变成一个潜在的致病因素，使个体处于慢性的长时程的疾病状态。在危机事件发生之后，大多数人看似能够维持一定水平的正常功能的活动，但他们总是处于危险的边缘，任何单一的、微小的或意外的刺激因素都有可能打破他们的生活平衡而将他们置于危机之中。因此有必要在学校心理辅导中，建立健全的危机干预流程，对青少年进行必要的心理危机干预。

（三）坚持面向全体学生和关注个别差异相结合的原则

心理健康教育、心理辅导应该面向全体学生。心理健康教育是为全校学生服务的，通过全校开设的心理健康教育课程、心理健康知识宣传普及系列活动，帮助学生掌握一般的心理健康知识；通过团体辅导，帮助学生解决成长中面临的共性问题；在学科渗透的过程中，使全体教师树立心理健康教育意识，尊重学生，平等对待学生，注重教育方式方法，关注个别差异，根据中学生的心理发展规律来组织教学，同时有意识地普及心理学常识。

根据不同学生的特点和需要开展心理健康教育和辅导，体现心理健康教育关注个别差异的原则。学生个性的组成包括个性倾向性和个性心理特征，而个性倾向性又包括需要、动机、兴趣、理想、信念、世界观、自我意识；个性心理特征包括能力、气质、性格，可以说世界上没有哪两个人是完全相同的。心理健康教育、心理辅导需要关注到学生的个别差异，因材施教，有的放矢。

（四）坚持教师的主导性与学生的主体性相结合的原则

心理健康教育应发挥教师的主导作用。心理健康教育的目标、内容、方法、进程、结果、质量等，通常由教师预先决定和设计，是有计划、有目的、有组织的活动。

在心理健康教育过程中，学生是自我发现、自我觉察、自我提升的学习主体，为使心理健康教育发挥作用，要确保心理健康教育在教师的教育指导下，能够充分发挥和调动学生的积极性，引导学生积极主动关注自身心理健康，培养学生自主维护自身心理健康的意识和能力。

二、心理辅导方法

在中学开展心理健康教育时，辅导的主导是教师，但学生是主体，教师心理辅导的目的是助人自助，更好地协助学生自我调整、自我改善、自我维护良好的心理健康状态。在此过程中教师常用的一些心理辅导的方法有以下几种。

（一）强化法

强化法用来培养新的适应性行为。根据学习原理，一个行为发生后，如果紧跟着一个强化刺激作为奖励，这个行为再次发生的可能性就会增加。例如，一个学生不敢同老师讲话，学习上遇到疑难问题时也没有勇气向老师求教。当他一旦主动向老师请教时，老师就给予表扬，并耐心解答问题，该学生就能学会主动地向老师请教的行为方式。

（二）代币奖励法

代币是一种象征性强化物，筹码、小红星、盖章的卡片、特制的塑料币等都可作为代币。当学生做出教师所期待的良好行为后，发放相应的代币作为强化物，学生用代币可以兑换有实际价值的奖励物或活动。代币奖励可使奖励的数量与学生良好行为的数量、质量相适应，代币也不会像原始强化物那样产生"饱足"现象而使强化失效。

（三）行为塑造法

行为塑造是指通过不断强化逐渐趋近目标的反应，来形成较复杂的行为。有时我们所期望的行为在学生身上很少出现或很少完整地出现，此时我们可以依次强化那些渐趋目标的行为，直到合意行为的出现。如有人曾用行为塑造法让一个缄默无语的孩子开口说话。

（四）示范法

观察、模仿教师呈示的范例（榜样）是学生学习社会行为的重要方式。模仿学习的机制是替代强化。替代强化是指当事人（学习者）因榜样受强化而使自己也间接地受到强化。由于范例的不同，示范法分为辅导教师示范、他人提供示范、电视录像、有关读物提供示范、角色示范等。

（五）处罚法

处罚的目的是消除不良行为。处罚有两种：一是在不良行为出现后，呈现厌恶刺激（如否定评价、给予处分）；二是在不良行为出现后，撤销一个愉快刺激。

（六）消退法

消退法是指对不良行为不予注意，不给予强化，使之渐趋削弱直到消失的方法。例如，孩子借哭闹的方式来引起大人的注意，达到自己的目的，父母的劝说或打骂都可能成为孩子继续哭闹的强化因素，因此父母不予注意、不予理睬，孩子的无理取闹行为反而会慢慢减弱，最后消失。

（七）行为契约法

行为契约法是双方通过达成协议来建立一定程度的目标行为的方法。在该法的实施中，行为契约是十分关键的内容，它由5个方面构成：①确定希望建立的目标行为；②规定衡量目标行为的方法；③规定该行为必须执行的时间；④规定强化与行为执行状况的联系；⑤确认由谁来实施强化。教师可以通过与学生签订行为契约来帮助学生建立某种行为，也可以让学生自己编制行为契约。

（八）自信训练

自信训练也叫肯定性训练、决断训练、声明己见训练，目的是促进个人在人际关系中公开表达自己的真实情感和观点，维护自己的权益，发展人的自我肯定行为。在现实生活中有些人比较退缩，对于不符合自己目前状态的事情心里不愿意却不会说"不"，有急事在身，却不知如何谢绝邀请，答应下来又左右为难；想表达对别人真诚的赞许、喜欢等积极情感，话到嘴边却很难开口。自信训练帮助人们表达或敢于表达自己的正当要求与意见或者自己内心情感体验。自信训练是通过角色扮演方式，主动模仿学习新的行为模式，再将其应用到自己现实生活情境中。自信训练主要表现在三个方面：①请求他人为自己做某事，以满足自己合理的需要；②拒绝自己目前不能做的事情，而又不伤害对方；③真实表达自己的意愿和情感。

（九）自我控制法

自我控制法是让当事人自己运用学习原理，进行自我分析、自我监督、自我强化、自我惩罚，以改善自身行为的方法。从理论指导来说，它是一种经过人本主义心理学改善过的行为改变技术。自我控制法的好处是强调当事人的个人责任感，增加了改善行为的练习时间。

（十）放松训练

放松训练又称松弛训练，是一种通过训练有意识地控制自身的心理生理活动、缓解紧张焦虑等情绪困扰和改善躯体症状的方法。放松训练的基本假设是改变生理反应，再间接地使主观体验松弛下来，建立轻松的心情状态。放松训练包括肌肉放松、呼吸放松、想象放松等具体方法。

（十一）系统脱敏法

系统脱敏法是指当某些人对某事物、某环境产生敏感反应（紧张、害怕、焦虑、不安）时，以全身放松予以对抗，从而使这一刺激逐渐失去引起焦虑作用的方法。系统脱敏法分为三步：第一步，教求助者掌握放松技巧；第二步，把引起焦虑的情境由小到大建构等级，以便逐级脱敏；第三步，从最小刺激情境开始，让求助者想象引起焦虑的情境，同时做放松练习，最终使求助者逐级从过去引起焦虑的情境中脱敏。

（十二）理性—情绪疗法

理性—情绪疗法也叫做合理情绪疗法，是20世纪50年代由艾利斯在美国创立的。理性—情绪疗法是认知行为疗法中的一种，其理论观点认为情绪不是由某一诱发性事件本身所引起的，而是由经历了这一事件的个体对这一事件的态度、看法、解释和评价所引起的。因此要改变情绪困扰，不是致力于改变外界事件，而是通过改变个体的认知、评价，进而改变情绪。这一理论又被称作ABC理论，A是指诱发性事件，B是遇到诱发性事件，个体所产生的看法、信念，C是指情绪和行为的反应。人们持有的不合理信念总结起来有三个特征：①绝对化要求，是指个体以自己的意愿为出发点，以极端的要求衡量一切事物。例如，我必须每次都考第一名。②概括化要求，是指一种以偏概全的不合理的思维方式，它包括对自己和对他人的不合理评价，例如一次考试成绩不理想便认为自己不行，从而导致自卑、指责、情绪消沉；别人一次约会迟到，就认为这人不守时，不值得信任，责备他人，甚至出现愤怒等情绪。③糟糕至极，表现为一旦遇到什么挫折，就产生一种非常糟糕，甚至是灾难性的非理性信念，从而陷入悲观抑郁的情绪中而不能自拔。若要改善情绪状态必须驳斥非理性信念，建立新观念，并获得正向的情绪效果。

（十三）认知疗法

认知疗法是20世纪六七十年代在美国迅速发展起来的一种心理辅导方法。认知疗法的基本假设是人的认知过程影响情感和行为，因此通过认知和行为技术改变来访者不良的认知，可改善情绪和行为问题。

认知疗法的基本观点：认识过程是个体情感和行为的中介，适应不良的情感和行为与适应不良的认知有关。认知治疗特别注重改变不良的认知，即不合理的、歪曲的、消极的信念和想法，认为不良的认知是引发自我挫败行为的根本原因，通过改变人的认知过程以及在这一过程中产生的认识观念，可以改变情绪和行为。

（十四）来访者中心疗法

来访者中心疗法是由美国心理学家罗杰斯创立的，罗杰斯是人本主义心理疗法的主要代表。该理论观点强调每个人都具有生存、成长和促进自身发展的本能的自我实现倾向。

罗杰斯认为，治疗师集中于来访者此时此地的内部心理表现，对来访者始终坚持真诚、无条件积极关注和共情，就能开发这种自我实现倾向，使之成为治疗资源。这是构成治疗有效性的必要和充分条件。因此，来访者中心疗法强调态度比技术更重要，不必采取直接指导的态度对待求助者。

★真题链接★

单项选择题

14.5　在艾利斯的 ABC 理论中，"B"指的是（　　）。
A. 个体遇到的主要事实、行为、事件　　B. 个体对事件的信念、观点
C. 事件造成的情绪后果　　　　　　　　D. 个体对事件的理性信念、观点

14.6　赵明非常害怕狗，教师依次让他观看狗的照片，与他谈论狗，让他远远观看关在笼子里的狗，让他靠近笼中的狗，最后让他摸小狗，抱起小狗，消除了其对狗的恐惧反应。这种改变行为的方法是（　　）。
A. 行为塑造法　　　B. 系统脱敏法　　　C. 代币法　　　D. 模仿法

14.7　当一位胆小的学生敢于主动向教师提问时，教师耐心解答并给予表扬和鼓励。教师的这种做法属于行为改变方法中的（　　）。
A. 强化法　　　B. 示范法　　　C. 消退法　　　D. 行为塑造法

复习思考题

1. 什么是心理健康？
2. 简述中学生心理健康的标准。
3. 什么是心理健康教育？
4. 学校心理健康教育的途径有哪些？
5. 心理健康教育的内容包括哪些？
6. 中学生常见的心理问题包括哪些？
7. 异常心理的识别主要有哪些内容？
8. 心理辅导的方法分为哪些类别？

第十五章 教师心理

本章学习目标

理解教师角色的概念及教师角色的多重性；

理解教师的心理特征；

掌握教师成长阶段理论；

明确教师职业倦怠及干预。

核心概念

教师角色、教师成长、职业倦怠

第一节 教师的角色心理

莎士比亚曾把世界比作一个大舞台，每个人都只不过是舞台上的一名演员，在其一生中要扮演多个角色。人们常说："人生如戏，戏如人生。"的确，在社会的相互作用下，每个人都在扮演着自己的角色。今天在这纷繁复杂的人生舞台上，多数人都在同时扮演多种多样的角色，而这些"角色"，可以说是社会团体期许于某一特定类别的人所应表现的行为模式。那么，教师都扮演了哪些角色呢？

一、教师的多重角色

教师角色是指教师按照其特定的社会地位承担起相应的社会角色，并表现出符合社会期望的行为模式。在传统教学中，教师的角色是比较单一的。教师在教学中处于中心地位，直接以文化权威的身份出现，在知识、技能和道德等方面具有不可动摇的权威性。教师的基本职责主要限于阐明事理与监督学生，师生之间是直接的传递和接受关系，师生关系的单一性与教师角色的单一性之间是一致的。信息技术的飞速发展和社会的急剧变革促使教育目标、教育内容和教育方法等都发生巨大变化，师生之间已不再是单一的授受关系，还可能是同伴关系，也可能是组织者与参与者的关系，以及帮助者与被帮助者的关系等，教师的角色也相应地从传递者转变为多重角色。当代教师主要扮演以下重要角色。

（一）家长代理人

在许多学生和家长的眼里，教师是父母的化身。学生入学后常常自然地把许多父母具有的特征，把与父母相处的经验、体会，推及自己与教师的交往中。所以教师在课堂上、学习上是老师，在生活上是长者，是父母。

（二）学生的楷模

在学生心目中，教师是知识的源泉，是智慧的化身与行为的典范，教师所有的言行举止都无疑成为学生模仿和学习的表率，在学生心灵上打下深深的烙印。教师对学生的影响是巨大的，因而教育强调言传身教，教师要通过自己的榜样、模范、表率作用去感染每一个学生，教育每一个学生，对学生施之潜移默化的影响。

（三）知识传授者

知识传授者是教师职业的中心角色。教师角色的主要功能是传授知识，指导学生学会学习，培养学生的各种能力，促进他们的智力发展，教师的这一角色主要是通过教学活动来实现的。教师的这一角色特征决定了教师不仅要有广博的基础知识、精深的专业知识以及邻近各个领域的知识，还要了解科学研究的新成果，并且要对自己所教学科充满热情，善于调动学生学习积极性，鼓励学生自觉学习。

（四）组织管理者

学生在学校是通过班级集体的方式来进行学习活动和教育活动。教师不仅担负着教书育人的角色，还要从事大量的班级事务工作和学生管理工作。因此，在学校的工作中，教师还要充当行政管理者的角色，主要包括学生集体的领导者和课堂纪律的管理者。

（五）心理辅导者

教师充当心理辅导者这个角色，主要是帮助学生适应更有效的生活方式；掌握心理疏导技术，减轻、消除学生心理压力和矛盾，帮助学生学会主动调节自己的情绪，以保持积极向上的精神状态；对表现差的学生给予较多的关怀，消除其压抑感；了解学生常见的心理异常症状，及时发现问题；尊重学生的个别差异，帮助学生形成健康人格等。

（六）朋友与知己

在日常生活中，教师有时还需要淡化自己的地位或角色，成为值得学生信赖的朋友和知己，对待学生热情、友好、平等、民主，与其保持良好的师生关系。

随着教育改革的不断发展，教师所承担的角色也在不断发生着变化。在新课程改革背景下，教师在引发和促进学生的学习活动中发挥着越来越重要的作用，而教师作为信息源和知识源等辅助性的外围作用逐渐被各种媒体技术所替代。教师的主要作用不在于给学生提供多少信息和资源，而是在于合理调动及组合各种信息和资源，培养学生独立获取信息和更新知识的能力，以及综合处理信息的能力，以实现最优化的教学。这些角色给教师提出了前所未有的挑战，对教师创造性教学提出了更高的要求。

二、教师角色的形成阶段

（一）角色认知

角色认知是指角色扮演者对某一角色行为规范的认知和了解，知道哪些行为是合适的，哪些行为是不合适的。对教师职业角色的认知就是教师对教育事业的深刻理解过程，包括教育工作是怎样的职业，它所承担的社会职责是什么，它在历史、现实中处于怎样的地位等。

（二）角色认同

角色认同是指个体亲身体验教师角色所承担的社会职责，并用来控制和衡量自己的行为。对教师角色的认同不仅表现为在认知上了解到教师角色的行为规范、社会价值和评价，经常用优秀教师的标准来衡量自己的心理和言行，自觉地评价与调节自己的行为，还表现为较强的职业情感，如热爱教育事业、热爱学生等。

（三）角色信念

信念是个体确信并愿意以之作为自己行为指南的认识。信念表现在教师职业中就是为教育事业献身的精神。在此阶段中，教师角色中的社会要求转化为个体需要，形成了教师职业特有的自尊心和荣誉感。教师意识和教师特有的情感，使他们自觉地奉献出毕生的精力。

三、教师的角色意识

（一）角色认知

对于教师来说，只有具有清晰的角色认知才能在各种社会情境中恰当地行事，达到良好的角色适应。教师角色认知的实现是教师通过学习、职业训练、社会交往等，了解社会对教师角色的期望和要求。

（二）角色体验

角色体验是指个体在扮演一定角色的过程中，由于受到各方面的评价与期待而产生的清晰体验。一般来说，这种体验因主体行为是否符合角色规范并因此受到不同评价而有积极与消极之分。例如，责任感、自尊感或自卑感都是教师在角色扮演过程中产生的情绪体验。

（三）角色期待

角色期待是指角色扮演者对自己和别人应表现出什么样的行为的看法和期望。角色期待因具体人和情境的不同而变化。教师的角色期待是教师自己和他人对其行为的期望。角色期待包括两方面：一是自我形象，即个人对自己的行为期望；二是公众形象，指他人对某一特殊角色的期望。这两者是相互作用和相互影响的。教师只有对教师角色的社会期待不断地认同与内化，才能尽快地把社会期望转化为自我期待，从而减少角色混淆与角色冲突。

四、教师期望

（一）教师期望效应

教师在理解每个学生的基础上，会对每个学生未来发展的潜力有所推测，这被称为教师对学生的期望或期待。教师对不同的学生会有不同的期望，这会影响到学生的发展。1968年，美国哈佛大学心理学家罗森塔尔（Rosenthal）等人进行了教师期望效应研究。

 拓展阅读

皮格马利翁效应

有关的理论和研究表明，教师对学生的期望与教师自己的行为以及学生的成绩有关。罗森塔尔和雅各布森（Rosenthal&Jacobson，1968）最早对教师期望进行了研究。他们在开学初对小学生进行了一个非言语智力测验，并告诉教师这个测验能预测学生的智力发展。研究者随机选取20%的学生，然后将学生名单告诉老师，并称这些学生是有发展潜力的。当然，教师并不知道该测验并不能够预测智力的发展潜力，也不知道所选取的学生与测验分数无关。教师仍是正常教学，罗森塔尔和雅各布森在一学期后、一年后和两年后分别对学生进行重测。在前两次测试中，这些学生所在班级的教师知晓有发展潜力的学生名单；在后一次测试中，这些学生被安排到教师没有名单的新班中，这些年幼学生之间的差异逐渐减小，但是高年级学生之间的差异增大，被指定为有发展潜力的学生表现得最为优秀，并且这种差异在成绩中等的学生之间表现得比较明显，在各年级的阅读教学中也发现了相似的结果。

罗森塔尔和雅各布森认为，教师的期望是一种自我实现的预言，因为学生的成绩最终反映了这种期望。他们还认为，这种预期效应在年幼儿童身上比较明显，因为儿童与教师有直接的接触；年龄大的学生在换了一个新教师后，可能表现得更好。

罗森塔尔等人将这一实验中的现象称为教师期望效应。这一效应也被称为罗森塔尔效应，是指人们基于某种情境的知觉而形成的期望或预言，会使该情境产生适应这一期望或预言的效应。教师如果根据对某一学生的了解而形成一定的期望，就会使该生的学习成绩和行为表现发生符合这一期望或预言的效应。教师如果根据对某一学生的了解而形成一定的期望，就会使该学生的学习成绩和行为表现发生符合这一期望的变化。因这一效应与希腊神话中皮格马利翁的故事相似，故也称皮格马利翁效应。皮格马利翁是古希腊神话中的一个主人公的名字，相传他是塞浦路斯的国王，善于雕刻。他对自己用象牙雕刻的少女产生爱恋之情，由于他热诚的期望竟使这座少女塑像变成了真人而与他结为伴侣。

（资料来源：陈琦，刘儒德. 当代教育心理学[M]. 北京：北京师范大学出版社，2010.）

教师期望效应在教学活动中起着非常重要的作用，是影响学生的一个重要途径。它不仅影响学生的信心和学习成绩，也影响着师生关系。首先，教师期望影响学生的自信心，受到低期待的学生会感到自己能力或品行不好，产生无力感。其次，教师期望影响学生的各种行为与学习成绩，受到低期待的学生会放弃努力或继续表现出一些不良行为，导致学习成绩下降。最后，教师期望影响师生关系上，受到低期待的学生与教师的关系逐渐疏远。可见，受到教师高期待的学生会得到充分发展，而受到教师低期待的学生则不能够充分地发展所具备的潜力。

五、师生互动

（一）师生互动的重要性

教学要通过师生间的相互影响来促进学生的发展和教师水平的提高，近年来，对师生之间相互作用的研究成为教育心理学研究的一个重要课题。

多米诺（Domino，1971）研究了相互作用的不同风格对学生成就动机的不同影响，他给900个心理系学生一个评定他们遵从性和独立性的测验，把具有最极端分数的100名学生挑出来分成25人一组，共4组。其中学生的性别和能力倾向测验分数都是对应可比的。这4组由同一教师用不同方法进行教学，其中两组用要求遵从的方法，另外两组则用要求独立的方法。结果表明，在教学方式和学生要达到的动机之间有明显的交互作用，关于学习方法的教学对于增强独立思维倾向没有效果。但是，当具有独立性的学生被指定到一个独立方式的小组时，学生们会更满意；而喜欢服从的学生被分配到一个服从风格的小组时，他们会取得更好的成绩，感到更满意，对教师的评定也越高。此外，与学生相互作用的方式的适合性，也随学生年龄不同而变化。例如，中学生与小学生的需要和偏好是不同的。小学阶段，为了促进对学习内容的掌握，指导式的风格可能更有效；到了中学，随着自主和独立的需要的增长，教师可以给学生更多的自由，这样比指导性教学更有效。

弗兰德斯（Flanders）从1970年开始，用系统观察的方法研究课堂教学过程中师生的交互作用，提出了相互作用分析的模式。他发现，间接的教学行为常常是与好的成绩、动机和对部分学生的态度配合在一起的。虽然这种配合不意味着间接的教学必然会提高成绩，但是这种方法可以确定教师是否过多地重视直接影响，而忽视了间接影响。当然这种方法不是强迫教师改变他们的教学方法,限制教师的创造,只有在教师对自己的教学方式有较多的了解,需要改进并已能自如地去探索时,这种相互作用的分析才是有用的。

(二)良好师生关系的建立

1. 树立正确的学生观

教师要正确地理解学生,就要建立起科学的学生观。防止与矫正学生观上的偏差,关键在于教师要了解学生的身心发展规律,并使之形成按照这些规律去教育学生的严谨态度。因此,教师需要认真学习心理学和教育学的知识,特别是在积累了一些教育经验之后,系统学习有关的知识也有利于形成科学的学生观。开展教育科学研究是改变和调整教师学生观的重要途径。

2. 了解和研究学生

教师必须把学生作为具有潜力、需要和志向的人去认可、去发现和去了解。教师要了解学生的知识基础、智力水平、技能状态;教师要了解学生会怎样接受教材,会产生什么样的联想,学生会思考什么问题,他们能认识什么,不能认识什么,特别要在教学过程中,通过学生回答问题、做练习,通过学生的行为举止,掌握学生的思考力、理解力;教师要了解学生的同龄共鸣现象以及人际关系,了解和研究他们的生理特点和心理倾向。此外,教师还要了解学生的过去,预测学生的未来。只有这样,教师才能在学生的原有基础上,有的放矢地施教,达到事半功倍的效果。

3. 运用正确的教育方式

这里的教育方式主要是指教师如何组织管理、开展班级工作。李庆特(R. Lippit)和怀特(R. K. White)对教师的领导方式进行了一项经典研究。让10岁的儿童在两种领导方式(专断独行和民主开放)下为俱乐部制作戏剧面具。一段时间后,要求被试回答两个问题:是否愿意继续工作,如何处理做好的面具。结果是,专制方式领导下的儿童不愿意再工作下去,还要求把面具据为己有;民主方式领导下的儿童则希望继续工作,也愿意把部分作品交给集体或拿出来展览。后来,这个研究将领导方式扩大为4种类型:专制仁慈、专制强硬、放任和民主。研究结果表明,民主组在完成工作量、集体道德以及与领导的关系等方面均优于其他各组。这个结论在以后的研究中也获得证实。总而言之,教师采取正确的领导方式,能营造良好的班级心理气氛,建立良好的师生关系。

4. 有效地处理师生冲突

(1)师生冲突的类型及特点。在教育实践中,师生冲突是一种常见的现象。从师生冲突的表现结果来看,有良性冲突和恶性冲突。

良性冲突是指双方目标一致,因认识、方法、手段不同而产生的冲突。它具有以下特点:第一,师生双方对实现教学目标都很关心。师生关系发生在教学过程中,教师是这个过程的主体,学生则是客体,两者是教育和被教育的关系。师生在实现教学目标的过程中,存在认识上的差异,如教师的教学方法与学生接受程度的差异,教师知识结构的优化程度与学生对知识的需要之间的差异等。这种差异表现出来的冲突具有积极作用,可以刺激师生双方共同探索,为获得良好的结局寻求良策。如教师不断改进教学方法,优化自己的知识结构,而学生在教师的引导下改进学习方法。第二,彼此愿意加深了解和听取对方的意见、观点,并且有达成一致的愿望。师生之间不仅是一种知识传授关系,还是一种情感交往关系,在很大程度上,知识传授只有借助情感交往才更有效。师生冲突使那些隐藏的又可能解决的问题暴露出来,如此,师生冲突起化学作用,形成解决问题的催化剂。第三,师生都以争论的问题为中心,取长补短,互相交流信息。

恶性冲突是指因师生双方目标的根本对立而造成的冲突。这类冲突行为具有以下特点:师生双方对自己的观点都十分自信,不愿意听取对方的意见和观点;对问题争论进而转化为师生的相互攻击和对立;师生互动情况减少甚至完全停止。恶性冲突是一种潜在的威胁,每一次冲突都可能带来破坏性的后果,学生对教师的不满、怨恨等情绪会表现出来,甚至导致行为上的反抗,而教师也会对学生实施训斥、辱骂、讽刺,甚至是体罚,实施对学生自尊心和自信心有严重伤害的行为。爱因斯坦认为,对学校来说,最坏的事是主要靠恐吓、暴力和人为的权威来进行工作,这种做法摧残学生的健康的感情、诚实和自信。因此,这类冲突,一开始应努力避免它的发生或扩大,达到防患于未然的目的。

(2) 师生冲突的有效处理。教师是有效处理师生冲突的关键性因素。教师的行为方式、观念、态度的转变对于减少、减轻师生冲突至关重要。

首先,教师要树立"以人为本"的学生观。教师要认识到学生是有血有肉的人,有其思想感情,应该民主地对待学生,尊重学生的自我和人格。其次,教师要将制度权力和自身威望结合起来。教师不能过多地利用外在权力而不去提高自身的素质和吸引力,否则他很难赢得学生发自内心的真正的欢迎和佩服,他的教导也就很难让人接受。再次,教师要正视冲突,建立各种规章制度。通过设置意见本、开会、辩论、磋商等,保证学生有一个理性地发泄内心不满的"安全阀"。在"协调—冲突"相互转换的平衡机制下,在"对抗—接纳"的教育过程中,师生关系就会自始至终地保持良性的互动状态。

第二节 教师的心理特征

一、教师心理特征的含义

心理特征是指一个人在心理过程和个性心理两个方面所表现出来的本质特征。心理过程包括认识过程、情感过程和意志过程;个性心理包括个性倾向性和个性心理特征。由于人们从事不同的实践活动,使得人们在认识过程、情感过程、意志过程、个性心理等方面表现出不同的心理特点。教师的心理特征是指教师在长期的教育教学实践活动中扮演的各种不同的角色,使其逐渐形成的特有的心理品质。这些心理品质是从事教师这一职业的人所共有的特征。它主要表现在认识过程、情感过程、意志过程及个性心理等方面。

教师的心理特征包括教师的一般心理特征和教师角色心理特征。教师的一般心理特征主要表现在心理过程和个性心理方面;教师的角色心理特征表现在教师担当着学生的"家长代理人""学生楷模""知识传授者""组织管理者""朋友与知己""心理辅导者"。

在教育过程中,教师的心理特征作为一种重要的劳动手段对学生起着潜移默化的影响,中小学特别是低年级的学生,由于他们的模仿能力和"向师性"较强,而思维能力较差,教师的心理特征对他们起着更大的直接影响。因此,教师应该不断培养和发展自己有利于教育教学工作的良好心理品质。

二、教师应具备的心理特征

(一)教师的教育机智

教育机智,是指教师对学生活动的敏感性及能根据新的意外的情况快速地做出反应,果断地采取恰当教育措施的一种独特的心理特征。它是观察的敏锐性、思维的灵活性以及意志的果断性的独特结合。教师的教育机智并非天生的,而是教师在学习教育理论、总结教育经验、努力参加教育实践过程中逐步形成和发展起来的。一方面,教育的对象是活生生的、有自我意识的学生,尤其青少年学生正处在身心快速发展的时期;另一方面,教育情境错综复杂、瞬息万变。这都要求教师具有教育机智,对新情况甚至意外情况能迅速做出反应并果断采取措施,予以妥善处理。

(二)教师的认知特征

探究者认为教师工作是一种复杂的脑力劳动,为了使教师工作有效进行,教师必须具备最低限度的智力水平。智力超过某一关键水平后,不再起显著作用,而其他认知因素或人格特征就起着更大的决定作用。许多研究表明,教师的观察力、注意力、记忆力、表达能力、组织能力、诊断学生学习困难的能力以及思维的条理性、系统性、合理性与教学效果有较高的相关。这些研究启示我们,教师专业需要某些特殊能力;历史上还有些学者强调这些特殊能力的天赋一面,认为好教师是后天训练出来的。强调前者的人认为教学是一门艺术;强调后者的人认为教学是一门科学。现在站在两个极端的人极少,大多数人持折中观点。

(三)教师的人格特征

教师的人格是教师心理素质的重要组成部分,国内外的大量研究表明,教师的人格是影响教育教学的重要因素。在教师的人格特征中,有两个重要特征对教学效果有显著影响:一是教师的热心和同情心;二是教师富于激励和想象的倾向性。

施穆克(R. Schmuck,1966)的研究表明,当学生认为他们的教师富有同情心时,课堂内的学生之间更容易传递情感。科根（M. L. Cogan）发现，教师的热情与学生完成的工作量、对学科的兴趣、小学学生行为的有效性均有重要的关系。瑞安斯（D. G. Ryans，1960）的研究表明，有激励作用、生动活泼、富于想象并热心于自己学科的教师，他们的教学工作较为成功。在教师的激励下，学生的行为更富有建设性。西尔斯（D. Sears，1963）也得出了相似的看法：当教师热情鼓励的时候，学生更富有创造性。罗森幸（B. Rosenshine，1971）的研究指出，教师对学生思想的认可与课堂成绩有正相关的趋势，尽管教师的表扬次数与学生的成绩之间未发现明确的关系，但教师的批判或不赞成，与学生的成绩之间却存在着负相关。

（四）教师的教学效能感

教师的教学效能感在理论上来源于班杜拉（A. Bandura，1977）的自我效能感（Self-efficacy）概念。班杜拉认为，所谓自我效能，是指个人对自己在特定情境中，是否有能力去完成某个行为的期望。它包括两个部分，即结果预期（Outcome Expection）和效能预期（Efficacy Expection），其中，结果预期是指个体对自己的某种行为可能导致什么样的结果的推测；效能预期是指个体对自己实施某种行为的能力的主观判断。教师的教学效能感，是指教师对自己影响学生学习行为和学习成绩的能力的主观判断。这种判断会影响教师对学生的期待、对学生的指导等行为，从而影响教师的工作效率。教师的教学效能感分为个人教学效能感和一般教育效能感两个方面。个人教学效能感是指教师认为自己能够有效地指导学生，相信自己具有教好学生的能力。教师的教学效能感是解释教师动机的关键因素，它影响着教师对教育工作的积极性，影响教师对教学工作的努力程度，以及在碰到困难时他们克服困难的坚持程度。一般教育效能感是指教师对教育在学生发展中的作用等问题的一般看法与判断，即教师是否相信教育能够克服社会、家庭及学生本身素质对学生的消极影响，有效地促进学生的发展，这与班杜拉理论中的结果预测相一致。

单项选择题

15.1 李老师坚信自己能教好学生，在教育教学中表现出很高的热情。这主要反映了他具有较高的教学（　　）。

A. 认知能力　　　　B. 监控能力　　　　C. 操作能力　　　　D. 效能感

第三节　教师的成长与培养

20 世纪 90 年代以来，有关教师专业化或教师成长的研究成为教师心理研究的重要课题。本节就教师成长的阶段、专家型教师培养的途径等方面进行探讨。

一、教师的成长阶段

福勒和布朗（Fuller&Brown，1975）根据教师的需要和不同时期所关注的焦点问题，把教师的成长划分为关注生存、关注情境和关注学生三个阶段。

（一）关注生存阶段

处于这一阶段的一般是新手型教师，他们非常关注自己的生存适应性问题，他们最担心的是："学生喜欢我吗""同事们如何看我""领导是否觉得我干得不错"等问题。由于这种生存忧虑，部分教师可能会把大量的时间花在如何与学生搞好个人关系上，想方设法控制学生，而不是教授他们知识和技能，并让他们获得学习上的进步。这也可能是由教师和学校的社会化过程所致的。在学校，人们总希望教师把学生管教得老实听话，因此，教师总想成为一个好的课堂管理者。

（二）关注情境阶段

当教师感到自己完全能够生存时，便把关注的焦点投向了提高学生的成绩，即进入了关注情境阶段。在此阶段，教师关心的是如何教好每一堂课的内容，考虑一些与教学情境本身有关的问题，例如"这堂课我的材料是否充分得当""我应该如何呈现教学信息"等。一般来说，专家型教师比新手型教师更关注此阶段。

（三）关注学生阶段

能否自觉关注学生是衡量一个教师是否成长成熟的重要标志之一。当教师顺利适应了前两个阶段后，教师将考虑学生的个别差异和个体需求问题，并认识到学生先前知识的获得与学习能力是不同的。同样，一种教材可能适合于某些学生，但不一定适合于另外一些学生。对不同的学生要确定不同的学习目标、选择不同的学习内容、采用不同的教学方法。事实上，有些教师从来没有进入这一阶段。

由此可见，新教师在成长过程中的每一个阶段都有自己的需要，这些需要将影响他们的课堂行为和教学活动。福勒等人把教师所关注的内容作为衡量其发展水平的标志。教师发展的顺序，即从关注内容到教学任务再到关注学生的发展。

此外，休伯曼（Huberman，1993）从职业生涯发展的角度，探讨了教师职业周期中每一个时期的发展主题，并根据每一位教师对各阶段主题解决程度的不同，区分出不同的发展路线（见图 15-1）。休伯曼的教师职业周期表明，所有的新手型教师不一定都成为专家型教师。在经历了 4~6 年的稳定期之后，教师的发展路线开始表现出差异性。教师随着教育知识的积累和巩固，开始寻找新的思想和调整，试图增加对课堂的影响，在教学材料、评价方法等方面开展不同的个性化实验。实验和变化期的改革愿望和实践会让教师加深对阻碍改革因素的认识。在此过程中，教师的自我评价起到了非常重要的作用，不同的再评价会让教师走上不同的心路历程。许多教师经历了怀疑和危机之后开始平静下来，能较为轻松地完成课堂教学，也更有信心。之后，随着职业预期目标的逐步实现，教师志向水平开始下降，对专业投入也较少。教师与学生的关系更加疏远，对学生行为和作业更加严格。与此同时，可能会有部分教师产生自我怀疑和愤世嫉俗，他们经常抱怨学生变得纪律性差，缺少动机，抱怨公众对教育的消极态度，抱怨年轻教师不够认真、投入。

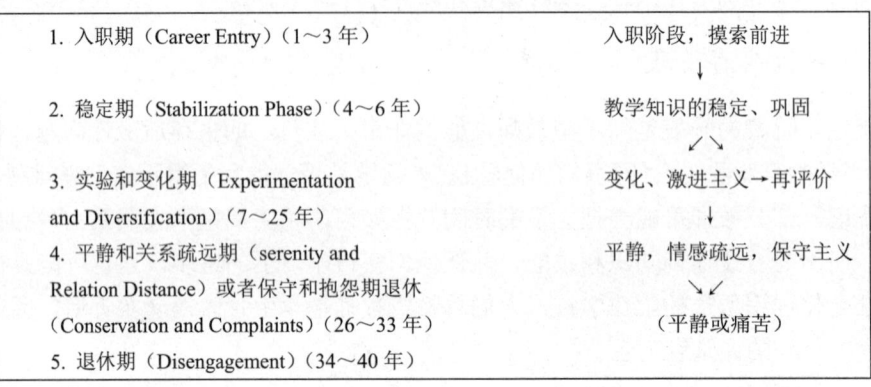

图 15-1　休伯曼的教师职业周期模式

二、专家型教师的培养途径

教师成长与培养的基本途径主要有两个方面：一方面是通过师范教育培养新手型教师作为教师队伍的补充，另一方面是通过实践训练提高在职教师的工作能力。在此，我们主要探讨后者。

（一）观摩和分析优秀教师的教学活动

对优秀教师的课堂教学活动进行观摩和分析，是一种有效的教师训练的方法。课堂教学观摩可分为组织化观摩和非组织化观摩。组织化观摩是有计划、有目的的观察，为培养与提高新手型和教学经验欠缺的年轻教师宜进行组织化观摩；非组织化观摩要求观摩者有相当完备的理论知识和洞察力。一般来说，组织化观摩要比非组织化观摩效果好，除非观察者有相当完备的理论知识和洞察力。这种观摩可以是现场观摩，也可以是观看优秀教师的教学录像。

（二）开展微格教学

通过自己实际教学而获得丰富的经验，是提高教学水平的另一种重要途径。但是，一开始就以众多学生为对象，进行正规的一个课时的课堂教学，对于经验较少的实习生来说，是一件困难的事。在这种情况下，一般进行微格教学。微格教学指以少数的学生为对象，在较短的时间内（5~20分钟），尝试做小型的课堂教学。有条件的话，可以把这种教学过程摄制成录像，课后再进行分析。这是训练新手型教师，提高其教学水平的一条重要途径。

(三) 进行专门训练

有人在 1979 年进行了一项实验,将他们称之为"有效策略"的训练程序教给教师,其中的关键程序有:每天做一次回顾;有意义地呈现新材料;有效地指导课堂作业;布置家庭作业;每周、每月都进行回顾。用现代认知心理学的术语来说,上述程序中有的属于自动化的教学技能,有的属于教学策略。

(四) 反思教学经验

对教学经验的反思,又称反思性实践(Reflective Practice)或反思性教学(Reflective Teaching),这是"一种思考教育问题的方式,要求教师具有做出理性选择承担责任的能力"。

波斯纳(G. J. Posner,1989)提出了一个教师成长公式:经验+反思=成长。他还指出,没有反思的经验是狭隘的经验,至多只能形成肤浅的知识。如果教师仅仅满足于获得经验而不对经验进行深入思考,那么他的发展将大受限制。既然反思对教师成长如此重要,那么教师应当怎样对自己的教学经验进行反思呢?布鲁巴(J. W. Brubacher)等人提出了 4 种反思的方法,供教师参考。

第一,写反思日记。在一天的教学工作结束后,要求教师写下他们的经验,并与其指导教师共同分析。

第二,观摩与分析。教师相互观摩彼此的课并描述他们所观察到的情境,随后再与其他教师相互交换。

第三,职业发展。这是学校利用反思的方法支持、促进教师发展的一种方式。比如华盛顿州立大学把来自不同学校的教师聚在一起,让他们首先提出课堂上发现的问题,然后共同讨论解决办法,最终形成的解决办法被所有参加的教师及其所在学校共享。

第四,行动研究。这是指教师对他们在课堂上所遇到的问题进行调查研究。

第四节　教师心理健康

随着教师专业化进程的加快,教师的压力越来越大,教师的心理健康问题日益受到教育决策者、学校和社会的广泛关注。2000 年国家中小学心理健康教育课题组对辽宁 14 个城市、167 所城乡中小学的 2292 名教师调查发现,51%的教师存在心理问题,其中,32%属于轻度心理问题,16%属于中度心理障碍,将近 2.5%的教师已经构成心理疾病(吴镇宇,2002)。就连美国教育协会(NEA)主席麦克古瑞也曾感慨道:"职业倦怠的感受正打击着无数具有爱心和理想并且乐于奉献的教师,使他们逐渐放弃自己的专业工作,这个重大的疾病正在折磨着教学职业,如果不能及时有效地纠正,那么就会达到流行的程度。"(转引自李江霞,2003)。自从美国临床心理学家弗登伯格于 1974 年提出"职业倦怠"概念以来,相关研究已经延伸到了教学领域,并已成为教育和心理健康领域的一个热点问题。

一、职业倦怠概述

（一）职业倦怠的界定

英文"Burnout",有烧光、燃尽、精疲力竭、消耗殆尽的含义,其相应的中文翻译有"心理枯竭""职业枯竭""职业倦怠"等(本文统一采用职业倦怠)。职业倦怠是研究者在研究职业压力时提出来的一个概念,弗登伯格用"Burnout"一词来描述那些助人行业(Help Professions)的人们因工作时间过长、工作量过大、工作强度过高所经历的一种疲惫不堪的状态。他认为,职业倦怠是工作强度过高并且无视个人需要所引起的疲惫不堪的状态。皮特斯(Peters,1981)将职业倦怠定义为"燃尽或耗竭个人的心智、生理和情绪资源,其主要特征为疲乏、冷漠、理想幻灭、沮丧,显示个人已耗尽其能源或适应的能量"。近年来,我国的研究者也开始关注教师的职业倦怠现象,并对此进行界定。许燕等人(2003)认为,职业倦怠是个体无法应付外界超出个人能量和资源的要求时,所产生的生理、心理、情绪情感和行为等方面的身心耗竭状态。职业倦怠容易发生在医疗护理、教育等与人打交道的行业中,教师是职业倦怠的高发人群。教师职业倦怠是教师不能顺利应对工作压力时的一种极端反应,是他们在长期压力体验下所产生的生理、情绪、认知、行为等方面的耗竭状态。

（二）职业倦怠的特征

职业倦怠的典型症状是工作满意度降低、工作热情和兴趣的丧失以及情感的疏离和冷漠。教师在体验职业倦怠之后对学生失去耐心和爱心,对课程准备的充分性降低,对工作的控制感和成就感下降。马勒斯等人运用量表的形式确定了职业倦怠的三个核心成分。

1. 耗竭感

耗竭感(Exhaustion)指个体感到自己的能量和资源耗尽、用完。它主要表现在生理耗竭和情感耗竭两个方面。生理耗竭(Physical Exhaustion)是职业耗竭的临床指标,表现为极度的慢性疲劳、力不从心、疲乏虚弱、睡眠障碍(失眠/嗜睡)、头痛、食欲异常(厌食/贪食)等;情感衰竭(Emotional Exhaustion)是职业倦怠的核心维度,也是最明显的症状表现,特指丧失工作热情、情绪波动,容易迁怒他人,感到自己的感情处于极度疲劳的状态。

2. 去人格化

去人格化(Depersonalization)指刻意在自身和工作对象保持距离,对工作对象和环境采用冷漠和忽视的态度。去人格化的教师表现为减少接触或拒绝接纳学生;对待有些学生像对待没有生命的物体一样;用带有蔑视色彩的称谓称呼学生;用标签式语言来描述个体学生。除此之外,去人格化的教师也常常持多疑妄想的态度,对他人过度反应,导致人际关系恶化。

3. 低个人成就感

低个人成就感(Lack of Personal Accomplishment)指倾向于消极地评价自己、个人成就感低、自我效能感下降，对自己工作的意义和价值的评价下降，工作变得机械化且效率低下，缺乏适应性。低个人成就感的教师会感觉在他们的工作中不再有什么值得去做。当某些教师感觉他们无法给学生的生活带来更大变化，而他们的职业所带来的诸如金钱和社会认可等回报也少之又少时，他们就产生了较强的自卑感。当较低的成就感与前两种职业倦怠的特征混合在一起时，会大大降低教师工作的驱动力。

二、教师职业倦怠的原因

教师职业倦怠是在外界压力和自身心理素质的互动下形成的。按照应激的资源理论，当工作环境等外部因素对个体的要求（Demands）持续超过个体具有的有效应对资源（Resource）时，就会出现心理健康问题，产生职业倦怠。

（一）内部因素

马勒斯等人（Maslach，Schaufeli&Leiter，2001）的研究发现，教师对工作的期望值高而成功的可能性低导致了教师工作态度的多变及工作热情的减退。另外，个体低努力程度、低自信、外控人格特质、使用逃避的应对策略都会导致职业倦怠的产生。教师的压力信念将会影响职业倦怠，压力的产生总是以教师自身特征为中介，教师的自我概念、对于冲突的态度、解决冲突的策略以及个体的一般个性特征对职业倦怠都有重要影响，一个教师对自己的角色有明确的概念，那么他就会较少受他人期望的影响；一个教师能与他的同事愉快合作，那么他的紧张和压力感就会减少。此外，自尊和自信是影响教师职业倦怠的重要因素。大多数人对社会支持都有一种强烈的需要，任何遭受社会拒绝的事情其都认为是有压力的，因此，缺乏自信心的人会比其他人更容易感到威胁。

（二）外部因素

虽然人格特质对职业倦怠有一定的影响，但其影响力远不能和环境因素（工作特质、职业特征和组织特征）相比，因为职业倦怠更属于一个社会现象，而非个体现象。

1. 社会期望

职业倦怠不仅是个人的特征，也是社会面貌在个体心理特征上的一种反映。当社会条件不能提供一个有助于与人联系的情境时，要保持服务工作的投入是很困难的。世界上多数国家都对教育持有很高的期望，对教师有很高的要求。我国一直推崇尊师重教的文化，但现在人们往往只重视教师的教学质量，重视教师对社会的责任，忽视教师本身的需求，因而，教师在肩负社会希望的同时也承受着层层压力。教师就像生活在一个鱼缸中，领导、家长、公众和学生都在审视着他们，时刻关注着他们的一言一行。当教育质量差、学生出现问题时，教师就首当其冲，成为替罪羊。这种不断地被监督和谴责会对教师产生难以忍受的压力，从而导致教师心理健康问题的产生。

2. 工作压力

教师的工作压力主要体现在教学工作、教育工作和科研进修三个方面。

（1）教学工作方面，随着学校素质教育的实施，课程结构和内容的改革，现代教学方法手段的更新，对教师的教学能力有更高的要求。班级人数的膨胀、考试竞争、升学竞争，过多的测验与纸上工作也大大增加了教师的工作负荷，从而给他们带来倦怠感。许多教师感到，"周末休息已经是很遥远的过去了"。他们不断地将"考卷之山"从学校搬到家，又从家搬回学校。这样的工作状态对于教师的生活、身体会有一定的影响。

（2）教育工作方面，随着社会的变迁，学生的问题行为也日益严重，教师必须花费加倍的时间与精力来处理学生的问题。1979年美国教育协会（NEA）民意测验发现，接受调查的四分之三的教师认为纪律对他们的教学效率有很大影响，管教学生的困难已成为教师压力及倦怠的主要原因。

（3）科研进修方面，随着中小学重视"以研促教"的思想，许多骨干教师除了日常教学，还要承担各种各样的教育科研任务，由此给教师以沉重的压力。而今，教师学历本科化、研究生化已经成为一种趋势。大部分教师除了要参加各种岗位培训，还要参加学历考试。如果学历不达标或者没有达到规定的继续教育学习时数，不但影响职称职务评定，还有"下岗"的可能。

三、教师职业倦怠的干预

职业倦怠会给教师个人带来生理及心理上的疾患，影响人际关系，导致家庭危机和职业危机，与此同时，也会对学生健康心理的塑造带来消极的影响。因此，教师要学会合理地预防、应对职业倦怠，维护自己的心理健康状况。职业倦怠的干预主要有个体干预与组织干预两种途径。

（一）个体干预

个体干预的目的是通过改变个体自身的某些特点来增强适应工作环境的能力。个体干预的主要方式有放松训练、认知压力管理、时间管理、社交训练、压力管理和态度改变等。以下是个体预防职业倦怠的几种有效建议。

1. 观念的改变

个体要清楚自己的能力和机会，不要因为不恰当的期望和努力失败而产生职业倦怠。弗登伯格认为，职业倦怠主要源自对自己付出与回报的不一致感。当个体认为自己的付出没有得到回报时，就会产生职业倦怠。因此，教师要学会正确看待自己的工作，就像詹森在他的著作《美妙的教学》中说道："教学远不是解释知识和等待下课的铃声，它远远超过这些。它是发现、是分享、是兴奋和爱。它不是负担，而是欢乐。它像强烈的、能给你带来温暖的阳光和激情迸发的篝火。"

2. 积极的应对策略和归因方式

在面对问题时，教师应采用更积极的应对手段，而不是逃避。努力使自己成为更加内控的人，把原因归结为个体可以控制的因素，如努力。当发现自己有职业倦怠的症状时，教师要勇于面对现实，反思自己的压力来源，主动寻求专业人士的帮助。

3. 合理的饮食和锻炼

生理方面的疾病既是教师的压力的来源之一，又是职业倦怠的不良后果。因此，教师要进行合理的饮食和锻炼，尤其是锻炼，它是一种精神娱乐法，可以分散教师的注意力，从而让教师放松紧张的情绪或身体。

（二）组织干预

目前，职业干预的重心从个体干预转向组织干预。职业倦怠是一种"职业病"，它同组织的特点、职业特点的关系更加密切。组织干预的思路是通过削减过度工作时间、降低工作负荷、明确工作任务、积极沟通与反馈、建立有效的社会支持系统来防止和缓解职业枯竭。

马勒斯等人提出了职业倦怠的工作匹配理论，他们认为员工与工作的 6 个方面越不匹配，就越容易出现职业倦怠。这 6 个方面是：①工作负荷，指工作过量；②控制，指个体对工作中所需的资源没有足够的控制，或者指个体对使用他们认为的最有效的工作方式没有足够的权威，它与职业倦怠中的无力感有关；③报酬，可以指经济报酬，更多的指生活报酬；④社交，指和工作场所中的其他人没有积极的联系，有可能由于工作把个体隔离或者没有社会联系，或者是与他人的冲突；⑤公平，由工作量与报酬的不一致所引起，即认为付出得不到回报；⑥价值，指价值观的冲突。因此，马勒斯等人提倡对职业倦怠的干预训练项目应该放在对工作不匹配的转变上。这就不仅需要对员工个体进行训练，还需更强调管理上的训练。有人就在公平感维度上进行干预，他们让员工参加为期 1 周的小组训练，训练中用三种方法来减少员工感知到的工作中的不公平感：一是通过调整付出和收获来重新建立实际的公平感，目标是在培训结束后鼓励员工描述改变工作情境的方法；二是改变对投入和结果的认知；三是离开工作。和对照组相比较，实验组在随后的 6 个月和 1 年中情感衰竭有显著降低，公平感有显著上升。

复习思考题

1. 什么是教师的角色？
2. 简述教师角色的类型。
3. 阐述教师的成长理论。
4. 教师职业倦怠表现在哪些方面？
5. 简述教师职业倦怠的干预途径。

参考文献

[1] 陈琦，刘儒德. 教育心理学[M]. 北京：北京师范大学出版社，2019.
[2] 津巴多. 心理学与生活[M]. 19版. 王垒，译. 北京：人民邮电出版社，2016.
[3] 韦恩·韦登. 心理学导论[M]. 9版. 高定国，译. 北京：机械工业出版社，2016.
[4] 罗伯特·斯莱文. 教育心理学：理论与实践[M]. 10版. 吕红梅，姚梅林，等，译. 北京：人民邮电出版社，2016.
[5] 张大均. 教育心理学[M]. 北京：人民教育出版社，2015.
[6] 黄希庭，郑涌. 心理学导论[M]. 北京：人民教育出版社，2015.
[7] 常若松. 教师教育心理学[M]. 北京：北京师范大学出版社，2014.
[8] 戴维·迈尔斯. 心理学[M]. 9版. 黄希庭，等，译. 北京：人民邮电出版社，2013.
[9] 彭聃龄. 普通心理学[M]. 北京：北京师范大学出版社，2012.
[10] 董振娟. 现代社会心理学教程[M]. 青岛：中国海洋大学出版社，2012.
[11] 钟毅平. 社会认知心理学[M]. 北京：教育科学出版社，2012.
[12] 华红琴. 社会心理学原理与应用[M]. 上海：上海大学出版社，2012.
[13] 张宁. 异常心理学[M]. 北京：北京师范大学出版社，2012.
[14] 刘启珍. 学与教的心理学[M]. 武汉：华中科技大学出版社，2012.
[15] 皮连生. 教育心理学[M]. 上海：上海教育出版社，2011.
[16] 李传银. 普通心理学[M]. 北京：科学出版社，2011.
[17] 蒋京川. 智力心理学[M]. 南京：东南大学出版社，2011.
[18] 刘翔平. 当代积极心理学[M]. 北京：中国轻工业出版社，2010.
[19] 许远理. 公共心理学教程[M]. 上海：华东师范大学出版社，2010.
[20] 章志光. 心理学[M]. 北京：人民教育出版社，2010.
[21] 李伯黍，等. 教育心理学[M]. 上海：华东师范大学出版社，2010.
[22] 蒋奖. 中学生心理健康教育[M]. 北京：中国轻工业出版社，2008.
[23] 欧晓霞，心理学教程[M]. 北京：清华大学出版社，2007.
[24] 张文新，等. 心理学与教育[M]. 济南：山东人民出版社，2006.
[25] 桂世全. 心理学[M]. 成都：西南交通大学出版社，2006.
[26] 时荣华. 社会心理学[M]. 杭州：浙江教育出版社，2006.
[27] 莫雷. 教育心理学[M]. 广州：广东高等教育出版社，2005.
[28] 姚本先. 心理学[M]. 北京：高等教育出版社，2005.
[29] 卢家楣，等. 心理学[M]. 上海：上海人民出版社，2004.
[30] 孟昭兰. 普通心理学[M]. 北京：北京大学出版社，2004.
[31] 张厚粲. 大学心理学[M]. 北京：北京师范大学出版社，2001.
[32] 朱智贤. 心理学大词典[M]. 北京：北京师范大学出版社，1989.